国家社会科学基金资助项目

中国城市化道路新论

陈甬军　景普秋　陈爱民　著

商务印书馆
2009年·北京

图书在版编目(CIP)数据

中国城市化道路新论/陈甬军,景普秋,陈爱民著.
北京:商务印书馆,2009
ISBN 978-7-100-05860-5

Ⅰ.中… Ⅱ.①陈…②景…③陈… Ⅲ.城市化—研究—中国 Ⅳ.F299.21

中国版本图书馆 CIP 数据核字(2008)第 071316 号

所有权利保留。
未经许可,不得以任何方式使用。

中国城市化道路新论
陈甬军 景普秋 陈爱民 著

商 务 印 书 馆 出 版
(北京王府井大街36号 邮政编码 100710)
商 务 印 书 馆 发 行
北京瑞古冠中印刷厂印刷
ISBN 978-7-100-05860-5

2009 年 7 月第 1 版	开本 787×960 1/16
2009 年 7 月北京第 1 次印刷	印张 26¾

定价:42.00 元

目 录

前 言 ··· 1

第一章 中国特色城市化道路的内容及其研究角度 ·············· 4

1.1 对中国城市化道路与方针的探索 ···························· 4
    1.1.1 城市化道路的基本内容 ································ 4
    1.1.2 对中国城市化道路与方针的探索 ···················· 6
1.2 为什么要从产业演进和劳动力转移的角度来研究中国特色城市化道路 ·· 10
1.3 产业演进、劳动力转移与城市化发展的理论研究述评 ······ 16
1.4 全书的构架与主要内容 ·· 22

第二章 世界城市化实践的共同理论问题 ························· 27

2.1 世界城市化发展的历史及其与中国城市化实践的比较 ·· 27
    2.1.1 对城市化起源的考察 ·································· 27
    2.1.2 世界城市化历史与经验总结 ························· 30
2.2 发展中国家城市化的实践与特点 ···························· 36
2.3 中国城市化发展的实践及其特点 ···························· 39
    2.3.1 中国城市化发展的四个阶段 ························· 39
    2.3.2 中国城市化进程的特点 ······························ 41
2.4 国外文献关于中国城市化进程的研究与评论 ············· 44

第三章 产业演进、劳动力转移与城市化发展的基本规律 ……… 50

3.1 工业化、城市化进程与相互关系 …………………………… 50
3.1.1 工业化与城市化相互关系的实践特征 ………………… 50
3.1.2 工业化与城市化相互关系的理论基础 ………………… 51
3.1.3 工业化与城市化相互关系的内在机制 ………………… 52

3.2 工业化、城市化关系演进与产业结构变迁 ………………… 54
3.2.1 工业化与城市化关系演进特征 ………………………… 54
3.2.2 结构变迁中农村剩余劳动力转移的规模与速度 ……… 56
3.2.3 工业化国家产业变迁与劳动力转移的基本规律 ……… 59

3.3 中国农村剩余劳动力转移的基本规律 ……………………… 61
3.3.1 中国农村剩余劳动力转移的数量与结构特征 ………… 61
3.3.2 中国农村剩余劳动力转移的模式与趋势 ……………… 63

第四章 城市化发展中农村劳动力转移的理论模型 ……………… 67

4.1 理论模型构建的理论依据 …………………………………… 67
4.1.1 理论模型构建所遵循的基本原理 ……………………… 67
4.1.2 理论模型构建的基本思路 ……………………………… 68
4.1.3 农村剩余劳动力转移的三大动力 ……………………… 69
4.1.4 农村剩余劳动力的供求均衡 …………………………… 73

4.2 理论模型的基本内容 ………………………………………… 74
4.2.1 假设前提 ………………………………………………… 74
4.2.2 供给函数 ………………………………………………… 76
4.2.3 需求函数 ………………………………………………… 78
4.2.4 供求模型的政策含义 …………………………………… 82

4.3 中国农村剩余劳动力供求模型的构建与应用 ……………… 83
4.3.1 中国农村剩余劳动力供求模型的构建 ………………… 83
4.3.2 中国农村剩余劳动力转移的历史情况 ………………… 85
4.3.3 对中国农村剩余劳动力转移规模的初步估计 ………… 86

第五章 中国产业演进、劳动力转移与城市化发展的动力机制 …… 88

- 5.1 推动机制：农业、农村发展与城市化 …… 88
  - 5.1.1 农业发展与城市化 …… 88
  - 5.1.2 农村非农产业发展与城市化 …… 92
  - 5.1.3 农村社会发展与城市化 …… 96
- 5.2 拉动机制：非农产业、城市发展与城市化 …… 103
  - 5.2.1 城市发展的吸引力、拉动力和扩散力 …… 103
  - 5.2.2 城市发展与城市化 …… 105
  - 5.2.3 工业化、城市化与农村剩余劳动力转移 …… 111
- 5.3 摩擦机制：制度变迁与城市化 …… 114
  - 5.3.1 土地制度 …… 114
  - 5.3.2 产业政策 …… 115
  - 5.3.3 城乡政策及观念影响 …… 118

第六章 农村劳动力转移理论模型的国际经验支持 …… 120

- 6.1 不同类型国家划分的依据与类型 …… 120
  - 6.1.1 划分的依据 …… 120
  - 6.1.2 划分的类型 …… 121
- 6.2 发达国家的农村劳动力转移机制 …… 123
  - 6.2.1 农村剩余劳动力供给的影响因素分析 …… 124
  - 6.2.2 农村剩余劳动力需求的影响因素分析 …… 128
- 6.3 新兴工业化国家和地区的农村劳动力转移机制 …… 132
  - 6.3.1 农村剩余劳动力供给的影响因素方面 …… 133
  - 6.3.2 农村剩余劳动力需求的影响因素方面 …… 137
- 6.4 发展中国家的农村劳动力转移机制 …… 142
  - 6.4.1 发展中国家的大国：印度 …… 143
  - 6.4.2 其他发展中国家 …… 148

6.5 不同类型国家的国际比较 ……………………………… 153
6.5.1 农村剩余劳动力供给的影响因素方面 ……………… 153
6.5.2 农村剩余劳动力需求的影响因素方面 ……………… 157
6.6 供求模型的国际扩展 ……………………………………… 161
6.6.1 发达国家劳动力供求均衡与转移曲线 ……………… 161
6.6.2 发展中国家劳动力供求均衡与转移曲线 …………… 164

第七章 农村劳动力转移与中国城市群发展 ……………………… 167
7.1 城市群发展在中国城市化进程中的意义与作用 ……………… 167
7.1.1 城市群的概念、功能与特征 ………………………… 167
7.1.2 中国城市群发展现状 ………………………………… 171
7.1.3 城市群发展与中国城市化 …………………………… 175
7.2 中国三大城市群的农村劳动力吸纳情况的比较 ……………… 179
7.2.1 三大城市群劳动力的三次产业分布 ………………… 179
7.2.2 珠江三角洲城市群产业发展及劳动力吸纳情况 …… 185
7.2.3 长江三角洲城市群产业发展及劳动力吸纳情况 …… 193
7.2.4 环渤海湾城市群产业发展及劳动力吸纳情况 ……… 200
7.3 中国城市群发展中的农村劳动力吸纳机制探索 ……………… 210
7.3.1 城市群地区城市化阶段性定位 ……………………… 210
7.3.2 期望工资模型与城市群农村劳动力吸纳机制 ……… 211
7.3.3 期望工资模型下的城市群对农村劳动力的吸纳机制 …… 216
7.3.4 城市工业增长中固定资产投资与外商直接投资
的作用分析 ………………………………………… 222

第八章 产业演进与中国服务业发展 ……………………………… 226
8.1 服务业与城市化发展关系理论简述 …………………………… 226
8.1.1 服务业发展与城市化的内在联系机理 ……………… 226
8.1.2 产业结构视角下服务业与城市化的动态发展关系 … 230
8.2 对典型国家服务业与城市化发展关系的实证考察 …………… 234

    8.2.1 发达国家:以英国和美国为例 ………………… 234
    8.2.2 拉美国家:以巴西为例 …………………………… 240
    8.2.3 新兴工业化国家:以韩国为例 …………………… 244
    8.2.4 服务业与城市化动态发展关系的一般经验总结 … 248
8.3 服务业与城市化协调发展的主要制约因素分析 ………… 250
    8.3.1 制约服务业与城市化协调发展的主要经济因素 … 250
    8.3.2 制约服务业与城市化协调发展的主要制度因素 … 253
8.4 中国服务业与城市化发展关系的回顾与问题分析 ……… 257
    8.4.1 总体发展趋势 …………………………………… 258
    8.4.2 中国城市化进程中服务业内部结构的变动 …… 261
    8.4.3 中国城市化进程中服务业空间布局的变化特点 … 264
    8.4.4 中国服务业与城市化发展中的问题分析 ……… 267
    8.4.5 影响大中城市服务业发展绩效的若干因素的计量分析 … 276

第九章 从劳动力转移到产业区域转移:区域发展中的产业选择与城市化发展 …………………………………… 280

9.1 从劳动力转移到区域转移的机理分析 …………………… 280
    9.1.1 城市化进程中的劳动力转移和产业区域转移机理分析 … 283
    9.1.2 中国城市化中劳动力转移和产业区域转移的演变历程与发展趋势 ……………………………… 285
    9.1.3 产业区域转移区域层面的实证分析 …………… 290
9.2 "中部崛起"中的产业演进分析 …………………………… 295
    9.2.1 已有的研究简述 ………………………………… 296
    9.2.2 中部地区发展现状、历程及其区域比较 ……… 297
9.3 东部与中部地区工业化、城市化演进机制的比较分析 … 303
    9.3.1 中部地区主导产业的选择与演变 ……………… 304
    9.3.2 生产要素组合与区域产业选择 ………………… 305
    9.3.3 产业选择与工业化、城市化演进机制 ………… 307

9.4 "中部崛起"中的产业选择与城市化发展 ············· 310
   9.4.1 产业选择 ······································· 311
   9.4.2 建立工业化与城市化互动发展机制 ················· 313
   9.4.3 促进中部地区崛起的对策建议 ····················· 314

第十章 中国资源型省区城市化道路研究——以山西省为例 ··· 317

10.1 中国城市化道路中的地方特色分析 ················· 317
   10.1.1 各地区城市化道路的不同特色 ···················· 317
   10.1.2 各地区合理城镇体系构建中的不同特点 ············· 318
   10.1.3 各地区城市发展方针实施中的不同重点 ············· 319

10.2 资源型省区城市化道路的形成与发展 ··············· 320
   10.2.1 资源型省区及区域中心城市的产业演进与城市化发展的理论分析 ································· 320
   10.2.2 资源型省区城市化道路的形成与城市化机制 ········· 323
   10.2.3 城乡关系及其偏差 ······························ 329
   10.2.4 城市结构及其存在问题 ·························· 330

10.3 中国资源型区域中心城市的产业演进与城市化发展——以太原市为例 ································· 331
   10.3.1 资源型城市的界定 ······························ 332
   10.3.2 资源型区域中心城市的产业演进与城市化发展 ······· 333
   10.3.3 资源型区域中心城市产业演进与城市化发展的不同模式 ···································· 336

10.4 实证分析:太原市产业演进与城市化发展 ············ 337
   10.4.1 新中国成立至"一五"期末工业化起步阶段 ········· 338
   10.4.2 "二五"到改革开放前的工业化波动发展阶段 ······· 340
   10.4.3 改革开放以来至20世纪末的适应性结构调整阶段 ···· 341
   10.4.4 21世纪进入升级性结构调整阶段 ·················· 342
   10.4.5 未来发展趋势 ·································· 343

10.5 资源型省区未来城市化道路的探索 …… 344
    10.5.1 山西资源型省区城市化道路的确立依据 …… 345
    10.5.2 山西资源型省区未来城市化道路及内容 …… 347
10.6 资源型省区实施城市化道路的方针与对策 …… 351
    10.6.1 山西城市发展方针 …… 351
    10.6.2 推进山西城市化的对策 …… 352

第十一章 走新型城市化道路：中国特色城市化的发展目标与方针政策 …… 354

11.1 总体目标：走新型城市化道路 …… 355
    11.1.1 新型城市化道路提出的背景 …… 355
    11.1.2 新型城市化道路的内容 …… 356
11.2 中国城市化发展的目标预期与实施途径 …… 360
    11.2.1 长期预测的依据：中国农村剩余劳动力长期转移的供求模型 …… 360
    11.2.2 2003—2050 年中国城市化的目标预期 …… 366
    11.2.3 实现中国城市化发展目标的主要途径 …… 374
11.3 中国特色城市化发展的方针与政策 …… 380
    11.3.1 中国特色城市化的发展方针 …… 380
    11.3.2 促进中国特色城市化发展的相关政策 …… 381

参考文献 …… 399

后　记 …… 410

图 索 引

图 1-1 全书的逻辑结构 …………………………………… 23
图 2-1 城市化的发展阶段 ………………………………… 33
图 2-2 中国城市化进程(1949—2006 年) ………………… 39
图 3-1 工业化与城市化的互动发展机制 ………………… 53
图 3-2 美国 1790—1990 年城市与非农就业增长 ………… 58
图 3-3 日本 1910—1980 年工业与城市人口增长率 ……… 59
图 3-4 工业化、城市化进程中产业演进与劳动力转移一般模式
   …………………………………………………………… 60
图 3-5 中国 1952—2006 年三次产业从业人员变化趋势 … 61
图 3-6 中国 1952—2006 年城镇、非农从业人员比重与城镇人口
   比重的变化趋势 …………………………………… 63
图 3-7 中国工业化、城市化与非农就业比重的演进 ……… 63
图 4-1 农村劳动力转移理论模型构建的基本思路 ………… 69
图 4-2 一般的农村剩余劳动力转移的供求理论模型 ……… 81
图 4-3 中国农村剩余劳动力转移的供求均衡与转移曲线 … 83
图 4-4 1952—2006 年中国第二、第三产业就业人员及其占
   总就业人员比重变化趋势 ………………………… 85
图 5-1 1978—2003 年中国乡镇企业从业人员变化历程 …… 93
图 5-2 1952—2006 年中国人口与就业人员增长 …………… 97
图 5-3 受教育水平与非农就业增加的关系 ………………… 100
图 5-4 非农就业比重与城乡收入差距的关系 ……………… 102
图 5-5 城市形成和发展的区位三角形 ……………………… 106
图 5-6 不同等级城市之间的关系 …………………………… 110

图 5-7	消费增长与非农就业增长的相关关系	113
图 5-8	1979—2004年中国轻工业与重工业产值比	117
图 5-9	国有及国有控股工业企业比重与非农就业比重的关系	118
图 6-1	发达国家农村剩余劳动力供求均衡与转移曲线	162
图 6-2	发展中国家农村剩余劳动力供求均衡与转移曲线	165
图 7-1	城市群结构框架图	171
图 7-2	珠三角地区三次产业的增长和分布(1995—2004年)	185
图 7-3	1995—2004年珠三角地区实际利用外资总额及其占全国的比重	188
图 7-4	广州市1980—2004年第二、第三产业从业劳动力增长情况	190
图 7-5	长三角地区部分城市第二产业占地区生产总值比重变化趋势(1980—2004年)	195
图 7-6	1981—2004年环渤海地区非农产业从业劳动力增长曲线	205
图 7-7	1981—2004年环渤海湾地区第二和第三产业从业劳动力增长情况	206
图 7-8	1980—2005年山东轻工业占工业总产值比重及轻、重工业产值增长率	208
图 7-9	期望工资模型下供给曲线与需求曲线的变化趋势	215
图 7-10	我国城市群对农村劳动力的吸纳机制	217
图 9-1	1990—2004年中部地区人均GDP及其区域比较	298
图 9-2	东部地区工业化、城市化演进机制	308
图 9-3	中部地区工业化、城市化演进机制	309
图 9-4	中部地区工业化与城市化互动发展机制	314
图 10-1	产业演进与城市化发展的相互作用机制	322
图 10-2	三个指数与城市基础设施指数的散点图	328

图11-1 中国新型城市化道路基本内容 …………………… 360
图11-2 中国农村剩余劳动力的供求均衡与长期转移曲线 …… 364

表 索 引

表 2-1　世界城市化发展阶段及特点 …………………………… 31
表 2-2　世界依地区划分的城市人口比重和城市化增长率
　　　　（1950—2030 年）………………………………………… 32
表 2-3　城市人口：比重与增长（依国家类型的分类）………… 37
表 2-4　世界和东亚的城市化水平（1960—2000 年）…………… 38
表 2-5　新中国成立以来我国的工业化率、城市化率及其差距 … 42
表 3-1　工业化与城市化发展不同时期农村劳动力
　　　　转移的主要特征 ………………………………………… 57
表 4-1　中国劳动生产率水平及其国际比较 …………………… 86
表 5-1　城市成长阶段特征（以制造业城市为例）……………… 108
表 6-1　不同类型国家和地区人均 GNP 和城市化水平 ………… 122
表 6-2　英国每十年离开农业的人数 …………………………… 125
表 6-3　1950—1980 年间一些发达国家的人口出生率水平 …… 126
表 6-4　日本全部家庭主要耐用消费品普及率 ………………… 130
表 6-5　英国主要耐用消费品普及率 …………………………… 130
表 6-6　中国台湾地区人口和劳动力增长 ……………………… 134
表 6-7　巴西和墨西哥人口增长率及经济活动人口增长率 …… 135
表 6-8　中国台湾地区制造业和服务业就业增长 ……………… 140
表 6-9　印度与中国公共教育经费支出占国内生产总值的比重
　　　　……………………………………………………………… 145
表 6-10　1950—1999 年印度国内储蓄与国内投资乘数 ………… 146
表 6-11　部分耐用消费品：印度与世界的比较 ………………… 147

表 6-12	若干发展中国家的收入或消费比重	151
表 6-13	农业劳动生产率与人口自然增长率的国际比较	154
表 6-14	不同类型国家和地区受教育水平的国际比较	156
表 6-15	产业结构与就业结构的国际比较	158
表 6-16	消费与投资的国际比较	160
表 7-1	城市群地区与全国及区域城市化水平对比(2006年)	176
表 7-2	城市群地区城市非本地户籍人口城市化吸纳能力(2006年)	176
表 7-3	三大城市群主要城市第二、第三产业从业劳动力分布情况	182
表 7-4	三大城市群部分城市农村劳动力吸纳能力指数	184
表 7-5	1997—2004年珠江三角洲地区制造业从业劳动力情况	192
表 7-6	长江三角洲城市群三次产业的增长和分布(1980—2004年)	194
表 7-7	2001—2005年上海第三产业增加值行业比重	197
表 7-8	山东半岛和辽宁中南部城市群三次产业结构(2004年)	202
表 7-9	北京和天津2004年第三产业从业人员比例	207
表 7-10	城市群农村剩余劳动力供给函数变量变化关系	214
表 7-11	城市群农村剩余劳动力需求函数变量变化关系	215
表 7-12	变量及其含义	218
表 7-13	非农产业从业劳动力增长率与自身滞后变量间的关系分析	219
表 7-14	非农产业从业劳动力与GDP增长率统计分析	219
表 7-15	城市GDP增长率与工业总产值增长率的变动关系	220
表 7-16	工业总产值增长率与固定资产投资和外商直接投资的关系分析	220

表索引 13

表7-17 三大城市群中的部分城市第三产业投资与劳动力
　　　　主要指标 ………………………………………………… 221
表7-18 含四期滞后变量的回归结果 …………………………… 223
表7-19 含两期滞后变量的回归结果 …………………………… 224
表7-20 剔出不合预期滞后变量的回归结果 …………………… 225
表8-1 英国1801—2000年城市化率与产业结构的变动 ……… 235
表8-2 美国1860—2000年城市化率与产业结构的变动 ……… 236
表8-3 英国城市化进程中服务业内部结构的变动 …………… 237
表8-4 美国城市化进程中服务业内部结构的变动 …………… 238
表8-5 巴西1940—1990年城市化率与产业结构的变动 ……… 241
表8-6 巴西1990—2000年主要服务行业的产出和就业比重
　　　　………………………………………………………… 242
表8-7 韩国1960—1995年城市化率与产业结构的变动 ……… 245
表8-8 韩国1960—1990年各服务行业比重的变动 …………… 246
表8-9 计划经济时期我国服务业与城市化的发展情况 ……… 258
表8-10 计划与市场并存时期我国服务业与城市化的发展情况
　　　　………………………………………………………… 260
表8-11 1992—2004年我国服务业与城市化的发展情况 ……… 261
表8-12 计划与市场并存时期我国各主要服务行业在国民经济
　　　　中的比重 ………………………………………………… 262
表8-13 1992—2004年我国各主要服务行业在国民
　　　　经济中的比重 …………………………………………… 263
表8-14 2002年各省区贸易餐饮业、金融保险业和房地产业的
　　　　地区集中度 ……………………………………………… 272
表8-15 影响大中城市服务业发展的经济指标及其含义 ……… 277
表9-1 不同行业区域集聚趋势指标 …………………………… 289
表9-2 计量回归结果 …………………………………………… 292
表9-3 国内生产总值增长速度比较 …………………………… 298

表9-4	中部地区工业产值比重及其区域比较	299
表9-5	中部地区非农就业比重及其区域比较	299
表9-6	中部地区工业产业结构及其比较	301
表9-7	中部地区工业区位商及其区域比较	302
表9-8	中部地区主要工业产品产量占全国比重及其区域比较	304
表9-9	中部地区资本形成率及区域比较	310
表10-1	山西省分行业工业增加值比重变化	325
表10-2	资源型区域中心城市的产业演进与城市化发展阶段性特征	334
表10-3	新中国成立以来太原市产业演进与城市化发展机制与特征	337
表11-1	不同阶段城市化率预期年均增长百分点	368
表11-2	不同阶段非农就业比重预期年均增长百分点	368
表11-3	中国2003—2050年城市化目标预期	369
表11-4	中国2003—2050年劳动力非农化转移目标预期	371

前　言

　　进入新世纪以来,中国已进入快速城市化的发展过程。联合国人口基金会2007年6月发布的《2007年世界人口状况报告》指出,到2008年,世界将有一半人口,约33亿人生活在城市中,至2030年,全世界的城市人口将达到50亿。与此同时,作为世界上人口最多又处在城市化高峰期的中国,由于现在每年大约有1 800万来自农村地区的人口进入城市,城市人口有望在10年内超过农村人口。届时将有8.7亿中国人生活在城市当中,从而进入基本实现城市化的阶段。

　　面对汹涌而来的城市化大潮和中国在2008年春节期间由于雪灾而进一步凸显的农民工问题,对中国城市化道路的研究再次以其紧迫性和重要的实际应用价值而成为理论研究的重点。本书就是一部以产业演进、农村劳动力转移与城市化的关系为突破口,对中国特色城市化道路进行新的理论探索的专著,也是国家社会科学基金重点项目"走有中国特色的城镇化道路研究"的最终成果。

　　对比同类研究成果,本书有以下几个特点:

　　一是资料比较全面。在研究过程中,作者先后收集和参阅了有关城市化的国内外资料近千种,在研究成果中直接引用的就有数百条。可以说,本书是在已有的中国城市化研究成果中资料收集和应用最全面者之一。

　　二是研究思路比较新颖。全书以产业演进、劳动力转移和城市化进程的关系研究为主线来构建中国特色城市化的理论和实践体系。这样的研究思路和体系在国内还是首次出现。

　　三是在理论上有所创新。本书的理论研究部分以建立中国劳动力转移的理论模型为创新目标,对中国产业演进中农村劳动力转移的机制进行了深入的分析,并结合国外城市化的实践和中国城市化的重点领域——城市群发展、服务业发展、区域发展等进行了讨论,进一步阐明了这一机制在实践中的具体表现,从而为解决城市化的中心问题——农村劳动力的转移问题提供了一个重要的理论平台。

四是实际应用性较强。本书的对策应用研究部分以走新型城市化道路为中心,提出了中国特色新型城市化道路的具体内容、发展目标预测和综合政策体系。其中,走新型城市化道路在国内是首次提出,其具体内容包括了近年来中国城市化的实践所迫切需要解决的问题,中国城市化目标预测的精度也已被近年来中国城市化的实践所证实。

本研究课题自 2003 年 9 月立项以来,先后经历两个研究阶段。第一阶段是从 2003 年 9 月到 2005 年 8 月。这一阶段,课题组结合中国城市化的实践,对中国的城市化与城市化研究、中国农村劳动力转移机制和中国城市化的目标与方针、政策等涉及本课题研究的重大问题进行了重点调研,并发表了一批中间研究成果,其中提出的中国要走新型城市化道路的观点在理论界和实际部门引起了比较大的反响。对中国城市化的目标与方针、政策的研究,也在国家"十一五"规划前期研究项目的全国招标中入选。该研究报告在 2005 年被编入国家发展与改革委员会主编的《"十一五"规划战略研究》一书中,对国家"十一五"规划的制定发挥了直接的政策咨询作用。同时,课题组负责人陈甬军教授又利用这一期间去美国进行富布赖特学者访问的机会,在美国大学和图书馆收集了大量的有关世界和中国城市化的研究资料带回国内,从而为后来进一步的研究提供了更加良好的条件。从 2005 年 9 月到 2007 年 6 月,课题进入了进一步纵深研究和成果合成的第二阶段。在此期间,课题组仔细研读了大量的国外文献,并结合中国城市化实践的新发展,进一步讨论凝练了研究思路,在课题负责人统一提出研究和写作纲要的基础上,课题组成员分工合作,在 2007 年初完成了本书的初稿。后来经过课题负责人的反复修改,终于在 2007 年 6 月形成了完整的成果报告。2007 年下半年以来,在课题结项的同时,又根据各方面的意见对书稿进行了最后的修改,为争取以高质量的成果面世提供了比较好的基础。

当然,由题目的难度和我们的研究水平所决定,本书的研究肯定还存在一些不足之处,衷心希望同行专家、领导和城市化的实际工作者提出宝贵意见,以便进一步修改、完善,将来拿出更加满意的研究成果。

谨以本书献给新中国成立六十周年。

第一章 中国特色城市化道路的内容及其研究角度

1.1 对中国城市化道路与方针的探索

在展开中国城市化道路的主题研究之前,要明确两个问题。一要明确城市化道路的基本内容及其中国特色的历史演变过程;二要明确研究视角,即为什么要从产业演进和劳动力转移的角度来研究中国城市化道路。第一章首先讨论这两个问题。

1.1.1 城市化道路的基本内容

城市化道路是指城市化进程的途径或方式,是推动城市化进程中所采取的某种模式或战略安排。[1] 一般而言包括三个方面的内容:城市化机制、城乡关系、城市发展方针。

城市化机制,是指决定城市化进程的基本力量及其作用过程,其最根本的动力是工业化的推动。具体而言,根据推动主体的不同,可以有不同的城市化模式。一种是城市建设的组织主体,一种是城市发展的投资主体,还有一种是城市增长的产业主体。根据城市建设的组织主体,可以分为政府推动型城市化、市场推动型城市化;根据城市发展的投资主体,可以分为自上型城市化(政府为投资主体)、自下型城市化

---

[1] 参见蔡孝箴主编:《城市经济学》,南开大学出版社1997年版,第82页。

(乡村集体、个体投资为主体)、外联型城市化(吸引外资为主)、内联型城市化(吸引内资为主)等；根据城市增长的产业主体又可以分为农业发展型、商贸发展型、工业发展型、外贸推动型等。

城乡关系，是指城市化进程中城市和乡村两个端点之间的经济交往和要素流动关系，主要涉及工业化与城市化的关系，人口、资源与环境的关系，城市与乡村的关系，工业与农业的关系等。正确处理各类关系，是协调城乡系统、促进乡村与城市共同发展的核心。工业化与城市化的关系，分为超前、滞后、同步三种类型。早期工业化国家大多是同步发展模式，农村剩余劳动力的产业与地域转移是同步的，城市发展的同时，农村劳动生产率水平迅速提高，农民收入水平提高，城乡共同发展。我国大多数地区城市化滞后于工业化，这与我国多年来实施重工业优先发展战略、经济发展的重心在城市、农村经济相对落后、城乡收入差距扩大有关。人口、资源与环境的协调发展，不仅关系到当代人口的居住条件的改善、生活质量的提高、工业与农业的协调发展、城市与乡村的关系，还涉及子孙后代的生存与发展。走可持续的城市化发展道路是当今世界发展的趋势。根据城乡关系可以将城市化分为农村城市化、城市现代化、区域城市化(城乡一体化)。区域城市化是指在一定区域范围内，根据经济、社会、环境协调发展的要求，将大、中、小城市和城镇联成一体，按照区域经济发展的特点进行重新分布，实现区域范围内的整体发展。区域城市化是城乡一体化的基础和前提条件，从根本上说，城市不能离开乡村，乡村也不能离开城市。

城市发展方针，是指具体实施城市化道路时的战略安排，表现为处理不同规模、类型城市发展之间的关系以及对城市的全面发展(包括城市化动力、速度、城市效益、职能、布局、形态、城乡联系等各方面内容)提出指导性、纲领性的意见与建议。其目的是加快城市发展，加快城市化进程，提高城市化质量，协调城市化与区域各方面的关系，最终促进区域经济全面发展。就其涉及不同规模、不同类型城市之间的相互关系来说，包括城市规模结构、城市职能结构、城市空间结构等方面。其中城市规模是国家政策所关注的，也是学术界讨论最多的，以往的城市发展方针主要是从城市规模角度制定的。不同规模的城市是一个有机的整体,城市规模结构是一个具有等级、共生、互补、高效和严格的开放系统,大、中、小城市都应当在统一规范下得到合理的发展。根据城市空间结构可以分为据点式城市化、网络式城市化以及沿海、沿江、沿路分布的轴带式城市化。对于城市职能的关注与研究相对较少,一般分为工业型城镇、旅游型城镇、资源型城镇、商贸型城镇等。

城市化发展过程受到多方面的影响,它既是路径依赖的结果,也是区域背景及多种因素影响的结果。在选择某一区域城市化道路时,必须考虑区域城市化道路的形成与发展、特征与存在的问题;分析城市化在区域当中的战略地位、与其他经济要素之间的关系以及可能给区域发展带来的影响。城市化道路包含的基本内容形成城市化道路的三个基本要素,即:城市化机制、城乡关系、城市结构及其发展方针,其中城市化机制是最主要、最核心的要素,选择什么样的城市化机制,往往就决定了相应的城乡关系与城市发展方针;反过来,城乡关系与城市发展方针也会对城市化机制产生影响。这个因素也决定了本书研究视角的选择。

1.1.2 对中国城市化道路与方针的探索

中国城市化道路与发展方针从新中国成立之初就开始探讨,经历了多年的摸索与实践,终于在2002年党的十六大报告中提出:坚持大中小城市和小城镇协调发展,走中国特色的城镇化道路。2007年党的十七大报告重申了这一方针。

(一) 政府控制型城市化道路及其城市发展方针

新中国成立之初,中央领导曾明确,要遵循"工业化带动城市化"的规律。这在中国"一五计划"时期得到了体现。在1952—1957年的5年间,我国城市人口增加了3 000万人。但在后来,由于实施了"重工业优先发展"战略以及1960年前后遭遇的三年自然灾害困难,全国开始压缩城镇人口,城市化进程受到很大的影响。20世纪60年代中期以后,由于对国际形势估计过于严峻,全国开始了备战备荒的三线建设,工业布局上提出"山、散、洞"的方针,大批工厂进山入洞,对城镇建设不考虑自然、交通等条件,一味强调分散。为保持高积累率,提出"先生产、后生活"、"变消费型城市为生产型城市"等建设方针与口号,压缩城市建设投资比重,使得城镇建制工作基本陷于停顿,新设城市极少,建制镇也减少了,加上数以千万计的城镇知识青年上山下乡和干部下放,城市化水平长期徘徊在18%—20%。

从20世纪50年代末期到1978年这段时期,中国走的是一条以重工业发展为主要推动力的政府严格控制型城市化道路,城市化进程极其缓慢,甚至停滞。重工业优先发展,本身属于资本排斥劳动,对劳动力的吸纳能力非常有限;变消费型城市为生产型城市,使得城市成为工业生产的载体,对劳动力吸纳能力较强的商业等服务业发展非常有限;农业无偿为工业提供发展资金,工业对农业、农村的支持却很少,农业、农村发展缓慢,再加上政府对生产要素在城乡之间的流动进行严格控制,城乡之间形成对立的二元结构。城市的主要功能是以生产为中心,重工业优先发展的战略,促进了这个时期一批以重工业为主的城市得到相对快速的发展。但是由于在空间的分散布局和城市作为消费中心等各种功能的缺乏,导致大中城市的规模增长相对缓慢。

(二) 多元城市化道路的形成与城市发展方针的争论

从1978年实行改革开放后,随着农村经济体制改革的展开、农村经济的全面发展以及城乡关系的松动,生产要素开始在产业之间、城乡之间流动。农业生产力的提高,既将一部分劳动力从农业中解脱出来,也为非农产业的发展提供了一定的资金,乡村工业兴起并得到很快发展。乡村工业化的发展推动了乡村城镇化的发展。从产业的角度看,城市的改革促进了轻工业与商业的迅速繁荣,原来上山下乡的人口大部分返城,还有一些农村人口开始向城市集中,城市规模逐步扩大。这两种类型分别被称为"自下而上型城市化道路"与"自上而下型城市化道路"。城市、城镇的投资主体逐步多元化,从原来的政府一元推动,变为民间、内联、外资、政府等多元投资推动;从产业主体看,也形成了工业型、旅游型、交通型、商贸型、综合型等多类型城市与城镇。随着计划机制向市场机制的转变,政府一元推动机制向以民间投资为主的多元化机制转变,多元城市化道路逐步形成。这一阶段从政府的角度看,一方面肯定了城市化在经济发展中的地位;另一方面因为财力有限,并且考虑到大多数发展中国家由于城市化超前工业化而带来许多社会问题,所以更主张通过民间力量来解决农村剩余劳动力向非农产业、向城市以及小城镇转移问题,因而主要提倡小城市、小城镇的发展,而对于大城市基本上是采取控制发展的方针。这一发展方针当时就引起学术界的争论。

1982年召开的全国城市规划会议,明确提出了后来得到实际执行的"控制大城市规模,合理发展中等城市,积极发展小城镇"的全面推进城市化的方针。1989年,我国制定的《城市规划法》第4条明确提出:"国家实行严格控制大城市规模、合理发展中等城市和小城市的方针,促进生产力和人口的合理布局。"毋庸置疑,这一方针肯定了城市化在经济发展中的作用与地位,对我国城市化建设起到了积极的推动作用;但在实践过程中也暴露出许多不足之处和问题,因而引发了学术界对中国城市化道路的多年讨论,而城市规模则成为最初讨论的中心,并由此形成了"小城镇论"以及与之对立的"大城市论",随后派生了"中等城市论"、"大中小论",等等。

"小城镇论"的立论依据主要是国情与乡情,考虑到我国农村人口多、所占比重大,进入大城市可能会产生"城市病";进入小城镇可以节约城市建设成本与农民迁移成本;小城镇的发展成为联系农村与城市的桥梁,有助于城乡一体化的实现。"大城市论"主要是从城市规模效益的角度指出,大城市在劳动力、土地等生产要素方面占据生产率优势,具有较高的聚集经济效益,并根据对国外城市化发展过程的考察,认为存在"大城市超前发展的客观规律"。"中等城市论"是以上两种意见的折中。这一争论一直持续到中国特色城市化道路的提出。

(三)中国特色城市化道路的提出与含义

我国地域辽阔,在东部发达地区,人多地少,发展小城镇具有一定基础与优势,在中西部地区,城市化水平低,大城市与区域中心城市的建设对当地经济的发展起着重要的作用。可见大城市、小城镇发展各有优势,且适用于不同地区。周一星教授认为,要跳出城市规模的单一考虑,城镇体系是由大中小各级城市、城镇组成,企图以规模来调控城市的发展,没有抓住问题的核心,应结合城镇发展的规律实行多元的城市化发展方针。[①] 这一观点被许多学者认同。如李京文认为,未来20年将是我国城市化的高速发展阶段,城市化发展的方针应当是:提高、完善大城市,积极发展中小城市,促进建制镇的适当集中,有力推进城乡一体化进程。这个方针不仅考虑了城市规模的多元性,还强调了城乡关系在城市化发展中的重要地位。[②] 这些讨论后来反映在党的十六大报告中,表述为:坚持大中小城市和小城镇协调发展,走中国特色的城镇化道路。

中国特色的城市化道路可以从几个方面来理解。一是从城市化机制看,是走政府引导、市场主导、民营经济推动为主体的城市化道路。这样的城市化机制,强调了市场选择的重要性,无论是企业发展、人口流动,还是资金集聚,都是以市场化的原则,以经济主体的利益机制,以优胜劣汰的方式,来决定产业发展和城市化方式与进程。为了防止利益的冲突,需要政府作出统一的规划,引导企业与人口有序集聚,城市健康持续发展。城市化机制决定了城乡之间成为一个开放的大系统,生产要素在城乡之间可以自由流动与重新组合,通过比较利益优势,来发挥要素的最大效益。二是在市场化原则指导下,要遵循城市化发展规律,促进工业化与城市化协调发展。因此它是一条城乡协调、工农协调、工业化与城市化协调发展的道路。三是考虑到后代人的需要,走人

[①] 参见周一星:"论中国城市发展的规模政策",《管理世界》1992年第6期;周一星:"对我国城市发展方针的讨论",《城市规划》1988年第3期。

[②] 参见李京文:"21世纪中国城市化对策研究",《理论前沿》2000年第4期。

口、资源与环境协调发展的可持续城市化道路。从城市发展方针角度看,提倡大中小城市与城镇协调发展,实际上是考虑了不同区域城市发展的背景与特点,走适宜本区域发展的城市化道路。过去提出"严格控制大城市规模",但在实际中大城市规模并没有得到控制,相反得到了较快的发展。因为城市规模是由城市职能决定的,城市职能的等级越高,城市的规模就越大,这是客观规律,不会以人们的意志为转移。因此要根据区域发展的需要与城市职能,合理确定城市的地位与城市职能体系。四是从国际比较来看,走中国的国情决定的城市化道路。中国的城市化道路既不同于西方发达国家的城市化道路,也不同于许多第三世界发展中国家的城市化道路,这主要表现在城市化进程中的产业演进与农村劳动力转移的特殊机制。这个方面也是本书重点的研究内容。

1.2 为什么要从产业演进和劳动力转移的角度来研究中国特色城市化道路

工业化国家的经验说明,一个国家城市化率达到30%左右,就进入了城市化快速发展阶段,在这个阶段,随着农村剩余劳动力向城市的迁移,产业结构、空间结构、消费结构、投资结构等随之发生变革,经济将保持持续、快速增长,城市化率不断向70%左右攀升。改革开放以来,中国经济保持了9%以上的持续高速增长,经济与社会结构发生了重大变化,尤其是乡镇企业的发展为中国工业化进程开辟了第二战场,加快了非农产业的发展和农业剩余劳动力的转移。特别是从1997年下半年以后,中国从多年来的短缺经济向结构性过剩经济转换,经济一度持续低迷,城市下岗职工增加,农村乡镇企业就业人员减少,部分劳动力再次加入到农业隐性剩余劳动力大军当中。如何提高消费和投资需求?如何增加就业岗位,加快农村剩余劳动力向非农产业、城市转移?如何提高农民收入?人们开始把目光投向了城市化,把加快经济发展的希望寄托于城市化。2000年中国城市化率为36.2%,已经进入城市化快速发展阶段的"门槛"。2001年10月11日,中共十五届五中全会通过的《中共中央关于制定国民经济和社会发展第十个五年计划的建议》中,明确把"积极稳妥地推进城镇化"作为"十五"期间必须着重研究和解决的重大战略性、宏观性和政策性问题。2002年中共十六大报告,将"全面繁荣农村经济,加快城镇化进程",作为中国新世纪头20年经济建设和经济体制改革必须抓好的八大任务之一,并提出了"坚持大中小城市和小城镇协调发展,走中国特色的城镇化道路",强调了"发展小城镇要以现有的县城和有条件的建制镇为基础,科学规划,合理布局,同发展乡镇企业和农村服务业结合起来"。2007年中共十七大报告又指出,要"走中国特色城镇化道路,按照统筹城乡、布局合理、节约土地、功能完善、以大带小的原则,促进大中小城市和小城镇协调发展",重点强调了"以增强综合承载能力为重点,以特大城市为依托,形成辐射作用大的城市群,培育新的经济增长极"。这些中国官方对城市化道路的最新表述,既反映了总的方针的一致性,又反映了对城市化建设具体内容把握重点的变化。

在中央相关政策推动下,中国城市化开始超常规发展,2006年底已经达到43.9%。2000—2006年期间增长了7.2个百分点,年均增长1.2个百分点,超过工业化国家快速增长时期年均1个百分点的增长速度,创造了世界之最。一般而言,人口城市化是与经济城市化、人口非农化相伴而行的。人口向城市集中,首先得益于农业劳动力向非农产业转移,然后在空间集中,因而人口非农化增长与人口城市化增长应该是一致的。2000—2006年,中国第二、第三产业就业比重从50.0%增加到57.4%,年均增加1.23个百分点,约等于同期城市化率年均增长速度。但是在2000—2003年,第二、第三产业就业比重从50.0%增加到50.9%,年均增长0.3个百分点,与同期城市化率的年均增长1.43个百分点(2000年城市化率为36.2%,2003年城市化率为40.5%)相去甚远。二者差别何以如此巨大?在人口非农化缓慢发展的前提下,人口城市化发展如此迅速,应该有非经济因素存在。其中行政力量推动城市化进程是最主要的原因之一。比如,实现撤县(市)设区,县(市)人口中原本大比例是属于乡村人口,经过行政办法进行身份转换,乡镇变街道,原有的乡村人口就变为城市人口。但是,人口城市化在行政区域统计指标上的提高并不代表实际城市化水平的提高。城市化是一个含义很广的概念,其中人口城市化是从人口学角度、从数量上对城市化所作的一个定义,即人口从乡村地区向城市地区的迁移和集中。从质量的角度理解,城市化还是指让更多的人享受到现代城市文明,让人们不仅拥有更多的生活资料,享受到更多的现代化服务,而且从思想上、观念上、文化上有一个提升,有一个质的变化。而这些变化的前提是经济发展、产业发展、城市发展,最关键的是在产业演进和城市化发展的同时,加快农业、农村剩余劳动力向非农产业、城市的转移。

产业演进理论主要说明在经济发展过程中,产业结构、产业组织、产业布局、产业增长方式等发生相应变化的规律。从产业结构演进规律来看,总体上存在劳动力从第一产业向第二产业、再向第三产业转移的趋势。劳动力从生产率水平低、相对收益率低、需求收入弹性低的农业向生产率水平相对较高、收益率相对较高、需求收入弹性高的非农产业转移,一方面能够促进非农产业发展,另一方面也能提高农业生产率水平。非农产业在空间的布局具有集聚效益,集中布局会带来规模经济、聚集经济和地方化经济,让更多的企业享受到内部经济和外部经济,促进城市的产生与发展。城市的发展,一方面节约了企业的生产和交易费用;另一方面通过企业和人口的聚集,促进基础设施、社会设施、公共设施的建设和完善,提高了人们生活质量,吸引更多的人口和企业向城市集聚。产业演进是城市发展的前提、动力和基础,城市发展是产业演进的空间载体和动力,二者的共同发展促进了国民经济发展,二者的共同发展都是围绕着农业、农村剩余劳动力向非农产业、城市的转移而实现的。因此,围绕产业演进与农村剩余劳动力转移来研究城市化发展,对探索中国特色的城市化道路具有重要的理论与现实意义。

从理论上看,开展这方面研究的必要性表现在三个方面：

(1)产业演进与城市化发展本身存在密切联系,表现在产业结构、产业组织、产业布局、产业增长方式等方面。在城市化初期阶段,农业在经济发展中占据主导地位,工业以小规模的手工业作坊为主,分散在乡村地区或者小城镇,技术、资本投入很小,主要是劳动力投入。随着城市化的起步与发展,工业逐渐在国民经济发展中占据了主导地位,以机械化、大规模生产的工厂制为主,企业开始在小城镇、城市集聚,资本投入在要素投入中的比重以及重要性增加,技术投入、劳动力投入也占有一定比重。随着城市化水平提高,为生产和生活服务的第三产业开始加快发展,进一步推动了工业和城市的发展,为了筹集更多的资本,伴随着管理的专业化、现代化,公司制代替了工厂制,产业增长方式也从粗放型向集约型转变,技术、知识投入在要素投入中的比例增加。当城市化水平达到一定程度后,城市化率的增长就非常缓慢或者基本停止,甚至出现负增长。这时候,数量型城市化开始向质量型城市化转变,企业组织方式多元化,经济布局分散化,服务业比重会进一步增加。在城市化的不同时期,由于主导产业不同,城市发展动力不同,对农村剩余劳动力的吸收能力也各不相同。要把握产业演进与城市化发展关系,加快农村剩余劳动力转移,加快经济发展步伐,就必须对产业演进、劳动力转移与城市化发展的关系进行系统研究,分析经济发展过程中三者的变化关系、变化的基本规律以及发展的主要动力。

(2)在世界城市化研究中具有"普适性"。发达国家在早期工业化阶段,基本上实现了产业演进与城市化的协调发展,顺利实现了农村剩余劳动力的产业和地域转移。发展中国家在20世纪上半叶摆脱了发达国家的殖民统治,相继独立,为了在经济上摆脱对发达国家的依赖,大多采取了不同于发达国家产业演进规律的跳跃式发展道路,即重工业优先发展战略。在资本缺乏、劳动力众多的条件下,这一发展战略的实施进程充满了艰难曲折,加上发展中国家大都已进入了人口转型的第二阶段,快速的人口增长又加大了发展中国家的产业和地域劳动力转移的双重压力。因此,协调好产业演进与城市化发展之间的关系,进而达到加快农村剩余劳动力转移的目的,就成为世界上发展中国家城市化过程中普遍需要解决的难题。中国在这方面也不例外。

(3)产业演进、城市化发展、农村剩余劳动力转移是跨学科的研究课题,涉及产业经济学、城市经济学、发展经济学三个学科的内容,是三个学科共同的论题。通过对三者关系的研究以及开展不同学科之间相互交叉的研究,能够丰富产业经济学、发展经济学、城市经济学等学科在产业演进、劳动力转移、城市化发展方面的基本理论,推进经济学理论的发展。

更加重要的是在实践方面。从现实来看,中国特殊的国情决定了中国不可能走与其他国家相同的城市化道路,而必须走具有中国特色的城市化道路,这样才能缓解农村剩余劳动力的供求矛盾,解决中国城市化发展的沉重压力。这是因为:

(1)中国转型时期的复杂矛盾,决定了中国城市化进程的复杂性。中国目前正面临三大转型:即计划经济向市场经济转型、乡村型社会向城市型社会转型、粗放型增长方式向集约型增长方式转型。其中乡村型向城市型转型既是中国在21世纪上半期必须经历的关键发展阶段,又是必须解决好的重大现实问题。中国城市化经历了新中国成立以后1952—1957年短暂的健康发展时期,1958—1977年的曲折、波动、相对停滞的发展阶段,改革开放后以乡镇企业和小城镇为主要推动力的自下而上型发展时期以及进入新世纪后以大中型企业、大中城市发展为主要推动力的自上而下型发展这四个时期,目前已经进入一个快速的城市化增长时期,但仍然问题重重,尤其是结构性矛盾非常突出。例如,人口城市化率(2006年为43.9%)滞后于人口非农化率(2006年第二、第三产业就业比重为57.4%)13.5个百分点,人口非农化率滞后于产值非农化(2006年第二、第三产业增加值比重为88.3%)30.9个百分点。这两个滞后近年来虽然有所缩小,但是仍然存在,必须予以妥善解决。

(2)中国是世界上人口最多的国家。解放以后,乡村人口虽然从比重上说已经在逐年减少,但由于绝对数量大,直到 20 世纪末期才开始逐年减少。2004 年中国乡村人口为 7.82 亿人,占世界乡村人口总数的 16.36%,将近六分之一。中国要实现城市化,不仅要大规模转移乡村人口,同时也要提高乡村人口的收入水平,缩小城乡收入差距。但中国目前发展的现实显示出解决这一问题的艰难性。在 20 世纪末期,中国产业结构演进已进入了重工业化时期。工业结构的重新重工业化意味着资本投入比重再次增加,劳动力投入比重再次减少,这就与大规模乡村剩余劳动力转移形成明显的供求矛盾。一般而言,随着人口的乡—城转移,农村与城市的差距会逐步缩小,二元结构逐步走向一元结构。但是中国情况却比较特殊,近年来人口从农业、农村向城市的转移并没有带来城乡收入差距的缩小,反而有逐年扩大之势。2006 年,城镇居民人均可支配收入(11 759 元)是农民人均纯收入(3 587 元)的 3.3 倍,城乡收入差距达到历史最高水平。城市化是要让更多的人享受到现代文明,普遍提高生活质量,逐步缩小城乡差距,从城乡二元经济走向一元经济。在城市化进程中,既要通过合适的产业选择提供更多的就业岗位,加快农村剩余劳动力转移,同时也不能忽视农业与农村本身的发展。但是目前这方面的实际情况与城市化的这些要求仍有比较大的差距,迫切需要研究解决。

(3)作为世界上的人口和土地面积大国,中国从南到北、从东到西,不仅自然环境、资源气候存在显著差异,经济发展、社会文化等方面的差距也非常显著,这就加大了中国城市化政策实施的难度。从中国城市化进程来讲,很难有一种发展政策或者发展模式能够适用于全国各地。区域差异的普遍存在,使对产业发展和城市化模式的选择也存在很大差异。如,有些区域已经进入了工业化中后期发展阶段,在产业选择上更倾向于技术密集型、资金密集型产业;有的区域才刚刚进入工业化起步期,产业选择主要是对技术、对劳动力素质要求不高的劳动力密集型产业。有的区域人口密集,经济活跃,市场发育良好,适于小城镇发展;有的区域人口稀少,即使是县城,其产业规模和人口规模都非常有限,小城镇只是行政意义上的城镇。不同特征区域、不同发展阶段区域,在产业选择和城市化发展上的具体措施和政策倾向是不同的。通过对中国以及各区域产业演进、劳动力转移和城市化发展的研究,有助于把握三者相互变化的关系、规律和机制,为中国城市化以及区域发展提供相关政策建议。

1.3 产业演进、劳动力转移与城市化发展的理论研究述评

(一)经典理论述评

发展中国家普遍面临着农村剩余劳动力向城市非农产业的转移。这方面的研究成果以二元经济理论为代表。刘易斯是二元经济理论的开创者,他首先提出并假定:经济社会由城市的现代工业部门和农村的传统农业部门构成,其中农业部门存在大量边际生产力为零的劳动力;在此前提下,只要工业部门的工资高出农业部门30%或50%,农村剩余劳动力就会源源不断地流向工业部门。刘易斯模型指出了发展中国家工业化和城市化发展的基本方向:工业化过程就是农村剩余劳动力向城市非农产业转移的过程。二元经济模型因此备受推崇,广为流传。但是由于有些假设与发展中国家的现实相去甚远,其在实际应用中受到局限。这些假设主要是:(1)劳动力是同质的,农业劳动力能够适应现代工业部门的工作;(2)只存在一个劳动力市场,劳动力可以在城乡间自由流动,城市中不存在失业;(3)劳动力转移过程中,农村与城市工资不会变化等。在刘易斯的模型中,特别强调了现代工业的发展,但是忽略了农业在经济发展中的作用,农业只是被动地为现代工业提供剩余劳动力;此外,也没有考虑第三产业的发展。这样,随着轻工业向重工业的演进、资本有机构成的提高,必然出现资本排斥劳动,制约农村劳动力的持续转移。后来在对刘易斯理论的批评和吸收中,二元经济理论得到发展与完善。

拉尼斯和费景翰针对刘易斯模型中对于农业发展的忽略进行了补充和完善。他们首先将剩余劳动力定义为边际生产力为零和边际生产力大于零但小于制度性工资两部分之和；劳动力转移因此分成三个阶段。转移的难度关键在于第二个阶段：劳动力的转移使农业总产量减少，农业剩余减少，能够供给的非农就业人口数量减少，粮食价格上涨，制约工业部门发展，劳动力转移停止。如果考虑到农业技术进步可以提高生产率水平，补偿因劳动力减少对农业总产出的影响，转移过程将继续进行。乔根森模型否认农业有边际生产力为零的剩余劳动力存在，也不承认工资水平固定不变的假设。他认为只有出现农产品剩余时，农业部门才会有一部分劳动力转移到工业部门中去；农业剩余规模越大，劳动力转移规模也越大；在劳动力转移过程中，工资水平是呈不断上升趋势的。农业剩余劳动力向非农产业部门流动和转移的根本原因在于需求结构和消费结构的变化，人们对粮食等农产品的需求是有限的，而对工业品的需求则是无限度的。迈因特的组织二元结构模型强调了市场的分割性，现代化部门与传统部门之间仅存在松散的联系，表现在产品市场上，是存在大量的差价；表现在资本市场上，是正规资本市场与高度分散的无组织的资本市场并存；在劳动力市场上，现代化部门很少为传统部门剩余劳动力提供就业机会，传统部门劳动力大量涌往城市的结果，只是增加城市的公开与非公开失业；在政府行为机制上，政府管理的有效性随着中心扩散到外围而递减，政府为传统部门提供的公共服务质量明显较差。

托达罗模型是在承认城市中存在失业的前提下来研究农村劳动力转移的。他认为劳动力迁移的决策取决于人们对城乡预期收入差异；而所谓预期收入差异是城乡实际收入差异乘以在城市中找到工作的概率。即使城市中存在失业，只要城市与农村收入绝对差异大，结果预期收入大于劳动力在农村中的平均收入，劳动力也会迁往城市，使城市失业率进一步扩大。为了生存，进入城市而未进入现代工业部门就业的农村剩余劳动力，会暂时选择非正式就业。拉文斯坦从"推力"和"拉力"的角度分析了农村剩余劳动力的乡—城转移。

"推力"来自于农村内部：农业生产率提高，农村人口过度增长，偏低的收入，不合理的土地制度等都迫使农业劳动力向农业以外转移并走向城市。"拉力"源于农村外部，即因城市就业机会多，工种选择余地大，劳动报酬高，生活条件优越等产生对农村人口的吸引力。农业劳动力在农村内部挤压力与城市吸引力的双重作用下走上非农化道路。

上述理论模型从不同角度分析了工业化与城市化进程中的农村剩余劳动力的转移机制，假设条件与分析内容不断接近发展中国家的现实，并关注产业之间的发展关系，为农村剩余劳动力转移的理论与实证研究提供了坚实的理论基础。但其局限性也是很明显的。主要是在特别关注某一方面问题时，往往忽略了另一方面的问题。如经典的刘易斯模型在假设条件上与发展中国家存在着距离；拉—费模型对农业发展的关注修正了刘易斯模型，但其他假定条件仍然没能突破；乔根森模型将农业发展放在首位，说明了农业发展在国民经济中的地位，但对农业过分强调，又忽略了工业、服务业在经济中的主导地位与发展趋势；迈因特模型指出了发展中国家市场的分割性，而对劳动力的转移趋势与途径缺乏关注；托达罗模型以拉丁美洲为案例得出的发展农业、农村，实现劳动力的就地转移的政策建议，不符合大多数发展中国家城市化发展不足的现实；拉文斯坦的推—拉理论提供了劳动力转移的动力视角，但是对作用力的种类、力度及其与劳动力的关系没有进行详细分析。在这些理论基础之上，本书的研究力图从农村剩余劳动力的供给和需求角度，分析产业演进中中国农村剩余劳动力转移的规律，假设条件力图具有一般性，以实现通过建立理论模型来解释发达国家和发展中国家现实，尤其是中国的城市化实践的目的，从而为中国特色城市化道路的阐述奠定理论基础。

（二）国内学者对产业演进、劳动力转移与城市化发展的研究简述

产业演进对城市化发展的影响主要集中在产业结构演进对城市化

发展的影响。国内已有一些学者研究了产业演进与城市化发展的空间关联。主要内容和观点有：

1. 产业演进与城市化发展之间存在数量上的相关关系。如蔡孝箴认为，以劳动力就业的部门构成来表示的工业化率、非农化率，与城市化率之间基本上是正相关关系，第二、第三产业的发展水平越高，城市化水平也越高。[1]

2. 产业结构演进是城市化发展的动力之一，不仅如此，产业空间布局特征、产业组织方式都会对城市化发展产生影响。如，顾朝林等将城市化发展的基本动力总结为四个方面，其中与产业相关的，一是产业的结构转换，二是产业的空间集聚；[2]叶裕民认为，产业结构的递次演进、产业的规模化和专业化是工业化带动城市化发展的四个条件中的两个；[3]杨荣南等人通过对战后台湾省产业结构的演进分析得出，产业结构演变所形成的农业与非农业地位的消长、比较利益的差异及劳动力吸收率的更迭造成城市化动力更替，是台湾城市化的动力机制。[4]

3. 产业结构变化影响人口区域分布和城市化模式。如钟水映等通过研究美国 20 世纪产业结构变化，发现人口区域分布经历了"非都市转折"和"再城市化"的过程，产业结构的变化是城市兴衰的决定性因素，不同产业支撑形成不同的城市化模式。[5]

4. 工业内部结构演变及其空间布局方式，分别对城市化速度、规模产生影响。如辜胜阻等认为，工业化轻重程度会对城市化速度产生影响，优先发展轻工业的国家，城市化速度往往比较快，优先发展重工

---

[1] 参见蔡孝箴：《城市经济学》，南开大学出版社 1997 年版，第 66 页。
[2] 参见顾朝林等著：《经济全球化与中国城市发展》，商务印书馆 2000 年版，第 170—172 页。
[3] 参见叶裕民著：《中国城市化之路——经济支持与制度创新》，商务印书馆 2001 年版，第 47 页。
[4] 参见杨荣南、张雪莲："台湾省产业结构演进与城市化初探"，《经济地理》1996 年第 3 期。
[5] 参见钟水映、李晶、刘孟芳："产业结构与城市化：美国的'去工业化'和'再城市化'现象及其启示"，《人口与经济》2003 年第 2 期。

业的国家,城市化速度往往比较慢;此外工业化集中程度对城市化规模产生影响,集中的工业化是强调工业高度集中于大城市,城市规模一般较大,而分散的工业化则将重工业分散分布于小城镇乃至农村地区,城市规模往往较小。①

5. 产业结构的演进,具体表现在主导产业的变化,主导产业特征不同,城市化发展速度不同。如杨治等通过分析发现,在工业化的起步期,主导产业为纺织工业,这一时期也是城市化起步期;工业化的扩张期,主导产业是钢铁、化工、机械、汽车、耐用消费品等重化工业,这一时期国民经济总体实力迅速增长,城市化加速发展,其年均增长率是工业化起步期的 1.5—2.5 倍;工业化的成熟期,城市化速度有所下降。②

6. 产业演进与城市化发展的空间关联性研究,如葛立成以浙江省为例,研究了产业集聚的指向、类型与城市化推进方式、扩张形态之间的内在联系;③李清娟以产业开发区为例,研究了产业的空间集聚与城市化发展的关系,提出产业与城市化联动发展。④

对农村劳动力转移问题,国内也有许多重要的研究成果,如:

1. 从劳动力供给来看,蔡昉等认为,中国是世界上人口最多的国家,同时中国目前又处在劳动年龄人口占人口比重最高的人口转变时期,因此,劳动力供给异常丰富将是一个长期的特征。劳动力由农业向非农产业转移,由农村向城市流动,成为工业化供给劳动力的最主要途径。⑤

2. 从农村劳动力转移的方式来看,辜胜阻等认为,面对庞大的农村剩余人口的压力,必须处理好多元化安置和主渠道安置的关系。在强

---

① 参见辜胜阻、简新华著:《当代中国人口流动与城镇化》,武汉大学出版社 1994 年版,第 244—250 页。
② 参见杨治、杜朝晖:"经济结构的进化与城市化",《城市经济、区域经济》2001 年第 4 期。
③ 参见葛立成:"产业集聚与城市化的地域模式——以浙江省为例",《中国工业经济》2004 年第 1 期。
④ 参见李清娟著:《产业发展与城市化》,复旦大学出版社 2003 年版。
⑤ 参见蔡昉等著:《中国劳动力市场转型与发展》,商务印书馆 2004 年版,第一章。

调多向分流的前提下,以农村城镇化、工业化、非农化作为安置农村剩余劳动力的主渠道。如果说,80年代的农村劳动力转移主要是进厂(乡镇企业),那么90年代的农村劳动力转移则是造城(走农村城镇化道路)。①

3. 从新中国的农村劳动力的转移来看,严书翰等认为,新中国历史上出现了两次大批农村人口流向城市的情况:第一次是在50年代实行工业化的第一个五年计划时期,大约有800万人从农村进入城市;第二次是始于80年代开端而在进入新世纪后数量不断攀升的"民工潮"。80年代中期约为3 000万,1995年超过5 000万,2002年达到9 460万。而2003年国家统计局农调总队的调查显示:我国有1.139亿农村劳动力外出务工,占农村劳动力的23.2%。②

4. 关于劳动力流动对区域经济发展的影响,刘乃全作了比较深入的分析。他认为,目前我国劳动力的流动并没有导致区域差距的缩小,由于这个差距存在,今后劳动力的跨区流动还有增强的趋势。③

5. 对农村剩余劳动力转移模式问题,刘怀廉认为,推进农村剩余劳动力转移必须从推动工业化入手,"民工潮"是转移的重要途径。不宜长时期内鼓励实行"离土不离乡"式的就地转移,实行"离土又离乡"的异地转移应作为转移的根本途径。④

6. 对农村劳动力流动及农民工生存状况的研究也成为近年来研究的热点,特别是社会学方面的研究。李培林等对中国进城农民工进行了比较全面、系统的经济社会分析,重点研究了农民工流动与城市化的关系、农民工进城与就业的关系、农民工形象与社会融合问

---

① 参见辜胜阻等著:《当代中国人口流动与城镇化》,武汉大学出版社1994年版,第9—10页。

② 参见严书翰等著:《中国城市化进程》,中国水利水电出版社2006年版,第220页(新华网,2004年5月16日)。

③ 参见刘乃全著:《劳动力流动对区域经济发展的影响分析》,上海财经大学出版社2005年版,第2页。

④ 参见刘怀廉著:《农村剩余劳动力转移新论》,中国经济出版社2004年版,第98页;刘怀廉著:《中国农民工问题》,人民出版社2005年版,第19页。

题。①

7. 在农村剩余劳动力转移的动力机制方面,刘家强认为中国农村剩余劳动力规模太大,远远超过农业生产资料(主要是土地)的吸纳量,导致人口压力,形成了挤压型的农业人口过剩,从而迫使农村人口转移,在城市无力承载的情况下就急剧涌入城市。②

综上所述,产业演进与城市化发展之间的关系研究,目前主要集中于产业结构演变与城市化发展之间存在的相关关系、因果关系;产业结构、主导产业演变与工业化、城市化发展阶段存在对应关系;产业与城市化发展之间存在的空间关联性等方面。这些研究大多是从宏观或者中观的角度,即从国家或者某一个区域的角度,研究二者之间的变化关系,对农村劳动力转移的影响方面的研究还不多见;而对劳动力转移问题则大多数从农村劳动力流动本身进行探讨,结合产业演进的关系进行分析尚不多见。本书力图在这两者的互动关系着力,探讨其作用机制和规律,在这方面作出新的努力。

1.4 全书的构架与主要内容

全书分为两部分十一章,具体如图 1-1 所示。两部分是理论部分和实践部分。其基本思路是:先从理论上探索产业演进、城市化发展与农村剩余劳动力转移的基本规律、供求均衡的条件、动力机制和理论模型;然后从实践的层面分析中国中心城市群发展、服务业发展、资源型区域省区发展等有关城市化重点领域的问题与发展趋势。在这个基础上,最后结合理论模型,提出中国新型城市化道路的内涵,并对中国城市化的进程和劳动力转移的规模作出具体预测,提出相关政策目标和建议。

---

① 参见李培林主编:《中国进城农民工的经济社会分析》,社会科学出版社 2003 年版。
② 参见刘家强著:《中国人口城市化——道路、模式与战略选择》,西南财经大学出版社 1997 年版,第 252 页。

```
┌─────────────────────┐      ┌─────────────────────┐
│第一章 中国特色城市化 │      │第六章 农村劳动力转移│
│道路的内容及其研究角度│      │理论模型的国际经验支持│
└──────────┬──────────┘      └──────────┬──────────┘
           ↓                             ↓
┌─────────────────────┐      ┌─────────────────────┐
│第二章 世界城市化实践 │      │第七章 农村劳动力转移│
│的共同理论问题        │      │与中国城市群发展     │
└──────────┬──────────┘      └──────────┬──────────┘
           ↓                             ↓
┌─────────────────────┐      ┌─────────────────────┐
│第三章 产业演进、劳动 │─────→│第八章 产业演进与中国│
│力转移与城市化发展的基│      │服务业发展           │
│本规律                │      └──────────┬──────────┘
└──────────┬──────────┘                 ↓
           ↓                  ┌─────────────────────┐
┌─────────────────────┐      │第九章 从劳动力转移到│
│第四章 城市化发展中农 │      │产业区域转移：区域发展│
│村劳动力转移的理论模型│      │中的产业选择与城市化 │
└──────────┬──────────┘      │发展                 │
           ↓                  └──────────┬──────────┘
┌─────────────────────┐                 ↓
│第五章 中国产业演进、 │      ┌─────────────────────┐
│劳动力转移与城市化发展│      │第十章 中国资源型省区│
│的动力机制            │      │城市化道路研究——以山│
└─────────────────────┘      │西省为例             │
                              └─────────────────────┘
        理论部分                      实践部分
                     ↓         ↓
              ┌─────────────────────┐
              │第十一章 走新型城市化 │
              │道路：中国特色城市化的│
              │发展目标与方针政策    │
              └─────────────────────┘
```

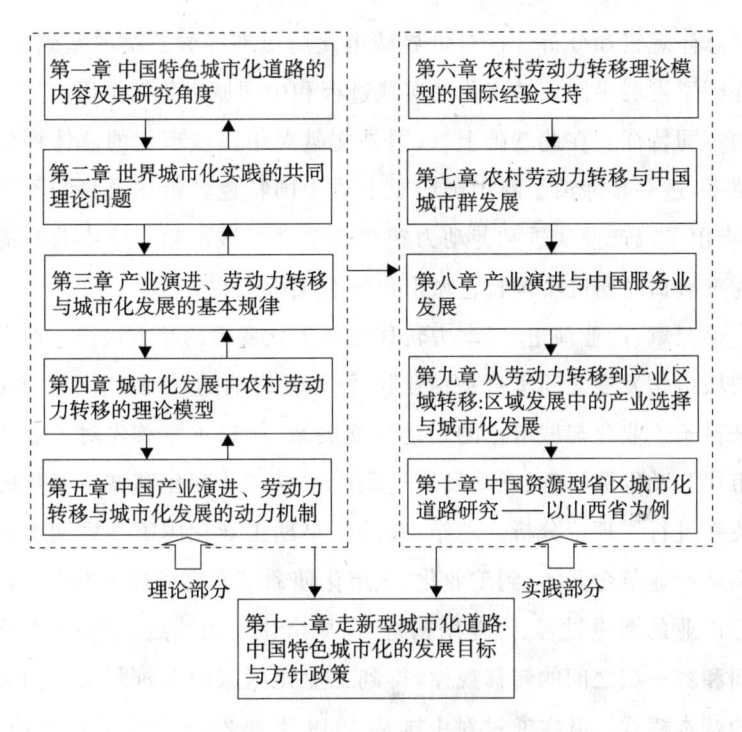

图 1-1 全书的逻辑结构

理论部分共有五章内容。在对世界城市化和中国城市化发展过程和特点进行梳理的基础上，着重对产业演进、城市化发展与农村剩余劳动力转移的基本规律、供求均衡、动力机制进行理论探索，并据此构造了一个用以刻画农村劳动力转移规律的理论模型。这五章内容是相互联系、互为一体的。从逻辑关系上，产业演进与城市化发展的动力机制，决定了农村剩余劳动力的供给和需求，而供给和需求相互作用的结果，又形成农村剩余劳动力转移的基本规律，这个规律可以用理论模型来表示。其中动力机制是基础，供求均衡是模式，基本规律是本质。研究的顺序上是由表及里、由外到内、从国内到国外。

第一章，讨论城市化道路的基本内容及其中国特色的历史演变过程，为什么要从产业演进和劳动力转移的角度来研究中国城市化道路这两个问题。

第二章，世界城市化实践的共同理论问题，是对世界城市化发展过程的总体观察和分析。在对世界城市化历史与经验总结的基础上，着重分析了发展中国家城市化的实践过程和中国城市化四个历史发展阶段的不同特征。在此基础上，以国外文献对中国城市化的总体评价为参照系，进一步厘清了新中国历史上对中国特色城市化道路的不同理解，指出了以产业演进和劳动力转移这个世界城市化实践中共同的问题为突破口对研究中国特色城市化的意义所在。

第三章，产业演进、劳动力转移与城市化发展的基本规律。产业演进与城市化发展之间本身是相互联系、相互影响的，二者之间的变化规律来自于工业化与城市化的互动发展关系，所以本章首先对工业化与城市化互动发展机理、互动发展过程中主导产业变化和城市变化的相互关系进行了理论分析。总结、提炼了早期工业化国家和后期工业化国家从产业革命开始，到工业化、城市化使命基本完成这一发展阶段的主导产业的演进过程、产业结构特点、城市化发展特点、劳动力在产业之间和乡一城之间的转移规律，得到工业化国家的农村剩余劳动力转移的基本模式。其次通过对中国从 1949 年到 2006 年主导产业演进、城市化进程和劳动力转移的分析，得出中国与工业化国家不同的农村剩余劳动力转移的基本规律。

第四章，城市化发展中农村劳动力转移的理论模型。供求理论模型的设想，源于刘—费—拉二元结构模型和劳动力转移的推拉模型，农村剩余劳动力从农村向城市迁移，是工业化进程中的一种必然趋势，劳动力的转移，既受到来自于农业、农村发展的推动力，也受到来自于非农产业和城市发展的拉动力，在二者共同作用下，决定了劳动力的转移过程。本章试图构建一般意义上的农村剩余劳动力供求理论模型，通过对农村剩余劳动力供给和需求的均衡以及相互作用的分析，解释不同背景条件下的工业化国家模式、发展中国家模式以及中国农村剩余劳动力转移的供求模式。

第五章，中国产业演进、劳动力转移和城市化发展的动力机制。本章是对上一章内容的进一步深化分析。首先详细研究了中国农业、农村中的推动力；其次研究了来自于非农产业、城市发展的拉动力；最后研究了来自制度变迁的摩擦力,从而进一步说明了中国农村剩余劳动力转移的供求模式形成的条件。

实践部分也有五章内容,首先对理论模型进一步在国际范围进行检验性的比较研究;其次选择了对产业演进和农村劳动力转移有重大影响的中心城市群、服务产业和区域发展等几个重要问题,进行了逐层推进式的分析。在这些研究的基础上,最后一章综合性地提出了走中国特色城市化道路的综合内容、目标体系和政策建议。

第六章,农村劳动力转移理论模型的国际经验支持。通过对发达国家、新兴工业化国家与地区以及发展中国家城市化实践中的劳动力转移机制的分析,进一步分析影响农村剩余劳动供给和需求的因素。在这个基础上,本章对劳动力转移的供求理论模型作了国际范围应用的扩展,给出了发达国家和发展中国家两种不同的转移曲线及解释。

第七章,农村劳动力转移与中国城市群发展。本章在对三大城市群劳动力吸纳机制进行比较分析的基础上,对劳动力供求理论模型进行了更加接近现实的改造,建立了期望工资模型,以更清晰地分析城市群对农村劳动力的吸纳机制。

第八章,产业演进与中国服务业发展。这一章以中国产业演进中的"短板"——服务业发展为分析对象,对服务业与城市化的关系,特别是与吸收农村剩余劳动力的关系进行了讨论,并提出了若干促进服务业发展的意见。

第九章,从劳动力转移到产业区域转移:区域发展中的产业选择与城市化发展。本章把分析重点转向区域层次。在对全国四大区域产业演进与城市化发展进行比较分析的基础上,以实施"中部崛起"战略的中部地区为重点,讨论了中部地区的产业选择与城市化问题。

第十章,中国资源型省区城市化道路研究——以山西省为例。这是上一章的延续和深化。通过对山西省资源型城市化道路的形成与存在问题的剖析,提出山西省及资源型地区未来的城市化道路以及城市发展方针。还以区域中心城市——太原为案例,对资源型区域中心城市的产业演进与城市化发展进行了实证分析,研究了太原市不同发展阶段产业演进与城市化发展的特征和机制,对资源型区域中心城市,尤其是太原市未来发展方向进行了讨论。

第十一章,走新型城市化道路:中国特色城市化的发展目标与方针政策。这是本书对中国特色城市化道路研究的总的结论和集中表述。在前十章理论分析和实证研究基础上,本章首先提出了中国特色城市化道路的基本内涵是走新型城市化道路,其基本内容是:遵循工业化与城市化、农村与城市、农业与工业协调发展的城市化规律;构建政府引导、市场主导、民营经济推动的城市化机制;推进人口、资源、环境协调发展的集约型、可持续的城市化进程;建立以有宏观调控的农村劳动力自由流动为中心内容的城市化人口流动管理体制;实施大中小、多产业类型共存的多元城市化模式。新型城市化道路的选择和推进,实际上就是城市化规律、城市化机制、城市化进程、城市化体制、城市化模式的应用、形成和结合发展过程,因此,必须在产业发展、城市发展、乡村发展、生产要素在乡城间的流动、区域发展等方面采取相应的对策与措施,以推动中国特色城市化道路的发展。

其次,又以中国农村劳动力转移的理论模型为指导,对中国城市化的进程目标和农村劳动力转移的规模进行了预测,给出了到2050年为止的年度数据。

最后,提出了中国城市化的综合政策体系建议。城市化的核心是加快农村劳动力向非农产业、向城市化地区的转移,而劳动力的大规模转移又涉及非农就业岗位的大量提供。因此,城市化政策应是一个体系。它包括既能促进大量就业岗位的创造,又能提升产业发展水平的产业政策;加快城市、城镇对乡村人口的容纳与承载能力的城市发展政策;改善乡村发展与生存环境、实行经济城市化与社会城市化互动的乡村发展政策;与乡村劳动力转移相关联的各种生产要素从乡村向城市流动的乡—城流动政策;适合于不同区域发展的城市化模式的区域协同政策。

第二章　世界城市化实践的共同理论问题

2.1　世界城市化发展的历史及其与中国城市化实践的比较

工业化、城市化是一国实现现代化目标发展过程中的必经阶段。目前,我国已进入工业化中期,城市化水平也迈入了加速发展阶段,面临着继续推进城市化进程、全面建设小康社会的艰巨任务。

历史经验表明,每个国家城市化的具体形式、途径和速度可能因各国工业化开始的早晚和进程的快慢、农业发展的程度、具体的历史环境以及文化传统的不同而有所不同,但作为一个客观历史过程,城市化在各国所表现出来的发展趋势和规律是基本一致的。因此,比较、分析和总结世界各国城市化发展的一般规律和成功经验,对指导我国的城市化建设具有重要的理论和实践意义。

2.1.1　对城市化起源的考察

研究城市化必须首先确定城市化的起点,正确认识城市与城市化的异同。城市(urban)一词在英语中早已存在,而城市化(urbanization)的概念是1867年才由西班牙工程师 A. 塞尔达(A. Serda)提出的。按照英语语法,城市是城市化一词的词根,城市化是城市一词的动词形式,表示转化为城市的一系列行为过程。显然,城市与城市化存在着天然的联系,但两者又有明显的不同。

城市化是一个动态发展的概念,而城市更多意义上是一个静态的地理概念。由这一差别而自然引致的另一个问题是,城市的出现是否就是城市化的开始,如果不是,那么城市化始于何时?它为什么会出现?

城市化的概念首先出现于西方国家,从国外有关城市研究的文献来看,虽然西方学者没有明确提出城市的出现即是城市化的开始,但他们在描述古代和中世纪城市的发展时,经常使用城市化一词。① 由此可以看出,西方学者一般把城市的出现作为城市化的开始。但是,他们也不否认工业革命对城市发展的巨大推动和工业革命前后时期城市发展的根本不同。他们指出"今天城市规模的扩大和城市数量的激增,与过去的城市发展全然是两回事",②"由工业革命引起的经济发展,最终造成了城市性质的根本转变"③。

不同于西方学者的观点,我国学者明确提出城市的发展史不等同于城市化史,城市化发端于产业革命而非古代城市。④ 今天,我国的大多数学者,包括本书作者都持这样的观点。

城市的历史非常悠久,考古发现,公元前7800年(误差为210年)在中东就出现了最早的城市——杰里科。⑤ 也就是说城市的历史已有9000多年。而城市在世界范围内真正发展起来并占据主导地位,却是在工业革命后短短200多年的时间里。以5 000居民的城市为标准,从公元1000年到公元1700年的7个世纪,欧洲城市人口占总人口的比重从7%—11%只提高到11%—14%。⑥ 而公元1800年到公元

---

① 参见巴顿著,上海社会科学院城市经济研究室译:《城市经济学》,商务印书馆1984年版;保罗·贝罗克著,肖勤福译:《城市与经济发展》,江西人民出版社1991年版。
② 巴顿著:《城市经济学》,商务印书馆1984年版,第15页。
③ 保罗·贝罗克著:《城市与经济发展》,江西人民出版社1991年版,第145页。
④ 参见高佩义著:《中外城市化比较研究》,南开大学出版社1991年版,第9、11页。
⑤ 参见保罗·贝罗克著:《城市与经济发展》,江西人民出版社1991年版,第8页。
⑥ 同上书,第137页。

1999年的2个世纪,世界城市人口的比重就从3%提高到46%。[①] 正是工业革命的发生使城市历史发生了重大变化。

工业革命不只使城市的数量增加、规模扩大,更重要的是工业革命使城市的功能、作用和地位发生了根本变化。工业革命前,农村是社会生产的中心、经济生活的中心,农村人口占据了世界人口的绝大多数,而城市是政治中心、文化中心、宗教中心和商业中心,城市不是社会生产中心,城市一般不具有自足的生产能力,要依附于农村,是"农村的人口和食物养育了城市"[②]。历史上许多著名的古代城市,如古代罗马,就是寄生性城市,依附于周围的农村生存。

工业革命后,城市与农村的地位发生了根本改变,大工业在城市的建立使城市逐渐取代农村成为社会生产中心和经济生活的中心,城市集中了绝大多数的经济资源,在经济生活中的作用越来越大,而农村日渐走向衰落,成为城市的原料供应地和劳动力输出源。马克思所说的"现代的历史是乡村城市化,而不像古代那样是城市乡村化"[③]就深刻地描绘了这一历史变化过程。

因此,从历史的角度考察,城市化应始于工业革命,城市化实质上是社会经济形态发生根本转变的过程,是工业经济、城市经济取代农业经济、农村经济并占据社会主导地位的过程。只有工业革命和工业化,才有能力推动这一历史进程,在此之前的社会是不具备这一条件的。

今天,由于城市在社会政治、经济、文化生活中的作用和影响不断增强,城市化问题已经成为一个多学科研究领域,城市化吸引了社会学、经济学、文化学、生态学等多种学科的关注,每个学科从自身的学科特点出发,侧重于研究其中某一个方面的问题。多学科研究虽然有利于全面认识城市化及其影响,但它也经常引起概念的模糊和认识的混乱,掩盖了城市化的本质。

[①] 参见1999年数据来自世界银行:《世界发展数据手册(2001)》,中国经济出版社2001年版。

[②] 保罗·贝罗克著:《城市与经济发展》,江西人民出版社1991年版,第125页。

[③] 《马克思恩格斯全集》第46卷(上),人民出版社1979年版,第480页。

因此,我们有必要明确,在经济学中,城市化的基本含义是指由于工业化而引起的人口由农村向城市的集中过程。经济学意义的城市化概念揭示了城市化产生发展的内在机制,是其他学科城市化概念的基础。

2.1.2 世界城市化历史与经验总结

(一)世界城市化发展的三个阶段

以工业革命为起点,按城市化发展水平和主要发展国家的不同,世界城市化历史可以划分为三个阶段(见表2-1)。

1. 1760—1850年是世界城市化的起步阶段

这一阶段,世界上出现了第一个城市化水平达到50%的国家——英国,但整个世界的城市化水平还很低。1760年,工业革命首先在英国爆发,圈地运动和大工业的建立使农村人口大量流向城市,传统城市规模扩大,并出现许多新兴城市。大工业发展需要生产要素在特定地域的相对集中,因此随着英国工业化的迅速发展,英国城市化水平稳步提高。1790—1810年间,英国成为"世界工厂",1825年,英国铁制品的产量占到世界一半。英国城市人口的比重由1750年的25%左右提高到1801年的33.8%。1851年达到50.2%,基本实现了城市化。[①]

除英国以外,世界其他国家的工业革命尚未开始或刚刚开始,传统农业经济仍占主导地位,整个世界的城市化发展还很缓慢,1800年世界城市化水平为3%,1850年提高到6.4%。[②]

表2-1 世界城市化发展阶段及特点

[①] 参见王章辉、黄柯可著:《欧美劳动力的转移和城市化》,经济科学出版社1999年版,第21页。

[②] 参见高佩义著:《中外城市化比较研究》,南开大学出版社1991年版,第13页。

所属阶段	时间跨度	主要代表国家	主要特点	世界城市化水平
起步阶段	1760—1850年	英国	英国实现基本城市化,世界整体水平较低	3%—6.4%
发展阶段	1851—1950年	除英国外的发达国家	发达国家实现基本城市化,英国达到高度城市化,世界整体水平有提高	6.4%—28.2%
普及阶段	1951年至今	发展中国家	发展中国家城市化速度加快,发达国家进入高度城市化,整个世界接近基本城市化	28.2%—46%

2. 1851—1950年是城市化在欧美发达国家快速发展阶段

这一阶段,法国、德国、美国等发达国家是城市化的主要推动国家。这些国家先后完成了工业革命,城市人口比重大幅提高,1950年发达国家城市人口的比重达到了51.8%,基本实现了城市化。其中,英国的城市化水平进一步提高,1951年城市人口比重上升到78.9%,达到高度城市化的水平。

这段时间,世界其他地区的城市化也得到一定发展,世界城市化水平由1900年的13.6%提高到1950年的28.2%,整个世界站到了加速城市化的起跑线上。值得一提的是,这一成绩是在世界人口由1850年的8千万增加到1950年的7.17亿、净增6.37亿人的基础上取得的。

3. 1951至今是城市化在全世界范围内普及发展的阶段

这一阶段,发展中国家普遍取得民族独立,致力于发展经济,其城市化进程明显加快,城市化水平由1950年的16.2%提高到1980年的30.5%,成为该时期世界城市化的主要推动力量。发达国家稳步推进,整体上达到了高度城市化水平。1999年整个世界的城市化水平为46%,接近基本实现城市化的水平。

20世纪50年代以来,世界人口的增长幅度很大,由1950年的约25亿剧增至1999年的60多亿,使20世纪成为一个前所未有的人口增长期。巨大的人口增长和国家的多样性发展使这一阶段世界城市化进程呈现出许多新的特点(见表2-2)。

表2-2 世界依地区划分的城市人口比重和城市化增长率(1950—2030年)

	城市人口比重(%)				城市化年增长率(%)	
	1950	1975	2000	2030	1950—2000	2000—2030
世界	29.8	37.9	47.2	60.2	0.92	0.81
发达国家	54.9	70	75.4	82.6	0.63	0.31
不发达国家	17.8	26.8	40.4	56.4	1.63	1.11
北美	63.9	73.8	77.4	84.5	0.38	0.3
拉丁美洲和加勒比地区	41.9	61.4	75.4	84	1.18	0.36
大洋洲	61.6	72.2	74.1	77.3	0.37	0.14
欧洲	52.4	67.3	73.4	80.5	0.68	0.31
亚洲	17.4	24.7	37.5	54.1	1.53	1.23
非洲	14.7	25.2	37.2	52.9	1.86	1.17

注:北美包括美国和加拿大。
资料来源:联合国人口署《世界城市化前景:2001》,纽约,2002年版。

发达国家在进入了高度城市化阶段后,由于城市拥挤、交通混乱、生态环境恶化等问题,在70、80年代出现了城市人口向郊区回流的逆城市化现象。发展中国家则由于工业化与城市化的不协调而出现超前城市化和滞后城市化现象。此外,城市群、大都市区等新的城市形态发展迅猛,引起越来越多的关注,世界各国对城市化理论的研究达到了前所未有的高度。

(二)世界城市化进程的一般规律

1.城市化和工业化水平、经济发展程度密切相关。通常一个国家工业化水平低、经济发展落后时,经济活动以农业为主,人口主要集中在农村;随着工业化水平提高,经济发展,产业结构的重心向制造业、服务业转移,人口从农村转移到城市,城市化水平提高。钱纳里对1965年常态发展下不同发展阶段国家平均的城市化水平进行分析后得出,人均国民产值为100美元时,国家的城市化水平为22.0%;人均产值为200美元时,城市化水平为36.2%;人均产值为500美元时,城市化水平为52.7%;人均产值为1 000美元时,城市化水平为63.4%。

2.城市化具有明显的阶段性。美国城市学家诺瑟姆研究发现:城市化全过程呈一条被拉平的倒S形曲线。第一阶段为城市化的初期阶段,城市化水平在30%以下,发展较为缓慢;第二阶段是发展阶段,城市化水平在30%至70%之间,城市化以加速度向前发展;城市化水平超过70%以后,进入第三阶段,城市化进程停滞甚至略有下降(见图2-1)。

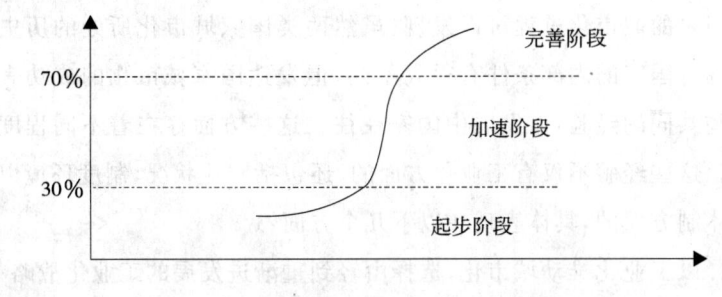

图2-1 城市化的发展阶段

也有学者提出城市化进程为5阶段:20%以前为起步阶段,20%—50%为加速阶段,50%—60%为基本实现阶段,60%—80%为高度发达阶段,80%—100%为自我完善阶段。

3.城市化进程中存在大城市的超前增长规律。聚集经济是城市化最明显的特征,城市规模越大,聚集效应越强,发展动力越大。虽然随着城市规模的增大,会带来负的聚集效应,但从目前的情况来看,还没有出现大城市规模过大、聚集效应为负的情况。18世纪至今的城市发展显示,大城市比一般城市具有更高的聚集效应,大城市的发展快于一般城市。以一百万人口以上的城市为例,1850年全世界只有3座,占城市人口的6%;1900年为13座,占城市人口的13%;1950年为115座,占城市人口的31.6%;1980年达到234座,占城市人口的40%。从1900年到1980年,大城市人口增加的速度,等于全世界人口增加的

3倍,等于城市人口增加的1.5倍。①

(三)对世界城市化进程的经验总结

在世界城市化进程中,发达国家走过了一条工业化推动城市化、城市化促进工业化的发展道路,实现了经济、社会的良性发展,是世界城市化进程中的典范。发展中国家由于历史遗留的二元经济社会结构和工业化战略选择上的偏差,曾经普遍出现了工业化与城市化相脱节的现象,具体表现为超前城市化和滞后城市化。通过对比发达国家与发展中国家的城市化进程可以发现,虽然两类国家城市化所处的历史环境和各自国家的内部条件有很大不同,但发达国家城市化的成功表现出一些共同的经验,而发展中国家往往在这些方面存在着不同程度的欠缺。这些经验不仅有工业化方面的,还包括农业状况、制度环境以及市场体制方面的,具体表现在以下几个方面:

1. 以工业化推动城市化,选择由轻到重渐进发展的工业化战略

城市化由工业化推动的特点不仅使工业化决定了一个国家城市化开始的早晚,而且工业化战略的不同对城市化进程的影响十分重大。英、法、德、美、日等国依照其工业化开始的早晚,先后实现了城市化,并且工业化较晚的国家,实现城市化经历的时间也较短。英国城市化水平从26%提高到70%用了90年,而日本只用了40年。

发达国家工业化的特点是,几乎所有国家都是沿着轻工业化—重工业化—高加工度化的顺序进行的。这种工业化顺序既适应社会需求的变化、符合生产要素比较优势的转换次序,又使城市在工业化早期有能力吸纳大量农业转移劳动力,能较好地促进城市化。发展中国家由于历史原因和发展经济的迫切愿望,大多选择了优先发展重工业的工业化战略,重工业资本有机构成较高,吸纳劳动力的能力有限,不利于农村劳动力向城市的流动,阻碍了城市化进程。例如实行这一工业化战略的印度和中国,都出现了明显的城市化滞后于工业化的现象。

---

① 参见包宗华著:《中国城市化道路与城市建设》,中国城市出版社1995年版,第38页。

2. 重视农业发展,通过农业革命促进农业劳动生产率提高,为城市化提供基础保障

城市化表现为人口由农村向城市转移的过程,城市化发展不仅需要工业化推动,而且需要农业提供足够的经济剩余。农业为工业化和城市化提供的经济剩余包括产品剩余、资金剩余和劳动力剩余,此外工业发展还需要农村的广阔市场。因此,农业发展是城市化的重要基础。

发达国家较好地处理了工业化、城市化和农业发展的关系,在工业化的同时进行农业革命。英国通过提高耕作技术和选用优良品种,使农业劳动生产率得到提高,保证了城市化发展。1700年,英国一个农业劳动力只能养活1.7人,到1800年能养活2.5人。美国通过推广农业机械化和发展集约经营,较早实现了农业的现代化。1820年美国一个农业劳动力能供养4.1人(包括自己在内),1900年为7.0人,1920年达8.3人,提高一倍,1950年比1920年又增加近一倍,达15.5人,到1964年,一个农民能养活33人。[①]

大多数发展中国家忽视农业,对农业投入少,农业生产仍然停留在传统耕作技术基础上,劳动生产率低下,农业收入增长缓慢,使城乡差距不断拉大。这一方面造成农业无力提供足够的经济剩余支持城市人口的增长;另一方面又使农村日渐凋零,大量剩余劳动力涌入城市,城市无力吸纳如此多的外来人口,造成虚假城市化和超前城市化。1950年以来,拉美国家的城市化就具有这些特点。虽然拉美国家的城市化水平已经接近发达国家,达到60%—70%,但城市化质量不高,城市中有大量失业人口,城市问题重重。

3. 取消限制人口自由迁移的障碍,实现劳动力自由流动,为城市化发展提供制度保障

以英国为例,在工业革命以前及其早期,英国人口流动受到旧时法律和交通条件的限制。阻碍自由迁徙的法律主要有1601年的《济贫

[①] 参见王章辉、黄柯可著:《欧美农村劳动力的转移与城市化》,社会科学出版社1999年版,第13、65页。

法》和1662年的《定居法》。法律允许居民在收获季节暂时流动,但限制长期流动。随着工业革命的深入,为适应工业对外来劳动力的需要,1795年至1846年,英国政府多次对《贫民迁移法》等进行修改,放宽对人口迁移的限制,1865年议会通过《联邦负担法》,限制定居地实际上已经不可能了,英国实现了人口的自由迁移。①

美国也有类似之处。南北战争前,美国北部已基本完成了工业化,城市发展较快,南部以庄园经济为主,盛行农奴制,劳动力流动少,城市发展缓慢,规模较小。南北战争后,美国南北方经济交流的障碍消除,劳动力可以自由流动,城市化速度大大加快,使19世纪60年代至20世纪20年代成为美国城市化发展最快的阶段。

2.2 发展中国家城市化的实践与特点

在世界城市化的发展进程中,发展中国家的城市化也表现出自己的特点,中国作为世界上最大的发展中国家,在城市化过程中不能不审视这些特点。

1. 城市化快速增长。从上个世纪开始,发展中国家的城市化发展速度开始大大超过世界平均水平。如非洲国家的城市化主要发生在争取国家独立的1910—1980年。1950年非洲只有两个城市——开罗和阿尔及尔的人口超过100万,到1950年撒哈拉地区就有六个新型城市地区的人口聚集了超过100万。② 而印度在1950至2000年之间,就有超过2亿人口移居到城市。③ 从全世界看,世界城市化人口从1800年的3%上升到20世纪80年代的40%,其中发展中国家在这个份额

---

① 参见王章辉、黄柯可著:《欧美农村劳动力的转移与城市化》,社会科学出版社1999年版,第17—19页。

② James D. Tarver, *Urbanization in Africa: a Hand Book*, Greewood Press, 1994, p.5.

③ Ashish Bose, *India's Urbanization: 1901 − 2001*, Tata McGraw-Hill Publishing Company Limited, 1978, p.4.

中间的比重是不断上升的。20世纪60年代到20世纪80年代是发展中国家城市化急剧发展的时期,表2-3显示出城市化水平与收入水平相比呈递减的趋势。

表2-3 城市人口:比重与增长(依国家类型的分类)

国家分组	城市人口在总人口中的比重(%)		城市人口的平均年增长率(%)		城市人口的平均复合年增长率(%)
	1960	1982	1960—1970	1970—1982	1960—1982
低收入国家	17	21	4.1	4.4	1.06
中等收入国家	33	46	4.4	4.2	1.67
工业化市场经济国家	68	78	1.9	1.3	0.69
工业化非市场经济国家	48	62	2.6	1.8	1.29

资料来源:Tolley与Thomas主编《第三世界的城市化经济与城市政策》,世界银行1986年版,第2页。

2. 城市化促进了收入水平的提高。城市化实质上是一个将潜在比较优势转为经济发展实际优势的过程。发展中国家资本缺乏,劳动力相对充裕,农村与城市有一个依存和转换的关系。发展中国家人口集中到城市后促进了经济发展和收入水平的提高。根据66个国家经济体在1960—1980年的经验,城市化的差异可由经济增长的相对差异来说明。一个全国性收入提高的过程,都伴随着城市和乡村的转换过程,因此,城市化在本质上是发展的一个源泉(参见表2-4)。[1]

3. 城市化的地区间差异扩大。第三世界国家和地区之中,拉丁美洲国家是城市化发展最快的地区,已有超过2/3的人口居住在城市,而在亚洲和非洲国家的城市化人口只有25%左右。[2] 其中非洲是全世界城市化人口最少的地区,1950年只有15%的人口居住在城市地区,在

---

[1] George S. Tolley and Vinod Thomas, "An Overview of Urban Growth: Problem, Policies and Evaluation," from *The Economics of Urbanization and Urban Policies in Developing Countries*, The World Bank, 1986, p.4.

[2] 同上书,第2页。

独立以后,人口允许自由迁移,城市人口大量增加,才达到20%—30%,以后又不断增长。①

表2-4 世界和东亚的城市化水平(1960—2000年)

国家或地区	1960	1970	1980	1990	2000
中国	18.7	21.7	25.7	31.5	39.1
中国香港	89.1	89.7	90.3	91.4	92.6
日本	62.5	71.4	78.3	83.0	85.9
朝鲜	40.2	50.1	59.7	67.4	72.9
韩国	27.7	40.7	54.8	65.2	71.4
中国台湾	58.4	62.4	66.8	—	—
印度尼西亚	14.6	17.1	20.2	25.2	32.3
马来西亚	25.2	27.0	29.4	34.2	41.6
菲律宾	30.3	32.9	36.2	41.6	49.0
新加坡	77.6	75.3	74.1	75.0	78.5
泰国	12.5	13.2	14.4	17.5	23.2
全世界	33.9	37.4	41.1	45.8	51.2
发达国家	60.3	66.4	70.6	75.6	77.8
不发达国家	21.4	25.2	29.4	36.8	40.4

资料来源:Yue-man Yeung, *Changing Cities of Pacific Asia: A Scholarly Interpretation*, The Chinese University Press, 1990, p. 28。

4. 出现显著的城市贫困化现象,表现为发展中国家有大量贫困和失业人口在城市中集聚。快速的城市化过程伴随着贫困和其他城市问题,主要原因是没有什么技能的农业工人从传统的农业领域被抛到城市,而城市由于产业转轨并不能全部接纳他们,这些人就有很大的部分处于失业状况。巨大的城市人口规模在发展中国家往往是贫困的象征,在现代城市中,贫困与财富、传统与现代的鸿沟正在形成,高楼大厦与贫民窟形成鲜明对比,失业状况严重。②

---

① James D. Tarver, *Urbanization in Africa: a Hand Book*, Greewood Press, 1994, p. 5.

② Bryan Roberts, *Cities of Peasants: The Political Economy of Urbanizatin in the Third World*, Sage Publications, 1978, p. 9.

5.空间分布不合理和过度城市化。城市化由于城市公共产品服务所带来的吸引力,会带来城市人口的过度拥挤。世界上一些高度城市化的中心城市,如圣保罗和墨西哥市,都出现在发展中国家。同时发展中国家城市的空间分布也不尽合理,如大多数非洲国家城市有这方面的问题,有60%的国家采用了发展首位(特大)城市来吸引农村移民。另一些国家则鼓励中小城市的发展,还有一些国家通过推动增长中心和增长极发展,采用适当的投资政策,来实行对城市和农村两方面发展兼顾的政策。[1]

2.3 中国城市化发展的实践及其特点

2.3.1 中国城市化发展的四个阶段

1949年新中国成立,中国工业化进程开始,城市化也开始发展。中国城市化发展可划分为以下四个阶段(参见图2-2)。

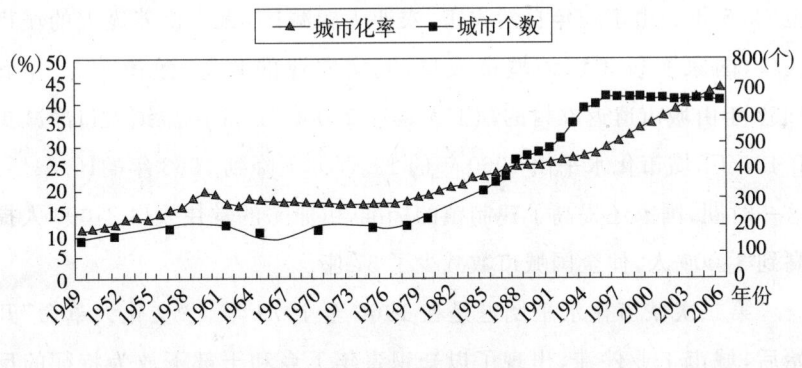

图2-2 中国城市化进程(1949—2006年)

---

[1] James D. Tarver, *Urbanization in Africa: a Hand Book*, Greewood Press, 1994, p.8.

1. 1950—1957年城市化起步和正常发展阶段

1949年至1952年是我国国民经济恢复时期,工农业生产全面发展。1953年至1957年"一五"计划时期,国家进行了大规模的工业化和城市化建设,进行了156个重点项目的建设,新建了6个大城市,大规模扩建了20个城市,一般扩建了74个城市。1950至1957年期间,是我国工业化起步的阶段,工农业产值由574亿元增加到1 375亿元,年均增长13.3%。这段时间,城市化与工业化是同步发展的。1949年我国城市化率为10.6%,1957年提高到15.4%,年均增长0.53个百分点,略高于世界平均速度。

2. 1958—1960年的超速城市化阶段

这一阶段是国民经济发展出现异常的3年。由于1958年提出总路线、"大跃进"和人民公社"三面红旗",全国大炼钢铁,导致工业化和城市化在脱离农业的基础上超速发展。工业产值占社会总产值的比重由1957年的43.84%提高到1960年的61.10%,相应的城市化率由15.4%猛升至19.75%。这期间潜伏的一个严重问题是农业生产产量年年下降。这是导致后来出现反城市化阶段的重要起因。

3. 1961—1976年的反城市化阶段

在这一阶段出现了两次城市化水平倒退的现象。第一次是1961至1965年。由于三年自然灾害,农业大幅减产,无力供养庞大的城市人口,国家实行了压缩城市人口、充实农业的政策,致使1961年到1963年由城市遣返农村的职工人数达2 000万,全国城镇人口净减少1 427万,城市化水平由1960年的19.75%下降到1963年的16.84%。这一时期,国家还提高了建制镇的标准,由原来的常住人口2 000人提高到3 000人,使全国城市数减少了37座。

第二次城市化水平倒退是在1966至1976年。"文化大革命"开始后,城市工业停滞,出现了以知识青年下乡和干部下放为特征的反城市化运动,另外"三线"建设由于布局分散,也未能提高城镇对非农产业的吸收能力。城市化率由1966年的17.83%下降到1976年的17.44%。

4. 1978年改革开放以后城市化快速发展阶段

改革开放给各个领域带来了活力。家庭联产承包制使农业生产率大幅提高,农业剩余增加,80年代中期以后以乡镇企业为代表的农村工业化推动了具有中国特色的小城镇发展。城市中工业焕发了新的活力,服务业起步发展,城市吸纳农业劳动力的能力增强,同时允许农民进城打工削弱了长期以来的城乡隔离政策的效果。90年代以后,越来越多的农村劳动力涌入城市打工谋生。此外,城市化受地区经济发展不平衡的影响,表现出各地差异较大的特点。总体上城市化呈现出与经济发展同步的特点。改革开放后我国GDP以年均9%左右的速度高速增长,城市化的提高也很迅速。1978年我国城市化率为17.92%,1990年达到26.41%,2000年达到36.09%,2002年达到39.1%,2007年已经达到45%,进入了加速城市化阶段。

应该看到,在这一阶段,受到城市建制标准降低的影响,我国城市化还带有由于建制城市化而导致表面加速的特征。1983年起,先后实行了市领导县体制和整县改市政策。1984年,国家又降低了设镇标准,乡改镇的步伐随之加快。在1978—1988年间,我国新设城市241座,平均每年增加24座,新设建制镇576个,平均每年设576个。[①]1990年城市数量为467个,1996年为666个,1999年稳定为668个,镇的数量1991年突破1万个,1999年达到将近2万个。

2.3.2 中国城市化进程的特点

1. 城市化进程与工业化不协调,城市化滞后于工业化,滞后于经济发展水平

1949年,我国工业产值比重为14%,城市化率为10.6%,城市化水平和工业化水平是大致相适应的。从"一五"时期起,我国开始实行重工业优先发展的赶超型工业化战略,并配合以压低农产品价格、限制

---

① 参见辜胜阻著:《非农化与城镇化研究》,浙江人民出版社1991年版,第109页。

城乡资源流动的城乡隔离政策,使我国在较短时间内建立了比较完备的工业体系,工业化程度不断提高。但是这种工业化战略不利于吸纳农业转移劳动力,再加上我国所特有的限制农民进城的户籍管理制度、城市居民福利制度等的存在,造成了城乡分割的二元结构,农民被固化在土地上,流动性很弱。这样,自50年代中期以来,城市化水平与工业化程度之间的差距就开始不断拉大,于70年代达到顶峰。改革开放后,由于农村改革和城市经济的发展,城市化加速以及我国特有的小城镇数量的大量增加,城市化与工业化之间的差距逐渐缩小(参见表2-5)。

表2-5 新中国成立以来我国的工业化率、城市化率及其差距

(单位:%)

年份	工业化率	城市化率	两者差距
1949	12.6	10.64	1.96
1952	17.6	12.46	5.14
1955	21.0	13.48	7.52
1957	25.4	15.39	10.01
1961	29.7	19.29	10.41
1964	31.7	18.37	13.33
1967	30.7	17.74	12.96
1970	36.8	17.38	19.42
1973	39.4	17.20	22.20
1976	40.9	17.44	23.46
1979	43.8	18.96	24.84
1982	40.8	21.13	19.67
1985	38.5	23.71	14.79
1988	38.7	25.81	12.89
1991	37.4	26.94	10.46
1994	41.4	28.51	12.89
1997	43.5	31.91	11.59
2000	43.7	36.22	7.48
2001	44.4	37.66	6.74

资料来源:根据历年《中国统计年鉴》计算。

由于我国城乡人口划分标准的不科学和不完善,许多学者经过研

究提出,我国实际的城市化水平要高于统计水平,并不存在城市化严重滞后于工业化的情况,但城市化滞后于工业化的特点是存在的。

我国城市化滞后于经济发展水平。按《世界银行》的有关数据,中国1995年人均GNP为620美元,城市化水平为30%,处于大致相同收入水平的11个国家城市化的平均水平为42.5%,即使按照购买力平价计算,中国的城市化水平也要低于其他国家10个百分点左右。

2. 农业发展和农村改革为城市化发展提供了支持,但农村工业化的发展模式起了反城市化的作用

80年代,家庭联产承包制在各地农村推行,激发了农民生产积极性,农业生产出现了新中国成立以来前所未有的快速增长。1979至1984年,粮食总产量增长了33%,由6 095亿斤增长到8 146亿斤,平均每年递增4.95%,人均粮食达到800斤,农民人均纯收入增长近两倍,平均每年增长12%。80年代中期开始,以乡镇企业为代表的农村工业蓬勃发展,使农村的非农产业比重大幅提高。乡镇企业的发展是在我国传统二元社会经济结构下,农民不能自由流入城市的情况下,自发形成的农村工业化过程。这种工业化模式的突出特点是离土不离乡、进厂不进城,劳动力职业转化先于地域转换。乡镇企业的分布十分分散,90%位于乡、村级单位。因此,乡镇企业的发展虽然带来了我国工业化程度的提高,但并没有导致相应的城市化水平提高,反而在一定程度上起到了反城市化的作用。

3. 限制大城市发展,优先发展小城镇,中等城市和小城市发展薄弱,城市化结构失衡

80年代初,我国就提出"小城镇,大战略",并制定出"控制大城市规模,合理发展中等城市,积极发展小城市"的城市发展方针。此后随着建制镇标准的降低和撤县改市的兴起,小城市和小城镇的数量大幅提高,目前我国有小城镇2万多个。小城镇规模小,不宜发挥聚集效应,工商服务业落后,许多小城镇还保持着农村的面貌,使城市化进程表现出缺乏工业化和人口支持的过度城镇化倾向。这个政策实施近二十年的结果是,全国50万人以上的大城市在全部城市人口

的比重有所降低,中、小城市在全部人口中的比重上升,但平均规模有所下降。

虽然我国一直对大城市采取限制发展的政策,但大城市明显的聚集效应使大城市的发展速度从总体上说仍处于领先地位。1949至1979年,特大型和大型城市在由各个规模等级城市带动的城市化中贡献率最高,其人口占全部城市人口的62.6%,中、小城市占37.2%。1997年,大城市的直接贡献比1979年下降了0.8个百分点,中、小城市上升了11.6个百分点,其他小城镇下降了10.8个百分点。[1]

4. 政府主导型由上而下的城市化,城市化进程的波动较大

计划经济体制的实行和重工业化战略的选择使我国城市化进程一直处于国家的严格控制管理下,城乡分隔的一系列制度限制了农民的自由流动和农村经济的发展,城市吸纳劳动力的能力很有限,城市化不可能自下而上展开,只能在政府主导下自上而下地发展。政府的政策导致了60、70年代的两次逆城市化过程。改革开放后,政府对城镇建制标准的放松,又使城镇数量大幅增加,城市化水平虚假提高。

在政府主导城市化发展的情况下,城市化进程受外部因素的影响较大,表现出偏离城市化一般规律和波动较大的特点。我国城市化进程受政治因素影响,表现出明显的起步—停滞—快速发展的阶段性特点,城市化发展波动较大。

2.4 国外文献关于中国城市化进程的研究与评论

三十年来国外文献对中国城市化的研究可分为三大类,一类是对中国城市化进程的总体评价和分析;另一类是结合中国改革开放的大背景对中国城市化的特殊机制进行分析;再一类是对中国各地区城市

---

[1] 参见夏小林、王小鲁:"中国的城市化进程分析",《改革》2000年第2期。

化的特殊性质的研究。下面对与本章内容相关的总体评价择要介绍如下：

1997年，沙希德·尤素夫（Shahid Yusuf）和吴卫平（Weiping Wu）对中国城市化的总体发展历程进行研究并得出了概括性的结论。他们以中国城市化的发展与世界模式的异同作为标准,把中国从20世纪以来的城市化发展过程分为四个阶段：

在20世纪头40年,中国城市表现出与世界相同的趋势,即主要表现为一条比较清晰的人口向港口和主要的交通枢纽城市集中的轨迹。但是40年代的战乱所导致的人口背井离乡停止了这个发展轨迹。

在20世纪50年代初中国建立共产主义制度与秩序以后,随着越来越多的人涌向城市特别是沿海城市,中国城市化又显示出与世界相同的发展趋势。

从20世纪60年代开始,中国的城市化基本陷于停顿,明显地脱离了正常的发展模式,当时有五分之一的人口在城市,但是这个份额实质上在下降。一些大城市——如上海——发展停缓,特别是1958年实施户口制度以后,基本上阻止了人口流向城市的浪潮,同时反而有几千万的城市年轻人从城市流向农村。这就使1960—1980年中国的城市化率一直维持在19%左右。

20世纪80年代以后,由于城市化的政策进行调整,又出现了城市化发展的正常路径。由于人口从农村流向城市的限制逐步减少,结果形成了人口从乡村到城市流动的潮流。由于经济的发展,中国的城市特别是东部沿海地区的城市,吸引了农村流动劳动力的主要份额。中国的城市人口1980年为1亿3 400万,到了1994年为4亿7 800万,15年平均年增长率达到6%,达到了发展中国家的最高水平,出现了世界经济史上还不曾出现过的高增长率。[①]

柯克比（Kirkby）在1985年也对新中国成立后的城市化发展过程

[①] Shahid Yusuf and Weiping Wu, *The Dynamics of Urban Growth in Three Chinese Cities*, Oxford University Press, 1997, p.4.

作了概括。他认为,中国的城市化可以分为三个阶段:

新中国成立后逐渐实现了一条"反城市主义"的路线,这条路线特别在20世纪60至70年代占了上风。这一期间,逐渐要把消费型城市变为生产型城市。但从1978年以后这一路线就被大量返城人口淹没了。

20世纪80年代开始实施小城镇战略,但它仍然不能解决中国在发展中面临的一个巨大问题:如何吸收数量巨大的已经不能被传统农业所容纳的农村剩余劳动力。原因是小城镇缺乏经济能力、规模经济和市场网络。

因而中国的大城市将取而代之,最终成为中国城市化发展的主要代表类型。柯克比还认为,中国有着发展中国家城市化所面临的所有困难,中国城市化经验独特的地方不是在于它的城乡边界的消失和克服,而在于它在可预见的将来会长期存在。中国城市化首先要控制其难以调控的人力资源,防止过度城市化;其次是在城市化正常发展的条件下,把它与工业化联系在一起,实现两者的协调发展。①

1886年世界银行的一个研究报告对中国城市化道路进行了总体评判。报告指出:从20世纪60年代起,中国想通过走一条新的城市发展道路,以避免其他发展中国家已出现的过度城市化问题。政策制定者通过从紧的城市化政策,以避免城市过度失业问题,通过发展内陆城市,以避免沿海城市的过度快速发展,另外通过提供健康、教育、住房和基本食品供给以及创造就业等措施来缩小城乡差距。中国的这种城市化政策带来了潜在和无效率的城市发展。政府要承担投资来抑制沿海地区、发展内陆地区、抑制大城市、发展小城市,它可以帮助消除沿海地区差别,但控制工作岗位和消费意味着政府必须通过控制城市增长和用于移民的基金来代替快速的城市化。这种政策避免了发展中国家出现的城市大规模失业,但也存在发展中国家的其他问题,如压制了轻工

---

① R. J. R. Kirkby, *Urbanization in China: Town and Country in a Developing Economy 1949—2000 AD*, Columbia University Press, 1985, p. 200.

业和消费品工业的发展。

报告进一步指出:20世纪80年代初期实行的发展小城镇的政策看起来会扭转20世纪60至70年代中国城镇发展缓慢的问题,但也有许多人怀疑,像中国这样的贫穷国家是否能够支撑起这样无效率的小城镇发展。如果小城镇政策被证明是不成功的,大量农村人口就会涌入大城市,中国由此会进入一个特殊的城市发展阶段,预计中国将出现一个类似于其他发展中国家的更加发展大城市的情况。[1]

1992年,经济学家帕金斯教授结合中国改革开放的大背景分析了中国城市化的走向。他认为,中国是否走出一条与众不同的城市化道路需要详细分析。在计划经济时期,由于可以控制农村劳动力流动,中国确实走出了一条与众不同的城市化道路。但实行市场经济改革之后,由于市场经济鼓励人们从低收入地区流向高收入地区,中国的劳动力应该是可以自由流动的,城市要素市场特别是劳动力市场的发育,会更加促进农村劳动力向城市流动。因为在一个功能完备的劳动力市场中,劳动力在农村和城市之间是互相联系的。因此,中国的经济改革和政治上的分权将使中国的城市化转向亚洲国家发展的主流轨道,大量的农村劳动力进入城市也会使中国的城市人口增长达到亚洲国家的水平。[2]

乔治·高登在1992年认为,中国历史上城市人口一直在20%左右,在汉朝大约为17%,宋朝约21%,这个情况到了20世纪上半叶还存在。这说明中国是一个农业大国,但随着1950年之后的工业化和城市化,中国已经打破了历史上的比例,正在走向快速城市化的行列。这个潮流要到中国绝大多数人在城镇定居之后才会结束。

他还认为,中国的城市化道路与其他发展中国家不同,如果说印度

---

[1] William L. Parish, "Urban Policy in Centralized Economies: China," from *The Economics of Urbanization and Urban Policies in Developing Countries*, edited by George S. Tolley and Vinod Thoms, The World Bank, 1986, p. 73.

[2] Dwight H. Perkins, "The Influence of Economic Reforms on China's Urbanization," from *Chinese Urbanization: What Model Now*, edited by R. Yin-Wang Kwok, M. E. Sharpe, Inc., 1990, p. 78.

的城市化过程充满了农业破产和农业成为工业的附庸,农村劳动力的进城成为一个没有控制的移民潮流,导致了巨大的失业人群和农村地区的荒芜的话,那么中国的经济发展和改革则加快了农村繁荣、农村工业和农村乡镇的增长,这几个方面的结合推动了中国农村地区的城市化。中国城市化一个要处理好农村的移民问题,另一个就是要加快发展大城市,改变20世纪60—70年代压制大城市的政策。农村劳动力在20世纪80年代初期曾实行"离土不离乡"政策,但日益增加的向大城市的移民数量说明了这一政策的失败,大城市在中国城市化发展中有其特殊的作用,今后会加快发展。[1]

在1994年出版的《无形的墙:1949年之后的中国城市化》一书中,作者Kam Wing Chan概括了西方学术界对中国城市化道路总体研究结论的两个不同发展阶段。

第一阶段是20世纪60—70年代,通过对比第三世界城市化过程中所存在的贫困化和过度城市化问题,由于中国的城市化避免了许多城市病,因而被许多西方学者引为城市化的样板。当时西方学术界对中国城市化的主流观点是,1949年后到60年代,中国提供了一条新的城市化发展道路,这条道路不同于大多数国家城市化道路的主要特征,就是既实现了一定的城市化,又控制了城市人口的膨胀,走了一条与过度城市化相反的反城市化道路。主要措施有,动员城市人口迁往农村,实行强有力的城市移民控制,对城市消费倾向的抑制,发展乡村工业,实现工业发展的"草根化"等等。"大跃进"之后,中国开始拒绝苏联式的不平衡的城市和乡村发展模式,代之而起的是农业和工业的相对平衡发展模式。在这种背景下,中国的反城市化倾向是当时实现乡—城平衡、促进农业发展的逻辑产物。1957—1978年,中国在保持城市稳定的同时减少了城乡差距,取得了工业与农业的相对平衡发展。这就与当时第三世界实行快速城市化从而产生大量的贫困现象和苏联实行

---

[1] Gregory Eliyu Guldin,"Urbanizing China: Some Startling Conclusions," from *Urbanizing China*, Green Wood Press, 1992, p. 223.

快速工业化和集体化从而造成的城乡失衡局面形成了鲜明的对比。因而,当时许多西方学者把中国的城市化道路当做有异于第三世界和苏联计划经济发展的第三条道路来认识,认为中国的经验可以被第三世界所借鉴。

20世纪80年代之后进入了第二阶段。随着中国改革开放进程和研究资料的公开,西方学者对上述观点进行了总体的修正。如,有的认为原来的关于中国城乡差距的计算有比较大的误差;有的认为中国在20世纪60—70年代的发展路线并不是真正地优先发展农村,而是一条优先发展重工业的道路;还有的认为,中国在作为一个巨大的发展中国家的同时,中国的城市化仍然更多地带有苏联计划经济模式的基本特征,在早期工业化时期的移民和城市化的具体做法上有许多相似之处。中国城市化模式的独特之处,如居民管理和就业限制、控制农村人口流向城市、限制大城市的发展、忽视对农村基础设施的投资等,都可以从早期的苏联和东欧国家的可比较的阶段中找到类似内容。基本的结论是:中国在改革开放之后城市化道路和城市政策必须转向。[1]

通过对世界城市化历史的回顾和中国城市化实践的分析,可以看到,在产业演进中实现农村劳动力转移既是世界城市化发展过程的一般规律,也是中国城市化的实践要着重解决的突出问题,更是探寻中国特色城市化道路的中心问题。只有抓住这个"牛鼻子",才能启动对中国特色城市化内在机制的研究,构建中国特色城市化理论的平台。因此,本书以下各章将循着这个研究思路,围绕产业演进和农村劳动力转移关系问题对城市化问题进行深入的探讨。

---

[1] Kam Wing Chan, *Cities with Invisible Walls*: *Reinterpreting Urbanization in Post-1949 China*, Oxford University Press, 1994, pp. 7 – 11.

第三章 产业演进、劳动力转移与城市化发展的基本规律

农村劳动力转移是指农业剩余劳动力向非农产业、农村剩余劳动力向城市及城镇的转移过程,涉及产业与空间的双重转移。农业劳动力向非农产业转移是工业化过程的基本内容,农村劳动力向城市、城镇转移是城市化的主要特征,而工业化与城市化本身又是相互联系、相互影响,构成经济发展与结构变革同一过程的两个方面。从工业化与城市化二者关系演进来探讨中国农村劳动力转移的基本规律,有助于理解与把握农村劳动力转移的一般规律以及中国农村劳动力转移的基本特征。

3.1 工业化、城市化进程与相互关系

工业化、城市化是经济发展中产业结构、空间结构的变迁过程,二者是互为动力、共同发展的,这一点已经被发达国家的经验所证实。理论上的分析可以为工业化、城市化进程中农村劳动力转移规律的研究提供基础。

3.1.1 工业化与城市化相互关系的实践特征

从早期工业化国家经济发展的历程来看,工业化与城市化之间不但存在高度相关性,而且在不同发展阶段,二者的关系表现与动力结构会有所不同。一般而言,在工业化、城市化发展的初期阶段,工业化是

经济发展的引擎,这个阶段工业增长速度很快,成为吸纳农村剩余劳动力的主要部门。由于规模经济与集聚经济的作用,工业化推动了城市化的发展。在工业化与城市化发展的中期阶段,其产业发展最为明显的特征有两个,一个特征是第三产业与工业共同发展,两者发展速度不相上下,在某种程度上,第三产业发展甚至还超过了工业增长的速度,成为吸纳农村剩余劳动力的两个主要部门;另外一个特征是工业内部结构发生变化,由轻工业向重工业发展,中间产品增多,能源消耗增大,对规模经济与集聚经济的要求也越来越高。在这一阶段,工业化与城市化表现为互为动力、共同发展的阶段性特征。在工业化与城市化发展的后期阶段,第三产业发展的速度完全超过了工业,成为吸纳农村剩余劳动力的主要产业部门。工业化与城市化的这种关系演进特征,源于专业化经济与聚集经济的相互作用。

3.1.2 工业化与城市化相互关系的理论基础

从经济发展进程看,技术革命引起产业分工不断深化,并通过专业化经济的作用,促进了工业化的起步与发展;非农活动的空间聚集带来规模报酬递增,加速了城市化的扩张。可以说,专业化经济与聚集经济的存在是工业化与城市化相互关系存在的理论基础。所谓专业化经济是指由于劳动分工引起专业化水平的提高而带来的经济产出的增加;聚集经济是一种通过规模经济与范围经济的获得来提高效率和降低成本的系统力量。[①] 分工提高了生产的专业化水平,产生专业化经济,同时引起产品种类增加,产品之间的交易费用提高。其中交易费用包括几个方面:一是运输费用,与交易产品的数量有关;二是固定交易费用,是指每次交易中确定价格所需的固定的议价费用;三是狭义内生交易费用,是指交易中人们为了从分工中获得更多的利益,而不惜减少别人从分工中得到的利益,结果造成分工利益不能充分利用或者资源配置

---

① 参见冯云廷著:《城市聚集经济》,东北财经大学出版社2001年版,第3页。

产生背离帕雷托最优的扭曲。这种交易费用可以通过市场的多边议价而得到降低。[1]

以上三项交易费用都与聚集经济有关,可以作为聚集经济产生的三个条件:空间上的接近性可以降低运输费用;交易技术,或者说基础设施的改善,可以降低固定交易费用;人口集聚(或者说市场)可以通过人与人之间距离的缩减而降低内生交易费用。随着分工的深化,产品交易的数量与次数增加,交易费用增加,会抵消分工带来的专业化经济。通过人口与经济活动在空间的聚集,可以降低产品与要素的运输费用;通过共用基础设施,降低劳动者付出的固定交易费用(交易技术提高,劳动者付出的时间相对减少);通过人与人之间的面对面交易,可以降低内生交易费用。分工与专业化提高了生产率水平,降低了生产成本;而生产不同种类产品的厂商聚集在一起,既可以节约交通运输成本,又可以节约交易成本。所以,聚集经济效益通过提高交易效率,促进了分工的深化,强化了经济活动在空间的集聚,推动了城市化的发展。

3.1.3 工业化与城市化相互关系的内在机制

工业化和城市化相互关系的互动过程可以描述如下(如图3-1所示)。

从工业化过程看,随着制造业内部分工细化,企业与企业之间的协作能力加强,引起经济组织变革,例如生产方式从以个人或家庭为单位的手工作坊制向社会化大生产的工厂制转变,从单工厂制向具有多个工厂的公司制转变,从公司制向集团制转变等。经济组织的变革使个人与企业的专业化经济程度提高,使企业内部、企业之间、制造业内部各产业之间的分工演进加快,中间产品增多,迂回生产经济产生。

---

[1] 参见杨小凯、黄有光著:《专业化与经济组织——一种新兴古典微观经济学框架》,经济科学出版社1999年版,第57、81、108页。

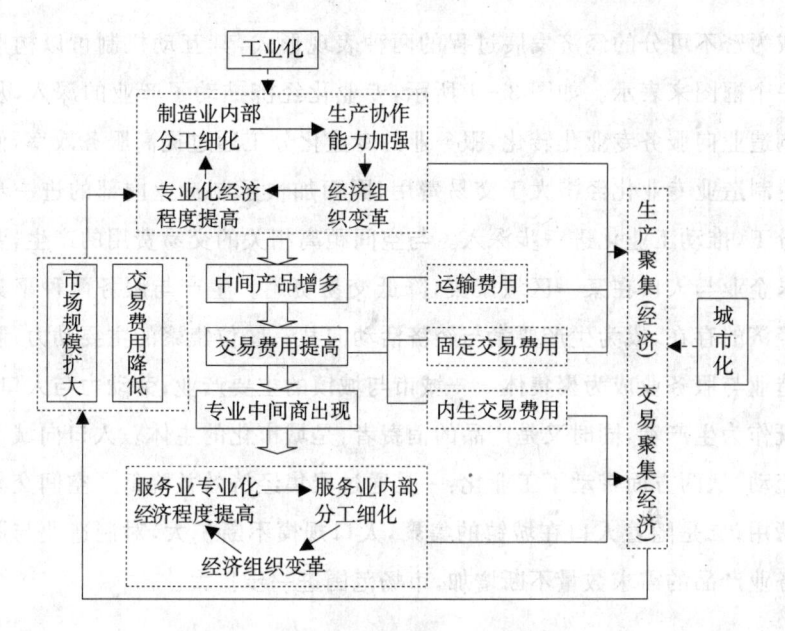

图 3-1 工业化与城市化的互动发展机制

城市化的过程包括两部分。一部分是由于工业生产的不可分性，产品与产品之间的运输成本与固定交易成本，要求制造业的生产集中在某一区域范围内，通过共用基础设施，降低交易成本，取得聚集经济效益，这部分可称之为生产聚集经济。另外一部分相对而言可称之为交易聚集经济。制造业内部分工细化，引起产品之间交易次数及交易成本提高，于是，专门从事产品贸易的专业中间商出现了。专业中间商的出现，可以提高个人与企业的专业化水平，带来专业化经济，以抵消或者降低交易费用。其中空间距离的缩减可以降低内生交易费用，产生市场中心。专业中间商的规模越来越大，其内部出现分工细化，逐步提高专业化经济程度，形成服务性行业。生产在空间的聚集，往往形成生产型城镇，交易聚集经济产生的结果，往往形成服务型城镇。实际上二者经常是融合在一起的。

如果说专业化经济的存在推动了工业化的逐步深入，那么，推动城市化发展的主要动力则是源于交易费用的聚集经济。专业化经济与交易费用的两难选择交织在一起，就把工业化与城市化紧紧联系在一起，成为密不可分的经济发展过程的两种表现形式,其互动机制可以构造一个框图来表示。如图3-1所示,专业化经济推动了产业的深入,从制造业向服务专业化转化,服务业的专业化分工通过提高服务效率,使得制造业专业化经济大于交易费用,因而加快了制造业内部的进一步分工,推动工业化进一步深入。与空间距离相关的交易费用的产生,要求企业与人口在某一区域聚集,降低交易费用。生产与服务两种聚集经济的存在,成为生产要素与经济活动向某一区位集聚的主要动力;制造业与服务业成为聚集体——城市与城镇的主要产业;劳动力与人口,既作为生产者,同时又是产品的消费者,是城市化的主体。人口向城市流动,从两方面带动了工业化:一是通过聚集经济效益降低了空间交易费用;二是随着人口在城镇的集聚,人口规模不断扩大,对制造业与服务业产品的需求数量不断增加,市场范围进一步扩大。

3.2 工业化、城市化关系演进与产业结构变迁

3.2.1 工业化与城市化关系演进特征

劳动力转移的规模与速度,取决于工业化、城市化的发展,取决于二者关系的演进及协调。特别是工业化与城市化的关系演进表现出的明显的阶段性特征,决定了农村剩余劳动力转移的规模与速度。

按照工业化与城市化发展关系的演进过程和特征,可以把它们分为起步期、成长期、成熟期这三个发展阶段。

起步期以工业化的发展为核心,工业化促进了城市化的发展。这个时期工业占据主导地位,服务业围绕着工业尤其是制造业的发展而发展。工业化初期阶段,制造业内部分工水平相对还比较低,在市场上交易的产品种类比较少,专门从事产品交易的专业服务人员也比较少。

这个时期制造业相对于农业与服务业而言,专业化分工程度是比较高的,劳动生产率水平也比较高,对劳动力等生产要素的吸纳能力相对较大,在国民经济中所占份额虽然低于农业,但增长速度是比较快的。这一阶段城市化的发展是以工业化的发展为前提,城镇的功能是为制造业的发展提供集聚场所,并提供相应的交通通信等基础设施,产品的交易数量与种类相对比较少;城镇的发展主要是靠工业企业的扩大再生产所吸引的人口与资本的聚集,表现为城市规模膨胀、数量增加,城市的外延扩大,农村剩余劳动力向城市转移的速度开始加快。

成长期是工业化与城市化发展的中期阶段,二者互动发展的特征最为明显。随着工业化演进,工业分工逐步深化,中间产品增加。这一方面促进了资本密集的生产资料工业的发展,另一方面也使产品之间的交易成本提高,对专业中间商以及专业化服务经济的需求不断提高,推动了服务经济与城市化的发展。这一阶段城市化对于工业化的推动作用表现在,通过共用基础设施,降低了生产成本;通过面对面的交谈以及知识的溢出效应,降低了企业的交易成本;服务业的分工细化表现在对于企业的生产服务与对于人口的生活服务加强,吸引人口进入城市;人口规模的扩大与市场范围的扩张,对工业产品的需求增加,为工业专业化生产进一步提供了市场条件。资本密集的生产资料工业产生"资本排斥劳动",使得工业对于劳动力的吸纳能力随着工业化的深入而降低;服务业是劳动力密集型产业,随着其比重提高,逐渐成为吸收劳动力的主要产业。从空间转移来看,在这个时期,农村剩余劳动力已经快速、稳步地向城市转移,城市化率有一个大的飞跃。

在工业化与城市化的成熟期,工业化的作用开始淡化,城市化逐步成为经济发展的重心,具体表现为服务业功能的强化。工业劳动生产率提高,专业化水平提高,工业生产总值在国民经济总产值中的比重减小,工业对劳动力的吸收开始呈现负增长或者零增长。服务业分工深化,生活服务业的重要性加强,服务业对于空间上的可接近性的要求,使得城市发展的主导产业由工业演变为服务业,服务业与城市化之间互相促进,现代服务业、信息产业等成为吸收劳动力的主要产业。农业劳动力的生产率水平与非农产业的差距减小,农村劳动力向城市的转移非常缓慢,城市化发展主要表现为质量的提升。

3.2.2 结构变迁中农村剩余劳动力转移的规模与速度

随着工业化、城市化的发展,二者相互关系发生变化,并对农业、农村劳动力向非农产业、城市的转移规模与速度产生影响。除此之外,还会受到不同区域发展背景、发展战略的影响。农村劳动力向城市转移的规模与速度,可以用城市化率的年均增长百分点(当年城市化率减去上一年城市化率,对发达国家的研究基本上使用的是十年差值的平均值)与城市人口年均增长率来衡量;对农业劳动力向非农产业转移的规模和速度,可以用工业就业年均增长率(制造业或第二产业)、服务业(或第三产业)就业年均增长率、非农就业年均增长率来衡量。

根据工业化、城市化及其二者关系演进的特点,通过对部分发达国家的经济发展与结构变迁的研究,可以得出如下结论:城市化率在20%以下,为工业化、城市化起步期,工业化、城市化发展速度相对较低,并有开始加速增长的趋势;城市化率在20%—70%为工业化、城市化的成长期,工业化与城市化稳步、快速增长;城市化率在70%以上,为工业化、城市化成熟期,工业化与城市化的速度放慢,如表3-1所示。这是一个大致的规律,具体到不同国家,还是有些差别。相对而言,早期工业化国家农村人口向城市转移的规模与速度相对要慢于后期工业化国家。如美国的城市化率从1840年的10%开始进入了快速增长时期,到1970年城市化水平达到73%,用了130年时间,年均增长0.50个百分点,增长最快的时期是在1940—1960年,城市化率年均增长0.65个百分点。法国用了130年时间,将城市化水平从1846年的24%提高到1975年的73%,年均增长0.38个百分点。而日本仅用了50年时间,就将城市化水平从1920年的18%提高到1970年的72%,年均增长1.08个百分点,是早期发达国家年均增长率的两倍左右。

表3-1将工业化与城市化关系演进阶段中的农村劳动力、农村人

口向城市转移,农业劳动力向工业、第三产业转移,工业化演进与主导产业递进等几个方面的关系联系起来,便于从二者关系的角度,从农村劳动力的产业推动力的角度来理解农村剩余劳动力转移的规律。

表3-1 工业化与城市化发展不同时期农村劳动力转移的主要特征

发展阶段	起步期	成长期	成熟期
二者关系	工业化推动城市化	工业化、城市化互动发展	城市化质量提升
城市化率	20%以下	20%—70%	70%以上
城市化率年均增长百分点	0.1—0.3	早期发达国家(如美国):0.3—0.7;后期发达国家(如日本):0.8—1.2	0.1—0.2
工业就业年均增长率(或制造业年均增长率)	0.4%及以上	以城市化率50%左右为界,之前工业就业与城市人口同比例增长;之后工业就业增长率下滑,二者差距拉大	0.1%及以下
服务业就业年均增长率	低于0.4%	以城市化率50%左右为界,之前服务业就业增长低于城市人口增长;之后服务业就业增长高于城市人口增长	现代服务业增长较快
工业化阶段标志	轻工业	重化工工业、重加工工业	信息产业
主导产业	劳动力密集型产业	资本密集型产业、技术密集型产业	知识密集型产业

注:表中内容是根据有关数据计算的结果与产业演化规律总结得出。
数据来源:中国社会科学院世界经济与政治研究所综合统计研究室编《苏联和主要资本主义国家经济历史统计集(1800—1982)》,人民出版社1989年版;1980、1990、1998年数据来源于《国际统计年鉴2000》;1955—1980年劳动力就业的资料来自于《国际经济和社会统计资料(1950—1982)》。

从农业劳动力向非农产业转化的特征来看,在起步时期,吸收劳动力的主要产业是工业,并且主要是以劳动力密集型产业为主的消费品工业,一方面对农村劳动力的基本素质要求不高,便于农业剩余劳动力向非农产业的转化;另一方面对劳动力的吸收数量大于服务业的吸收数量,工业与服务业的就业增长率分别在0.4%以上与0.4%以下。进入成长期以后,工业化与城市化的互动发展特征最为明显。工业化推动城市化发展,反过来,城市化也带动工业化发展。在这个时期,经济快速稳定发展,非农化率、城市化率迅速提高。以劳动力密集型产业为主的消费品工业发展的主导地位逐渐被资本密集型、技术密集型的资本品工业所替代,表现在工业劳动力的年均增长率逐步下降,与城市人口的年均增长率差距开始扩大(大致是从城市化率50%左右开始)。恰恰是从这个时期开始,服务业以及第三产业的发展速度明显加快,对劳动力的吸纳能力较大,表现在服务业或者第三产业的就业年均增长速度高于城市人口增长速度。美国这一特征比较明显,如图3-2所示,从1920年以后,服务业增长率高于同期城市人口增长率,制造业增长率快速下滑,与城市人口增长率差距拉大。

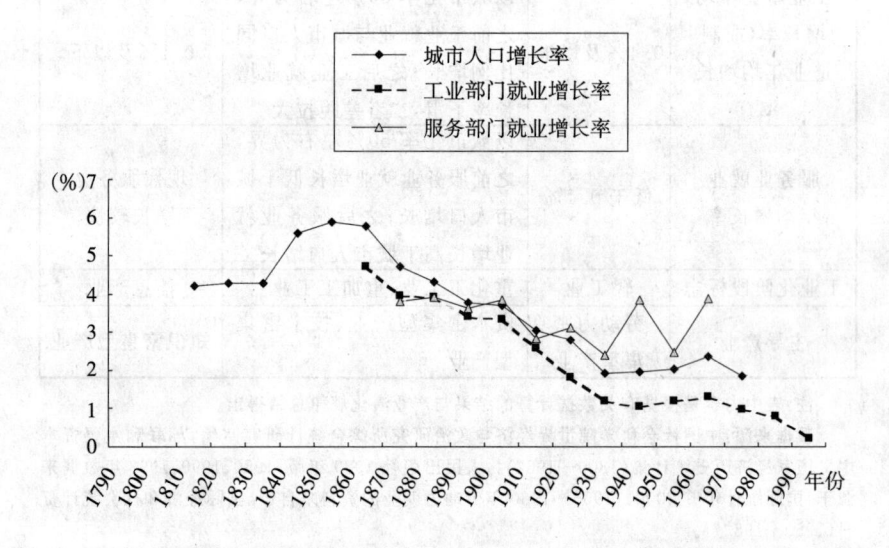

注:人口与劳动力增长率是每十年的滑动平均增长率;工业部门是统计资料中的包括采矿、制造、建筑在内的物质生产部门;1940年之后的工业就业增长率是用制造业就业增长率代替的;服务部门就业是用总劳动力减去农林渔业、物质生产部门的就业人数得到;1940、1950、1960年的就业增长是用非农就业增长与制造业就业增长推算近似得到。

资料来源:同表3-1。

图3-2 美国1790—1990年城市与非农就业增长

作为后期工业化国家,日本在工业化时期的工业就业年均增长率要略高于美国(如图3-3所示)。1910年工业化起步时期基本上保持了年均1%及以上的增长速度,1920—1930年工业就业增长率为0.4%—0.6%(美国同期为0.4%—0.5%,1860—1870年,二者的城市化率均为25%左右)。当城市化率到达70%及以上,日本的工业就业年均增长率为0.2%左右,美国同期为0.1%左右。日本的工业就业总体增长速度要高于美国,实现工业化、城市化的时间也要比美国短。当制造业或者工业就业年均增长率下降到0.1%及以下,城市化率年均增长百分点下降到0.1—0.2,城市化率达到70%以上,经济发展就进入了以信息产业为主的后工业社会。

注:加工工业包括食品、纺织、木材加工、印刷、化学、建材、金属、机械及其他。
资料来源:中国社会科学院世界经济与政治研究所综合统计研究室编《苏联和主要资本主义国家经济历史统计集(1800—1982)》,人民出版社1989年版。

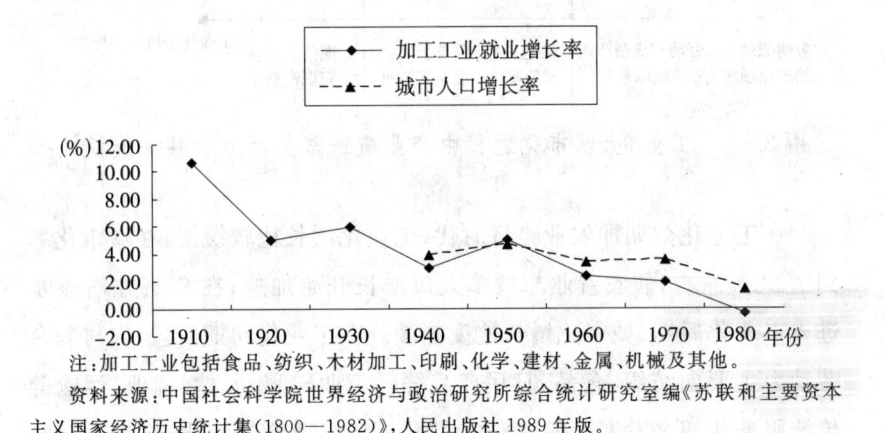

图3-3 日本1910—1980年工业与城市人口增长率

3.2.3 工业化国家产业变迁与劳动力转移的基本规律

从工业化国家的工业化与城市化关系看,城市化从加速增长至缓慢增长与工业化阶段基本吻合,主导产业一般都经历了轻纺工业(劳动密集型)—重化工业(资本密集型)—重加工工业(技术密集型)的发展历程。工业化与城市化的同步发展,决定了农村剩余劳动力在产业与空间的同步转移,从具体的数据来看,意味着非农化率与城市人口比重同步增长,一般而言,非农化率要高于城市人口比重,这已经被工业化国家的发展实践所证实:城市化率与非农化率基本上是相似的,均呈

"S"形演进趋势,如图3-4所示。

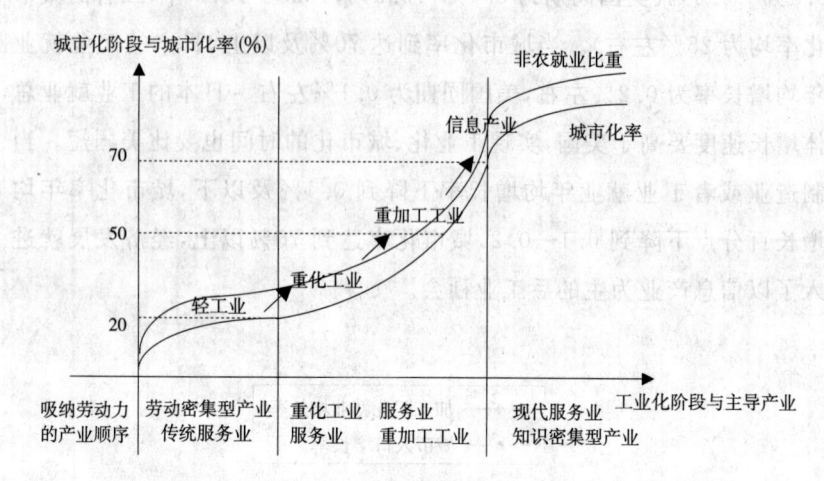

图3-4 工业化、城市化进程中产业演进与劳动力转移一般模式

在工业化前期即农业经济时代,工业化增长比较缓慢,在城市化率到达20%左右,非农就业与城镇人口增长开始加速;在70%左右逐步进入工业化后期,城市化增长速度趋缓。在工业化初期阶段,农村剩余劳动力主要向纺织、食品、日用产品等轻工业转移,餐饮、商业、运输等传统服务业随之发展。随着资本积累与分工理论的深化,煤炭、石油、电力等能源工业,钢铁、化学、机械、汽车等资本密集型产业开始发展,对劳动力的吸纳能力开始减弱;为生产生活服务的第三产业发展加速,对劳动力的吸纳能力逐渐加强,第三产业从业人员比重开始增加。随着工业化的进一步深入,电器设备、航空工业、精密机械、核能工业等技术密集型产业发展加快,对劳动力的吸纳能力进一步减弱;而城市化的发展以及金融保险业、房地产业、生产服务业等现代服务业的兴起与发展,使得第三产业对劳动力的吸纳速度逐步超过第二产业。进入工业化后期,信息产业、电子工业、新材料、生物工程、海洋工程、航天工程等知识密集型产业,对劳动力的技能要求越来越高,需求数量相对减少,第三产业成为吸纳劳动力的主要产业。

3.3 中国农村剩余劳动力转移的基本规律

在中国工业化、城市化进程中,二者关系演进、产业结构变迁有其独特的趋势与特征,具体表现在农村剩余劳动力转移的数量、结构、速度以及模式上。

3.3.1 中国农村剩余劳动力转移的数量与结构特征

农村劳动力转移主要包括产业转移与空间转移,在这里主要研究农村劳动力从农业向非农产业、从农村向城市、城镇地区转移的过程与趋势。劳动力的转移数量用非农劳动力的增加、城镇就业的增加来代替。从总量增长来看,中国1952年以来,三次产业从业人员与城镇从业人员的变化趋势如图3-5所示。

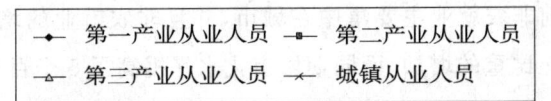

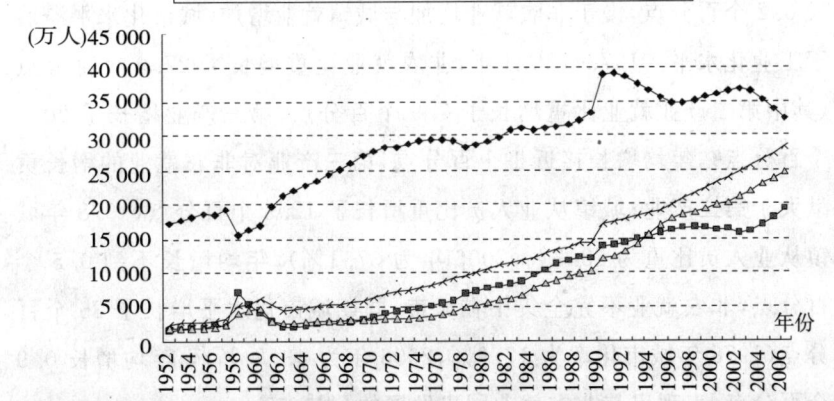

资料来源:《新中国五十年统计资料汇编》、2000—2007年《中国统计年鉴》。

图3-5 中国1952—2006年三次产业从业人员变化趋势

第一产业就业人员总体呈现上升趋势,其中有三次较大的波动。第一次是1958—1960年(大炼钢铁);第二次是1978年(知青返城);第三次是1990年(三年治理整顿)。1978—2006年,第一产业就业劳动力从28 318万人增加到32 561万人,平均每年增加152万人。第二产业从业人员从1978年的6 945万人增加到2006年的19 225万人,年均增长439万人。20世纪80年代与90年代初期增长比较快,90年代后期有下降趋势,21世纪初期又呈现上升趋势。第三产业从业人员从1978年的4 890万人增加到2006年的24 614万人,年均增长704万人,劳动力吸纳能力超过第二产业。20世纪末期到21世纪初期,增长速度仍在继续加快。城镇劳动力增长稳步上升,从20世纪末期起有加快趋势。城镇从业人员从1978年的9 515万人增加到2006年的28 310万人,年均增长671万人。

从结构增长来看(如图3-6所示),1952—1978年非农就业比重增长了13个百分点(其中第二产业就业比重增长了10个百分点,第三产业增长了3个百分点),年均增长0.5个百分点。城镇就业比重增长了12个百分点,年均增长接近0.5个百分点。二者基本上是同步的。改革开放前非农就业主要集中在城市,并且非农就业的增加主要来源于工业就业比重的增加,而同期城市化水平提高了5个百分点,年均增长0.2个百分点,慢于非农就业增加与城镇就业增加,城市化水平滞后于工业化水平。1978—2006年,非农就业比重增长了27.9个百分点(其中第二产业就业比重增长了7.9个百分点,第三产业增长了20.0个百分点),年均增长接近1个百分点,第三产业对非农就业的增长贡献大于第二产业;城镇从业人员比重增长了12.3个百分点(1978年城镇从业人员比重为23.7%,2006年为37.1%),年均增长不到0.5个百分点,非农就业不完全集中在城市;同期城市化水平增长了26个百分点(1978年城市化率为17.9%,2006年为43.9%),年均增长0.9个百分点,表现出与非农就业同步发展的趋势。

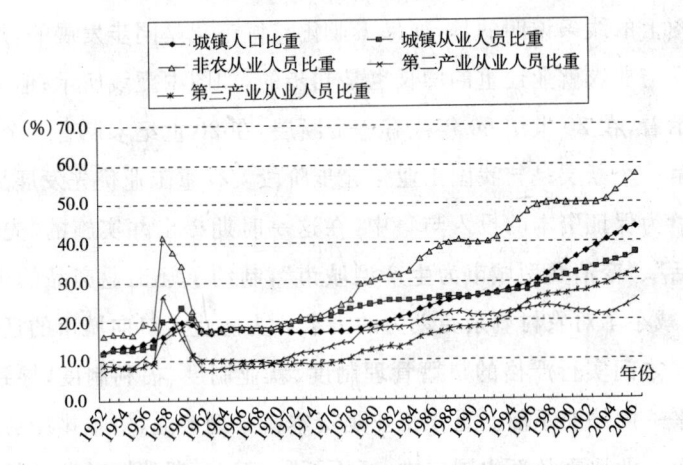

数据来源:《新中国五十年统计资料汇编》、2000—2007年《中国统计年鉴》。

图3-6 中国1952—2006年城镇、非农从业人员比重与城镇人口比重的变化趋势

3.3.2 中国农村剩余劳动力转移的模式与趋势

从中国农村劳动力转移的数量与结构特征看,在改革开放后一段时间里,非农就业比重与城市化率的变化表现出同步增长的趋势,与国际经验基本吻合。这说明在这段时期中国的工业化与城市化基本上是协调发展的。但这是阶段性的特征。从新中国成立以来的历史看,中国工业化与城市化演进中出现了两个断层,如图3-7所示。

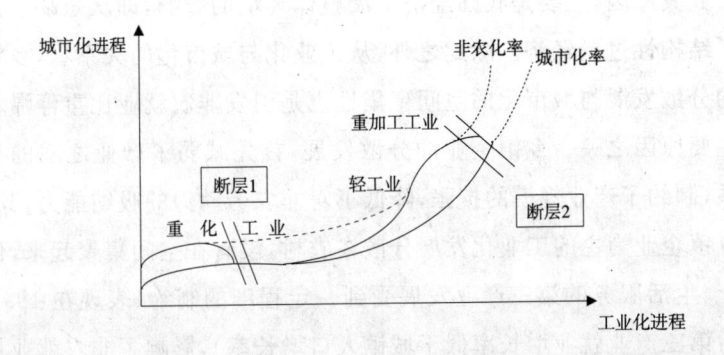

图3-7 中国工业化、城市化与非农就业比重的演进

图上的线条说明的是,如果工业化与城市化是同步发展的,那么城市化率与非农就业比重的增长也是同步的,如图中虚线所示;但从实线的表示看,在20世纪60年代有一个断层,在20世纪末期有一个断层。

第一个断层是与我国工业化起步阶段实行重工业优先发展战略相联系。为保证资本的投入与集中,在这一时期提出并实施的"先生产、后生活"、"变消费型城市为生产型城市",制约了轻工业产品的生产与需求,减小了对农村剩余劳动力的需求。为防止人口向城市的迁移,还在城乡之间实行严格的户籍管理制度、就业制度、福利制度,导致城市化水平一度停滞不前。重化工业是资本密集型产业,资本排斥劳动,所以非农就业比重从新中国成立,经历了"一五"时期的短时期增长之后,比重开始下降。城市化与工业化的分离,制约了农村劳动力的转移。

第二个断层是在20世纪末期。改革开放后,以劳动密集型产业为主的乡镇企业的发展推动了城市化进程,加上户籍及其城乡之间一系列相关制度的逐步改革,城市化水平快速提高,产业变革与空间结构变革出现同步发展的趋势,轻工业的发展弥补了改革开放前工业内部结构的偏差,非农就业比重与城市化率同步增长。以乡镇企业为依托的轻工业的发展和以城市工业为依托的重工业的发展,推动了工业化进程,从20世纪90年代之后,我国进入了重加工工业阶段。到20世纪末期,城市化率虽然在提高,但非农就业比重停滞不前,进入了工业化与城市化关系的第二个断层。

究其原因,主要是我国经济发展整体环境的影响,即从短缺经济进入了结构性过剩经济。除此之外,从工业化与城市化的关系看,乡镇企业的分散发展与城市化的空间聚集性也是引发非农就业比重停滞不前的主要原因之一。乡镇企业的分散发展,首先减弱了产业之间的相互联系,制约了产业规模的扩张,降低了对非农劳动力的吸纳能力;其次,以乡镇企业为主的工业化发展分散在农村,没有在空间集聚起来,使为生产、生活服务的第三产业发展受到一定程度的制约(表现在1997年之后第三产业就业增长率低于城镇人口增长率),影响了非农就业比重的提高。

从前一部分对工业化与城市化互动发展机制的分析可以看出,工业化对城市化的推动主要是因为随着工业化的发展,工业企业由于生产上的不可分性,由于运输成本、固定交易费用的提高,需要在空间聚集,以产生生产聚集经济,由于市场的作用,内生交易费用的需求产生交易聚集经济,这两者构成了城市化的主要动力,推动了城市化的发展。我国乡镇企业的发展对工业化、对城市化发展起了很大的作用,但是不可否认,在大多数地区,乡镇企业分散发展,与城市化的发展出现背离。近几年城市化率上升较快,年增长高于1个百分点,这与统计口径的改变有很大关系。另外,小城镇人口在城镇人口中所占比重超过1/3,而小城镇本身的发展还存在很多问题,如城镇产业规模与人口规模偏小,还不能达到城镇基础设施和第三产业发展的"门槛"要求,城镇中有很大比例还是属于农民或者兼业农民,他们的就业方式与生活方式还没有完全城市化,收入水平相对城市要低得多,对消费品市场的推动作用有限。

从我国工业化与城市化整体发展态势看,工业化与城市化在20世纪90年代初期已经进入了工业化与城市化互动、快速发展的中期阶段,城市化率、非农化率的年均增长规模都在1个百分点及以上。未来的发展趋势(如图3-7中虚线所示)可能还会高于目前的增长规模,年均增长百分点在1—1.5。按照这个增长速度,到2020年非农化率将会达到70%—80%,城市化率达到57%—65%,从而实现基本工业化和城市化。

但是需要特别注意的是,按照当前非农化率停滞不前的增长趋势,中国工业化与城市化进程可能会出现增长的低谷。要抚平第二个断层,需要进一步协调工业化与城市化之间的关系;加强乡镇企业的空间集聚与可持续发展;加快大、中城市发展;推动第三产业发展;在中西部地区继续发展劳动力密集型产业。

总之,工业化与城市化是互为动力、共同发展的,在不同时期,工业化与城市化在经济发展中的作用、相互关系有不同表现。如果说工业化是产业结构的变迁,城市化是空间结构的变革,那么经济发展实际上就是产业结构与空间结构在不同区域的耦合。既然二者是互为动力、共同发展的,那么城市、城镇的发展必须有工业化的推动,必须有非农产业的支撑;反过来,非农产业的发展,需要以城市化为载体,将其引向深入。工业化、城市化的发展过程实际上就是农村劳动力向非农产业、向城市转移的过程。如果二者协调发展,那么农村劳动力向城市、非农产业的转移基本上是同步的;如果二者之间出现偏差,那么农村劳动力的转移就出现不同程度的制约与停滞。早期工业化国家走出了一条工业化与城市化协调发展之路,后期工业化国家也走出了一条工业化与城市化协调发展之路,并且缩短了工业化时间。而在发展中国家,工业化与城市化出现了一些偏差,劳动力转移表现出各自的特殊性。

第四章 城市化发展中农村劳动力转移的理论模型

上一章分析了工业化国家与中国劳动力转移的基本规律与模式,那么是什么因素决定了农村劳动力转移的规模、结构与速度呢?本章通过构建农村剩余劳动力转移的供求理论模型来回答这一问题。

4.1 理论模型构建的理论依据

4.1.1 理论模型构建所遵循的基本原理

原理一:配第-克拉克定理。随着经济发展与人均国民收入水平的提高,劳动力首先由第一产业向第二产业转移;当人均国民收入水平进一步提高时,劳动力便向第三产业转移。劳动力从第一产业向第二、第三产业转移是由经济发展中各产业间出现收入(附加值)的相对差异造成的。人们总是从低收入的产业向高收入的产业移动。各产业间比较劳动生产率水平存在差距,从而形成劳动力从农业向非农产业流动的长期趋势,直到比较劳动生产率水平差距消失为止。

原理二:城市化进程的"S"形阶段性规律与劳动力大规模转移趋势。1979年美国地理学家R.诺瑟姆发现,从世界各国的经验看,城市化历程可以被概括成一条稍被拉平的"S"形曲线。根据这条曲线可以大致将城市化发展分为三个阶段:起步期、成长期、成熟期。在城市化的成长期,城市非农产业发展对劳动力产生大规模需求,大量的农村剩余劳动力与人口不断向城市迁移,农村的绝对与相对人口比例均大幅度下降。

原理三:利益最大化原理。对于每一个劳动力而言,都是理性人。在从农业、农村向非农产业、城市转移过程中,他们通过转移的成本—收益核算,能够作出最佳选择,获得最大收益。当然,这里的成本—收益不完全是经济上的,也包括精神、文化、心理等方面的收益与成本。城乡生活差距的存在,包括生产要素的高回报率,就业机会相对较多,城市生活舒适,信息流通,交通发达,基础设施、公共设施、社会设施相对完善,文化、教育、娱乐丰富,市场繁荣,经济活跃等,使得城市从各个方面对劳动力与人口产生吸引力。农村劳动力是否迁移,还要取决于转移的机会成本、心理成本、搬迁成本等。

原理四:风险最小化原理。一般而言,人们在经济活动中首先考虑如何避免风险,属于风险规避者。对于农村剩余劳动力而言,也不例外,他们在从农村向城市转移过程中,必须考虑到风险因素,如就业安全、身体状况、人身意外等。如果存在不确定性,劳动力倾向于选择确定情况下的稳定收益;如果需要劳动者作出不确定选择,那么必须有一定的补偿金(风险贴水)来偿付这笔风险。

4.1.2 理论模型构建的基本思路

供求模型主要是建立在乡—城劳动力转移的推拉机制模型基础之上,农村剩余劳动力的流动有来自农业、农村发展的推动力,有来自非农产业、城市发展的拉动力。如果说,农业、农村发展的推动力导致了农村剩余劳动力的产生与供给,那么,非农产业、城市发展的拉动力实际上是对农村剩余劳动力产生了相应需求拉动。由于推、拉力度不同,因而农村剩余劳动力的供求往往不一定是均衡的。供求的均衡与非均衡,决定了农村剩余劳动力的转移状况,推动了一个国家或地区的产业演进与城市化发展。在不同的国家或地区,人口规模不同,供求状态不同,推、拉力度也不同,就带来了产业演进与城市化发展的多种模式。

此外,除推力、拉力之外,还有一个很重要的力量,就是制度变迁对劳动力乡—城转移过程的摩擦力。在不同的国家或地区,经济发展背景、体制结构、文化传统等各方面的差异决定了制度变迁对乡—城劳动力转移的摩擦力有着不同的影响特征,进而影响着农村剩余劳动力转移的供求状态。供求模型构建的基本思路如图4-1所示。

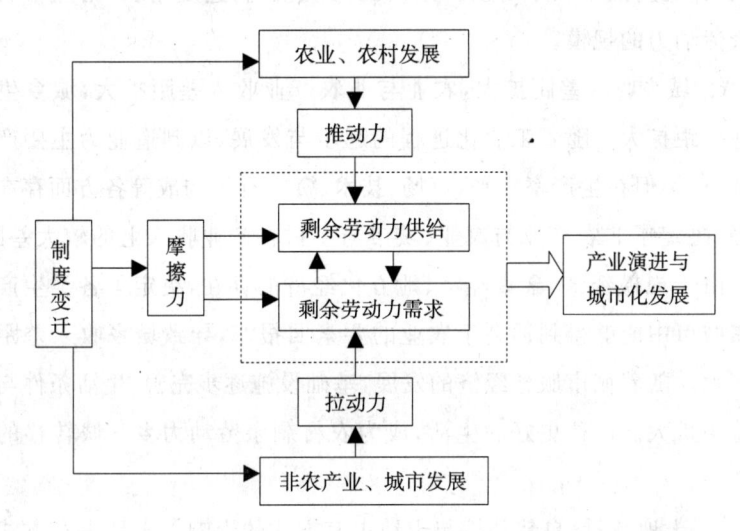

图4-1 农村劳动力转移理论模型构建的基本思路

4.1.3 农村剩余劳动力转移的三大动力

产业演进与城市化发展的动力,或者说促使农村剩余劳动力发生转移的主要动力来源于以下三个方面:

动力之一:来自农业、农村的推动力。这里既有经济方面,也有社会方面。主要有:

a. 农业劳动生产率水平提高。随着经济发展、农业技术进步、农业生产方式的改进,尤其是伴随着土地制度的改革,农业的劳动生产率水平迅速提高,粮食产量增加,能够供给的非农就业岗位增加,为非农产业的发展提供了有利条件;伴随着劳动生产率水平的提高,大量劳动力从农业中解放出来,需要寻找新的就业岗位。

b. 人口增长进入高出生率、低死亡率、高自然增长率阶段。从人类历史发展来看,随着社会发展,收入水平提高,人口增长一般要经历三个阶段,即高出生率、高死亡率、低自然增长率阶段;高出生率、低死亡率、高自然增长率阶段;低出生率、低死亡率、低自然增长率阶段。发展中国家在从农业国向工业国的转变过程中,现在一般都处于第二个阶段,即高自然增长率阶段。人口的大规模、高速度增长,增加了农村剩余劳动力的规模。

c. 城乡收入差距扩大,农业与非农产业收入差距扩大,城乡生活条件差距扩大。随着工业化进程的起步与发展,以制造业为主要产业的城市,不但在生产率水平、市场、技术、资本有机构成等各方面存在的优势,决定了非农产业与农业、城市与乡村在产业收入上的较大差距,而且由于规模经济、聚集经济、地方化经济的存在,决定了各类生产要素在城市中能够得到远高于农业的要素回报率,导致城乡收入差距显著扩大。随着城市服务经济的发展,基础设施逐步完善,生活条件与农村差距扩大。向往更好的生活,成为农村剩余劳动力乡—城转移的动力之一。

d. 土地数量、自然环境与土地占有方式的影响。土地占有方式决定了农民对生产要素拥有的方式,决定了农民能够参与收入分配的方式,当然也就决定了农民是否能够维持基本的生存。土地分配制度在不同国家有很大的差别。农民是否拥有土地,是否能够获取较为合理的报酬,决定了劳动者的生产积极性与劳动生产率水平。土地收入高,则转移可能性小;土地收入低,则转移可能性大。另外,有些地区自然环境相对恶劣,农业生产环境相对较差,有些地区人口多而土地数量少,都会迫使劳动者另谋出路。

e. 农村社会发展带来观念、文化等方面的变化,引起人们对乡—城转移的主观心理状态发生变化。在一个相对封闭的农村环境中,人们墨守成规,日出而作,日落而息,形成相对稳定的生活状态。而外界其他因素的输入,或者本地人外出之后所讲述的亲身感受,往往会逐渐转变当地人的观念。尤其是在受到现代城市文明的冲击之后,乡村中的年轻人,最容易受到这种因素的影响,从而产生外出看世界的想法。随着周围外出的人增多,人们相互之间会受到邻里关系、亲戚关系、家族关系的影响,将乡—城转移的规模逐步扩大。其中从年龄结构上看,以年轻人为多。

f. 教育与转移成本。在农村中,受过教育的人与没有受过教育的人,受过初等教育的人与受过中等教育的人,观念上往往有很大差别,在乡—城转移的成本上也有不同。受过教育的农民或者受教育程度较高的农民,往往更倾向于外出冒险,并且由于知识的作用,他们对于外出找工作比较有底气,相对容易找到合适的工作。对于他们而言,如果不转移,机会成本较高,因为相对于所接受的教育,他们在村里得到的收益是很低的,而在城市或者非农产业预期能够得到较高的收益。

动力之二:来自非农产业、城市的拉动力。拉动力主要表现在相互联系、相互影响的三个方面,其中一个定律、一个规律(模型构建所遵循的基本原理之一、之二)决定了两个拉动力:产业结构变动的拉动力,城市化快速发展趋势的拉动力;此外还有消费观念、消费水平、消费结构变化的拉动力。这三种拉力在某种程度上是相互连接在一起的:城市化快速发展,离不开产业结构的推动;产业结构是在消费水平、消费结构变化的拉动下不断升级转化的;消费水平、消费结构的变化又是与城市化进程紧密联系在一起的,城市化水平不断提高,人们的消费观念、消费水平、消费结构不断变化。三个方面相互作用、相互影响,推动了非农产业与城市的共同发展,提高了城市非农产业的就业机会,拉动更多的农村剩余劳动力向城市转移。

a. 产业结构变迁的拉动力。产业结构指各产业部门之间、各产业部门内部、各行业及企业间的构成及相互制约的联结关系。早在17世纪,英国经济学家威廉·配第就发现,世界各国的国民收入水平差异和其形成不同的经济发展阶段的关键在于产业结构的不同:比起农业来,工业的收入多;而服务业的收入又比工业多,即工业比农业的附加价值高,服务业比工业的附加价值高;产业间相对收入的差距,会导致劳动力从低收入产业向高收入产业移动。在配第发现的基础上,科林·克拉克根据费希尔提出的三次产业的主张,对产业结构演进趋势进行了考察。他将各国经济发展划分为三个阶段。第一阶段:以农业为主的低开发经济社会。在这个阶段,人们主要从事农业,劳动生产率低,人均收入少。第二阶段:随着经济发展,制造业比重迅速提高,进入以制造业为主的经济社会。由于制造业的劳动生产率高,导致人均收入提高,引起劳动力从农业向制造业转移,人均国民收入提高。第三阶段:随着经济的进一步发展,商业和服务业得到了迅速发展,由于商业、服务业的人均收入水平比农业和制造业高,引起劳动力从农业主要向商业和服务业转移,全社会国民收入增长加快,人均国民收入水平大大提高。之后,库兹涅茨对国民经济及结构变化作了更为详尽的研究,将国民经济活动划分为农业产业、工业产业和服务产业。德国经济学家霍夫曼对工业化(实际是重工业化)问题进行了开创性研究,提出工业化阶段理论,被称为"工业化经验法则"。他认为,工业化过程中各工业部门的成长率并不相同,因而形成了工业部门间的特点的结构变化,而且具有一般倾向。因此,伴随经济发展,产业结构变迁是必然趋势,这就会导致农业劳动力不断从农业向非农产业转移。

b. 城市化快速发展的拉动力。城市化进程的"S"形阶段演进规律,说明城市化在成长阶段会有一个大的跨越,城市化率会以递增的速度增加。城市化快速发展的趋势已经被工业化国家和部分发展中国家的经验所证实,每个国家都必然经历这一阶段,在这一个阶段,农村剩余劳动力大规模向城市转移必然会呈现一种加速趋势。

c. 消费观念、消费水平与消费结构变化带来的拉动力。城市与乡村在收入水平、生活条件、消费水平、消费观念等方面存在着巨大的差别。随着城市的发展、城市化水平的提高和消费观念的改变,农村剩余劳动力不断从农村转移到城市,会促使城市消费水平的大幅度提高。假设城市消费水平是乡村的 3 倍,那么,每转移一个农村劳动力或者农村人口,其消费水平相应就会是原来的 3 倍;城市化率每提高一个百分点,对全国消费品的需求贡献就增加两个百分点。消费需求的增加,直接刺激了消费品的需求,并间接增加了资本品的需求;通过乘数效应,还会导致非农就业岗位以某一倍数增加,从而进一步加快了非农就业岗位的供给以及对农村剩余劳动力的需求。

动力之三:来自转移过程的摩擦力。一个国家或地区的制度变迁,从三个方面影响到劳动力的乡—城转移:一是有关非农产业、城市发展的相关政策、方针以及具体的措施对乡—城劳动力转移产生的影响。如过去实施的重工业优先发展战略对农村剩余劳动力的排斥,又如生产型城市代替消费型城市的政策,制约了服务业的发展,并相应制约了劳动力的转移。二是有关农业、农村发展的相关制度、政策以及采取的具体措施对乡—城劳动力转移产生的影响。如改革开放以后土地制度的改变、所有权与经营权的分离、农村家庭联产承包责任制的实施,都极大地调动了劳动者的积极性,提高了土地与劳动生产率,从而解放了大量的农业劳动力。三是来自于乡—城转移过程中遭遇到的种种阻力。它们有的是制度性的,有的是观念性的,有的是结构性的。关于制度性的阻力,很典型的就是我国从1959年实行的严格的城乡分割的户籍管理制度。为配合这个二元户籍管理制度,相应的就业制度、社会保障制度、福利制度、教育制度等都进行了严格的城乡分割。改革开放后户口制度虽然有所放开,但它至今仍是制约劳动力转移的主要阻力之一。城乡分割的户籍以及相关制度的实施,影响了中国几代人,也形成了人们心目中根深蒂固的一些观念;有了城里人与乡下人之分,城里人有明显的优越感,乡村人口在城市有被歧视的感觉,如农民工在工作种类、收入水平、社会保障、生活质量等方面,与城里的劳动者有明显差别。这种观念在某种程度上制约了乡村劳动力的转移,如在城市打工,在乡村消费,认为只有乡村才是他们的家,土地才是他们的最后保障等。现在每年春节期间农民工的大规模返乡行为实际上就是这种制度的影响效应之一。

4.1.4 *农村剩余劳动力的供求均衡*

来自农业、农村发展的推动力以及制度变迁的摩擦程度,决定了农村剩余劳动力的供给能力；来自非农产业、城市发展的劳动力以及制度变迁的摩擦程度，又决定了城市非农产业对农村剩余劳动力的吸纳或者需求能力。二者之间经过一段时间的"磨合"，会逐步达成一种均衡状态，即供给等于需求。这里的供给量还要区别潜在供给能力与实际供给量。所谓潜在供给能力，是指具有转移愿望并且属于剩余劳动力的那一部分农村劳动力；实际供给量是指供求平衡状态下实际转移的数量。这里的需求量是指在供求平衡下，实际转移到城市非农产业的数量。实际供给量恒等于实际需求量。而潜在供给能力与实际供给量、实际需求量不一定相等。从一个比较长的时间观察，在三种力量作用下的农村剩余劳动力的供给与需求，必然存在某种均衡或者非均衡变化过程。这个反映劳动力的转移能力和吸收能力之间的平衡关系，实际反映了城市化进程中非农产业发展对劳动力的需求和农业产业输送劳动力形成供给的平衡关系。由于影响力度不同以及供求的平衡关系不同，会导致不同的供求机制模式。

4.2 理论模型的基本内容

所谓供求理论模型是指：通过分析不同时点上农村剩余劳动力的供给和需求均衡，来揭示劳动力乡—城转移的一般规律和趋势。假设条件与基本思路充分吸收了前人的研究成果，并力图使假设条件具有一般性。供求理论模型的基本内容由假设前提、供给函数、需求函数、政策含义四个部分组成。

4.2.1 假设前提

1. 某一个国家或地区正处于从农业国向工业国变迁的转型时期，经济社会存在现代工业与服务业部门（非农就业部门）以及传统农业部门。非农就业部门的收入高于农业部门。

2. 在经济发展初期,农村以农业为主,农业中存在大量边际生产力为零或边际生产力大于零但小于制度性工资的隐性失业人口。不同于刘—拉—费模型的是,因为劳动力质量不同,在劳动力转移过程中,首先转向城市的往往是教育水平较高、劳动力素质较高的劳动力,因而农村剩余劳动力的转移会降低农业总产出,农村剩余劳动力转移的机会成本大于零。为了维持农业总产出不变或者提高农业总产出,在工业化进程中,政府必须加大农业和农村投入,推广农业技术进步,提高农业生产率水平。

3. 对农村剩余劳动力的界定是动态变化的。在工业化、城市化进程中,必然存在农业、农村剩余劳动力向城市非农产业、城市的转移,农村剩余劳动力的数量是逐渐变化的。从工业化进程的一般经验来看,当非农就业比重达到85%—90%、城市人口比重达到70%—75%,工业化、城市化过程就完成了。从这个意义上来理解,只要农业劳动力比重在15%以上,就认为存在农业剩余劳动力。虽然在短期内,劳动力的转移可能会带来农业总产量的下降,但长期内,可以通过农业技术水平的提高、国家对农业基础设施和粮价的支持,从而得到相应的弥补。从这个意义上讲,劳动力的乡—城转移,并不是完全没有机会成本的,供给曲线也不是完全水平的,在初期可能有一阶段是水平的,很快就变为向右上方倾斜。

4. 产业演进顺序的不同,决定了城市非农产业对劳动力吸纳能力的不同。如发达国家遵循了产业结构演变的基本规律,工业内部结构的演变顺序为:轻工业—重化工工业—重加工工业,随着工业化的起步与发展,服务业在国民经济中所占比重逐渐增加,导致非农就业比重与城市化率的演进速度、顺序、形状基本一致;发展中国家主导产业选择与产业结构演变路线的不同,会导致非农产业对农村剩余劳动力吸收的弹性、规模、速度出现比较大的差异。

5. 发展中国家的市场结构是二元的(甚至是多元的),城乡之间的市场是分割的。这样,城市的收入水平要高出农村收入水平很多,一般要高出400%—500%。① 高出很多的原因可能是由于最低工资线的确定以及非农产业存在较高的收益率。农村剩余劳动力要进入城市正式的非农就业部门，往往存在一定难度。由于公共资源在发展中国家存在分配不公、偏向城市、农村教育水平低等现象，农村劳动力基本素质与工作技能对适应现代非农产业部门具有一定的难度。

6. 作为经济主体的政府、企业与个人，都属于经济人，追求目标最大化。国家目标最大化，即城市化水平提高，乡村人口减少；农业劳动力减少，非农就业比重提高；农业、非农产业生产率差距缩小至零，农村与城市的收入和消费水平差距缩小，理想状态为零。企业和个人目标最大化，即净收益最大。

4.2.2 供给函数

推力、拉力、摩擦力决定了农村剩余劳动力的供给量和需求量，影响因素与供给量、需求量之间对应的函数关系分别形成供给函数与需求函数。为了分析方便，农村剩余劳动力的供给量(S)、需求量(D)用非农就业总量的增加来表示。

农村剩余劳动力的供给有经济、社会以及制度因素。经济因素有：城市非农产业收入水平(w)、农业劳动生产率水平(a)；社会因素有：人口自然增长率(n)、教育水平(e)、城乡收入差距(d)；制度因素包括土地制度(s)和其他相关制度(δ)。

a. 影响因素分析

城市的平均工资水平越高，对农村剩余劳动力的吸引力越大，剩余劳动力供给量越多，即w与S成正比。

农业劳动生产率水平越高，农业总产出越大，能够供养的非农就业人口增加；同时从土地上解放出更多的农业劳动力，增加了剩余劳动力的供给，即a与S成正比。

---

① 参见谭崇台主编：《发展经济学的新发展》，武汉大学出版社1999年版，第9页。

人口自然增长率越大,农村剩余劳动力供给量越大。发展中国家普遍处于人口转型的第二阶段,即高出生率、低死亡率、高自然增长率阶段。人口的大规模、高速度增长,增加了农村剩余劳动力的供给规模,即 n 与 S 成正比。

受教育程度越高,转移的可能性越大。在农村中,受过教育的农民或者受教育程度较高的农民,往往更倾向于外出冒险,并且相对容易找到合适的工作,在城市或者非农产业预期能够得到较高的收益,即 e 与 S 成正比。

城乡收入差距表现在农业与非农产业收入差距,城乡生活质量差距越大,劳动力乡—城转移的可能性越大,即 d 与 S 成正比。

土地占有方式及其变革,决定了农民对生产要素拥有的方式,决定了农民能够参与收入分配的方式,当然也就决定了农民的实际收入水平与生活质量。对于没有土地或者拥有少量土地的农民而言,在面临基本生存威胁的时候,抱着碰运气的心理,会选择乡—城转移;对于拥有土地,相对能够生活得比较富裕的农民,可能会选择农村。

与农业、农村发展以及乡村劳动力向城市转移的相关政策安排,也会影响劳动力的乡—城转移。政府对农业、农村发展的态度与政策,户籍管理以及相应制度,还有一些观念、文化等对劳动力乡—城转移均有不同程度的影响。

b. 供给函数

农村剩余劳动力的供给量与其影响因素之间的关系用公式表示如下:

$$S=S(w,a,n,e,d,s,\delta) \tag{4.1}$$

公式(4.1)为农村剩余劳动力的供给函数。在一定时期内(例如一年内),人口自然增长率、劳动生产率水平、受教育水平、城乡收入差距、土地制度以及其他相关制度是相对稳定的。假定在短时期内,这些因素不发生变化,那么,w 就是影响农村剩余劳动力供给量的唯一变量。供给函数就可以表示为:

$$S=S(w) \tag{4.2}$$

公式(4.2)表明在短期内,或者在其他条件稳定前提下,农村剩余劳动力的供给量取决于城市(或)非农产业的平均工资水平。

c. 供给曲线及其移动

如果用图形表示公式(4.2),则 S 与 w 之间呈同方向变化。在转移初期,或者说工业化初期,有一段是水平的,说明这时候劳动力转移不影响农业总产出,农村存在边际生产力为零的劳动力。即使如此,因为存在劳动质量差别,向城市转移的劳动力往往是受教育水平较高的中青年劳动力,因而劳动力的继续转移将带来农业总产量的减少,导致供给曲线向右上方倾斜,如图 4-2(a)中的 S。

除 w 之外,其他影响因素对农村剩余劳动力供给量的影响,主要是通过供给曲线的移动来实现的。如人口增长率提高,农村剩余劳动力供给量必然增加,导致供给曲线向右方移动。土地占有方式的变革,主要是土地改革对农民收益权和处置权的影响,也会导致供给曲线的移动。如果从时间上来考虑,随着农村人口比例的下降,农村剩余劳动力的供给数量会减少,非农就业供给量是以递减的速度增加,表现为供给曲线向右方平移的间距减小。

4.2.3 需求函数

一个国家或地区,其非农产业和城市的发展,对农村剩余劳动力产生需求,拉动剩余劳动力的乡—城转化,其需求量大小或者吸收能力强弱,首先取决于两个因素:城市非农产业的工资水平;非农产业就业的增长率(g_m)。其中,非农产业就业的增长又取决于两个因素:非农产业产值增长率(g_p),非农产业对劳动力的吸纳能力(η)。进一步来看,非农产值增长率与地区资本积累(k)、地区消费水平和结构(c)、地区产业结构(s_i)、产业布局方式(l_i)、产业组织方式(z_i)、城市发展政策(z_u)等相关;因而后四个因素也决定了非农产业对农村剩余劳动力的吸纳能力。

a. 影响因素分析

城市非农产业的工资水平：由于劳动的边际生产力递减，工资水平与剩余劳动力的需求之间是反方向变化的，即 W 与 D 成反比。

一个国家或地区的资本积累越大，非农产业发展速度越快，对劳动力的需求量也越大，即 k 与 D 是同方向变化的。

消费观念、消费水平与消费结构提高，会增加并刺激制造业与服务业产品与劳务的需求和生产，促进非农产业的发展，即 c 与 D 是同方向变化的。

产业结构是否合理，取决于主导产业的选择是否既能顺应产业演进的一般规律，加快非农产业发展速度，又能充分发挥当地生产要素的比较优势。

产业布局方式。克鲁格曼的工业集聚模型假设，一国有两个区位，有两种生产活动（农业和制造业）；在规模经济、低运费和高制造业投入的综合作用下，通过数学模型分析，证明了区域工业集聚将导致制造业中心区的形成，即规模报酬递增能够促进生产要素向制造业中心区的集聚。[1] 非农产业（工业与服务业均是如此）的集中布局，能够产生规模经济、外部经济、地方化经济，带来规模报酬递增，吸引更多的工业企业、服务企业发展，加快非农产业发展，增大对农村剩余劳动力的吸引力。

产业组织方式。相对于彼此之间没有联系的企业分散组织方式，集群组织方式通过产业的前向、后向、侧向联系，提高产业发展规模，加快产业发展速度。从企业所有制结构看，国有企业一般资本相对充足，技术水平高，资本有机构成高，对劳动力的吸纳能力相对小；私营企业资金比较紧张，资本使用效率高，劳动力投入比例相对较大。从企业规模看，大中型企业多是资本密集型；小型企业经营比较灵活，资本投入偏少，多属劳动力密集型。

---

[1] Paul Krugman, "Increasing Return and Economic Geography," *Journal of Political Economy*, vol. 99, No. 3, 1991, pp. 483–499.

城市发展政策,主要看是否与城市发展规律协调。城市发展有其自身的规律性,在城市发展的不同阶段,其功能定位不同,主导产业选择也不同。如果能遵循城市发展规律,通过城市和非农产业的新陈代谢,提升城市功能和等级,就能既促进原有城市的发展,也带动周边小城镇的发展,从而增加对农村劳动力的需求。

b. 需求函数

农村剩余劳动力的需求量与其影响因素之间的关系可以表示如下:

$$D=D(w,g_m)=D(w,g_p,\eta)=D(w,k,c,s_i,l_i,z_i,z_u) \quad (4.3)$$

公式(4.3)为农村剩余劳动力的需求函数。与供给函数相同,如果考虑到在短时期内(如一年内),资本、消费、产业结构、布局、组织、城市发展政策等因素相对是稳定的,那么,w 就是影响农村剩余劳动力需求量的唯一变量。需求函数可以表示为:

$$D=D(w) \quad (4.4)$$

公式(4.4)表明,在短期内,在其他条件不变的前提下,农村剩余劳动力的需求量随城市(或)非农产业的工资水平的变化而变化。

c. 需求曲线及其移动

因为劳动力的边际生产力是递减的,故需求曲线是向右下方倾斜的,如图 4-2(a)中的 D。资本等其他因素对需求量的影响主要是通过改变需求曲线的位置和形状,进而改变对农村剩余劳动力的需求。如在其他条件不变的前提下,增加资本投入,可以引起 D_1 向 D_2 平移。等量资本投入,产业选择不同,曲线的斜率不同,如扩大劳动力密集型产业的发展比例,等量的资本投入可以带来更多的劳动力就业;劳动力密集型产品价格往往较低,同等的消费水平可以增加产品消费数量,导致需求弹性提高,对劳动力需求数量的进一步增加,等等。这些都会改变需求曲线的位置和形状。同理,向右上方倾斜的供给曲线的位置和形状,也会受到各种影响因素的作用而发生变化,如从 S_1 到 S_2 的移动。

这样,把供给曲线和需求曲线组合在一起,就可得到一组反映农村剩余劳动力供求均衡与转移规模的曲线,从而建立起一个反映农村劳动力转移规模和速度的供求理论模型(见图 4-2)。

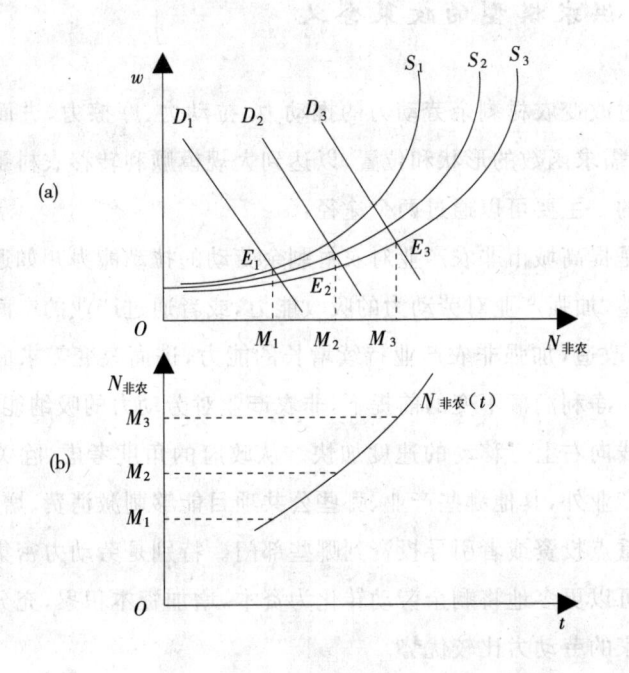

图 4-2 一般的农村剩余劳动力转移的供求理论模型

对这个模型的基本解释是:在不同的时点上(假设 1、2、3 代表三个渐进的时点),供给曲线与需求曲线分别相交于均衡点 E_1、E_2、E_3。图 4-2(a)上的这三个均衡点就反映了在三个不同的时点上非农就业人员增加的数量,也间接反映了农村剩余劳动力的转移数量。假设时间变化是连续的,并且每一个时点上都能找出相应的非农就业均衡量,如 OM_1、OM_2、OM_3,那么就能得到一个国家或地区中的农村劳动力的非农就业的长期增长趋势,或者是农村剩余劳动力的长期转移趋势。如图 4-2(b)所示,纵轴表示非农就业数量 $N_{非农}$,横轴表示时间 t,曲线 $N_{非农}(t)$ 即为农村剩余劳动力长期转移的曲线。曲线的斜率表示了非农就业增长的速度和规模。如果曲线比较陡峭,说明这一时期农村剩余劳动力转移的速度和规模都比较大;如果曲线比较平缓,则说明这一时期农村剩余劳动力转移的速度和规模比较小。

4.2.4 供求模型的政策含义

通过改变农村剩余劳动力的推动力、拉动力、摩擦力,进而改变供给函数、需求函数的形状和位置,以达到大规模顺利转移农村剩余劳动力的目的。主要可以通过两个途径:

一是提高城市非农产业对农村剩余劳动的拉动能力。如通过产业结构调整,加强产业对劳动力的吸收能力,或者通过产业的空间布局调整、技术改造,加强非农产业持续增长的能力,进而改变需求曲线的位置。如在净利润额不变的前提下,非农产业对劳动力的吸纳能力增强,需求曲线向右上方移动的速度加快。从政府的角度考虑,除关系国计民生的产业外,其他哪些产业、哪些公共项目能够刺激消费、增加就业,就可以重点投资或者引导投资到哪些部门。特别是劳动力密集型产业的发展可以更多地将剩余劳动转化为资本,增加资本积累,充分发挥发展中国家的劳动力比较优势。

二是加大农村剩余劳动力的推动能力。改变供给曲线的形状和位置,如通过加大农村教育,提高劳动者适应非农就业的能力,提高劳动者的基本素质,改变劳动者的观念,那么在净收益不变的前提下,劳动者向城市非农产业转移的欲望增强,转移的实际能力增强,供给曲线向右方移动的速度加快,在需求曲线不变的前提下,转移的劳动者数量就会增加。教育涉及劳动者基本素质、基本观念,也决定了适应就业的能力。在城市化进程中,在农村剩余劳动力转移过程中,农民一直处于劣势,因此基本教育与职业教育应该向农村倾斜。教育的投资,是缩小城乡收入差距的一个主要途径,既能体现公平分配、共享教育资源,也能增强整个国家的经济效率。

此外,还必须同时注意农业发展与农业投入,不断提高农业劳动生产率水平,稳定粮食价格,否则出现粮食危机、农业危机,必将危及非农产业发展,从消费方面阻滞非农产业发展,进而制约农村剩余劳动力转移。

4.3 中国农村剩余劳动力供求模型的构建与应用

新中国成立以来,中国经济发展战略决定了农村剩余劳动力的供求特点,供求函数相互作用,决定了农村剩余劳动力转移的趋势、规模与速度。

4.3.1 中国农村剩余劳动力供求模型的构建

根据新中国成立以来农村剩余劳动力转移的特点,可以把其分成三个阶段或称为三个时段。假设每个时段分别用供给曲线、需求曲线来表示,那么可以得到图4-3。

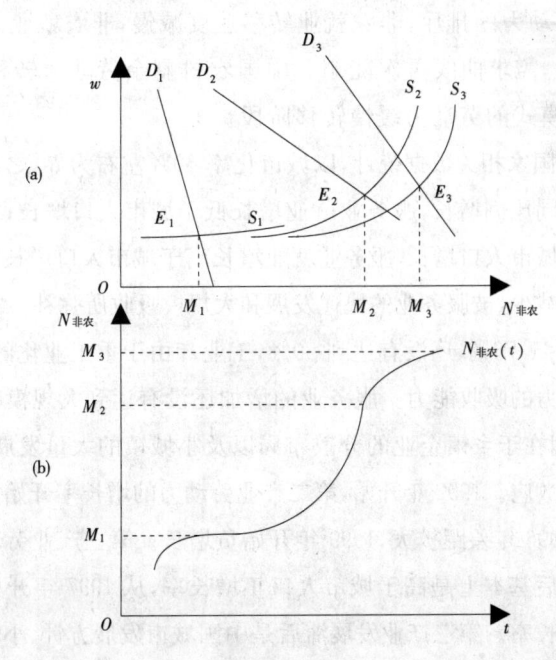

图4-3 中国农村剩余劳动力转移的供求均衡与转移曲线

从图 4-3(a)来看,三个时段需求曲线的斜率是不同的,这说明同样资本情况下,非农产业对劳动力的吸纳能力是不同的。

在新中国成立初期至改革开放前,重工业优先发展战略的制定与实施,将大比例资金集中到重工业,轻工业、第三产业、农业以及城市发展都放在次要位置,一切围绕重工业的发展而发展。重工业对资本的偏好、对劳动力的排斥,决定了从农业向非农产业转移的劳动力数量非常有限,需求曲线陡峭。虽然农村中存在大量边际生产力为零的剩余劳动力,但严格的户籍制度限制了转移,非农就业呈缓慢增长。

改革开放后,轻工业首先得到快速发展,劳动力向非农产业的转移速度加快,需求曲线比较平缓,对劳动力的吸纳能力增强。农村中大量的剩余劳动力向非农产业转移,由于户籍没有完全放开,也因为城市就业机会有限,一部分非农就业集中在乡村地区。这个阶段,非农就业是以递增的速度增加的。

进入20世纪末期,随着工业的再次重工业化,工业对劳动力的吸收能力显著下降,甚至总量减少。同时,服务业还没有能够完全补偿重工业对于劳动力的排斥,非农就业转移速度减慢,非农就业总量以递减的速度增加,需求曲线再次陡峭。中国农村剩余劳动力转移过早进入"S"形转移模式的劳动力缓慢转移阶段。

据发达国家相关数据统计,以城市化率50%左右为界,之前工业就业与城市人口同比例增长,服务业就业增长低于城市人口增长;之后工业就业增长低于城市人口增长,服务业就业增长高于城市人口增长。工业对劳动力的吸收减少,被服务业的快速发展和大规模吸收所弥补。2004年中国城市化率为41.76%,还没有达到50%,工业却由于重工业化的趋势,再次减少对劳动力的吸收能力。服务业的增加还没有达到大规模吸收劳动力的能力,原因在于乡镇企业的分散布局以及小城镇的大量发展,缺乏集聚效应和带动效应。1992年开始,第二产业劳动力的增长率开始低于城市人口增长率,1996年差距扩大,1999年开始负增长。第三产业劳动力的增长在改革开放后基本上是高于城市人口年增长率,从1997年开始低于城市人口年均增长率。第三产业发展滞后是中国城市发展方针、小城镇发展战略、乡镇企业发展等相关政策实施结果的副产品。

4.3.2 中国农村剩余劳动力转移的历史情况

新中国成立以来,中国农村剩余劳动力向非农产业和城市的转移经历了一个曲折的过程。如图4-4所示:改革开放前增长比较缓慢;改革开放后,增长速度加快;1997—2001年转移速度相对下降;2001年以来转移速度又有上升趋势。

1952—1978年第二、第三产业年均增长324万人,26年增加了8 423万人;1978—1997年年均增加1 218万人,19年共增加了23 145万人;1997—2001年年均增加383万人,4年共增加了1 532万人;2001—2006年年均增加1 465万人,5年共增加了7 327万人。如果把它们分别称为第一、第二、第三、第四阶段的话,那么第一阶段除1960年的特殊情况外,整体上缓慢增长(年均增加量基本稳定);第二阶段速度加快(年均增加量呈上升趋势);第三阶段速度变缓(年均增加量呈下降趋势)。这个过程与上节给出的中国农村剩余劳动力长期转移的模型指征明显吻合。值得注意的是,2001年以来非农就业转移速度再次加快。

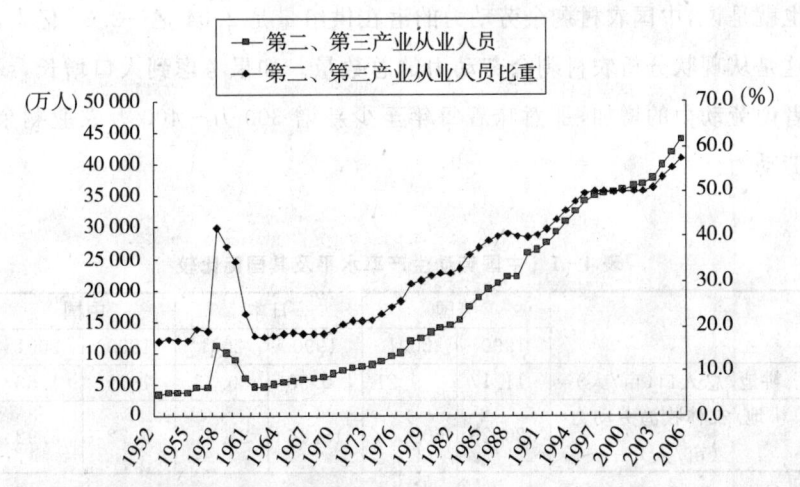

资料来源:《中国统计50年》、2000—2007年的《中国统计年鉴》。

图4-4 1952—2006年中国第二、第三产业就业人员及其占总就业人员比重变化趋势

4.3.3 对中国农村剩余劳动力转移规模的初步估计

中国农村与农业潜在剩余劳动力数量有多大？农村剩余劳动力计算方式不同，结果也不一样。按照模型假设条件，如果非农就业比重达到 85%—90%，则认为剩余劳动力转移完毕。以 2006 年数据计算，当年全国就业总人数为 76 400 万人，如果农业人口只占到总就业人数的 10%—15%，则意味着只需要 7 640 万至 11 460 万人的农业劳动力；当年第一产业从业人员共计 32 561 人，则意味着中国第一产业潜在剩余劳动力为 2.11 亿—2.49 亿人。另一种测算方法：根据经验预计农业劳动生产率水平，假设未来每个劳动力的耕作水平能达到 16—21 亩（如表 4-1 所示，取日本 1990 年、2001 年劳动力耕种土地数量），则中国农村剩余劳动力的潜在供给量是 2.04 亿—2.33 亿人。按照每个劳动力耕种 16 亩计算，需要 12 191 万个劳动力，2006 年中国第一产业劳动力共计 32 561 万人，即剩余劳动力为 20 370 万人。如果按照人均 21 亩计算，那么只需要 9 288 万人，剩余劳动力达到 23 273 万人。也就是说，中国农村剩余劳动力的潜在供给量是 2.04 亿—2.33 亿人。这是从现状分析农村剩余劳动力的总数量。如果考虑到人口增长，或者说劳动力的增加，那意味着每年至少新增 300 万—400 万农业剩余劳动力。

表 4-1 中国劳动生产率水平及其国际比较

	美国		日本		中国	
	1990	2001	1990	2001	1990	2001
耕地/总人口（亩/人）	11.17	9.21	0.58	0.53	1.71	1.53
耕地/农林牧渔劳动力（亩/人）	820.29	802.00	15.86	21.31	5.72	5.92

数据来源：根据《国际统计年鉴 2004》计算得出。

要提高非农就业比重与城市人口比重，则意味着农业劳动力的绝对量与相对量都必然减少,即非农就业岗位的增长率(g_e)与城市化率(u)、人口自然增长率(n)存在关系式:$g_e > u \times n + \dfrac{1-u}{u \times n}$。如果人口自然增长率按照1.04%(1990—2006年就业人口年平均增长率)计算,那么$g_e > 1.27\%$,每年至少需要增加557万个非农就业岗位,为最低需求。如果要保证非农就业比重每年提高1个百分点,那么非农就业增长率为2.58%,每年需要增加1 272万个非农就业岗位,为最佳需求。2006年中国第二、第三产业就业比重为57.4%,如果平均每年增加1个百分点,那么到2035—2040年期间,中国非农就业比重就可以达到85%—90%,届时农业剩余劳动力基本转移完毕,二元经济结构走向一元经济。

第五章 中国产业演进、劳动力转移与城市化发展的动力机制

在发展中国家,普遍存在农村剩余劳动力供求失衡现象,即农村剩余劳动力的供给远远大于城市非农产业对农村剩余劳动力的实际需求,中国也不例外。而且由于人口规模大,中国农村剩余劳动力转移的压力更为严重。要解决农村剩余劳动力的供求矛盾,必须先要了解影响供求的三大作用力的作用机制,即推力、拉力以及摩擦力作用的方向和力度,以通过对作用力的调整和引导,达到协调农村剩余劳动力供求矛盾的目的。

5.1 推动机制:农业、农村发展与城市化

来自农业、农村发展的推动力,主要包括三个方面:农业发展、农村非农产业发展、农村社会发展。其中农业发展是基础,是非农产业和城市发展的前提。农村非农产业的发展,既是农业发展推动的结果,又成为拉动农村剩余劳动力转移的动力。农村社会发展通过改变农村居民的文化素质、观念意识、工作能力、生存条件,进而决定了人口增长及其乡—城转移的规模。

5.1.1 农业发展与城市化

关于农业在国民经济发展中的作用以及与工业化、城市化之间的关系,已经有相对比较成熟的研究成果。从改革开放后中国农业发展

的实践来看,农业不仅本身得到快速发展,而且为推动中国工业化、城市化进程作出了重大贡献。

(一)改革开放后中国农业发展及其与工业化、城市化的关系

农村体制改革是中国农业发展的动力基础。20世纪70年代末期,改革首先从农村开始,以家庭承包责任制为核心的一系列农村土地制度、农业经营方式、农村收入分配政策的实施,在很短的时间内取得明显的成果。单位土地的劳动生产率明显提高,农民收入与生活水平相应提高。同时,大量的剩余劳动力从土地上解放出来,向第二、第三产业转移,推动了乡村工业化与城市化发展。农业生产满足了非农产业发展的需要,如粮食问题的基本解决,是乡村实现产业转型的基础;农村经济发展与收入水平的提高,产生了向非农产业与城市转型的推动力,产生大量的剩余劳动力与一定的剩余资金,可以向非农产业与城市地区流动、集聚与发展。这是从一般意义上而言的。随着农村经济的发展、农业劳动力水平的提高,一方面,农业生产在满足农民基本的生存需要之后,有了大量的剩余产品与剩余资金;另一方面,可以解放出一部分剩余劳动力,二者结合,就促使了非农产业的产生,即乡村工业化的发展。

从食物供给来看,1978年到2006年,中国粮食年均增长1.77%,超过同期人口年均1.12%的增长速度,人均粮食占有量从1978年的317公斤提高到2006年的378公斤。粮食产量从1978年以来持续上升,从3.05亿吨提高到1998年的5.12亿吨,之后开始下降,直到2003年的4.31亿吨。2004年,在中央政府对粮食生产的大力支持下,总产量开始回升,2006年总产量达到4.97亿吨。粮食生产的潜力是很大的,关键在于粮食的价格能否稳定、生产资料的价格能否稳定。林毅夫通过对新中国成立以来粮食的供给与需求、世界粮食生产水平、生产技术以及中国粮食生产政策的分析,认为从技术的角度考虑,中国完

全有能力在21世纪生产足够的粮食养活自己。[1]

从工业生产看,以农产品为原材料的加工业,无论其产值上还是在工业中所占比重,都在逐步扩大,在出口创汇中也占有一定份额。2006年,全社会消费品零售总额达到76 410亿元,其中城市消费品零售额51 542亿元,县及县以下消费品零售额达24 867亿元,农村消费占到1/3左右。

从农业本身的发展来看,从粮食供应到工业原材料供应、市场需求、外汇贡献等各个方面,对推进中国工业化、城市化进程起了重要作用。其中生产要素的贡献尤其是农村剩余劳动力的贡献,是一把双刃剑,既促进了非农产业和城市的发展,同时也成为国民经济发展的庞大压力。

(二) 农业发展与农村剩余劳动力转移

农村剩余劳动力主要是指从农业产业中析出的大量剩余劳动力,一部分是指刘易斯所说的边际生产率为零的显性剩余劳动力,他们的减少不会影响农业总产出;另一部分是指费景汉—拉尼斯所说的隐性剩余劳动力,即劳动力的边际生产力大于零,但是小于农业生产的固定平均工资,这部分劳动力的转移会减小农业总产出与农业平均剩余。

下面分析中国的情况。通过对影响农业增加值(按1978年可比价格计算,用第一产业增加值代替农业增加值,用第一产业劳动力代替农业劳动力)的主要因素,包括农业劳动力、耕地面积、农用机械总动力、农业用电量、化肥施用量等的分析,可以发现,农业劳动力对农业增加值的贡献份额在减小,农业劳动力的增加与农业增加值的变化呈反方向;因为这里研究的是包括农林牧渔的大农业,实际耕地面积的变化与农业增加值关系不大;其他三个因素对农业产值的贡献较大,可以说机械化、现代化对农业发展起着越来越重要的作用。具体的关系模型如方程(5.1)所示。

---

[1] 参见林毅夫著:《发展战略与经济发展》,北京大学出版社2004年版,第208—225页。

$Y_{农} = -0.032\ 8L_{农} + 0.075\ 6K_{机械} + 0.673\ 9K_{化肥} + 0.851\ 4K_{电}$ $R^2 = 0.997$

   (-4.39) (5.22) (4.63) (2.91) (5.1)

其中$Y_{农}$(亿元)代表农业增加值,$L_{农}$(万人)代表农业劳动力,$K_{机械}$(万千瓦)代表农业机械总动力,$K_{化肥}$(万吨)代表农业化肥施用量,$K_{电}$(亿千瓦时)代表农村用电量。

方程(5.1)表达了这样一个概念,中国1978—2001年,每减少一个农业劳动力,农业产出会增加328元,农业劳动力的边际产量为负值,劳动力的减少不仅不会减少产量,还会使得产出增加;每增加一千瓦农业机械总动力,农业产出增加756元;每增加一吨化肥施用量,农业产出增加6 739元;每增加一万千瓦时农村用电量,农业产出增加8 514元。可见,农业现代化具有很大空间:农业机械化、化肥使用、电力使用对农业产出的贡献较大。农业劳动力的增加与农业产出呈反方向变化,说明只有减少农业劳动力,才可能带来农业产出的增加,带来农民收入的增加(人均农业产值的增加)。

中国农业中存在大量剩余劳动力,需要向非农产业转移,其转移的幅度与农业发展,或者说与农业劳动生产率水平是密切相关的。劳动生产率水平越高,转移的幅度越大,非农就业比重越高。使用1978—2001年数据,估计非农就业比重与农业劳动生产率的关系,得到结果如方程(5.2)所示,其中$PR_{农}$代表农业劳动生产率,$\eta_{非农}$代表第二、第三产业就业比重。

$\ln\eta_{非农} = 0.30\ln PR_{农} + 1.61$ $R^2 = 0.99$ $F = 1\ 544.6$

   (39.30) (30.23) (5.2)

方程(5.2)恒等变形得到方程(5.2)'。

$\eta_{非农} = e^{1.61} PR_{农}^{0.30}$ (5.2)'

方程(5.2)与(5.2)'说明非农就业比重与农业劳动生产率水平呈幂函数关系,随着农业劳动生产率水平的提高,非农就业比重是以递减的速度增加的。农业生产率的提高推动了农村剩余劳动力的非农转移。

5.1.2 农村非农产业发展与城市化

农村非农产业的发展本身是农业发展推动的结果,而它同时又成为乡村城市化的主要动力源。因此关于非农产业发展与城市化发展之间的关系,既要剖析农业发展和非农产业发展之间的关系,也要研究非农产业发展与城市化发展之间的关系。

(一)供给创造需求:乡镇企业的诞生与发展

改革开放的初期,随着农村体制改革,"缴足国家的、留足集体的、剩下的归自己"政策的实施,极大调动了农民生产的积极性,提高了农业生产率水平。农业生产有了剩余,如粮食产量水平提高;农业生产要素有了剩余,如资本有了一定积累,大量劳动力从农业中解放出来;农民收入水平提高,刺激了日常生活用品以及生产资料的需求。有了生产要素的供给,有了对非农产品的消费需求,但城市与乡村之间的隔离还没有完全放开,在这样的背景下,在原来"社队企业"的基础上,乡镇企业以燎原之势在中国乡村地区开始蓬勃发展,成为吸收农村剩余劳动力的主要渠道。

1978—2006 年,中国非农就业人员从 11 696 万人增加到 43 839 万人,28 年净增 32 004 万人;其中乡村地区非农就业人员从 2 182 万人增加到 19 459 万人,净增 16 277 万人,占到非农就业总增加量的一半左右。全国非农就业比重从 1978 年的 29.5% 上升到 2006 年的 57.4%,28 年增加了 27.9 个百分点;其中,乡村非农就业占全国总就业的比重,从 5.4% 上升到 2006 年的 25.5%,增加了 20.1 个百分点,对非农就业比重增加的贡献占到 72.0%。农村非农产业的发展,吸收了大量的农业剩余劳动力,为解决就业压力、提高农民收入作出了巨大贡献,尤其是乡镇企业在其中起着重要的作用;2006 年乡镇企业从业人员为 14 680 万人,占乡村非农就业总量的 75.4%。

乡镇企业的发展以及对农业剩余劳动力的吸收,也有一个波动发展的过程,在发展过程中经历过两个高潮、两个低潮(如图5-1所示)。

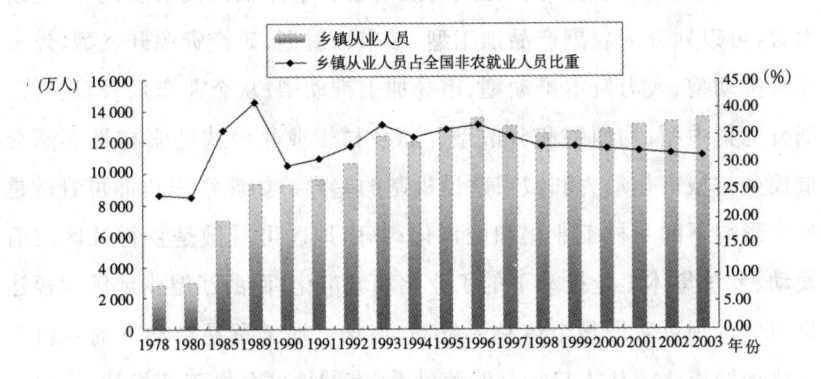

资料来源:根据历年《中国统计年鉴》计算得出。
图5-1 1978—2003年中国乡镇企业从业人员变化历程

20世纪80年代,乡镇企业发展迅猛,对农村劳动力的吸收数量大、速度快,乡镇企业从业人员占全国非农就业人员的比重持续增加,1980年为23.90%,1985年上升到35.75%,5年增加了将近12个百分点;1989年比重上升到最高点40.92%。1989—1991年进入三年治理整顿时期,乡镇企业从业人员迅速减少,占全国非农就业比重也迅速下降,1990年下降到29.49%,1991年开始回升。1992—1997年是乡镇企业发展的第二个高潮期。进入社会主义市场经济后,乡镇企业的地位得到充分肯定,又经历了一个发展高潮期。1996年,乡镇从业人员为13 508万人,占全国非农就业人员比重为38.82%;之后进入第二个低谷时期。受中国经济增长大背景的影响,在经济波动中,乡镇企业首当其冲,波动幅度较大。乡镇企业从业人员在全国非农就业所占比重持续下降,2003年降至31.44%。

(二)需求推动供给:乡村城市化道路的形成

乡村工业化为乡村城市化提供了源源不断的发展动力。农民首先要实现非农产业转化,然后再实现空间转移与生活方式的转化,而乡村工业化模式的多样性又形成了乡村城市化模式的多样性。由于地理区位、历史基础和发展环境条件的差异,中国乡村工业化有多种模式。从发动主体看,可以划分为社区政府发动型和个体私人发动型;从产业动力看,可以划分为农副产品加工型、城市辐射型、矿产资源开发型、外资外贸推动型、人力资本推动型、市场加工推动型;从企业布局看,还可以划分为集中型、均衡型和分散型。而乡村工业化模式的多样性必然会造成乡村城市化动力和城市建设机制的差异。如珠江三角洲可看做是外资影响下的乡村工业化和城市化;苏南地区可看做是乡村社区政府发动、乡镇集体工业推动下的工业化和城市化;而浙江温州地区和福建泉州地区则可看做是个体私人发动、市场—加工贸易推动下的乡村工业化和城市化。从人口迁移和流动看,有的地区乡办工业发达,人口主要流向本乡镇;有的地区村办和户办工业发达,人口就地非农化;有的乡村工业主要吸收本地区农民就业;而有的则吸收大量外来人口。

乡村工业化对乡村城市化的影响是复杂的:首先应该肯定,乡村工业化是中国城市化加速发展的一种强大推动力量,在市场机制引导下,它既大大减轻了政府推进城市化的负担,为城市化推进提供了非农产业活动支持以及基础设施建设的物质和资金支持,又创立了城市化的新模式,使其形成了多元推动、多模式发展的新格局,同时也极大改变了城市体系的结构。但也应当看到,分散性仍是目前中国乡村工业布局的主体特征。这种过于分散的布局,既因缺乏聚集效益和规模经济,不利于乡村工业本身增长方式的转换,又由于其未能和乡村城市建设有机结合,会进一步扩大城市化相对于工业化水平的偏差和乡村就业结构相对于产出结构水平的偏差,而其带来的就业方面的兼业性质、对土地资源的浪费以及对乡村生态环境的污染等,也对农业的规模经营和乡村的现代化起到了一定的阻碍作用。

(三)农业非农化:农业产业化的兴起

发展农业产业化,是指以国内外市场为导向,以提高经济效益为中心,以资源开发为基础,围绕支柱产业优化组合各种生产要素,实现区域化布局、专业化生产、一体化经营、社会化服务和企业化管理,逐步形成市场促产业、产业带基地、基地连农户,集种养加、产供销、贸工农、农科教为一体的生产经营体系。

农业一体化经营最早于20世纪50年代产生于美国,然后传入西欧、日本。历经半个世纪的发展和深化,西方发达国家逐步形成了现代农业经营的一体化结构,实现了农业生产、经营和服务方式的转变。中国改革开放以来,随着家庭承包经营的普遍推行,农业的经营体制发生了重大变革,农户成为农村经济的微观主体,一些地方从完善社会化服务体系入手,相继形成了"贸工农、产加销"一体化的经营实体,农业产业化初见端倪。1992年,山东省潍坊市首次使用了"农业产业化"的提法,并提出了"确立主导产业,实行区域布局,依靠龙头带动,发展规模经营"的农业发展新战略。1993年,山东省政府把实施"农业产业化"经营战略作为发展社会主义市场经济的重要途径,在全国各地市进行推广。1995年12月,《人民日报》发表"论农业产业化"的社论,并连续刊登文章,介绍了潍坊市发展农业产业化的经验。此后,以"贸工农一体化、产加销一条龙"为主要模式的农业产业化经营,如雨后春笋般在全国各地迅速发展起来。

据农业部1999年对全国28个省、自治区、直辖市1 650个县的调查,到1998年底,全国有各种利益连接机制的农业产业化经营组织30 344个,1998年实现总产值4 902亿元,利税476亿元,产值利税率为9.72%,明显高于一般的农产品加工企业。这些经营组织连接的农户共达3 900多万户,占全国农户总数的15%左右,农户通过农业产业化经营,户均增加收入800多元。农业产业化还开辟了新的就业渠道,仅1998年就吸收农业劳动力572万人,一些大城市郊区的农业产业化龙头企业,已经成为下岗职工再就业的一个渠道。[①]

美国单纯从事农业就业的劳动力只占全国总劳动力的2%,但是围绕农业的农产品加工、服务、销售以及生产资料的购置,从事所谓"产前、产中、产后"服务的多种非农产业劳动力就业人员却占到全国总劳

[①] 参见宋洪远编著:《改革以来中国农业和农村经济政策的演变》,中国经济出版社2000年版,第75页。

动力的20%。可见,农业产业化经营,既是提高农民收入的主要途径,也是吸收农业剩余劳动力的一个主要渠道。

具体来说,农业产业化是从以下几个方面推动农村城市化的:农业产业化发展引起的生产基地集约化,推动了农村人口向城市(镇)人口转化。在农业产业化生产中,生产基地建设是大规模、机械化、集约化生产,要求人员素质水平高,机械化水平高,经营管理规范化。这种要求导致的结果,一是大量的低素质劳动力将从农业中淘汰,同时生产资料——土地将被集约化的生产基地合并,落后生产工具将被淘汰;二是农村剩余劳动力获得一定经济补偿之后必将涌入城市(镇)寻找就业门路,并逐步转化为城市(镇)常住人口。农业产业化的推进实现了农业生产向产前和产后的延伸,把大量的农村剩余劳动力推向了农业产业化链条中的加工、储藏、运输和销售环节,使纯生产型农民的数量逐渐减少,农民非农化速度加快,从而推动农村人口城市化的进程。农业产业化公司引起的人员、资金的汇集,促进了农村向城镇的转化。以农产品生产基地作后盾,同时辐射各地商家的城镇。

因此,农业产业化不仅拉长了农业产业链条,提高了农村工业化水平,同时还促进了交通、通信、教育、文化、体育、旅游、饮食、信息、金融、保险、贸易等第三产业的发展,成为农村城市化发展的重要动力。

5.1.3 农村社会发展与城市化

农村社会发展对城市化发展的影响,主要体现在人口增长、教育、农村基础设施、城乡收入差距等几个方面。

(一) 人口增长与农村剩余劳动力

就业受到多种因素影响。首先,人口增长是导致就业人员增加的直接原因。其次,就业与经济发展状况、国家就业政策、人口政策等都有关系。一般而言,在经济繁荣时期,劳动力需求增长速度相对较快,一些到了劳动退休年龄的劳动者,由于经济发展对劳动力的需求,会继续从事就业活动；而在经济萧条时期，劳动力需求增长缓慢，对劳动力的需求数量相对减少，一部分人员可能在家从事家务，或从事没有报酬的工作，如妇女从事家务活动。国家对就业年龄的规定，也会在很大程度上影响就业人员的数量，如退休年龄减小5岁（男性从60岁提前到55岁，女性从55岁提前到50岁），就会导致就业人员数量相对减少，增长缓慢。这些影响就业的因素中，人口增长是主要因素。新中国成立以来，中国人口增长与就业人员增长情况如图5-2所示。

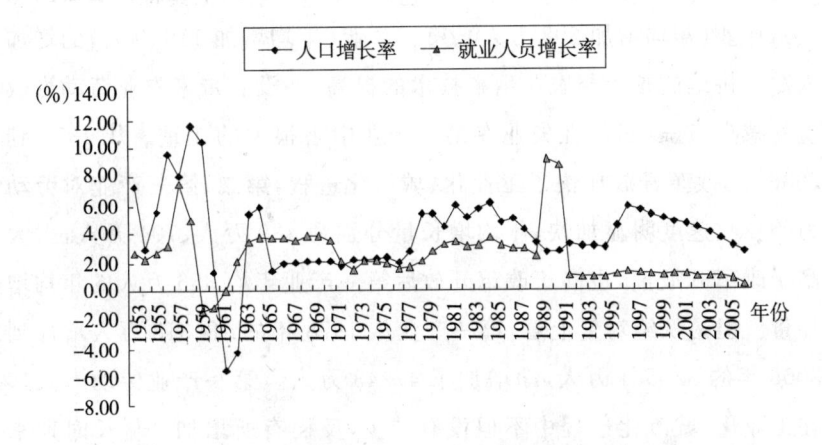

注：为了消除小的波动影响，便于观察人口增长的总趋势，这里采用了环比增长速度，即某一年对应的增长速度，是这一年与前一年、后一年平均的增长速度。

图5-2 1952—2006年中国人口与就业人员增长

从图5-2中可以看出，除1960年左右人口增长速度大幅度下降外，从整体上来看，五十多年来中国人口增长比较稳定，而且可明显划分成两个时期：20世纪70年代以前，增长速度相对较快，自然增长率在2%及以上；70年代后期及之后，随着计划生育政策的全面实施，人口增长速度明显下降，在2%以下；到了90年代后期，人口增长速度下降到1%以下。与人口增长相对应，就业人员的增长变化却相对不很稳定，除了受人口增长因素影响外，还有其他的因素影响就业人员的变化。总的来看，就业人员的增长有两个高峰期：20世纪60年代后期至70年代初期、20世纪80年代，就业人员年均增长速度达到3%左右。

到20世纪90年代以后,就业人员增长速度趋缓,基本维持在1%左右,略高于人口增长速度。人口增长带来就业人员增加,但当就业人员的增加超过经济增长对劳动力的需求时,就产生了大量的剩余劳动力。

从世界各国的一般经验来看,随着工业化、城市化发展,农业劳动力无论是从相对量还是绝对量上都是减少的。由于人口增长的压力,中国农村劳动力虽然从比重上看是减少的,但从绝对量上看,始终是处于增加趋势。从1952年到1978年,第一产业劳动力从17 317万人增加到28 318万人,增加了11 001万人,年均增加423万人,超过同期第二产业(年均增加208万人)、第三产业(年均增加116万人)的增加人数。耕地的减少与农业生产技术的提高,并没有带来农业劳动力数量的减少,这表明隐性失业在第一产业中占很大的比重。从1978到2006年,改革开放加快了工业化、城市化进程,第二、第三产业对劳动力的吸收速度明显加快,年均增长量分别为439万人、704万人,大大高于改革开放前,也高于改革开放后第一产业年均356万人的年均增加量。但是从绝对量上看,第一产业从1978年的28 318万人增加到2006年的32 561万人,净增加了4 243万人。第一产业劳动力人口在工业化、城市化进程中不但没有减少,反而有所增加。从长时期来看,净增加的第一产业劳动力,就成为农村的隐性剩余劳动力。

(二) 教育、劳动力转移与城市化

教育是关系国家富强、民族兴旺的立国之根本,对于农业、农业人口、农村人口占较大比重的发展中国家而言,农村教育显得更为重要。因为农村教育对于国家经济发展和工业化进程有基础性的推进作用。这里主要分析教育对于农村剩余劳动力转移和城市化进程的影响。

一是受教育水平的高低对农村剩余劳动力转移的影响。许多国家宏观研究报告指出,一个地区入学登记率或者平均教育水平越高,从这一地区向其他地区的移民率越高,这些研究包括格林伍德(1971)对印度的研究、亨廷顿(1974)对肯尼亚的研究以及利维和瓦纳基(1977)对委内瑞拉的研究。例如,加勒比地区的移民率随受教育程度单调提高,

有较高教育程度的移民率是缺乏教育的移民的 4 倍(菲尔茨,1982,第553 页)。受教育的人具有较高的移民率,可能是由于三种不同的原因:工资差异——出发地或农村与城市之间的差异,受教育程度越高,工资差异越大;个人对于工资激励的反应,受教育的人受到工资激励的反应更敏感;城市劳动力市场的新增空缺需要受教育的人来补充。这三个因素说明,受教育的人具有较高的移民倾向不仅是因为关系到私人收益,而且与城市经济中需要高质量人才的工作不断增长有关。[①]

受教育水平与农村剩余劳动力的转移是同方向的。因为没有单独农村受教育水平的统计,所以这里采用全国受教育水平统计来分析。受教育水平指标选取不识字或识字很少的人口、小学文化程度、初中、高中、大专及大专以上人口分别占 6 岁及 6 岁以上人口的比重(分别为 $e_{不}$、$e_{小}$、$e_{初}$、$e_{高}$、$e_{大}$)以及初中、高中、大专及大专以上所有人口占 6 岁及 6 岁以上人口的比重($e_{初以上}$)。

以中国 31 个省市区以及中国的平均水平为样本(共 32 个),对非农就业比重(用 $\eta_{非农}$ 表示)与不同受教育程度人口比率的散点图进行观察,结果发现 $\eta_{非农}$ 与 $e_{不}$、$e_{小}$ 均为反方向变化,与 $e_{初}$、$e_{高}$、$e_{大}$、$e_{初以上}$ 均为同方向变化,且变化程度不同。对相关数据进行线性回归,结果得到曲线和方程如图 5-3 所示。

其中图 5-3(a)表示非农就业比重与不识字人口比例、小学文化程度人口比例呈反方向变化:不识字人口比例每减少 1 个百分点,非农就业比重增长 0.83 个百分点;小学文化程度人口比例每减少 1 个百分点,非农就业比重增加 1.6 个百分点。图 5-3(b)说明初等及其以上教育水平比例与非农就业比例之间均呈同方向变化:初中文化程度人口比例每增长 1 个百分点,非农就业比重增长 0.54 个百分点;高中文化程度人口比例每增长 1 个百分点,非农就业比重增长 2.48 个百分点;大专及以上文化程度人口比例每增长 1 个百分点,非农就业比重增

[①] 参见埃德温·S.米尔斯主编:《区域和城市经济学手册(第 2 卷)——城市经济学》,经济科学出版社 2003 年版,第 345 页。

长 3.18 个百分点;初中、高中、大专及以上所有人口比例每增长 1 个百分点,非农就业比重增长 0.92 个百分点。因此可以得出结论:受教育程度越高、比例越大,对非农就业比重的推动作用越大。

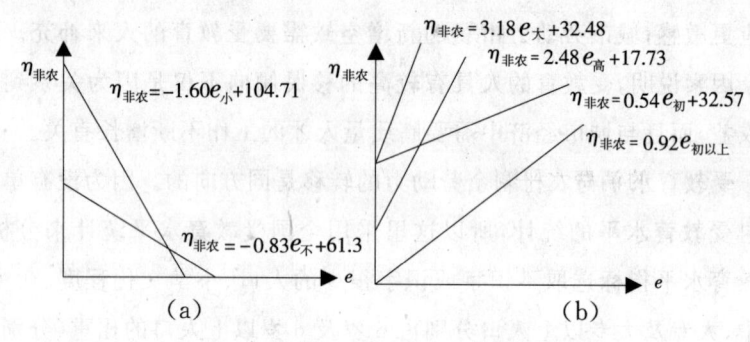

$\eta_{非农} = -1.60e_{小} + 104.71$

$\eta_{非农} = -0.83e_{不} + 61.3$

(a)

$\eta_{非农} = 3.18e_{大} + 32.48$

$\eta_{非农} = 2.48e_{高} + 17.73$

$\eta_{非农} = 0.54e_{初} + 32.57$

$\eta_{非农} = 0.92e_{初以上}$

(b)

图 5-3 受教育水平与非农就业增加的关系

二是由于教育设施的缺乏,加强了农民乡—城转移的愿望。如果单纯考虑自身就业与收入,一部分农民家庭在当地还是能够获得比较丰厚的收入或者能够过上比较满足的生活,但是往往是由于在农村地区或者一些小城镇,甚至小城市教育设施缺乏的因素,促使他们选择进行乡—城转移。他们可以不为自己将来的发展考虑,也许对他们来说将来在当地会发展更好,但是必须考虑孩子的前途。孩子的前途首先表现在接受初等与中等教育上。在农村地区,有些村没有小学,有些小城镇没有中学,有些县城的学校教育质量不高,每年高考入学率不高。这些因素都会促使农民进入教学质量相对较高的县城或者大中城市。有一些农民企业家还会在省会城市或在沿海大城市买房子,以专门送孩子去读书。对于大多数没有条件的农民来说,县城可能是更为现实的选择。

(三)农村基础设施建设与城市化

城市化就是让更多的人享受到现代城市文明,让人们生活得更好、更舒适,不仅是扩大享受城市文明的人口数量,而且是提高所有居民生活的质量。从这个意义上讲,改善农村基础设施建设,让更多的农村居民享受到现代城市文明,本身也是城市化的一项重要内容。城市基础设施建设,主要包括交通、通信、水、电等方面设施的完善。基础设施建设从以下几个方面影响城市化进程。

一是提高农村居民生活质量,本身就是衡量城市化进程的一项重要指标;二是农村基础设施建设可以解决很大一部分农村居民的就业,加快农业剩余劳动力向非农产业的转移;三是农村基础设施的完善,可以提高居民的消费水平,如对于汽车、摩托车、冰箱、彩电、电视机、电脑等方面的消费以及通信费用,会大大促进城市非农产业的发展;四是农村基础设施的改善,可以加强农村居民与城市的联系,让农村居民不仅在农村享受到现代文明,同时也可以通过便捷的交通、通信设施,享受到城市的各项服务;五是随着农村基础设施的改善、城乡生活条件差异的缩小,居民向城市迁移的动力减小,也可以减缓农村人口向城市转移给城市带来的就业、基础设施建设等方面的压力。

发展中国家的公共投资往往偏重于向城市分布。农村向城市移民至少能使某些农村低收入人群在一定程度上参与到由偏重城市的公共投资带来的不平衡的经济发展之中。

(四) 收入差距与劳动力转移

除以上因素之外,影响农村劳动力转移的其他动力还有城乡收入差距、政策导向等方面因素。在这里估计了1978—2001年中国非农就业比重与城乡收入差距的关系,得到结果如方程(5.3)所示,其中 D_{UR} 代表城乡收入差距。非农就业比重与城乡收入差距的变化如图5-4所示,其中横轴代表非农就业比重,纵轴代表城乡收入差距。从图中可以看到,非农就业比重与城乡收入差距之间呈周期性变化。

$$D_{UR}=80.43-5.99\eta_{\text{非农}}+0.15\eta_{\text{非农}}^2-0.001\eta_{\text{非农}}^3 \qquad R^2=0.82 \quad F=31.32$$
$$(6.97)\ (-6.73)\ \ (6.66)\ \ (-6.55) \tag{5.3}$$

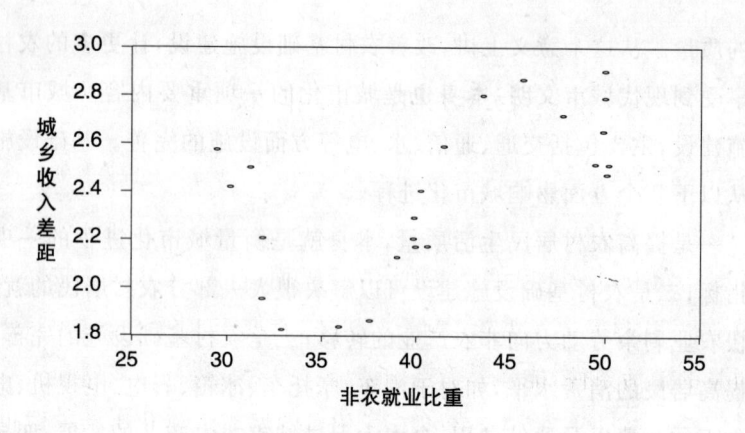

图 5-4 非农就业比重与城乡收入差距的关系

1978—1985 年期间,城乡之间收入差距是逐年缩小的,非农就业比重在逐年提高,二者呈反方向变化趋势,差距越小,非农就业比重越高。从 1986 年开始至 1994 年,城乡收入差距是逐年扩大的,城乡收入差距与非农就业比重之间是同方向变化的,城乡收入差距越大,非农就业比重越高。1995—1997 年进入另一个周期的下降阶段。1998 年之后,直到 2001 年,非农就业比重基本没有变化,而城乡差距又进入第二个周期的上升阶段。

根据以上变化关系,可得到以下两点结论:一是从中国来看,城乡收入差距与农村剩余劳动力转移之间不是完全的同方向变化关系,城乡收入差距越大,农村剩余劳动力转移的动力越强这一结论并不完全成立;二是城乡收入差距与农村剩余劳动力转移之间的关系受到国家经济形势和政策变化的影响更大,与时间的相关性更强。如,在 1978—1984 年期间,改革首先从农村开始,农业生产率水平的提高、农业产量的增加以及乡镇企业的起步与发展,大大提高了农民的收入,缩小了城乡之间的收入差距;1985 年开始城市改革,城市居民收入水平提高,城乡收入差距又开始扩大;1997 年之后,受国家整体结构性生产过剩的影响,乡镇企业受到冲击,非农就业比重徘徊不前,导致农村居民收入水平与城市之间的差距又一次拉大。

5.2 拉动机制:非农产业、城市发展与城市化

城市对人口的吸引主要表现在两个方面:首先,城市具有较高收入的就业机会,这是第一需求,是解决生存的首要需求;其次,城市具有较高质量的生活条件,能够享受基础设施、公共设施、社会设施等公共资源和城市环境。此外,通过信息流通传播的城市现代化生活方式也对外来人口产生吸引力。因此,城市的吸引力或者说吸纳能力,主要就表现在如何能够增加就业机会,如三次产业演进是否能够增加就业机会,城市增长方式演进是否能够增加就业机会等。此外还表现在城市在发展演变过程中,产业演进如何影响城市化质量水平的提高,从而改变人们的居住环境、提高生活质量等方面。这些都会对农村劳动力产生更大的吸引力。

5.2.1 城市发展的吸引力、拉动力和扩散力

城市地区相对较高的生产力水平以及优越、舒适、便利的生活方式,对乡村地区产生了磁力与示范效应,极大影响了乡村地区的生产与生活方式,吸引资金、劳动力等生产要素向城市化地区流动,促进生产要素在乡村、小城镇、小城市的集聚,带动了乡村地区非农产业的发展。具体而言,城市对农村剩余劳动力的拉动力表现在三个方面:城市产业的吸引力,城市生活方式的拉动力,城市本身的发展从产业上与地域上向农村地区的扩散力。

吸引力,是指非农产业与城市较为完备的基础设施产生的较为稳定的高收益、高利润对乡村地区资金、劳动力的吸引力量。一般而言,非农产业具有较高的劳动生产率水平,因而其收益也相对较高,就能够吸引农村的闲散资金与剩余劳动力向非农产业流动与集聚,乡村

工业化即是在这样一种背景下发展起来的。它成为乡村城市化的重要一步，首先实现了产业转型，为其他方式转型提供了产业基础。一部分资金与劳动力直接进入城市或者城镇，在城市或者城镇地区集中起来，夯实了城市或者城镇地区的产业与经济基础，再加上人口的集聚、城市规模不断扩张，使得乡村型社会不断向城市型社会转化。乡村地区大部分资金与劳动力在乡村地区集中，或者分散投资发展非农产业，在实现产业转化的基础上再逐步实现地域转化，这个乡村工业化推动乡村城市化发展的过程，已经成为中国改革开放后城市化的重要组成部分。

拉动力，是指城市的生活方式与较高的收入水平，对乡村人口产生的示范效应以及对人口产生的强烈吸引力量。它会引起大量乡村人口直接向城市流动与集聚。城乡收入差别是引起乡村劳动力向城市转移的主要动力。根据2004年统计资料，城镇居民的平均收入水平(9 422元)是农村居民人均纯收入水平(2 936元)的3倍多。在城乡之间的户口制约有所松动之后，大量的农村剩余劳动力涌向城市，他们希望在城市能够获得较高的收入水平，最起码是获得高于在乡村的收入水平。城乡居民生活方式的差别，是引起乡村人口迁移的又一个动力。人们希望自己能够享受城市的生活，同时也希望自己的子女能够接受较好的教育，有机会接受更多文明社会的熏陶，这一点从城乡消费水平的对比可见。城镇居民在食品、居住的消费仅占总消费的1/2，而农村居民在该项的支出高达3/4，相反在娱乐、教育、文化等方面的支出则明显低于城镇；农民是农村社会的主体，其生活方式受农村社会经济的影响，具有封闭性、落后性、生活节奏缓慢等特点；而城镇居民对于农民在就业、收入、文化生活、社会地位等物质和精神方面具有不可抗拒的拉力。

扩散力，是指随着城市的成长、壮大，城市产业规模、人口规模的不断扩张，原来的城市从空间上不断向周边的郊区或者乡村地区蔓延与扩张的力量。这主要是，城市产业的规模扩张与升级换代，使得一些产业与投资向城市边缘区、周边的小城市或者小城镇扩展。城市中心地区由于地价上升,需要将一部分原有的初加工产业,或者占地面积较大的产业,或者市场竞争力下降的产业,向周边乡村地区转移,代之而起的是一些科技含量较高、能够创造出较高收益的产业,以便降低生产成本,创造更高的收益。这就促进了城市周边地区的城市化进程。如,通过中心城区辐射与扩散作用形成的郊区化过程,通过城市大工业在郊区布点或与郊区乡镇工业联营,通过带动乡镇企业的发展来实现乡村城市化等,都会促进这个过程。从沿海地区来看,大城市周围的乡村地区的发展,先是通过城市产业的扩张与合作,促进乡镇企业的发展,实现产业与就业的非农化,进而从基础设施、地域景观、社会文化等方面实现了城市化。其中开发区的建设,是带动大城市郊区发展的增长点,开发区的建设往往依托于某一城镇,从而带动了城镇的发展,促进了城镇基础设施的建设与人口的集中。

5.2.2 城市发展与城市化

城市,从经济学的角度理解,它首先是一个"市",是最早的"集市",是商贸中心,是商品交易中心,是市场中心;其次它是"城",是为了防卫的需要,为了满足军事上、政治上、安全上的需求。早期城市的直接起因,往往不是经济因素而是与当时的政治和军事有关。但多数城市的形成,尤其是产业革命之后城市的全面发展,主要还是与经济因素相关。

(一)城市的产生

从城市产生和发展的观点出发,可以将城市大致分为三种类型:为满足广大农村物资集散和综合服务的需要而形成的中心地城市,如大多数集镇、城镇、县城等;为满足区际贸易和交通转运的需要而形成的、以交通运输为主要职能的城市,如港口城市、铁路枢纽、公路中心等;为满足某种专门需要,在集聚经济、规模经济的作用下而形成的以某种专门职能为主的城市,如工业城市、风景旅游城市、大学城等。①

可见,任何城市都是在一定区域范围内,承担着某种或者某几种职能,如承担的职能数量少,服务范围小,其人口规模就小,在区域城市系统中的等级就低;而大城市往往承担多种职能,服务范围广,所以其人口规模大,城市等级高。伯德(Bird)曾以三角形表示三类城市(中心地职能、专门化职能、交通运输职能)形成和发展的相互关系(如图5-5所示)。单一的职能只能形成采矿基地、集镇、渡口等小聚落,唯有身兼两种或两种以上职能的才有条件形成较高级的聚落。大城市之所以能形成,乃是身兼三种职能,并能充分发挥其作用的结果。

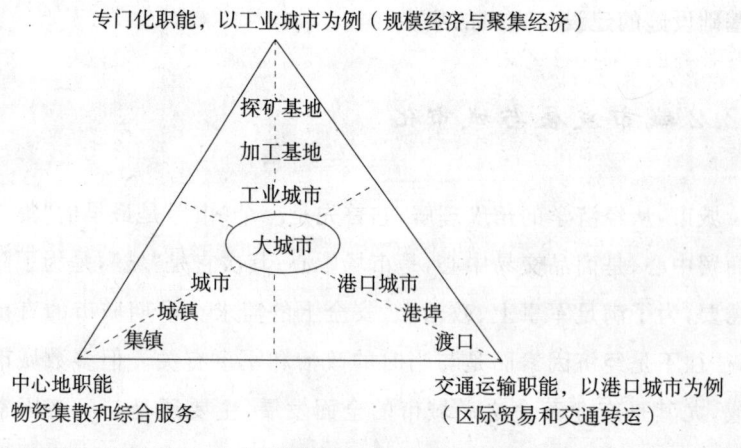

资料来源:许学强、周一星、宁越敏编著《城市地理学》,高等教育出版社1997年版,第38页。

图5-5 城市形成和发展的区位三角形

不可否认,在规模经济、聚集经济甚至城市化经济作用下,企业在城市里从事生产具有一定优势。但生产只能是城市的一种职能,绝不能把它作为城市的唯一性质来看待。即使从城市最初产生的历史来

---

① 参见许学强、周一星、宁越敏编著:《城市地理学》,高等教育出版社1997年版,第38—41页。

看,生产职能也只是城市产生的原因之一。如果城市单纯只维持生产职能,那么它最多是一个工矿生产基地,而不是一个城市。作为城市,首先要有人口的聚集,人口聚集必然伴随人口的消费,消费又会带动城市发展。人口聚集,带来城市交通运输、通信、水电暖气等基础设施的发展,带来住宅业、饮食业、休闲娱乐业、房地产业、建材业、餐饮业和旅游业的发展。这些产业的发展,在解决一部分人就业的同时,又进一步创造对制造业产品的需求,带动了制造业的发展。城市消费职能的提升、城市功能的提升,是促进工业生产发展、提高城市就业的主要职能。

城市有工业主导型城市、交通运输业主导型城市、服务业主导型城市、综合型城市等多种分类。但无论哪一种分类,它们都有一些共同的特征,就是都需要能满足本地集中居住的人口需要的产业和为腹地范围内服务的产业,如为城区居民服务的基础设施、公共设施、交通通信、水、电、气、居住、安全等;为城区居民和腹地范围居民共同服务的商业、教育文化、医疗卫生等。

在一个国家或者地区,存在不同等级的城市。城市等级不同,城市功能相应发生变化。城市功能的变化,是通过调整城市主导产业的发展,通过调整城市与周围其他城市以及农村腹地之间的关系来实现的,变化的结果会进一步提高城市等级。高等级、大规模城市的产业与生产要素的辐射与扩展,推动着自身结构升级与周边小城市的发展,加速城市化与产业演进以及劳动力转移的进程。如上海对长江三角洲地区的辐射就是一个典型。

(二)城市发展阶段与城市功能变化

单纯从一个城市的发展阶段来看,可分为初期阶段、成长阶段一期、成长阶段二期、成熟阶段四个阶段。在城市发展的不同阶段,由于外力作用不同以及城市本身发展机制、发展特征、主导产业、与区域和其他城市之间的关系的不同,因而对劳动力和人口的吸纳能力也是不同的。城市各个阶段的发展特征如表5-1所示。

表 5-1　城市成长阶段特征(以制造业城市为例)

阶段	职能	发展机制	物质、能量交换	主导产业	基本特征
初期阶段	单一	外力推动为主:大城市辐射、政府扶持、资源推动	腹地生产要素流入;高等级城市产业扩散	制造业	数量型城市化,城市规模小
成长阶段一期	两种或以上	动力机制→传导机制,形成自我循环、自我发展机制:主要职能→企业、人口集聚→基础设施逐步完善→企业、人口进一步集聚→两种以上职能发展→企业、人口集聚	腹地生产要素流入;低等级城市生产要素流入;高等级城市产业扩散;同等级城市分工合作,生产要素双向流动	制造业、商贸流通业、服务业	数量型城市化,城市化速度加快,城市规模大
成长阶段二期	综合职能	剥离中提升,吸收中发展:企业人口聚集→地价、企业生产成本上升→城市空间布局随产业收益率而调整→服务、办公中心化,生产、生活边缘化→服务职能突出,生产职能外迁	腹地生产要素选择性流入;低等级城市生产要素选择性流入;同等级城市分工合作,生产要素双向流动;产业向低等级城市扩散	服务业	数量型+质量型城市化,城市化速度快,城市规模大
成熟阶段	服务职能	现代服务职能突出		现代服务业	质量型城市化,速度慢

城市发展的初期阶段。由于占据某一方面优势,如交通优势、中心地优势、资源优势或者其他原因,导致单一职能的小城市雏形的产生。其动力可能来自于几个方面:大城市的辐射与推动、政府的扶持、农村发展的推动、市场需求的拉动。小城市的形成有可能是上述其中一个方面的原因,也可能有两个或者两个以上的原因。在某种单一职能推动下,以某种支柱产业的发展为依托,如制造业、旅游业、商贸业、交通运输业等为基础发展。在产业发展的同时,人口逐步集聚。由于城市职能和推动力度的不同,生产要素向小城市流动的规模与速度不同,有的城市会在短时期内很快发展起来,如制造业为主的城市化,往往导致

人口的迅速集聚。

城市发展的成长阶段一期。 当人口与企业集聚到一定规模,突破了基础设施以及服务业的门槛制约,为生产生活服务的第三产业开始发展,基础设施、公共设施、社会设施逐步完善,流通业、餐饮业、金融业、房地产业等形成一定规模。第三产业的发展,改善了城市的投资环境,降低了企业生产的成本,提高了居民的生活质量,吸引更多的企业与人口进入城市。这不仅强化了城市原有的职能,也推动新的职能发展,即城市由单一职能向两种或两种以上的多种职能发展。这一阶段城市化的特征是,以数量型城市化为主,表现为人口大规模增加,地域规模不断扩张,经济规模扩大。与初期借助于某种力量发展不同,这个阶段的自我循环、自我扩张的特征明显。

城市发展的成长阶段二期。 随着人口与企业的集聚,市区企业与人口密度上升,市区规模扩大,企业生产与职工居住的分散,带来交通紧张。布局混乱、密度上升、中心区地价上涨、环境污染严重等众多问题的产生,需要城市调整布局。在城市成长过程中,需要不断吸收新鲜的血液,不断吸收适合自身成长发育的生产要素,来加速城市的发展;同时也需要剥离一些不再适合于自身发展的城市功能,轻装前进,及时调整产业布局和城市功能,让自身更好地发展壮大。所以这个阶段是城市发展的一个关键时期,如果能够及时定位,调整城市功能和产业布局,剥离某些生产职能,提升服务职能,加强城市与其他不同等级城市之间的分工与合作,那么城市依然能够健康而迅速地发展。而如果不能及时调整功能,那么它只是维持现状的一个城市,城市功能不能升级,也难以再有新的生命力。这个阶段,城市化发展的典型特征是数量型与质量型城市化共同发展。

城市化发展的成熟阶段。 这一阶段,城市人口增长速度开始放慢,主要进入了质量型城市化阶段。服务功能大大提升,实现与高级别城市和国际城市的接轨。在城市发展的初期阶段和成长阶段一期,对劳动力的吸收主要是工业;进入成长阶段二期和成熟阶段,对劳动力的吸收主要是服务业。吸收最快的两个时期主要是在成长阶段。

具体到不同城市,由于主导产业的选择不同,如以纺织、服装、家电等消费品工业为主导产业的城市,属劳动力密集型,劳动力吸纳能力强,企业与人口集聚速度快,对生活服务业发展的推动力比较强。以化工、机械、电力、钢铁等能源、原材料工业为主导产业的城市,属资本密集型,对劳动力的吸纳能力有限,企业集聚规模大,占地面积大,有利于推动生产服务业发展。但有限的人口集聚,对生活服务业推动作用弱,人口进一步集聚受到局限。这类城市经济规模扩张快,但人口规模增长相对要慢,对劳动力的吸纳受到局限。

从一个国家或者地区的角度考虑,一个区域当中往往存在众多处于不同发展阶段的城市,城市之间彼此相互联系(如图5-6所示)。这就要求每个城市根据自己发展阶段以及与其他城市之间的关系,合理确定城市定位。如对于处于初期发展阶段的城市,要积极发展主导产业,如制造业或者商贸业。主导产业是支撑城市发展的基础,主导产业发展到一定规模,达到"门槛",基础设施建设才会有经济效益,才可能产生真正的城市,否则充其量只是工矿基地或小集镇。对于处于成长阶段一期的城市,人口集聚、基础设施完善是一个很重要的环节,决定了城市的下一

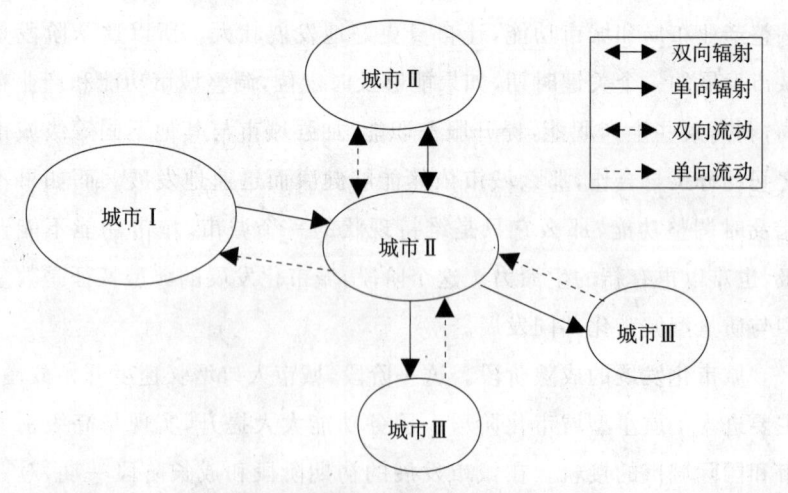

注:城市Ⅰ、城市Ⅱ与城市Ⅲ代表不同等级城市。

图 5-6 不同等级城市之间的关系

步发展,积极承接高等级城市辐射、改善投资环境、加快对农村人口和劳动力的吸收是这个阶段的主要任务。对于成长阶段二期的城市,要及时调整定位,提升产业等级,剥离和扩散部分低收益率的产业,有选择性地吸收各类生产要素,实现城市功能升级,并加强城市之间的联系。我国各地有"城镇城市化"、"城市现代化"的不同提法,即是针对于成长阶段一期、成长阶段二期的两类城市而言的。适时转换角色定位,提升能级、等级,不仅有助于城市经济发展,也能够增加不同等级城市的就业岗位。

5.2.3 工业化、城市化与农村剩余劳动力转移

工业化是一个内涵丰富的概念,其最基本的内容是,在经济发展过程中,工业逐步取代农业在国民经济发展中的主导地位,成为国民经济增长的主要源泉。工业化会带来一系列的变革,如生产要素的重新配置,劳动生产率的迅速上升,经济结构与经济组织的变革,国民收入的提高,等等。最常用的衡量指标有三个:人均国民生产总值,工业增加值比重(或制造业增加值比重),非农就业比重。可见,非农劳动力的转移本身就是衡量工业化发展程度的一个重要标志。

在中国工业化进程中,比较特殊的情况是产值结构与就业结构存在较大偏差,就业结构远远落后于产值结构。通过对 1978—2001 年的人均国内生产总值与非农就业比重之间的相关关系进行模拟,得到以下两个方程,可决系数分别达到 0.97 与 0.98,拟合优度较高。其中 AG 代表人均 GDP,$\eta_{非农}$ 代表非农就业比重。

$$\ln\eta_{非农} = 0.31\ln AG + 1.67 \qquad R^2 = 0.97 \qquad F = 811.98$$
$$\qquad\quad (28.49) \qquad (23.45) \hfill (5.4)$$

$$1/\eta_{非农} = 4.86(1/AG) + 0.02 \qquad R^2 = 0.98 \qquad F = 1\ 376.55$$
$$\qquad\quad (37.10) \qquad (66.53) \hfill (5.5)$$

方程(5.4)与(5.5)说明,一个国家或者地区的非农就业比重与区域的人均国内生产总值密切相关,其关系式有两种表达方式,一种是幂

函数模型,一种是双曲线函数模型。其经济学含义非常明显,人均国内生产总值表示了当地的收入水平,收入水平决定了居民的消费结构与需求结构。按照恩格尔定律,随着收入水平提高,对农产品的需求减少,对非农产品的需求增加,从需求的角度拉动了非农就业的增加。反过来,非农就业比重的高低也影响到人均国内生产总值的变化。工业产值的变化与非农就业比重之间的相关性不明显。

城市化对农村劳动力转移的影响,具体可用非农就业比重与城市化率、城镇就业比重与城市化率、第二产业就业比重与城市化率、第三产业就业比重与城市化率等四组关系来反映。这里对中国的情况进行分析。

研究时段是 1978—2001 年,结果如方程(5.6)、(5.7)、(5.8)、(5.9)所示,其中 UR 代表城市化率(城镇人口占总人口比重),$\eta_{城镇}$代表城镇就业水平,$\eta_{第二}$代表第二产业就业比重,$\eta_{第三}$代表第三产业就业比重。非农就业比重、城镇就业比重、第三产业就业比重与城市化率拟合程度较好,可决系数分别为 0.95、0.95、0.96,第二产业就业比重与城市化率拟合程度较低,可决系数为 0.80。

$$\ln\eta_{非农} = 0.85\ln UR + 0.94 \quad R^2 = 0.95 \quad F = 392.68$$
$$(19.82) \quad (6.73) \tag{5.6}$$

$$\eta_{城镇} = 0.44 UR + 15.41 \quad R^2 = 0.95 \quad F = 404.06$$
$$(20.10) \quad (25.76) \tag{5.7}$$

$$\ln\eta_{第二} = 0.43\ln UR + 1.65 \quad R^2 = 0.80 \quad F = 86.52$$
$$(9.30) \quad (10.91) \tag{5.8}$$

$$\ln\eta_{第三} = 1.29\ln UR - 1.28 \quad R^2 = 0.96 \quad F = 514.35$$
$$(22.68) \quad (-6.87) \tag{5.9}$$

其中,方程(5.6)、(5.8)、(5.9)可以恒等变形为方程(5.6)′、(5.8)′、(5.9)′:

$$\eta_{非农} = e^{0.94} UR^{0.85} \tag{5.6}′$$

$$\eta_{第二} = e^{1.65} UR^{0.43} \tag{5.8}′$$

$$\eta_{第三} = e^{-1.28} UR^{1.29} \tag{5.9}′$$

方程(5.6)与(5.6)′显示,非农就业比重与城市化率呈幂函数变化关系,并且随着城市化率的增加,非农就业比重是以递减的速度增加的;方程(5.7)显示,城镇就业比重与城市化率呈线性关系,城市化率每增长1个百分点,城镇就业比重增长0.44个百分点;方程(5.8)与(5.8)′显示,第二产业就业比重与城市化率呈幂函数关系,随着城市化率的提高,第二产业就业比重是以递减的速度增加的,递减的程度超过非农就业比重;方程(5.9)与(5.9)′意味着,第三产业就业比重与城市化率呈幂函数变化关系,并且随着城市化率提高,第三产业就业比重是以递增的速度增加的。

城市化水平提高,意味着有更多的农村居民转化为城市居民,在消费水平、消费层次上有很大的变化。如从我国城乡居民消费水平对比来看,城市居民的消费水平是城市居民的3倍多。消费需求的增加,进而带动投资需求增加,带动非农产业发展以及劳动就业增加。选取全国居民消费水平指数与非农就业总量增长两个指标,1980、1985、1989、1990、1995—2003年共13个样本,结果如图5-7所示。消费增长对非农就业增长的推动作用在减小。

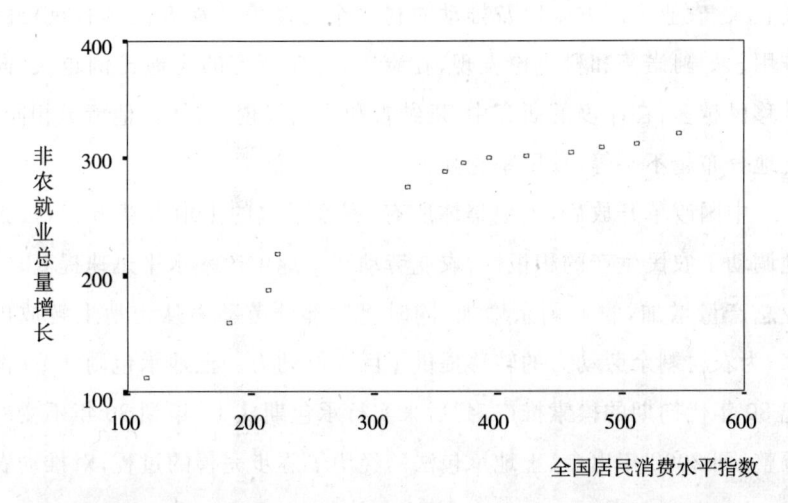

注:1978年为100。
资料来源:《中国统计年鉴(2004)》。

图5-7 消费增长与非农就业增长的相关关系

5.3 摩擦机制:制度变迁与城市化

制度是指能够约束人们行为的一系列规则,这个规则既包含了人类社会的经济规则,同时也包含了社会规则和政治规则。制度不仅对人们社会活动的能为和不能为作了规定,而且在广义上,制度也是人们在现实中所形成的各种经济、社会、政策、组织和体制的集合体,是一切经济活动与种种经济关系产生和发展的基础框架。

与农业、农村发展相关的制度,与非农产业、城市发展相关的制度,与农村劳动力转移、城乡之间生产要素流动相关的制度,在不同程度上决定着农村剩余劳动力的流动与城市化进程。

5.3.1 土地制度

土地作为农民主要的生产资料,其占有方式与生产分配方式在农民收入、农业生产方式以及推动农村剩余劳动力转移方面具有重要的作用。如阿诺德和科克伦发现,在泰国,寺庙所有的土地比例越大,向外移民越多;在印度的研究中,班纳吉和坎伯发现,假使其他情况相同,土地分布越不平等,移民率越高。①

中国改革开放后,土地集体所有、家庭承包的土地改革方式,极大地调动了农民生产的积极性,农业劳动和土地生产率水平迅速提高,农业总产量增加,农业剩余增加,同时将一部分劳动力从土地上解放出来,为农村剩余劳动力的转移提供了巨大的动力。土地承包制从20世纪80年代初期的摸索推广,到后来实行承包期从15年到30年不变的调整,到2002年出台《土地承包法》,经历了逐步完善的过程,对推动农

---

① 参见埃德温·S.米尔斯主编:《区域和城市经济学手册(第2卷)——城市经济学》,经济科学出版社2003年版,第337页。

业发展、农村剩余劳动力转移起到了积极的作用。但也存在一些制约的地方。

土地制度目前对农村剩余劳动力存在的制约主要表现在：一些从事非农产业的劳动力不肯放弃土地承包，但同时也不耕种，或者没有在土地上花费很大工夫。原因有几个方面：一种是劳动力已经转移到城市，有相对稳定的收入，但是户口仍然在农村，为了不放弃土地，这部分人口并不愿意将户口从农村迁到城市；但实际上他已经不耕种土地，有的是让别人耕种，有的则完全荒废。第二种是离土不离乡、进厂不进城。这部分人虽然在乡镇企业从事非农产业，在小城镇居住，但是农忙时节还是要返回到乡村，或捎带耕种，或者靠亲戚朋友帮助耕种，或者撂荒。

从事非农产业的农户不肯放弃承包地的原因主要是：一是离土不离乡、进厂不进城为非农劳动力的兼业提供了可能；二是非农劳动力使用土地的机会成本很低，承包地如自己不耕种，转让给其他人耕种的收益很低，甚至没有什么收益；三是非农就业者对自己从事的非农就业岗位有着很高的不稳定感，城市当中如果存在就业岗位的竞争，与城市居民相比较，农民工肯定处于不利的地位，首当其冲是驱逐的对象。因而他们就把承包地当做一种就业保险或社会保障，当做是最后的退路。

5.3.2 产业政策

新中国成立后，中国实行"重工业优先发展战略"，劳动力非农转化在短期内迅速增加，然后长时期缓慢增长；改革开放后，消费品工业首先进入市场，轻工业得到快速发展，在户籍制度的制约与市场开放的双重影响下，乡镇企业应运而生，劳动力转移加速；20世纪末期，中国再次走向重工业化，又影响到劳动力转移速度。产业政策对农村剩余劳动力转移的影响由此可见。下面通过几组关系的分析进一步说明。

(一) 资本投入与农村剩余劳动力需求分析

资本选取全社会固定资产投资,劳动力需求量从两个角度考虑,一是非农就业岗位的增加,用第二、第三产业历年来的就业人数表示;二是非农产值变化,即第二、第三产业增加值。样本范围为 1985—2003 年,再加上 1980 年,共 20 个样本。其中 K 代表固定资产投资额,单位为亿元;$GDP_{非农}$ 代表非农产业增加值,单位为亿元;$E_{非农}$ 代表非农就业人员总量,单位为万人。非农产业增加值与全社会固定资产投资之间的关系为线性相关,如方程(5.10)所示。在 1985—2003 年期间,全社会固定资产投资每增加 1 亿元,非农产业增加值增加 1.97 亿元。非农就业量与资本投入之间的关系并非线性相关,如方程(5.11)与(5.11)′,而是呈幂函数变化:随着固定资本投入的增长,非农就业比重是以递减的速度增加的。

$$GDP_{非农} = 1.97K + 4\ 392.5 \qquad R^2 = 0.98 \qquad F = 846.69$$
$$(29.10)\ (2.72) \tag{5.10}$$

$$\ln E_{非农} = 0.25\ln K + 7.94 \qquad R^2 = 0.96 \qquad F = 382.54$$
$$(19.56)\ (67.37) \tag{5.11}$$

将方程(5.11)恒等变形,得到方程(5.11)′为:

$$E_{非农} = e^{7.94} k^{0.25} \tag{5.11}′$$

分析结果:全社会固定资产增加带来非农产值以某一固定比例增加,但并未带来就业的固定比例增加,而是以递减的比例增加。这说明,非农产业对劳动力的吸收能力在显著下降。下降的原因是多方面的,其中资本有机构成提高、产业重型化趋势是主要原因之一,同时,第三产业未能及时吸收工业排斥出来的劳动力也是重要原因。

(二) 产业结构、产业组织方式与农村剩余劳动力需求分析

中国工业化从起步就倾向于重型化。改革开放后,这一局面得到改善,轻工业发展速度加快,二者之间的关系也有所调整。但进入 20 世纪 90 年代以后,重型化趋势再一次加剧,如图 5-8 所示。

第五章 中国产业演进、劳动力转移与城市化发展的动力机制 117

按照霍夫曼经验法则,工业的重型化代表工业化的深入,那么经济发展水平也应该相应有所提高。从各省(区、市)来看,2003年,轻重工业比高于全国平均水平的共有10个省区,其中沿海省区有7个,浙江排在第一位,是全国轻工业总产值超过重工业总产值的唯一的省(其轻重工业比为1.07),其余6省区依次为福建、广东、海南、山东、广西、江苏;另外三省市为重庆、四川、云南。从轻重工业比值最小的10个省来看,除东北三省外,东、中部各有一省(市),分别为北京、山西;西部有5省(区),分别为陕西、宁夏、新疆、甘肃、青海。轻重工业比值最小的为0.10,有两个省,山西与青海。轻重工业比值最高的是中国相对富裕的省份,轻重工业比值最低的是中国相对落后的省份。这与霍夫曼比率相违背。总体上看,中西部地区是中国相对比较落后的地区,重工业比重过高,对劳动力的吸纳能力有限,不能不说是制约经济发达、制约劳动力转移的主要因素之一。

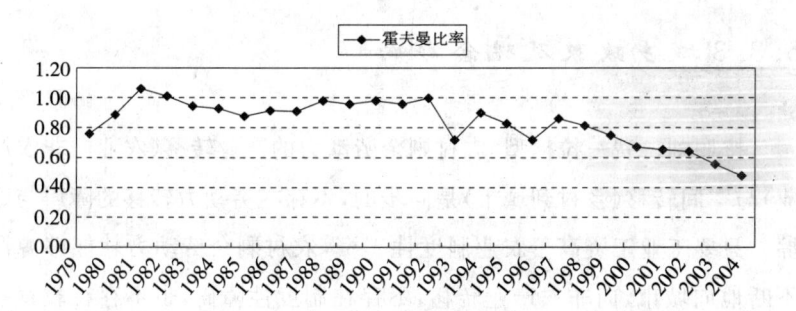

资料来源:根据1979—2004年的中国统计公报有关数据计算得出,其中1979—1991年是工业总产值,1992—2004年是工业增加值。

图5-8 1979—2004年中国轻工业与重工业产值比

再以31个省(市、区)为样本,分析非农就业比重与企业规模结构、企业所有制结构之间的关系。具体指标选取了全部国有及规模以上非国有工业企业:国有及国有控股企业占工业总产值比重;大型企业、中型企业、小型企业分别占工业总产值的比重。结果从所有制结构看,企业规模大小与非农就业比重没有相关关系。这可能是因为这里的企业本身是规模以上企业。从所有制结构看,国有及国有控股工业企业与非农就业比重之间呈反向关系,如图5-9所示。

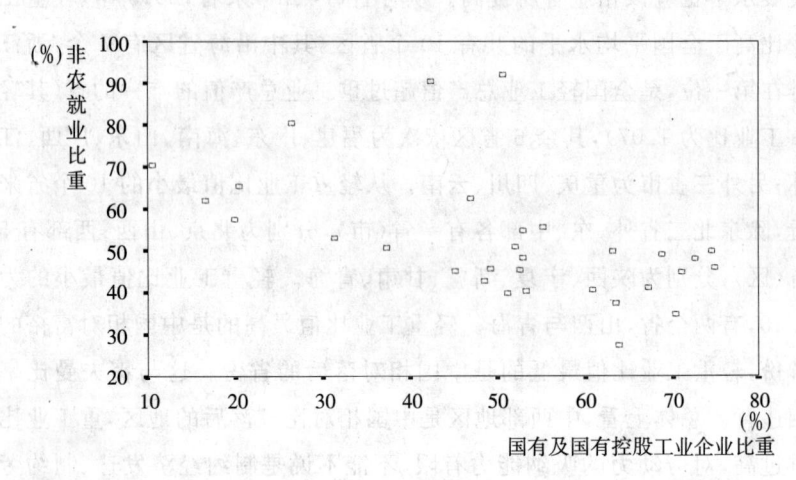

资料来源:《中国统计年鉴(2004)》。
图5-9 国有及国有控股工业企业比重与非农就业比重的关系

5.3.3 城乡政策及观念影响

按照刘—费—拉模型,农村剩余劳动力的产业转移(农业向非农产业)与空间转移(乡村到城市)是同步的,不存在劳动力转移的障碍与摩擦。只要工业工资高于农业制度性工资,农村剩余劳动力就能够源源不断地向城市、向非农产业转移,不存在制度性障碍,也不存在教育差异等其他障碍。

中国的情况却大大不同。长期实施的城乡分割体制,对农村劳动力转移产生了巨大的影响。改革开放后,虽然从政策上逐步减少或取消了制约劳动力流动的户籍、就业、福利、教育等方面的制约,但是从观念上与具体操作上还存在对农村劳动力的差别对待,需要一个逐步转变的过程。如,城市就业中对农民工的差别性待遇依然存在;农民的乡土观念制约着人口向城市的迁移;社区利益的影响使得乡镇企业的发展在乡村的分散布局现象仍然很严重,非农产业的集聚经济效益难以发挥,等等。农民工还是弱势群体,如果侵犯了城市居民的利益,排挤的首先是进城农民工。比如,在一些城市,农民工就业与城市下岗职工在非正式就业岗位上发生冲突,为了维护城市居民利益,往往驱逐外地农民工,或者通过其他渠道来禁止外地农民工介入。

正如一些经济学家所指出的,城乡劳动力隔绝的制度性障碍造成了巨大的机会成本。在城乡间采取的"一个国家、两种制度"的制度安排,导致城乡劳动力不能自由流动,从而形成大量的农业剩余劳动力,造成了巨大的制度性机会成本。尽管中国劳动力资源丰富,但在乡村,40%以上的劳动力处于闲置状态。这种制度性障碍构成两类机会成本:从供给角度讲,是产出的机会成本;从需求的角度讲,是消费的机会成本。

第六章 农村劳动力转移理论模型的国际经验支持

正如经济学家金德尔伯格所说,城市化是个世界性现象,它同样地影响着富裕国家和贫穷国家,出现一个与世界城市化完全背道而驰的趋势是不可能的。① 因此,分析世界不同类型国家在城市化进程中劳动力转移的一般规律与经验,对我国推动劳动力转移具有重要的借鉴意义。本章运用前面章节构建的农村劳动力转移理论模型,首先对发达国家和新兴工业化国家、地区及发展中国家的劳动力转移供求影响因素进行分析,其次进一步构造发达国家和发展中国家农村劳动力转移的特殊理论模型。这些工作既是对农村劳动力转移的供求理论模型的经验支持,也可为我国城市化进程提供一个很好的参照系与经验借鉴。

6.1 不同类型国家划分的依据与类型

6.1.1 划分的依据

对国家经济发展水平而进行的类型划分,现有国际组织还没有统一的具体标准。虽然,三次产业及就业构成、医疗教育、生活质量等指标也经常被考虑,但是人均GDP或人均GNP是进行这类划分的最

---

① 参见查尔斯·金德尔伯格著:《经济发展》,上海译文出版社1986年版,第294页。

重要的指标。根据世界银行的划分,发达国家是指除石油输出国以外的人均国民生产总值属高收入水平的国家和地区,发展中国家则是指国民生产总值处于中低收入水平的国家和地区。在1998/1999年《世界发展报告》中,世界银行按1997年人均GNP把全世界的国家划分为四类:第一类是低收入国家,其人均国民生产总值为785美元及以下,共61个;第二类是下中等收入国家和地区,人均国民生产总值为786—3 125美元,共60个;第三类是上中等收入国家和地区,人均国民生产总值为3 126—9 655美元,共36个;第四类是高收入国家和地区,人均国民生产总值为9 656美元以上。此外,钱纳里的理论也主要是依据人均GDP来判断经济发展阶段的。

从工业化与城市化之间的互动关系以及从劳动力转移供需影响因素来看,城市化水平显然也是这类划分的一个重要指标。因此,本章主要根据人均GNP与城市人口所占比重,把全世界的国家和地区划分成发达国家、新兴工业化国家和发展中国家三种类型来进行讨论,确定分类的标准主要考虑绝大多数国家所归入的类型与国际上通常划分的类型相接近。

6.1.2 划分的类型

依据人均GNP与城市化人口占总人口的比重,如表6-1所示,可以将世界上所有国家划分为三大类:一是发达国家。这些国家的工业化与城市化水平都比较高,主要包括美国、英国、法国、德国、日本、加拿大、澳大利亚、意大利、丹麦、瑞典等。这些国家2003年人均GNP都高于20 000美元/人,在1980年城市化率就都高于70%。二是新兴工业化国家和地区。主要包括阿根廷、巴西、希腊、中国香港、墨西哥、葡萄牙、新加坡、韩国、西班牙、南斯拉夫等。这些国家和地区的工业化与城市化发展迅速,有些国家和地区的工业化与城市化甚至超过了一些发达国家。比如,2003年,中国香港和新加坡的人均GNP高于20 000美元/人;韩国从20世纪60年代到90年代短

表 6-1 不同类型国家和地区人均 GNP 和城市化水平

国家和地区	人均 GNP(美元/人)（2003 年）	城市人口所占比重(%) 1980 年	城市人口所占比重(%) 2002 年	类型
美国	37 870	74	78	1
英国	28 320	89	90	1
法国	24 730	73	76	1
德国	25 270	83	88	1
日本	34 180	76	79	1
加拿大	24 470	76	79	1
澳大利亚	21 950	86	91	1
意大利	21 570	89	92	1
丹麦	33 570	84	85	1
瑞典	28 910	83	83	1
阿根廷	3 810	83	88	2
巴西	2 720	67	82	2
希腊	13 230	58	61	2
中国香港	25 860	91	100	2
墨西哥	6 230	66	75	2
葡萄牙	11 800	29	67	2
新加坡	21 230	100	100	2
韩国	12 030	57	83	2
西班牙	17 040	73	78	2
南斯拉夫	—	53	60	2
印度	540	23	28	3
中非	260	35	42	3
老挝	340	12	20	3
孟加拉国	400	15	26	3
印度尼西亚	810	22	43	3
肯尼亚	400	54	56	3
缅甸	—	24	29	3
尼日利亚	350	27	46	3
南非	2 750	48	58	3
泰国	2 190	17	20	3
土耳其	2 800	44	67	3
越南	480	19	25	3
柬埔寨	300	12	18	3

注：类型 1 表示发达国家，类型 2 表示新兴工业化国家和地区，类型 3 表示发展中国家。

资料来源：人均 GNP 数据来自《国际统计年鉴(2005)》第 51—54 页。城市人口所占比重数据来自《世界发展指标 2004》第 152—154 页。

短30年中,城市化水平由15%一下扩展到80%以上;葡萄牙从1980年到2002年的22年间,城市化水平从29%上升到了67%。三是发展中国家,主要包括印度、中非共和国、老挝、孟加拉国、印度尼西亚、肯尼亚、缅甸、尼日利亚、南非、泰国、土耳其、越南等。这些国家工业化与城市化水平都比较低,甚至出现城市化滞后于工业化的现象。特别是中非、老挝、柬埔寨等国家,人均GNP还不及美国的1/100,城市化水平也很低。

6.2 发达国家的农村劳动力转移机制

发达国家的工业化与城市化始于18世纪60年代的英国产业革命。这些国家大多数都进行了比较彻底的资产阶级革命和产业革命,实行了比较典型的资本主义经济制度,现在已基本完成了城市化过程并且步入了后工业化社会。如英国1851年的人口调查表明,城市化率就已经达到52%,1870年上升到65.2%,1890年又上升到74.5%,1910年已达到78.9%。[①] 美国自1870年实行人口统计以后,城市人口就一直增长,虽然总人口增长快,但城市人口增长更快。从1870年开始的城市化进程,城市人口不断增长,到了1910年,就大约有一半人口居住在城市。[②] 发达国家经历了相对完整的工业化与城市化过程,其城市化道路与发展模式、劳动力转移机制等能够为发展中国家的城市化提供借鉴与仿效,其在城市化过程中所引发的诸多经济、社会问题,也需要发展中国家警惕、思索与回避。

[①] N.F.R. Crafts, *British Economic Growth during the Industrial Revolution*, Clarendon Press, 1985, p. 63. 转引自高德步:《英国的工业革命与工业化——制度变迁与劳动力转移》,中国人民大学出版社2006年版,第201页。

[②] Anselml Strauss, *Images of the American City*, The Free Press of Glencoe, 1961, p.91.

6.2.1 农村剩余劳动力供给的影响因素分析

1. 农业劳动生产率

发达国家城镇工业化是以农业的高度发展为前提的。它们在工业化之前都先进行了农业革命,具体时间是:英国 1690—1700 年,法国 1750—1760 年,美国 1760—1770 年,瑞士 1780—1790 年,德国和丹麦 1790—1800 年,奥地利、意大利和瑞典 1820—1830 年,西班牙 1860—1870 年。① 如英国在工业革命前便开始引进荷兰的农业技术,不断进行农业技术革命,这场农业革命较大幅度地提高了农业生产效率,使农业劳动力向工业部门和城镇的转移成为可能。而工业革命进程中新工具、新工艺在农业中的逐渐应用,更进一步较大幅度地提高了农业劳动生产率,使耕作更加集约化,劳动生产率提高,并对劳动力产生了排斥。如表 6-2 所示,自 1751 年以来,英国每 10 年离开农业的人数快速递增。由于英国的工业化始于农村,因此在工业革命期间这些劳动力主要是实行就地转移,如在 1801 年,在农村中从事非农产业的人口占 50%。② 随着产业进一步发展、集中,逐渐形成了较大的工业中心和城市,因此在 19 世纪五六十年代之后,农村剩余劳动力才逐渐往城市迁移。美国在 1880—1980 年间农业劳动生产率增长了 21 倍,法国增长了 13.6 倍,英国增长了 6.4 倍。③ 农业劳动生产率的提高产生了大量的农村剩余劳动力,如随着农业劳动生产率的提高,美国每一个农业劳动者的产量所能供养的人数,1820 年才 4.1 人(包括自己在内),1900

---

① 参见保罗·贝罗奇:《1700—1914 年农业和工业革命》,载卡洛·M.齐波拉主编:《欧洲经济史》第三卷,商务印书馆 1989 年版,第 368 页。

② 参见 Robert I. Rotberg and Theodore K., *Population and Economy: Population and History from the Traditional to the Modern World*. Cambridge University Press, 1986, p.140. 转引自高德步:《英国的工业革命与工业化——制度变迁与劳动力转移》,中国人民大学出版社 2006 年版,第 218 页。

③ 参见成德宁:"经济发达国家与发展中国家城镇化的比较与启示",《经济评论》2002 年第 1 期。

年为 7.0 人,1920 年为 8.3 人,到 1950 年达 15.5 人,1964 年提高到 33 人,1970 年则高达 47 人。① 这使得大量的剩余劳动力需要从农业向非农产业转移。

表 6-2 英国每十年离开农业的人数

时间	1751—1780	1781—1790	1801—1810	1811—1820	1821—1830
人数(万人)	2.5	7.8	13.8	21.4	26.7

资料来源：米歇尔·博德著《资本主义史(1500—1980)》,东方出版社 1986 年版,第 109 页。

另外,由于农业劳动生产率提高,大多数发达国家的农产品除了自给自足外,还都有出口。西欧、北欧的农业一直比较发达,美国一直是世界上最大的农产品出口国,农产品的出口增加了这些国家的农业资本的积累,从而进一步推动了农业的现代化,更加促进了农业劳动生产率的提高,从而释放出更多的农业剩余劳动力。

2. 人口自然增长率

在全世界人口急剧膨胀的情况下,发达国家却面临国内人口出生率下降问题,如法国从 19 世纪 50 年代起,人口的出生率就开始逐年下降。从表 6-3 可大致看出,所有发达国家的人口出生率在上个世纪下半叶总体上都呈下降趋势。在 1986 年西班牙巴塞罗那召开的"人口与城市未来"国际会议上,该问题也得到了强调:"在发达国家里,城市人口出生率不断降低。到 1980 年,所有发达国家的粗出生率都已低于 20‰,大多数西欧和西北欧国家都已低于 15‰,联邦德国和丹麦的出生率都低于死亡率,导致城市人口以及整个国家的人口停止增长甚至减少。"② 发达国家人口自然增长率的降低,在一定程度上减缓了劳动力转移的压力。

---

① 参见黄章辉、黄柯可著:《欧美农村劳动力的转移与城市化》,社会科学文献出版社 1999 年版,第 65 页。
② 高佩义:《中外城市化比较研究》,南开大学出版社 1992 年版,第 41 页。

表 6-3　1950—1980 年间一些发达国家的人口出生率水平

(单位:‰)

	1950—1955	1955—1960	1960—1965	1965—1970	1970—1975	1975—1980
英国	15.9	16.4	18.2	17.6	16.1	12.0
瑞典	15.5	14.5	14.5	15.0	14.2	11.5
法国	19.5	18.4	18.0	17.1	17.0	13.8
联邦德国	15.8	16.5	18.0	16.6	12.0	9.8
美国	24.8	24.8	22.6	18.3	16.2	16.3
澳大利亚	23.0	22.6	21.9	19.8	21.0	16.0

资料来源:联合国《世界人口展望》第 48—51 页,转引自龚伟明"婚姻家庭危机与西方发达国家的低生育率",《南方人口》1995 年第 4 期。

3.受教育水平

发达国家由于人口压力不大,尤其是农业发展与工业化同时进展,不管是城市还是农村,经济都比较发达,因而居民受教育机会比较多。同时,政府对普通义务教育与高等教育倾注了很大的努力,居民总体上受教育水平都比较高。比如日本,在 20 世纪 70 年代中期就已基本普及了高中教育。而从世界银行 1994 年《世界发展报告》资料也可看出发达国家教育水平的提高程度。1970 年和 1991 年,美、法、德、英、日各国在校大学生占大学学龄人口的比重分别为:美国是 56%和 76%,法国是 26%和 43%,英国是 20%和 28%,德国是 27%和 36%,日本是 31%和 51%,加拿大是 42%和 99%。居民总体教育水平的提高,为劳动力从农业转移到非农业提供了有力支持,使农业劳动力对于非农就业机会具有良好的适应性。这些发达国家还大量投资于农业技术教育,它们不但在普通中小学内开设农业技术课程,对少年儿童进行农业知识普及教育,而且还有固定地点的集中教学机构。比如,英国就有两百多个培训中心分布在农村,平均每 500 个农业人口就有 1 个培训中心;丹麦有五十多种不同专业的农民业余培训机构;法国有五百多个农民培训中心。[1] 为鼓励农民参加技术学习和培训,发达国家还采取一

---

[1] 参见路艳娇:"发达国家开展农民技术教育的主要经验与借鉴",《成人教育》2006 年第 3 期。

定的奖励政策。如英国对参加培训的农民,每周发给 25 英镑的补贴。法国政府对农民培训的拨款,相当于对高等农业教育的拨款数额。对于取得证书的农民,欧洲各国政府规定,可享受低息贷款、减免税收等优惠政策。对普通教育与农业技术教育的重视,使得发达国家农业劳动者的素质普遍较高,如在德国 35 岁以下的农村劳动力中,有 70% 受过高等农业教育;在日本农业人口中,有 80% 的青年农民都具有高中文化程度。而农业劳动力素质的提高在提高农业劳动生产率的同时,必然也将排挤出更多的农业剩余劳动力,促进更多的农业人口向非农业人口转移。

4. 土地占有方式及其他制度的影响

自 15 世纪开始的英国圈地运动,在 17 世纪资产阶级革命取消了圈地限制之后,其规模大幅度扩大,大量失地农民被迫流动到城市从事非农产业。由于英国农村大部分的农业工人并不是土地的所有者,这使得英国大部分的农业人口在感情上与土地没有太大联系,因而比较容易迁移。同时,由于英国农村人口出生率直到 1876 年才开始下降,而人口自然增长率一直保持在较高水平,这样,农村人口就成为城市人口增长的不尽的源泉。[①] 18 世纪末的法国大革命彻底消除了封建土地所有制和封建特权,使土地成为自由的私有财产,农民摆脱了封建义务而获得了自由,有利于农业劳动力的转移。美国、加拿大、澳大利亚等国,地广人稀,20 世纪以来,随着农业机械化的进展,不仅农户经营的规模比较大,而且还出现了很多大农场。农户和农场达到了相当的经营规模,就把大量劳动力从农业中释放出来。日本虽然于 1952 年 7 月颁布《农业法》,把户均占有土地面积严格限制在 3 町步(北海道为 12 町步)之内,限制买卖、租佃、抵押土地,形成了小农体制,但政府注重生物化学技术在农业中的应用,培育进行政府、市场、农户之间联系的强有力的中介组织,从而克服了土地体

[①] 参见高德步著:《英国的工业革命与工业化——制度变迁与劳动力转移》,中国人民大学出版社 2006 年版,第 206—207 页。

制的约束,实现了农业的现代化与劳动生产率的提高,也促进了农业劳动力的转移。

另外,发达国家中对人权的法律规定,使人民有了迁徙自由。摆脱了封建的人身依附以后,大量的农村劳动力能够自由地流入城市。19世纪之前,德国是个封建农奴主占统治地位的国度,政治上诸侯割据,国土四分五裂,到了18世纪末,农奴制被彻底废除,农民可以通过赎买土地和封建义务获得人身自由。1807年,普鲁士国王发布了一项敕令,允许市民和农民自由改变所从事的职业;1871年通过的《德意志帝国宪法》规定,公民享有人身自由和迁徙自由。同时,英国在18世纪对《定居法》的修改和停止执行,美国解放南方奴隶的政策措施,都使得这些国家农民获得了自由流动的人身自由。另外,在多数发达国家中,城和乡的概念没有十分严格的区分,农村人口向城市转移没有什么障碍,农村人口在城市就业、生活也不会受到歧视。这些也都直接和间接地推动了农村人口向城市的流动。

当城市化的发展使乡村的生产方式和生活方式都发生了深刻变化,村、镇的一般生活设施水平同大城市差别不很显著,农村年平均收入同城市工人家庭持平,甚至还略有超过时,发达国家上述的人口向城市集中的势头才开始逐步减弱。

6.2.2 农村剩余劳动力需求的影响因素分析

1.资本投入与农村剩余劳动力需求

发达国家城市化的历史前提都是在实行典型的私有制基础上的资本主义商品经济制度。从历史上看,在16、17世纪,随着资本主义生产方式的形成和工业革命的产生,形成了城市的大发展时期。大量资本主义工厂的出现需要大量工人,于是劳动力就不断进入城市。当时的英国是工业革命的心脏,它提供了由于产业革命和工业化所引致的快速城市化过程中的巨大的劳动力需求市场。1801年,英国伦敦有865 000人,全国还没有其他城市超过10万人口,而到了1891年,伦敦已有 400 万人口,全英国已有 23 个城市人口超过了 10 万,161 个城市人口超过了 2 万。在 1600—1800 年的两百年间,英国的城市人口(在 5 000 人以上的城镇居住)增长了 600%,农村的非农业人口增长 249%,而农业人口只增长了 9%。[1] 另外,殖民也起了很大的作用。一部分发达国家如英国、法国、比利时、荷兰、意大利、日本、美国等,都曾是殖民主义者。其中如英国,在 1757—1815 年间,仅从印度搜刮的财富就多达 10 亿英镑;德国和日本也通过战争索取了不少的赔款;美国则通过引进外资加速了资本的原始积累。这些不同来源的原始资金为这些国家的工业化发展提供了资金积累。日本作为后起的工业化国家,在明治维新之后出现了创办企业的高潮。1884—1893 年的 10 年,全日本工业公司的资本增加了 14.5 倍,运输公司资本增加 12.1 倍,商业公司资本增加 33.3 倍。工业的大发展,使得非农部门吸收的劳动力数量大增。1883 年工厂的职工数是 91 717 人,1888 年为 214 579 人,1894 年猛增到 1 441 011 人,1895 年达到了 1 598 230 人。在工业新增劳动力中,大量是来自于农村的劳动力。1882 年日本三次产业就业结构中第一产业与第二、第三产业的比例是 82.3∶17.7,到了 1920 年这一比例为 54.6∶45.4。[2] 上个世纪 50 年代初朝鲜战争爆发,美国向日本发放大量军事订单,再一次刺激了日本兴办企业的高潮,工业对劳动力的需求量大增,1955—1974 年的 20 年间,平均每年就有近 40 万的劳动力从农业部门流向非农业部门。

2. 消费与非农就业需求量

随着发达国家经济发展,居民收入提高,高质量生活服务和高质量生产服务的消费逐渐增长,从而刺激了服务业的发展,吸纳了大量的劳动力。从表 6-4 和表 6-5 可以看出,发达国家的消费结构已经相当高。20 世纪 80 年代日本的电冰箱、洗衣机、照相机等耐用消费品普及率已高达85%以上,录像机、乘用车、摄像机等普及率增长

---

[1] Harry H. Hiller, *Urban Canada*, Oxford University Press, 2005, p.20.
[2] 参见邹农俭:"中外农村劳动力转移模式的比较研究",《人口学刊》2001 年第 5 期。

表 6-4　日本全部家庭主要耐用消费品普及率

(单位:%)

	1980 年	1990 年	1998 年
空调器	41.2	68.1	84.4
微波炉	37.4	75.6	93.3
电冰箱	99.2	98.9	98.4
吸尘器	95.4	98.7	98.6
洗衣机	99.2	99.4	99.0
彩色电视机	98.5	99.3	98.9
录像机	5.1	71.5	77.8
音响	58.5	57.9	54.6
钢琴	16.7	23.3	22.9
缝纫机	83.1	80.6	73.6
照相机	85.2	86.8	83.7
摄像机	9.0	23.7	36.3
乘用车	58.5	79.5	82.5
摩托车	28.1	31.0	21.0
自行车	80.2	81.7	80.4
CD 唱机	—	41.0	60.1
个人电脑	—	11.5	29.5

资料来源:《世界统计年鉴(2000)》,第 573 页。

表 6-5　英国主要耐用消费品普及率

(单位:%)

	1987 年	1992 年	1997/1998 年
提供数据家庭数(户)	7 396	7 418	6 409
汽车	63.4	67.6	69.8
一辆	44.8	45.1	43.9
两辆	15.5	18.7	20.6
三辆及三辆以上	3.1	3.8	5.2
中央供暖系统	74.4	81.8	88.6
洗衣机	84.6	87.9	90.6
电冰箱或冷冻箱	97.6	99.2	—
冷冻箱或深度冷冻箱	72.6	83.5	90.0
电视机	97.9	98.3	—
电话机	82.5	88.4	94.1
家用计算机	16.6	19.1	29.0
录像机	43.5	69.3	84.1

资料来源:《世界统计年鉴(2000)》,第 574 页。

也很快。英国的耐用消费品普及率在 1987 年已很高,且发展也相当快,汽车、中央供暖系统和电冰箱的普及率在 1987 年已经分别达到 63.4%、74.4% 和 97.6%。消费结构的变化必然促进产业结构与就业结构的升级。

3. 产业结构、产业组织方式演进与农村劳动力需求

发达国家的工业化与城市化基本上是以轻工业为先导的。工业革命带来了 19 世纪纺织、矿业等劳动密集型行业的发展。由于当时世界上工业化国家还很少,轻工品在国际市场有广阔的市场需求,这就促使劳动密集型行业快速发展,吸纳了大量的农村剩余劳动力。从产业结构演进进程看,英国、美国、法国、德国等发达国家基本经历了这样的产业秩序:棉纺织业→毛纺织业→采煤业→钢铁冶炼业→机器制造业,同时伴随交通运输业,包括公路、运河、火车、轮船、邮电事业等。[①]

伴随产业结构的演进、非农就业机会的递增,农村劳动力逐渐从农业向非农产业转移。在工业革命时期,英国工业中心集中在英格兰西北部、东北部和米德西部、威尔士南部,则农村劳动力主要流向首都伦敦和这些城市;第一次世界大战后,棉纺织业、采煤业等传统工业开始衰落。第二次技术革命后兴起的汽车工业、化学工业、飞机制造业等大部分分布在英格兰中部、东南部和西南部地区,因此人口流动方向也相应发生了改变。第二次技术革命在促进汽车工业、化学工业等技术密集型行业发展的同时,也带动了第三产业的发展。从 20 世纪下半叶以后,服务业不断发展,就业人数相应增加。

从总体上来看,发达国家的产业结构与就业结构的调整方向是同步的,因而其城市化与工业化是同步发展的。同时,产业革命中新技术、新工具的应用,改变了产业的生产方式,提高了劳动生产率,使得生产方式由个体小生产转变为资本主义大生产,由工场手工业转变为工

---

① 参见景普秋著:《中国工业化与城市化互动发展研究》,经济科学出版社 2003 年版,第 81 页。

厂制度,实现了生产的大规模化,从而对劳动力的吸纳能力也逐渐加强。

4. 城市发展政策对农村劳动力转移的影响

第一次世界大战后,发达国家广泛实行的城市规划、贫民区改造、郊区的住宅建设、影响产业分布的政策等对城市发展产生了一定的影响。同时,发达国家政府在土地、交通运输、货币和外来移民方面的政策,实际上都在不同程度上促进了农村劳动力向城市的转移。

在20世纪60、70年代,美国联邦政府为缓和东北部与中西部日趋恶化的结构性失业,满足西部与南部发展对人才等方面的需求,除了直接资助西部和南部的一些大型工程和科研项目外,还制定了一系列政策和措施,如提供就业信息,扩大就业机会,补贴迁移费用,制定住房建设法案等,来促进资本和人口向西部和南部流动。在20世纪60、70年代的二十年时间里,美国西部和南部人口增加了近4 000万人,在70年代,西部和南部总投资增长速度比东北部和中西部快2.5倍,相应地,西部和南部的就业增长速度分别为54.9%和51%,比东北部和中西部的14.1%和33.3%要高得多。[①] 资本和人口的集聚推动了西部和南部的迅速发展,即实现所谓的"阳光带"的崛起,这些政策起了很大的促进作用。

6.3 新兴工业化国家和地区的农村劳动力转移机制

第二次世界大战结束后,随着殖民统治的解体、民族经济的发展和工业化的推进,新兴工业化国家和地区开始大力推进工业化与城市化,并在20世纪60至70年代基本完成了农村劳动力转移的过程。由于不同的新兴工业化国家和地区在人口、自然资源、文化传统、政治制

---

① 参见王旭著:《美国城市化的历史解读》,岳麓书社2003年版,第56页。

度、社会结构、人均收入和经济政策上存在差异,因而其农业劳动力转移的道路也呈现出了不同的特点,其中取得民族独立较早的拉美国家,在19世纪晚期就已开始城市化过程,到1900年,拉美国家的城市化水平已达到20.3%,其中经济实力最强的几个国家如巴西和墨西哥等,甚至超过了当时某些发达国家。本节着重分析有一定代表性的韩国、中国台湾地区和拉美的巴西等国家和地区的农村劳动力转移情况。

6.3.1 农村剩余劳动力供给的影响因素方面

1. 农业劳动生产率的提高

中国台湾地区是在农业充分发展的基础上实现农村劳动力转移的。20世纪50年代以后,台湾实施了土地改革,并在投资方面对农业给予了重点扶持,增加了投入,使农业得到迅速发展。20世纪60年代中期以后,台湾实现了粮食的基本自给,从而在工业化初期节约了本来要用来购买粮食的宝贵外汇,增加了购买原材料和各种生产设备的资金。在农业发展的基础上,台湾当局提出和实施了"以农业培养工业,以工业发展农业"的策略,为工业发展提供了资金与剩余劳动力的支持和保障。同时,随着农业和工业的互动发展,台湾的农业结构不断调整、升级,提升了其在国际市场上的地位,并提供了大量的就业机会。

而韩国则是在农业发展不足的情况下实现劳动力转移的。长期以来,韩国一直实行只重视工业而忽视农业的发展战略,农业生产始终处于落后状态,主要靠进口大批粮食来支撑劳动力转移,据统计,韩国在经济腾飞的20世纪60至70年代中,每年进口的谷物都在1 000万吨左右,占国内总需求量的50%以上。农业的不发达在一定程度上影响了韩国农业劳动力转移的进程,这使得韩国2001年农业就业人口所占比例还高达10.3%。

第二次世界大战以后,巴西和墨西哥等拉美国家加快了农业生产一体化发展,规模经营和机械化程度有了较快提高。但在巴西,由于全国大部分良田掌握在大庄园主手里,其规模最大的可以达到几万、十几万公顷,国家重视出口农业,忽视面向国内市场的小农户,对农业的优惠政策补贴大都落在大中型农业企业手中,导致了占其农业生产单位比重大部分的面向国内市场的小农户的劳动生产率水平相对较低。这使得巴西的农业就业比重远高于其产值比重,甚至高达两倍以上。

2. 人口自然增长率

像中国香港、中国台湾、新加坡、韩国这样的新兴工业化国家和地区的人口基数都比较小,人口控制相对容易。从表6-6可见,中国台湾地区本来人口基数比较小,在工业化初期,台湾人口增长比较快,人口自然增长率达到3%以上,但在20世纪70年代推行家庭计划之后,人口增长开始逐年下降,人口自然增长率降到2%以下,1989年则进一步下降到1%,1993年更是降低到0.9%。但在台湾人口的高增长时期,恰逢经济发展进入由起飞阶段到劳动密集型产业发展阶段的转变。这一时期遇到了比较充沛的劳动力供给,获得了"人口红利",从而强有力地推动了台湾地区的城市化进程,城市人口比重从1950年的20%增加到1970年的36%,在1985年,城市化率就达到了50%。[①]

表6-6 中国台湾地区人口和劳动力增长

时间	年末人口数(千人)	年人口增长率(%)	年劳动力增长率(%)
1951—1955	9 078	3.8	2.3
1956—1960	10 792	3.5	2.6
1961—1965	12 628	3.2	2.9
1966—1970	14 676	3.1	3.8
1970—1975	16 150	1.9	4.0
1975—1980	17 805	2.0	2.9
1980—1985	19 258	1.6	2.9

资料来源:Alden Speare Jr., Paul K. C. Liu, and Ching-Lung Tsay, *Urbanization and Development*:*The Rural-Urban Transition in Taiwan*, Westview Press, 1998, p.10.

---

① Alden Speare Jr.,Paul K. C. Liu,and Ching-lung Tsay,*Urbanization and Development*:*The Rural-Urban Transition in Taiwan*, Westview Press,1998, p.18.

第二次世界大战后,巴西和墨西哥两国都进入了人口高速增长时期。如表6-7所示,从20世纪50年代到60年代中期,两国的人口增长率平均高于3%,有时达到3.3%。60年代中期以后,两国的人口增长速度有所降低,但仍保持2.3%—2.9%的高水平。80年代以后,巴西的人口自然增长率才有所下降,而墨西哥却没有递减的迹象。两国的劳动力增长情况与人口增长势头保持一致。人口的高速增长增加了这些国家的劳动力转移负担,越来越多的劳动力转移到城市,但由于非农就业增长速度没那么快,加剧了城市化的过度发展,带来失业率高、非正规就业比重大、城市贫困等诸多问题。

表6-7 巴西和墨西哥人口增长率及经济活动人口增长率

(单位:%)

国别	人口增长率						
	1950—1955	1955—1960	1960—1965	1965—1970	1970—1975	1975—1980	1980—1985
巴西	3.2	3.0	3.0	2.6	2.4	2.3	2.3
墨西哥	3.0	3.2	3.2	3.3	3.3	2.9	2.6

国别	经济活动人口(15—64岁年龄组)增长率						
	1950—1955	1955—1960	1960—1965	1965—1970	1970—1975	1975—1980	1980—1985
巴西	2.9	2.6	2.8	3.1	3.1	3.1	2.6
墨西哥	2.5	2.7	2.8	3.2	3.4	3.5	3.6

资料来源:1984年与1985年的《联合国拉美经委会统计年鉴》,转引自戎殿新、司马军《各国农业劳动力转移问题研究》,经济日报出版社1989年版,第354页。

3.受教育水平

随着经济发展,大多数新兴工业化国家和地区的教育事业都得到了应有的重视与发展。其中发展较为突出的如新加坡,政府拨款为所有6—16岁的儿童设立教育储蓄户头,以推动素质教育发展,1990年,教育拨款达到21.89亿新元,占国家财政总支出的15%,仅次于国防开支;1998年,新加坡对教育的投入已占政府财政支出的20%左右,占GDP的4%。20世纪60年代以前,韩国中小学适龄青少年的入学率还不足 60%,文盲和半文盲人口占总人口的一半多。
从经济步入高速发展轨道的 20 世纪 60 年代起,韩国的教育事业得
到迅速发展,劳动力受教育程度普遍提高。以平均每万人中具有大
学学历的人数为例,1965 年只有 38 人,到 1980 年增长到 117 人,
1985 年为 249.5 人。中国台湾地区早在 20 世纪 70 年代初就实现
了 9 年义务教育,1979 年,初中入学率达到 95.58%,而且高等综合
技术学院、大专制专科学校、中专职业学校和农工职业学校都比较发
达,培养了大量职业素质较高的劳动者,为农村劳动力顺利转移提供
了非常好的条件。到 80 年代末,中国台湾地区在业工人中高中和中
专职业教育程度者高达 80%。

巴西等拉丁美洲国家也很重视教育,但巴西国家教育开支向中、高
等教育过度倾斜,初等教育相对萎缩,在中等教育阶段重视普通教育和
人文学科教育,而轻视中等职业技术教育和师范教育,不利于改善低收
入阶层子女的受教育和就业状况。

4. 土地占有方式及其他制度的影响

中国台湾地区人多地少,在 20 世纪 50 年代初期制定了优先发展
农业的政策,进行了较为彻底的土地改革,从而导致了地权的相对平均
化,即土地相对比较分散化。台湾地区的"《土地法》"明确规定:"人民
依法取得土地所有权者为私有土地。"这意味着土地可以委托经营,甚
至流转,这就为农业人口转移到非农业提供了条件。而台湾地区 1979
年实施的第二次土地改革,着力于通过为农户提供购地贷款以促进家
庭农场经营规模的扩大;着力于继续推行共同经营、委托经营和合作经
营;加强推行农业机械化;进一步加速办理农地重划等政策措施,一方
面直接促使一部分农业人口转移到非农业部门,另一方面又一次促进
了台湾地区农业的发展,使农民获得了更高的生产力,进一步解放出了
更多的农业剩余劳动力。

韩国于 1949 年颁布了《土地改革法》,致力于让耕者有其田,并规
定每一家庭农场最大拥有面积不得超过 3 公顷,而且禁止土地的租赁
转让。但从 60 年代末 70 年代初起,农地出租转让的现象已悄悄出现,

一家一户的小农场经营模式逐渐被打破,相当一部分农民放弃土地而转入城市。1986年韩国颁布的《农地租赁法》,部分地承认了土地以出租形式转让的合法性。到1990年正式颁布《农地法》以后,韩国农村土地经营规模出现了两极分化,虽然0.3—0.5公顷的微型农场数仍占了总经营单位的60%,但几十公顷以上的大型农场占了全国50%以上的耕地面积。租赁形式已成为农场重新组合兼并的主要手段,大量的农村劳动力在出租、转让土地之后转移到城市。

在巴西和墨西哥,由于封建庄园制和奴隶制度经济长期占主导地位,土地高度集中是这两个国家土地制度的最大特点。据统计,巴西占地1 000公顷以上的农户仅占农户总数的1%,但他们却占有全国45.1%的土地面积;占地10公顷以下的农户数占总农户数的49.7%,但这部分农户却只占有2.3%的土地面积。[①] 土地的高度集中与土地占有的极度不均,导致不少人因为少地或无地而生活贫困,单靠农业收入难以维持生计,不得不外出谋生。这就造成了不少劳动力盲目往城市迁移,增加了城市贫困问题。

6.3.2 农村剩余劳动力需求的影响因素方面

1. 资本投入

可以说,绝大多数新兴工业化国家和地区的经济起飞都得利于大量引进外资。比较典型的如新加坡,其1980年制造业中外商独资企业的产值占58.7%,合资企业的产值占25.7%,共计84.4%;外资所控制的工业出口1982年占到90.7%。[②] 据不完全统计,1962—1981年,韩国共吸收国外贷款486.5亿美元,并利用外资来增加就业机会。1967—1982年,韩国平均每年增加就业人员37.5万人,其

[①] 参见李仙娥、王春艳:"国外农村剩余劳动力转移模式的比较",《中国农村经济》2004年第5期。

[②] 参见张帆:"我国应注意吸取新兴工业化国家和发展中国家管理外资企业的经验和教训",《思想理论教育导刊》1995年第6期。

中有13.5万人(占36%)是由外资诱发的就业机会。除了20世纪50年代有部分美国的援助之外,中国台湾地区产业发展的资金主要靠内部积累。80年代末期之后,台湾把其所积累的资金主要用于从美国和日本引进电子等高新技术,致力于发展电子产品等信息产业,服务业逐渐发展并取代了工业在经济活动中的主导位置。1989年服务业在国内生产净值中的比重达到51.2%,进一步提升了就业结构。

20世纪60年代至80年代初期,巴西大量引进了外资,仅在1972—1976年期间,引进的外国直接投资总额就高达61.6亿美元,远高于同期韩国吸收的外国直接投资总额4.6亿美元。大量外资的引进极大地促进了巴西经济的增长,在1968—1974年间,巴西国民经济年平均增长率达到11.3%。但是,以巴西为代表的拉美经济具有很明显的二元经济结构特点,一元是主要围绕国内市场进行,其产品以满足内需为主,其资本积累也主要在国内市场实现;另一元是依托国外市场进行,其产品以满足国外市场需求为主,通过出口实现资本的积累。这种二元经济结构和在此基础上形成的资本积累模式,制约了以巴西为代表的拉美经济的发展。在整个20世纪80年代,拉美国家对外部门的资本积累能力迅速下降,资金严重短缺,资本投入的减少显然影响了就业机会的增加。针对这种局面,进入90年代之后,拉美国家通过多种形式和多种渠道吸引外资,外资流入拉美的数量又开始不断增加。如,1995年在巴西的国内投资中外资占17.7%,1996年高达24.3%。[①]

2. 消费结构的转变

新兴工业化国家和地区消费结构的变化有两个方面特点:一方面,随着经济迅速增长,本国的消费者对耐用品和非耐用品的需求也迅速增加,对家用电器、电子设备、汽车、住房和休闲产品的需求迅速增长,

---

① 参见联合国拉美经委会:《1991年拉丁美洲和加勒比经济概述》,1991年12月18日,第55、56页;转引自吴":"拉美国家资本积累模式对金融的影响——对巴西金融动荡的思考",《拉丁美洲研究》1999年第3期。

吸引了大量寻求市场型的企业投资于这些行业,这些行业获得了迅速发展。另一方面,这些国家和地区主要是通过向发达工业化国家和地区出口产品来实现产业发展的,因此,其产业结构与就业结构的变化在一定程度上又取决于发达工业化国家的消费水平和消费结构。第二次世界大战后,巴西依托国外市场需求,面向出口的生产部门得到较快发展;同时,由于巴西国内的工业品需求增加,引起工资上涨,使越来越多的农村移民向工业区集中。20世纪40年代有300万人从农村移向城市,20世纪50年代增加到700多万人。在这一过程中,城市数目也从82个增加到154个。

3.产业结构、产业组织方式的演进

中国台湾地区和韩国在经济起飞过程中都曾实行过以劳动密集型工业为重点的工业发展战略,在20世纪的60至70年代,它们大力发展出口导向型劳动密集型产业。如中国台湾地区,借助国际市场的机会,相继发展了纺织品、合成板、电子、成衣、家具、鞋类、塑料、家电等一大批劳动密集型出口工业企业,从而使岛内的失业率由20世纪50年代的7%下降为70年代末的1.2%,推动农村劳动力顺利转移。[①] 70年代之后,台湾地区抓住了日本将资源和能源消费多的材料型重化工业向外转移的时机,在大力发展劳动密集型产业的同时,也开始致力于资本密集型产业,并逐渐形成了"进口日本,岛内加工装配,出口美国"的发展模式。除了1965—1970年间最大的五大城市制造业年就业率出现负增长以外,20世纪50年代以来,台湾地区最大的五大城市和其他城市的非农就业增长很快,其中五大城市的服务业年就业增长率大于其他城市,其他城市的制造业年就业增长率大于五大城市。到了1985年,台湾地区的三次产业比重为6.9∶44.9∶48.2,工业出口占总出口比重为93.8%。如表6-8所示。

[①] 参见周维松:"国外农村劳动力转移的启示",《中共四川省委省级机关党校学报》2005年第2期。

表6-8 中国台湾地区制造业和服务业就业增长

时间	年就业增长率(%)			
	制造业		服务业	
	最大的五个城市	其他城市	最大的五个城市	其他城市
1951—1955	6.9	5.5	4.2	0.7
1955—1960	4.0	6.3	3.2	3.6
1960—1965	3.2	4.2	4.0	3.1
1965—1970	−1.0	2.5	10.3	8.7
1970—1975	13.5	20.6	6.5	5.1
1975—1980	8.0	14.1	4.4	4.5
1980—1985	3.8	4.4	5.4	3.7

资料来源：Alden Speare Jr., Paul K. C. Liu, and Ching-Lung Tsay, *Urbanization and Development: The Rural-Urban Transition in Taiwan*, Westview Press, 1998, p.47。

自然资源与资金匮乏的韩国，也在20世纪60年代依靠引进外资大力发展劳动密集型产业。但在初期，其主导产业主要是纤维、玩具、胶合板、杂货和收音机等。相对于大量从农村流向城市的劳动力，这些工业的发展还是不足以吸纳大量的劳动力，各种小规模的服务业和商业就成为大部分的农村剩余劳动力的"蓄水池"。随着工业化的进一步发展，以汽车、电子、钢铁、造船业为支柱的发达的制造业和出口加工业体系逐渐形成，劳动力才从第三产业逐渐流向第二产业。20世纪60年代至70年代中期，韩国劳动力一直以每年3.2%的平均速度增长，但其失业率却从1962年8.2%的高峰值逐渐降到了1975年的4.1%。[①]到70年代末80年代初，农村剩余劳动力转移基本完成，劳动力已经显现短缺之势。这时，以电子工业为代表的相对技术密集型产业，尤其是电脑、生物工程和智力服务等行业得到重点发展。同时，逐渐将国内失去比较优势的劳动密集型产业向东盟国家和中国转移。

自20世纪50年代以来，巴西和墨西哥在工业化进程中推行进口替代和促进出口的经济发展战略和政策，产业结构发生了巨大变化。制造业快速发展，金融、旅游、公共服务和私人服务部门等第三产业迅

---

① 参见徐建平："韩国的劳务市场"，《国际经济合作》1999年第3期。

速扩大。20世纪60至70年代,巴西把工业重点转向资本、技术密集的部门,服装、制鞋等传统产业在国际上失去竞争力,难以拓展就业。劳动力大量进入第三产业中的传统服务业和非正规部门,而为工业服务的现代服务业所占比重较低。据统计,1985—1997年巴西非正规就业增加了97%,正规就业仅增加6%。非正规部门就业占总就业人员的近50%,其工资一般只相当于正规部门人员工资的一半,多数属于低收入群体。另外有大量劳动力失业,城市公开失业率由1990年的4.5%上升到近年的8%—11%,有的统计称为17%。① 由于劳动力转移速度超过了它的工业化速度和相应的经济发展阶段,造成了城市化水平与经济发展水平的脱节,给巴西带来诸如人口过度膨胀、城市失业问题严重、收入分配两极化、城市环境恶化等一系列的问题。

4.城市和产业发展政策的影响

应该说,绝大多数的新兴工业化国家和地区在工业化和城市化进程中,政府的各种城市和产业发展政策发挥了很重要的促进作用。比如,20世纪60年代,韩国开始实行政府主导性增长战略,在汉城(现称首尔)及其卫星城和东南沿海城市中,建立了许多工业区,以推荐产业升级;政府对大米实行价格保护、对农业生产提供补贴、组织经营较大规模的农业生产合作组织,推动了农业发展,从而促进了大量农村人口向这些城市迁移。另外,还采用统一汇率制、实行货币贬值、实行出口补贴制度等一系列的政策措施,来提高出口竞争能力。此外,政府还采取一些相应的行政措施来限制工会在促使工资上涨中的作用,以维持较低的工资水平的劳动力的比较优势,增加出口和引进外资。而中国台湾地区在城市化进程中,比较突出的是推行城市土地重新规划和调整,使其在无须政府财政支出的情况下完成了各项公共设施的建设,有效地改善了城市环境和产业布局。

20世纪70年代以来,巴西政府实施了不平衡的工业布局政策,通

---

① 参见韩俊、崔传义、赵阳:"巴西城市化过程中贫民窟问题的启示",《中国改革》2006年第6期。

过把国都整体搬迁到当时还很落后的中部地区等方式,推动了中西部地区的工业化和城市化;通过建立一批出口基地、组建产业联合体、推动中心辐射的工业布局等方式,推动产业发展,促进了劳动力的转移。但由于城市规划的滞后和人口的迅速膨胀,巴西城市环境遭到严重破坏,环境污染严重,城市失业率高,贫民问题严重。且由于城市规划、建房用地、基础设施、社区发展没有考虑低收入人群的要求,在城市中产生了大量的贫民窟。近20年来,贫民窟人口增长了118%。目前居住在城市贫民窟中的就有3 500万人,占全国城市人口的25.4%。[1]

6.4 发展中国家的农村劳动力转移机制

发展中国家基本都曾经不同程度地遭受了长期的殖民主义统治,二元社会经济结构明显,城乡差距大。发展中国家城市化与工业化起步晚、水平低,在20世纪50年代之后城市化才得到比较快的发展。这一时期,其城市人口比重的提升速度基本都快于发达国家。但由于发展中国家农村人口占绝大多数,经济发展水平低,就业渠道有限,农村劳动力转移的数量大、负担重。而且在工业化过程中,由于引进的现代工业技术主要是适应发达国家生产要素条件,往往是以资本代替劳动的技术为主,因此,发展中国家的工业化过程与当年发达国家的工业化过程相比,产业资本密集程度要高得多,导致制造业提供的就业机会十分有限,使发展中国家流入城镇的人口很难在正规的制造业部门就业。

另外,发展中国家数目众多,其城市化道路各异,尤其是亚洲和非洲的发展中国家,城市化速度慢,水平低。在亚洲,西亚的城市化水平居亚洲首位,1993年已达62.0%,少数国家已超过80%,这主要与石

---

[1] 参见李瑞林、王春艳:"巴西城市化的问题及其对中国的启示",《延边大学学报》2006年第6期。

油经济的发展密切相关。南亚的城市化速度最慢,1993年城市化率为26.0%,这与本区的经济落后有关。非洲的城市化起步较晚,1950年城市化水平仅为13.2%,20世纪70年代以来城市化水平有了很快提高,现已超过亚洲的发展中国家的平均水平。南非区的城市化水平最高,1993年为52%;东非区最低,仅为20%;北非、中非和西非的城市化水平分别为43%、38%和23%。另外,一些发展中国家的大国,如印度、尼日利亚等,其城市化进程中的劳动力转移又与其他发展中国家有所不同。因此,本节先分析发展中国家的大国的劳动力转移供需影响因素,然后分析其他发展中国家的情况。

6.4.1 发展中国家的大国:印度

与其他发展中国家比较,发展中国家的大国人口多,需要转移的农村劳动力也多。印度从18世纪下半叶开始逐渐沦为英国的殖民地,1947年独立。印度是个农业大国,其人口数量仅次于中国,且农村人口比重大。1981年人口普查表明,农村人口占总人口的76.6%,农业劳动力占全部劳动力的70.6%;目前仍有72%的人口生活在农村,60%的劳动力从事农业生产。

(一) 农村剩余劳动力供给的影响因素方面

1. 农业劳动生产率

由于印度土地占有方式极不合理,大部分农民缺少土地,农业也缺乏足够的生产投入,这样就很难扩大生产、提高劳动生产率,并把一部分劳动力从农业中分离出来。为解决这个问题,从20世纪60年代中期起,印度政府在一些自然条件较好的旁遮普邦、哈里亚纳邦及北方邦西部等地区进行"绿色革命",推广高产品种,增施化肥,扩大灌溉,加强植保,提高机械化程度,从而极大地刺激了这些地区农业的发展,并吸引了其他落后地区的农村劳动力往这些地区农村转移。此后,政府又先后发起了"白色革命"(奶牛产业)和"蓝色革命"(渔业产业)。这些措施不但从根本上解决了印度的粮食危机,还极大地促进了印度农业技术水平的显著提高,并使印度成为世界上第二大牛奶生产大国,鱼类与水产品的大量出口也给印度农民增加了大量的就业机会。

但从全国范围来看,印度不同地区的农业发展差距还很大,大部分落后地区的农业发展还相当落后。因此在 1950—1965 年间全国农业生产年平均增长率仅为 1.9%,1965—1980 年为 2.8%,而在 1961—1965 年期间还出现了 1% 的负增长。农业总体发展的落后,一方面无法为非农产业的发展提供有力支持,不利于非农就业机会的增加;另一方面又把大量农民束缚在土地上。

2. 人口自然增长率

印度独立后,由于经济的发展和医疗卫生水平的稳步提高,人口死亡率大幅度下降;而受风俗影响,印度人多早婚且没有计划生育概念,人口出生率没有大幅下降,这就导致了印度人口的急剧膨胀,1970 年平均每个妇女生 5.3 个孩子。自 20 世纪 70 年代推行国民计划生育与提倡晚婚以来,印度人口自然增长率有回落的趋势,但人口增长速度还是很快。由于大部分人口在农村,人口的快速增长使农业劳动力由 1951 年的 9 730 万增加到 1981 年的 14 677 万,增幅达 51%。到 1992 年,平均每个妇女生孩子数还是达到 3.6 个,1998 年,人口自然增长率还是高达 17.6‰。印度人口基数本身就大,其人口自然增长率又居高不下,消极的人口政策难以抑制劳动力供给不断膨胀的趋势,也增加了农业劳动力转移的负担,使得印度面临的农村劳动力转移压力一年比一年增大。

3. 受教育水平

1951 年,印度的人口识字率只有 16.7%,在农村地区更低。1978 年,印度政府开始着手实行"10+2"的普通教育与职业教育相结合的体制,但到 1981 年识字率也只提高到 36.2%,农村比这个水平还要低 6.6 个百分点。即使上过学,还是缺乏必要的劳动技能。因此虽然农村劳动力有大量的剩余,但由于其素质不高,在很大程度上限制了广大农业劳动力向非农业的转移,大部分的农业剩余劳动力只能滞留在农村和农业部门。

从印度与中国公共教育经费支出占国内生产总值比重的比较中（见表6-9），还是可以看出印度政府对教育的重视。从1982年开始，印度在全国范围内展开了普及初等教育的运动，入学率开始稳步上升，其中初小入学率一直保持在90%以上。到1998年，印度全国15岁以上的人口识字率已经高达62%。1979—1980年，印度政府通过财政拨款实行非正规教育计划，让学校外儿童能受到适合他们需要的、具有相当水准的业余初等教育。目前在印度农村的188个村庄里大约就有10个提供非正规教育的组织。它们作为正规教育的一种积极补充，对印度农村基础教育的发展起到了不可替代的作用。[①] 另外，80年代以来，印度政府也越来越重视职业教育，投入了相当的财力。随着经济水平提高，印度的基础教育与职业教育也有了较快发展。但由于人口过多，经济发展水平还不够高，印度的教育水平总体上还是较低，影响了印度农村劳动力转移的速度。

表6-9　印度与中国公共教育经费支出占国内生产总值的比重

（单位：%）

年份	1965	1970	1975	1980	1985	1987	1990	1994	1995	2000
印度	2.5	2.8	2.8	3.0	3.5	3.2	3.9	3.6	3.4	4.1
中国	—	—	1.8	2.4	2.6	2.4	3.0	2.5	2.5	2.9

资料来源：王英杰、曲恒昌、李家永《亚洲发展中国家的义务教育》，人民教育出版社1994年版，第448页。

4. 土地占有方式及其他制度的影响

独立以来，印度政府在农村进行过数次土地改革，但由于多种原因，土地改革并不彻底，无地和少地农民仍然大量存在，约占农村人口的3/4。由于非农产业发展水平不高，非农机会不多，失业率高，且大部分印度农民乡土观念重，离乡别土转移到城市的意愿不大，由此大部

[①] 参见刘艳华："印度20世纪50年代以来的义务教育普及与保障情况"，《经济研究参考》2005年第46期。

分农村人口还是滞留在农村。

(二) 农村剩余劳动力需求的影响因素方面

1. 资本投入

到1990年,外国资本流入印度的数量也只达到4亿美元,因而从总体来看,印度更依赖于国内资源与国内资本来发展本国经济。如表6-10所示,自1950年以来,印度国内资本形成有了显著提高,到1999年,国内资本形成总额增长了525倍,国内资本形成率从8.7增长到23.3。但与此形成鲜明对比的是,同期印度GDP只增长了197倍,投资乘数反而从1950年的11.5下降到1999年的4.3。可见,印度资本投入效率并不高,显然这也会影响就业机会的提供。

表6-10 1950—1999年印度国内储蓄与国内投资乘数

	1950	1960	1970	1980	1990	1999
资本形成额(千万卢比)	866	1 168	7 043	29 230	149 536	455 228
资本形成率(倍)	8.7	14.4	15.4	20.3	26.3	23.3
GDP(千万卢比)	9 936	17 169	45 682	143 780	568 809	1 956 997
GDP/资本形成(倍)	11.5	7	6.5	4.9	3.8	4.3

资料来源:印度财政部《Economy Survey 2002—2001》,转引自陈彬彬"印度政府在资本形成中的作用与启示",《宁波高等专科学校学报》2003年第1期。

2. 消费

随着经济发展,印度国民收入水平不断提高,国内总需求也进一步扩大。而且随着私营经济发展,印度出现了众多中小企业家,农村中也有一部分人先富起来,形成庞大的农村富裕阶层,这些中产阶级队伍逐渐扩大,形成了巨大的消费需求,并推动需求结构升级,从而推动产业发展和产业结构升级,创造了大量的就业机会,促进就业结构升级。但相比于发达国家,由于经济还不发达,收入水平低,印度的消费水平和消费结构还很低。如,在1991年印度的家庭消费支出构成中,食品和饮料、服装和鞋类的支出占了64.1%,对医疗保健和体育、休闲与娱乐的支出只分别占 2.3% 和 3.8%,远低于美国 1992 年的 17.5% 和 10.2% 的水平。[①] 如表 6-11 所示,印度对耐用品的消费也还不够高,其消费水平显著低于世界水平。这既表明印度消费结构还不高,也表明其下一阶段发展潜力将很大。

表 6-11 部分耐用消费品:印度与世界的比较

	乘车普及率(辆/千人)(1996年)	传真机(部/万人)(1995年)	移动电话(部/千人)(1998年)
世界	90.4	93	55.3
印度	4.4	1	1.2

资料来源:《国际统计年鉴(2000)》,中国统计出版社 2001 年版。

3. 产业结构、产业组织方式

20 世纪 50 年代中期以来,印度政府开始实施以重工业为主导的工业化战略,投资严重倾斜于基础工业、重化工业和耐用品工业,使其在整个经济中保持了最快的增长速度。但这些资本和技术密集程度较高的产业,对劳动力数量需求低且对劳动力素质要求高,不利于农村劳动力的转移。另外,印度政府为了解决农村劳动力就业问题,致力于通过大力发展乡村工业和家庭手工业来就地转移劳动力,这些劳动密集型工业吸纳了一定数量的农村剩余劳动力,但由于其规模小,经营效率低,也限制了其对农村劳动力的吸纳数量。

印度软件业起始于 20 世纪 80 年代中期,1991—2000 年连续 10 年实现产值增长 50% 以上,2000 年软件产业产值 83.4 亿美元,出口 62.4 亿美元,现已成为印度经济发展的支柱产业,并使印度成为仅次于美国的世界第二大软件出口国。软件业的发展刺激了服务业的发展,形成对软件技术人才的大量需求。而且印度的软件企业规模逐渐增大,目前平均员工规模为 340 人,远高于中国的 75 人水平。

---

① 参见日本国际连合统计部编:《世界统计年鉴(2000)》,东京教育研究所 2001 年版,第 505 页。

印度政府一直着力于经济的私有化,为私营企业发展提供了很好的机会,促使大批具有国际竞争力的大型私人企业在国际经济舞台上日益崛起。据业内人士分析,在每一个行业,印度排名前两三位的公司都具备了国际竞争力。私营企业的发展为非农就业提供了大量的岗位。

4. 城市发展政策的影响

20世纪90年代以来,印度政府积极改善投资环境,大力吸引外资,实行新的外资管理政策,简化外资企业的审批手续;同时政府还着力于促进经济私有化,有力地促进了经济的发展,刺激了更多的农业劳动力往城市转移。但由于印度的片面工业化道路,实行牺牲劳动密集型轻工业的发展、片面发展资本密集型重工业的模式,使得印度农业劳动力转移长期处于停滞状态,城市化过度滞后。

6.4.2 其他发展中国家

(一)农村剩余劳动力供给的影响因素方面

1. 农业劳动生产率

农业人口众多,农业不发达,农业劳动生产率低,是发展中国家存在的普遍问题。在非洲和南亚地区,由于政府财力有限,对农业支持不够,而且农业生产技术落后,农业劳动生产率低,大多数农民只能从事维持自身温饱的传统农牧业。而在东亚、中东、北非、加勒比地区的大部分发展中国家,由于政府对农村基础设施投资的增加和农村商业及加工业的兴起,农业获得了相应发展,农村劳动生产率提高,农业劳动力向农村与城市非农业部门转移的速度大大加快。在西亚国家中,随着大量石油的发现和开采,农业被忽略,政府靠石油收入大量进口农副产品,国内农业衰退,城乡差别加大,农民纷纷弃农进城。

另外,由于多数发展中国家急于实现工业化,政府大都实施城市偏向政策,有的甚至以牺牲农业为代价来实现工业化,致使农业衰败,乡村凋零,农业劳动生产率低下,大批劳动力仍被束缚在耕地上。而尽管农业劳动生产率低下,甚至粮食问题还未完全解决,但不少发展中国家由于人口急剧增加与人均土地资源大大减少,不少农户家庭耕地不足,还是产生了过剩劳动力。

2. 人口自然增长率

尽管20世纪50年代以来,发展中国家的城市化进程加快了,但是由于它们的总人口增长率大大高于发达国家,而经济水平又大大低于发达国家,因此,其城市化水平与发达国家相比仍存在很大差距。据联合国的资料分析,在20世纪50至70年代,以对29个发展中国家的观察为依据,可以发现几乎所有的发展中国家在这个阶段都遇到了乡村人口和城市人口双膨胀的难题。人口膨胀与土地资源不足的矛盾,迅速析出了大量的农村剩余劳动力,但非农业发展水平的低下,使得非农就业岗位远远不能满足就业需求,增大了劳动力转移的压力,甚至出现了农村劳动力盲目流动的现象,成为社会不稳定的隐患。尤其是在人口众多的南亚国家,巨大的人口基数使得农村劳动力的转移速度被人口的自然增长抵消很大部分,其城市化水平1950年为15.6%,到1993年只上升到26.0%,年均上升仅0.24个百分点,是城市化速度最慢的国家。

3. 受教育水平

经济发展水平低与巨大的人口压力,必然导致劳动力素质低,这是发展中国家普遍存在的问题。多数国家义务教育还没普及,职业教育更落后,如2001/2002年的中学入学率,阿富汗只有12%,尼日尔是6%,卢旺达是14%,坦桑尼亚是6%,布隆迪是11%。[①]

近些年来大多数发展中国家都逐渐加大了对教育的投资,如泰国政府明确要求,要根据各地的条件和资源,将职业教育和短期培训班进一步扩大到农村地区,不但在中等职业学校中开设占有较大比重的农

---

① 参见世界银行编:《2004年世界发展指标》,中国财政经济出版社中译本2005年版,第76—79页。

业专业和农业技术课程,而且在普通初、高中教育阶段的劳作和技术类课程中也设置了一定比例的农业类课程;农村地区大量兴办的流动学校还提供农作物种植、家畜饲养、农机维修等职业技术课程的学习和培训。但由于人口多,且人口增长速度快,能够受到一定水平的教育机会的居民尤其是农村居民还是少数,发展中国家总体的教育水平还是偏低。由于教育不发达,农业劳动力素质差,对新职业的适应能力不够,限制了农村劳动力的转移规模。

4. 土地占有方式及其他制度的影响

由于土地、劳动力和产品市场长期以来不能顺利发挥其功能,很多发展中国家的土地分配不公平,且土地交易市场不完善。有一些发展中国家还严格限制土地租赁范围,特别是合伙租赁合同,以防止对土地租赁人的"剥削"。这种土地制度限制了土地经营的规模,把大量农业劳动力约束在了效率极低的土地上,甚至造成了人无地种、地无人种的状况。尤其是在非洲和南亚地区最不发达的国家,大量劳动力被束缚在小块土地上,从事效率极低的传统农业生产活动,农村劳动力转移速度缓慢。

在二元经济结构下,一方面,城市与农村在政府政策、生活水平、基础设施、服务条件、信息渠道等方面形成了鲜明的差距,工农业收入的差别也很悬殊,越是经济落后的国家,农村越是显著落后于城市。这种差距往往会刺激大量的农村劳动力涌入城市,甚至不惜以弃耕抛荒为代价。另一方面,在城市化的初期,多数发展中国家实施严格的城乡差别的户籍制度和社保制度,农村劳动力的乡—城迁移往往受到限制。比如,在非洲国家殖民时期,白人统治者禁止非洲人民自由迁徙,也在很大的程度上延缓了农业劳动力的转移。

(二) 农村剩余劳动力需求的影响因素方面

1. 资本投入

绝大多数发展中国家均面临资金不足的问题,且由于一些发展中国家人口增长失控,经济发展的成果被人口增加所抵消,储蓄和积累很少。① 在1980—1990年间,有四十多个发展中国家的投资总额年均增长率为负数或为零。如,刚果共和国的该指标为—11.6%,科特迪瓦为—10.4%,巴拿马为—8.9%,阿拉伯联合酋长国为—8.7%,尼日尔为—7.1%。在1990—2002年间,还有约20个发展中国家的投资总额年均增长率为负数,且投资减少幅度很大。如,西岸和加沙的该项指标竟然达—22.7%,乌克兰为—13.9%,马拉维为—13.7%,几内亚比绍为—12.3%,摩尔多瓦为—12.0%,哈萨克斯坦为—11.8%,塔吉克斯坦为—10.1%。② 在这种缺乏资金、投入不足甚至倒退的情况下,要增加非农就业、促进农村劳动力转移是很困难的。

2.消费

随着经济发展,发展中国家的消费水平有了一定的提高,但大多数发展中国家的总体消费水平还是比较低,不但增长速度慢,而且消费结构低。如表6-12所示,1993年越南等国家的基尼系数还在0.35以上,南非甚至高达0.584;收入或消费最低的20%的人口或家庭其收入或消费占全部收入或消费的比重也很低,南非只有3.3%;第二个和第

表6-12 若干发展中国家的收入或消费比重

	年份	基尼系数	最低的20%	第二个20%	第三个20%	第四个20%	最高的20%	最高的10%
越南	1993	35.7	7.8	11.4	15.4	21.4	44.0	29.0
尼日利亚	1992/1993	37.5	4.0	8.9	14.4	23.4	49.3	31.3
南非	1993	58.4	3.3	5.8	9.8	17.7	63.3	47.3
印度尼西亚	1993	31.7	8.7	12.3	16.3	22.1	40.7	25.6

资料来源:《国际统计年鉴(2000)》,中国统计出版社2001年版,第504页。

---

① James D. Tarver, *Urbarnization in Africa: A Hand Book*, Greewood Press, 1994, p.18.
② 参见世界银行编:《2004年世界发展指标》,中国财政经济出版社中译本2005年版,第218—220页。

三个20%的人口或家庭的收入或消费所占比重也不高。发展中国家的低消费水平和低消费结构抑制了产业的发展,从而阻碍了劳动力的非农化转移。

3.产业结构、产业组织方式

由于发展中国家引进的现代工业技术主要是适应发达国家的生产要素条件,往往是以资本代替劳动的技术为主,因此,发展中国家的工业化与当年发达国家的工业化相比,产业资本密集程度要高得多,制造业提供的就业机会十分有限,这就使发展中国家中流入城镇的很大一部分劳动力很难在正规的制造业部门就业,尤其是女性就业更加困难。如在1995—2001年间,埃塞俄比亚非正规部门就业占城市就业人数比重,男性和女性分别为39%和65%,尼泊尔分别为60%和76%,巴基斯坦分别为64%和61%,南非分别为16%和28%。[1] 另外,非农就业的区域分布也不合理。20世纪70年代,在发展中国家人口在2万—3万人以下的村镇中,非农业部门就业的劳动力占总非农就业人数的30%—40%,如果加上妇女和一部分在农闲时从事非农活动的男劳动力的话,在这些区域就业的非农劳动力的比例可上升到50%。据统计,非洲国家的农村非农就业数约占全部非农就业总数的2/3。[2]

4.城市发展政策的影响

发展中国家的城市发展主要靠政府推动,经济动力不足。由于资金的缺乏,政府往往实施城市偏向政策,把有限的资金投入到城市建设上,加大了城乡差距。这种差距会对农村人口产生巨大的影响,刺激他们往城市转移。由于大多数人口集中在农村,需要转移的人口庞大,而在经济还不发达的情况下,非农就业岗位又是有限的,因此在发展的初期,发展中国家往往没有动力转移农村劳动力。根据联合国1978年的调查,在119个发展中国家的政府中,只有3个国家的政府希望加速人

---

[1] 参见世界银行编:《2004年世界发展指标》,中国财政经济出版社中译本2005年版,第64—68页。

[2] 参见戎殿新、司马军著:《各国农业劳动力转移问题研究》,经济日报出版社1989年版,第323页。

口由农村向城镇流动。① 而后来随着城市化发展得到重视,不少发展中国家为了提高城市化水平或者城市化指标,又不断扩张城市规模与边沿,使城市人口比重有所增长,但由于工业与服务业没有得到相应发展,城市中失业、非正规就业、贫困等现象十分严重。发展中国家这种快速的城市化发展模式造成了昂贵的城市化成本,没有计划和控制的城市增长使城市服务品太贵。这些成本又反过来影响了这些国家的经济绩效。②

6.5 不同类型国家的国际比较

在以上各节分析的基础上,这一节对不同类型国家的农村剩余劳动力供给与需求的影响因素进行比较分析。

6.5.1 农村剩余劳动力供给的影响因素方面

(一) 农业劳动生产率与人口自然增长率的国际比较

从表 6-13 可以比较直观地看出,发达国家的农业劳动生产率显著高于发展中国家,也高于新兴工业化国家和地区,而且发达国家与大部分的新兴工业化国家和地区的农业劳动生产率都提高较快,但大部分的发展中国家的农业劳动生产率增长较慢。在 1979—1981 年间,大部分发达国家的农业劳动生产率在 20 000 美元/人左右,发展中国家除了南非和土耳其之外,农业劳动生产率在 300 美元/人左右,大约只占发达国家的 1/70,到 2000—2002 年间,这种差距进一步加大。虽然新兴工业化国家和地区内部的农业劳动生产率差距较大,并与发达国

---

① 参见高佩义:《中外城市化比较研究》,南开大学出版社 1992 年版,第 55 页。
② Kempe Ronald Hope, *Urbanization in the Common Wealth Caribbean*, Westview Press, 1986, p.18.

家有一定的距离,但大部分都明显高于发展中国家。从人口与劳动力增长情况来看,1980—2002年期间,发达国家除了美国、加拿大与澳大利亚因是移民国家,人口与劳动力增长超过1%之外,其他国家的人口与劳动力的年增长率都低于0.8%;发展中国家的人口与劳动力的年增长率基本都超过2%,肯尼亚的劳动力年增长率甚至高达3.3%。新兴工业化国家和地区内部的人口与劳动力增长差距也较大,但总体水平是处于发达国家与发展中国家之间。

表6-13 农业劳动生产率与人口自然增长率的国际比较

国家和地区	农业劳动生产率(美元/人)		年自然增长率(%)	
	1979—1981年	2000—2002年	总人口	劳动力
发达国家:				
美国	20 672	53 907	1.1	1.4
英国	20 326	32 918	0.2	0.4
法国	19 318	59 243	0.4	0.6
德国	9 119	33 686	0.4	0.4
日本	17 378	33 077	0.4	0.8
加拿大	16 002	43 064	1.1	1.5
澳大利亚	20 872	36 327	1.3	1.8
意大利	11 090	27 064	0.1	0.6
丹麦	19 350	63 131	0.2	0.3
瑞典	20 865	40 368	0.3	0.6
新兴工业化国家和地区:				
阿根廷	7 148	10 317	1.2	1.8
巴西	2 049	4 899	1.6	2.5
希腊	671	571	0.4	0.9
中国香港	161	338	1.4	1.7
墨西哥	1 482	1 813	1.8	3.0
葡萄牙	3 796	7 567	0.2	0.5
新加坡	16 664	42 920	2.5	2.8
韩国	3 765	4 251	1.0	2.1
西班牙	7 556	22 412	0.4	1.2
南斯拉夫	4 155a	4 243	0.3	0.8
发展中国家:				
印度	269	401	1.9	2.0

中非	380	502	2.3	1.9
老挝	614a	621	2.5	2.1
孟加拉国	232	318	2.1	2.7
印度尼西亚	604	748	1.6	2.6
肯尼亚	265	213	2.9	3.3
缅甸	—	—	1.7	1.9
尼日利亚	417	729	2.8	2.7
南非	2 857	4 072	2.3	2.5
泰国	616	863	1.3	2.0
土耳其	1 872	1 848	2.0	2.7
越南	253a	256	1.8	2.2
柬埔寨	363a	422	2.8	2.7

注:1.农业劳动生产率是指单位劳动力的农业增加值,单位为 1995 年美元/人。
2.年自然增长率为 1980—2002 年期间的年平均增长率。
3. a 表示数值时期为 1999—2001 年。
资料来源:世界银行编《2004 年世界发展指标》,中国财政经济出版社中译本 2005 年版,第 38—40、124—126 页。

发达国家的农业劳动生产率高,排挤出了大量的农业剩余劳动力,比较低的人口增长率,又减缓了劳动力转移的压力;新兴工业化国家和地区的农业劳动生产率较快的增长速度,也促进了农业剩余劳动力的转移,但由于人口与劳动力增长较快,使得劳动力转移的压力还是比较大;发展中国家的农业劳动生产率低,不利于农业劳动力转移速度的提高,而在人口基数比较大基础上的人口较快增长速度,又进一步增加了劳动力转移的负担,使得农业劳动力转移速度比较缓慢。

(二)受教育水平的国际比较

受教育水平影响到农村劳动力往非农就业转移的能力与动力,因此其与农村剩余劳动力的转移是同方向的。从表 6-14 可观察到,从全世界范围来比较,在 2001/2002 年,发达国家的中学与高等院校入学率都显著高于发展中国家。而在发展中国家中,柬埔寨的中学入学率只有 22%,肯尼亚与缅甸均不到 40%,而在农村受教育的水平显然更低。这么低的受教育水平显然会影响农村劳动力在城市与非农产业就

表 6-14　不同类型国家和地区受教育水平的国际比较

国家和地区	2001/2002 年总入学率占相应年龄组的百分比(%)	
	中学	高等院校
发达国家：		
美国	94	71
英国	158	59
法国	108	54
德国	99	—
日本	102	48
加拿大	106	59
澳大利亚	154	65
意大利	96	50
丹麦	128	59
瑞典	149	70
新兴工业化国家和地区：		
阿根廷	100	57
巴西	108	18
希腊	38	3
中国香港	68	13
墨西哥	73	20
葡萄牙	114	50
韩国	94	82
西班牙	114	57
南斯拉夫	85	56
发展中国家：		
印度	48	11
中非	—	2
老挝	41	4
印度尼西亚	58	15
肯尼亚	32	4
缅甸	39	11
南非	86	15
泰国	83	37
土耳其	79	23
越南	69	18
柬埔寨	22	3

资料来源：世界银行编《2004 年世界发展指标》，中国财政经济出版社中译本 2005 年版，第 76—79 页。

业的适应能力,降低农业劳动力转移的规模和速度。新兴工业化国家和地区除了希腊之外,大部分国家的中学入学率相当高,高等院校入学率也显著高于发展中国家。这也是新兴工业化国家和地区劳动力转移快速的原因之一。

(三)土地占有方式及其他制度的国际比较

在多数发达国家中,农户所占有的土地为私人所有,由于土地交易市场比较发达,同时非农就业机会比较多,一些地少或不愿从事农业的农户就可通过土地交易市场租赁或出卖土地,土地对农户劳动力流动的约束力就比较小。还有一些发达国家由于历史的原因,不少农民没有土地,被迫流动到城市。多数新兴工业化国家和地区进行了土地改革,大多数农民有了自己的土地,而且由于土地交易市场的发展,农民也可通过土地租赁或出卖方式把土地转让出去,自身转移到非农产业中。大多数的发展中国家由于人多地少,土地交易市场不发达,而且由于非农就业机会不稳定,农户往往不敢轻易放弃农业,因此影响了劳动力转移。

另外,受经济发展水平低的影响,大多数发展中国家的户口制度、教育制度、社会保障制度等还保持着二元结构,在一定程度上抑制了农村劳动力的转移。而这些制度因素在发达国家中不存在,在新兴工业化国家和地区中也已基本得到了改革。

6.5.2 农村剩余劳动力需求的影响因素方面

(一)产业结构的国际比较

由表 6-15 可见,1990 年,发达国家的农业产值比重在 2%—4%,第二产业产值比重为 27%—39%,第三产业产值的比重基本都高于 60%,美国甚至达到了 70%。到 2003 年,发达国家的产业结构进一步优化。还可以观察到,发达国家的三次产业就业结构与产业结构保持一致。新兴工业化国家和地区的产业结构也比较优化:1990 年,第一

表 6-15　产业结构与就业结构的国际比较

(单位:%)

国家和地区	三次产业产值比重 1990 年	三次产业产值比重 2003 年	三次产业就业比重 1980 年	三次产业就业比重 2001 年
发达国家:				
美国	2:28:70	1.6:23.0:75.3b	3.6:30.8:65.6	2.4:22.4:74.5
英国	2:35:63	1.0:26.6:72.4	2.5:21.2:76.3d	1.4:24.9:73.4
法国	4:30:66	2.7:24.5:72.8	8.6:35.4:56.0	1.6:24.4:74.1
德国	2:39:59	1.1:29.4:69.4	—	2.6:32.5:64.7
日本	2:39:58	1.3:30.4:68.3c	10.5:35.3:54.2	4.9:30.5:63.9
加拿大	3:32:65	2.3:33.8:63.8a	4.1:24.0:71.9d	2.9:22.7:74.4
澳大利亚	4:29:67	2.9:25.9:71.1c	5.6:25.1:69.3d	4.9:20.9:74.1
意大利	4:34:63	2.6:27.8:69.5	14.1:37.2:48.7	5.3:32.1:62.5
丹麦	4:27:69	3:27:71c		
瑞典	4:32:64	2:28:70c		
新兴工业化国家和地区:				
阿根廷	8:36:56	11.1:34.8:54.1	—	0.4:22.9:76.3
巴西	8:39:53	5.8:19.1:75.1	29.3:24.7:46.1	20.6:20.0:59.2
希腊	11:28:61	7:22:70c		
中国香港	0:25:74	0.1:12.4:87.5b		0.2:19.5:80.3
墨西哥	8:28:64	4.0:26.4:69.6		17.6:26.0:56.0
葡萄牙	9:32:60	4:30:66c		
新加坡	—	0.1:34.9:65.0		0.3:25.4:74.2
韩国	9:43:48	3.2:34.6:62.2		10.3:27.4:62.3
西班牙	6:35:59	3.3:29.6:67.1		6.4:31.6:61.9
发展中国家:				
印度	31:28:41	22.2:26.6:51.2		
中非	48:20:33	57:22:21c		
老挝	61:15:24	51:23:26c		
孟加拉国	30:21:48	21.8:26.2:52.0	—	62.1:10.3:23.5a
印度尼西亚	19:39:41	16.6:43.6:39.9	64.0:13.7:22.3	43.8:17.0:37.5
肯尼亚	29:19:52	16:19:65c		
缅甸	57:11:32	57.2:9.7:33.1a		62.7:12.2:15.6a
尼日利亚	33:41:26	26.4:49.5:24.2		
南非	5:40:55	3.8:31.0:65.2	—	10.9:25.1:60.9a
泰国	12:37:50	9.8:44.0:46.3	70.8:10.3:18.9	46.6:19.5:33.9
土耳其	18:30:52	13.4:21.9:64.7	46.9:20.7:32.4d	32.6:24.3:43.1
越南	39:23:38	21.8:40.0:38.2		
柬埔寨	—	36:28:36c		

注:a、b、c、d 分别为 2000、2001、2002、1990 年数据。

资料来源:1.三次产业产值结构比重 2002 年的丹麦、瑞典、希腊、葡萄牙、南斯拉夫、中非、老挝、肯尼亚、柬埔寨的数据以及 1990 年所有国家的产业产值结构数据均来自《2004 年世界发展指标》,第 186—188 页;其余的数值来自《国际统计年鉴(2005)》,第 65 页。2.三次产业就业比重 1980 年数值引自景普秋,《中国工业化与城镇化互动发展研究》,经济科学出版社 2003 年版,第 81—82、93、100 页;2001 年数值来自《国际统计年鉴(2005)》,第 137 页。

产业产值的比重基本都低于10%,第三产业产值比重大部分在60%左右,接近发达国家水平;到了2003年,产业结构也进一步得到优化。产业结构的升级创造了更多的非农就业岗位,刺激了更多的农业劳动力转移。2001年,这些国家和地区的非农就业率基本都达到80%以上,阿根廷、中国香港和新加坡的非农就业比重甚至还超过发达国家,接近100%。发展中国家除了南非之外,大部分国家的农业产值比重与就业比重都偏高,如中非、老挝、缅甸到2003年其农业产值比重还超过50%。工业与服务业发展水平不高,导致了发展中国家的非农就业岗位不足,农村劳动力转移速度慢,就业结构升级缓慢,如孟加拉国、缅甸,到2001年农业就业比重还高达62%。

(二)资本投入与消费的国际比较

从表6-16可见,从总量与年均增长率来看,发达国家的消费水平很高且增长十分迅速,与此相应的投资增长速度也较快。从总体来看,新兴工业化国家和地区的消费增长速度最快,但在1980—1990年期间,由于资金短缺的问题,一些国家和地区的投资出现了负增长,但从1990年之后,大部分国家和地区的投资有了较快的增长,由此也促进了产业发展与非农就业岗位的增多,促进了农业劳动力转移。

发展中国家中,虽然印度、印度尼西亚、土耳其的消费总量相当高,但由于人口多,人均消费水平并不高。因此总体上来看,发展中国家的消费水平仍然比较低。在1980—1990年期间,印度、印度尼西亚、泰国等国家的消费水平增长速度比较快,但缅甸、尼日利亚的增长速度很低,甚至出现了负增长。也就是说,发展中国家的消费增长出现了两极分化的现象。1990年之后这种现象有所改变,大部分发展中国家的消费水平都以3%至5%的速度增长。同样地,由于投资条件与资金来源问题,发展中国家的投资也出现了两极分化的现象,中非、印度尼西亚等国家的投资增长率分别为10%和7.7%,而尼日利亚、南非等一些国家却出现了负增长情况,同样到1990年之后,两极分化情况有所改善,大部分国家都出现了较高水平的增长速度。1980—1990年期间较低

表6-16 消费与投资的国际比较

国家和地区	2002年（百万美元）	家庭最终消费支出 年均增长百分比(%) 1980—1990年	1990—2002年	投资总额 年均增长百分比(%) 1980—1990年	1990—2002年
发达国家：					
美国	7 303 700	3.8	3.5	4.0	6.2
英国	1 034 301	4.0	3.3	6.4	3.7
法国	784 209	2.2	1.6	3.3	2.0
德国	1 168 773	2.3	1.6	1.8	0.4
日本	2 282 911	3.6	1.5	5.5	−0.1
加拿大	391 155	3.2	2.7	5.0	4.6
澳大利亚	247 950	2.9	3.7	3.7	6.4
意大利	713 186	2.9	1.7	2.1	1.8
丹麦	82 827	1.4	1.8	4.7	5.2
瑞典	116 993	2.2	1.6	4.7	2.0
新兴工业化国家和地区：					
阿根廷	62 158	—	0.5	−5.2	2.5
巴西	263 710	1.2	4.7	3.3	0.6
希腊	89 446	2.0	2.4	−0.7	4.5
中国香港	93 401	6.6	3.5	3.9	4.3
墨西哥	445 791	1.1	2.8	−3.3	4.6
葡萄牙	67 078	2.6	2.8	3.0	5.4
新加坡	37 360	5.8	5.5	3.1	4.5
韩国	286 818	7.9	4.9	12.0	1.3
西班牙	378 319	2.6	2.5	5.9	3.4
南斯拉夫	2 924	—	2.1	—	1.5
发展中国家：					
印度	328 706	4.2	4.9	6.2	6.9
中非	815	1.5	—	10.0	—
孟加拉国	36 548	3.0	2.8	6.9	9.0
印度尼西亚	122 193	5.3	5.8	7.7	−2.1
肯尼亚	8 819	4.7	2.2	0.4	2.9
缅甸	—	0.6	3.9	−4.1	15.3
尼日利亚	24 135	−2.6	0.2	−8.5	5.4
南非	64 741	2.4	2.7	−5.3	3.1
泰国	71 743	5.9	3.3	9.5	−4.1
土耳其	130 631	—	3.1	—	1.4
越南	22 780	—	5.0	—	17.2
柬埔寨	3 287	—	4.7	—	12.2

资料来源：表中数据均来自《2004年世界发展指标》，第218—220页。

的消费与投资增长水平,抑制了发展中国家的产业发展,到 1990 年之后,消费与投资水平的提高,在刺激产业发展的同时,也极大地增加了非农就业机会,这从表 6-15 中印度尼西亚、泰国与土耳其 1980 年与 2001 年就业结构对比就可看出。

(三) 城市发展政策的国际比较

不管是发达国家在城市化发展的初期,还是新兴工业化国家和地区以及发展中国家,政府都致力于通过制定和实施政策来推动城市发展。有所不同的是,发达国家政府在推动城市基础设施与产业等方面发展的同时,由于城市产业发展比较快,城市本身发展的经济驱动力比较大。相对而言,不少新兴工业化国家和地区以及多数的发展中国家的城市由于本身发展经济的动力不足,城市化主要靠政府推动,政府又往往实施城市偏向政策,把有限的资金投入到城市建设上,加大了城乡差距,刺激了农村劳动力往城市转移。但是由于城市产业发展速度相对于需要转移的农村劳动力而言比较缓慢,农村劳动力在城市中并不能得到合适的就业岗位。因此,在发展中国家以政府为主推动城市化而城市本身经济动力不足的情况下,城市失业、贫困等问题十分突出。

6.6 供求模型的国际扩展

根据以上讨论的情况,可以进一步把第四章给出的农村劳动力供求理论模型分别按照发达国家和发展中国家进行进一步扩充,以丰富对不同类型国家城市化特点的认识。

6.6.1 发达国家劳动力供求均衡与转移曲线

发达国家的主要特点是:a. 一元劳动力市场,劳动力可以自由流动；b. 轻工业—重工业—服务业的产业演进顺序决定了工业化与城市化的协调发展，非农就业比重增长与城市人口比重增长均呈"S"形，且表现出相同的演进趋势；c. 工业化发展的资本相对充足。这些国家农村剩余劳动力的供求模型如图 6-1 所示。

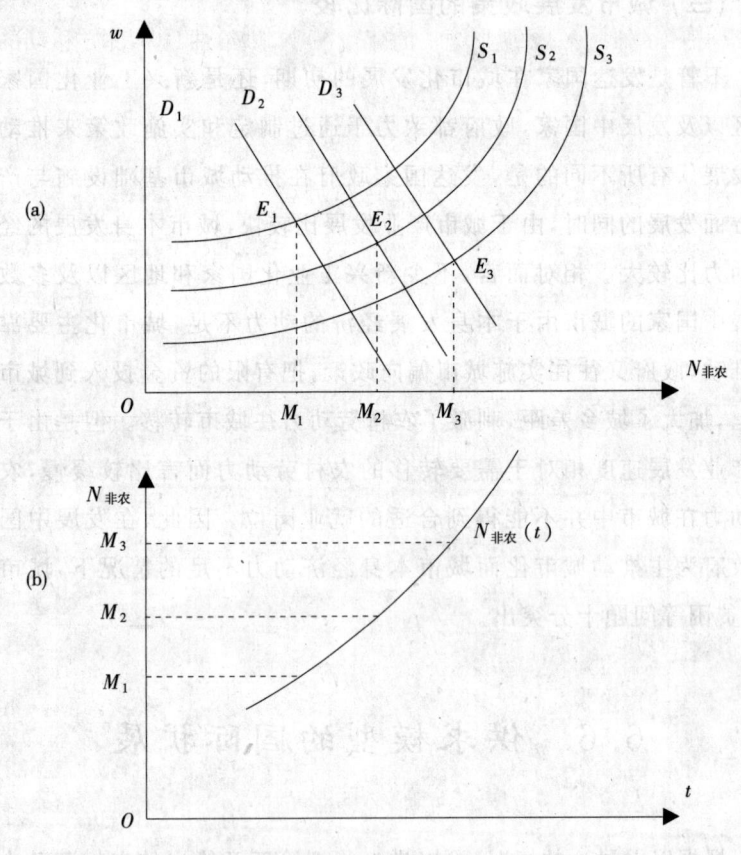

图 6-1 发达国家农村剩余劳动力供求均衡与转移曲线

在短期内，在其他条件不变的前提下，发达国家农村剩余劳动力的供给主要取决于城市非农产业的收入水平，收入水平越高，农村剩余劳动力迁移到城市后能够得到的净收益越高，愿意供给的数量就越多。如果其他条件改变，以下因素的变化会加大农村剩余劳动力的推动力，导致供给曲线发生移动：如农业发展政策在促进农业发展的同时，也提高了农民进城的机会成本，可能导致供给曲线向左方移动；随着教育水平提高，农民愿意而且能够向城市转移的劳动力数量增加，导致供给曲线向右方移动。从长期考虑，随着人口向城市的逐步迁移，农村人口和劳动力的绝对量和相对量都在减少，劳动边际生产率上升，向城市转移的机会成本增加，非农就业增长的比例减小，供给曲线向右方移动的间隔越来越小，如图6-1(a)中的S_1、S_2、S_3。

在假定其他条件不变前提下，农村剩余劳动力的需求量是城市工资的函数。工资水平越高，非农产业对劳动力的需求越少；工资越低，非农产业对劳动力的需求越多。如果改变其他条件，如产业结构升级，产业布局改变，产业组织结构调整或者城市发展战略调整，都可能影响到非农产业对劳动力的吸收能力，进而改变需求曲线，导致需求曲线形状变化或者左右平移。在发达国家，产业演进顺序决定了非农产业对劳动力的吸纳弹性较大，因而曲线平缓。从长期来看，随着经济发展和资本积累的增加，在非农产业对劳动力吸纳能力不变的前提下，供给曲线将向右方平移，如图6-1(a)中D_1、D_2、D_3。

在不同的时点上，供给曲线与需求曲线相交形成均衡点E_1、E_2、E_3，并在每一个时点上都找出相应的非农就业均衡量，如OM_1、OM_2、OM_3，就得到发达国家中农村非农就业的长期增长趋势，或者说是剩余劳动力的长期转移趋势，如图6-1(b)所示。纵轴表示非农就业数量$N_{非农}$，横轴表示时间t，曲线$N_{非农}(t)$即为农村剩余劳动力长期转移曲线。曲线的斜率表示了非农就业增长的速度和规模。由于发达国家农村剩余劳动力转移的速度和规模比较平稳，这一曲线一般来说也比较平缓。

发达国家有几个有利条件，决定了可以实现农村劳动力的快速转移：资本充足，因而扩大再生产能够顺利进行，需求曲线向右方推移速度加快；产业演进基本上是按照轻工业—重工业—服务业的顺序，对非农产业劳动力的吸收速度和规模一直比较大。在从轻工业向重工业转化的过程中,资本排斥劳动的特点被服务业的发展所弥补,劳动力从向工业转移开始大规模向服务业转移,非农产业对劳动力的吸纳能力一直是富有弹性的,即需求曲线比较平缓。结果,劳动力转移速度加快,表现在农村剩余劳动力转移曲线比较平缓,如图 6-1 所示。而且,发达国家人口规模相对较小,农村剩余劳动力转移能够在短时期内完成。

6.6.2 发展中国家劳动力供求均衡与转移曲线

与发达国家相比,发展中国家有几个典型特征:a. 劳动力市场是分割的,正式就业部门对农村剩余劳动力的需求是极其有限的;b. 在政治上取得独立后,为了在短期内摆脱对发达国家的经济依赖,发展中国家普遍采取重工业优先发展战略,同样的资本投入,只能吸收少量的剩余劳动力;c. 资本非常缺乏,产业扩张速度相对慢;d. 人口增长率普遍高于相同发展时期的发达国家,形成极大的就业压力。

发展中国家的基本特征,决定了农村剩余劳动力的供求特点。这些国家农村剩余劳动力的供求模型可以用图 6-2 表示。

实行重工业优先发展,必然产生对劳动力的排斥,对农村剩余劳动力的需求弹性非常小,劳动力需求曲线比较陡峭,如图 6-2(a)所示。要增加对劳动力的需求,需要追加资本投入;发展中国家有限的资本,决定了非农产业扩张的力度也相对较小,即小规模资本扩张推动需求曲线向右短距离平移。有限的资本与较低的需求弹性,决定了非农产业对农村剩余劳动力需求的数量极为有限。此外,发展中国家普遍存在城乡分割的劳动力市场,城市非农产业的最低工资要远远高出农业收入,并且工资水平随着经济发展在不断上涨,如图 6-2(a)中,三个时期最低工资线分别为 w_1、w_2、w_3。

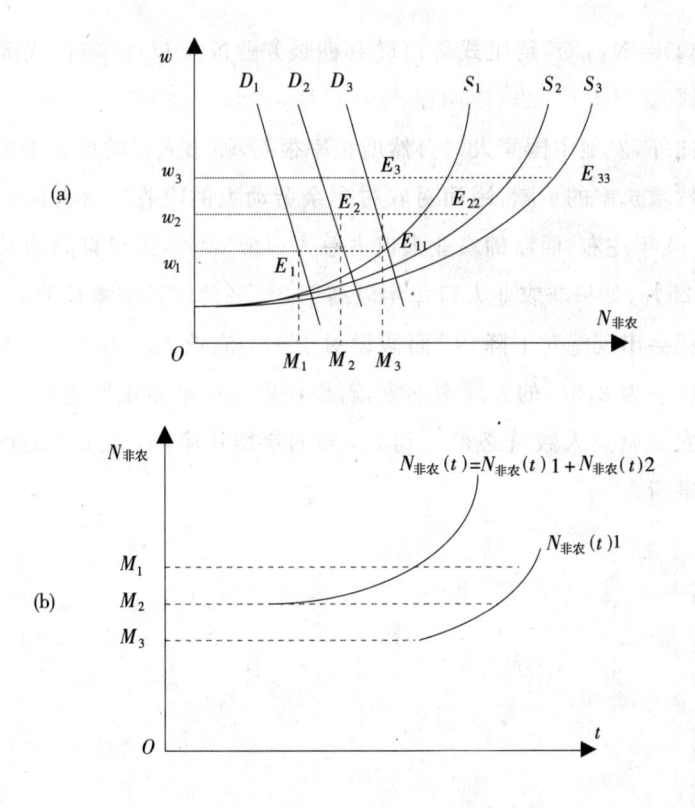

图 6-2 发展中国家农村剩余劳动力供求均衡与转移曲线

大量农村剩余劳动力的涌入,只有很少部分能被现代工业部门所吸收,导致在城市产生大量的失业者。这些失业者,从农村的隐性剩余转移到城市,成为公开失业者。为了获取高工资,进入高工资部门,他们需要耐心等待,并暂时从事一些临时性工作,如摆地摊、擦皮鞋、从事搬运工等。由于市场分割以及最低工资的规定,导致供给远远大于需求,需求量分别为图 6-2(a)中的 w_1E_1、w_2E_2、w_3E_3;供给量 w_1E_{11}、w_2E_{22}、w_3E_{33},均大于需求量,这产生了城市中的大量失业人员,如图中的 E_1E_{11}、E_2E_{22}、E_3E_{33}。这部分城市失业者当中有一部分会进入非正式部门就业;部分忍受失业;部分返回到农村地区。对应供求均衡,发展中国家农村剩余劳动力曲线分为正式部门转移曲线 $N_{非农}(t)1$ 以及非正式部门转移曲线 $N_{非农}(t)2$ 两个部分。总的转移曲线为

$N_{\text{非农}}(t) = N_{\text{非农}}(t)1(\text{正式部门转移曲线}) + N_{\text{非农}}(t)2(\text{非正式部门转移曲线})$。

此外,发展中国家人口自然增长率很高,城市人口的扩大主要来自于自然增长率的贡献,因而对农村剩余劳动力的吸收非常有限。例如在1850年左右,西欧的农业人口占总人口的50%,人口自然增长率约为1.25%;如果非农业人口每年以高于2.5%的增长率增长的话,农业人口就会出现绝对下降。[①] 而假设对于一个农业人口占70%、人口自然增长率为2.5%的发展中国家,若要使农业劳动力规模绝对地下降,则非农业就业人数就必须达到8.3%的年增长率,而这几乎是难以做到的事情。

[①] 参见杰拉尔德·M.梅尔、詹姆斯·E.劳赫主编:《经济发展的前沿问题》,上海人民出版社2004年版,第368页。

第七章 农村劳动力转移与中国城市群发展

城市群是现代区域经济发展的必然产物。在工业化与城市化互动发展的过程中,以大城市为中心的城市群发展在各国经济发展的过程中占有重要的地位。我国的城市群发展起步较晚,目前从国家层面看,有三大城市群,分别是以北京、天津为核心的包括京津唐、山东半岛和辽宁中南部三个次级城市群在内的环渤海湾城市群;以上海为核心,以南京、杭州为次中心的长江三角洲城市群和以广州、深圳为核心的珠江三角洲城市群。从区域层面看,东部沿海有福厦城市群;中部地区有以武汉为核心的武汉地区城市群、以长沙为核心的湘中城镇密集区、以郑州为核心的中原城市群;西部地区有以成都与重庆为核心的四川盆地城市群、以西安为核心的关中城市群等。

城市群的蓬勃发展对正处于城市化加速发展时期的我国农村劳动力转移至关重要,本章将以我国三个国家层面的城市群为中心,探讨我国城市群的发展与农村劳动力转移的关系问题。

7.1 城市群发展在中国城市化进程中的意义与作用

7.1.1 城市群的概念、功能与特征

改革开放尤其是 20 世纪 90 年代以来,我国城市化进程进入加速

发展阶段。伴随着人口和经济活动更大规模、更快速度地向城市聚集，城市空间形态开始由单体型城市向都市圈、城市带等组合城市形态转换，城市群的概念被越来越广泛地使用。①

1. 城市群概念

1957年，法国地理学家戈特曼在考察美国东北沿海地区北起波士顿，南至华盛顿，之间有纽约、普罗维登斯、哈特德、纽黑文、费城、巴尔的摩等一些大城市组成的功能性地域时，提出了 Megalopolis 的概念。国内学者称之为大都市连绵带。

日本自20世纪50年代开始就从商业角度提出了大都市圈的概念，即以中心城市为核心、与若干周边城市和地区所组成的地域商业网结构，并于20世纪60年代制定了《大都市圈基本建设规划》。

国内学者中，高汝熹将大都市经济圈定义为：以经济较发达并具有较强城市功能的城市为核心，由与其有经济内在联系的和地域相邻的若干周边城镇所覆盖的区域组成的，其经济吸引和经济辐射能力能够达到并能促进相应地区经济发展的最大地域范围。通过经济辐射和经济吸引，带动周围城市和农村，形成统一的生产和流通经济网络。在这种定义的大都市经济圈中，一般由中心城市、大城市经济圈、大城市经济带等几个层次组成。②

姚为群给出的城市群定义是指，在特定的地域范围内具有相当数量的不同性质、类型和等级规模的城市，依托一定的自然环境条件，以一个或两个超大或特大城市作为地区经济的核心，借助于现代化的交通工具和综合运输网的通达性以及高度发达的信息网络，发生与发展着城市个体之间的内在联系，共同构成一个相对完整的城市集合体。③

陆大道认为，都市圈是由一个或多个核心城镇以及与这个核心具有密切社会经济联系的、具有一体化倾向的邻接城镇与地区组织的圈

---

① 参见戴宾："城市群及其相关概念辨析"，《财经科学》2004年第6期，第101—103页。
② 参见高汝熹、罗明义："世界城市圈域经济发展态势分析"，《经济问题探索》1998年第10期，第5—8页。
③ 参见姚为群等著：《中国城市群》，中国科学技术大学出版社2001年第2版，第3页。

层式结构。都市经济区的核心区一般都是一个国家或大区域的金融中心、交通通信枢纽、人才聚集地和进入国际市场最便捷的通道,即资金流、信息流、物流、技术流的交汇点;而土地占用较多的制造业和仓储业等行业则扩散和聚集在核心区的周围,形成庞大的城乡交错带。核心区与周围地区存在极为密切的垂直产业联系。①

由此可见,对城市群的概念并没有严格、统一的定义。国内外学者大多根据各自研究的不同视角和需要,分别以都市圈、城市带、城镇密集区、大都市带、都市连绵区等与城市群相关或相近的概念加以界定与运用。

2. 城市群的功能

(1)枢纽功能和培养功能是城市群的主要功能。枢纽功能引致各种流的汇集,并促进城市群地域的扩张,提高其在国内乃至全球经济活动中的地位。培养功能则是通过城市群地区所汇聚的不同行为方式的相互影响,产生新思想、新方法、新技术和新产品,促使城市群成为社会进步和创新的重要区域,并推动国家乃至全球经济的繁荣和社会化的发展。② 由于城市群的枢纽功能和培养功能,交通运输、生产、商业和金融、文化等功能应运而生。

(2)城市群可以使资源在更大范围内实现优化配置。城市群的整体发展使单个城市的发展更加完善,能够克服单个国际性城市在资源、幅员等方面的不足,在更大的区域范围内调整资源配置,实现共同增长。③

(3)城市群是区域经济增长的主要源泉。世界上著名的城市群如美国东北部城市群、五大湖地区城市群、日本关西地区城市群、英国中部城市群和德国中部城市群都是世界上经济最发达的地区。④ 中国长

---

① 参见陆大道等著:《中国区域发展的理论与实践》,科学出版社 2003 年版,第 483 页。
② 参见郁鸿胜著:《崛起之路——城市群发展与制度创新》,湖南人民出版社 2005 年版,第 13—14 页。
③ 参见周玲强,"长江三角洲国际性城市群发展战略研究",《浙江大学学报(理学版)》2002 年第 2 期。
④ 参见李廉水等著:《都市圈发展——理论演化·国际经验·中国特色》,科学出版社 2006 年版,第 8 页。

江三角洲地区之所以有较快和较高层次的经济发展,主要原因之一就是因为这一地区的城市群结构正在形成并快速发展。①

此外,还有学者认为城市群在我国的发展具有打破行政区划、协调区域发展、缩小地区差距等功能。比如杨建荣认为,通过组建八大都市圈,使得中国社会经济发展在空间上实现多极带动,从而提高城市化的效率和经济增长的效益,同时还能充分发挥大中小城市的作用,在合理分工、协调发展的基础上缩小地区差距和促进地区之间的共同繁荣。②

3. 城市群的特征

城市群的特征一般体现在以下几个方面:首先,城市群应该至少具有两个或两个以上人口超过百万的特大城市作为发展极,且其中至少有一个城市具有较高的对外开放度和辐射力。作为一个城市群,必然要有一个经济中心,才有凝聚力和集聚功能。其次,城市群应具有相对完备的基础设施、发达的信息网络和便捷的交通网络,具有相当规模和技术水平领先的大型海港和空港作为城市群对外联系的枢纽,城市群内的交通和信息交流具有明显的向心特点。第三,城市群之间以及城市群内部中心城市之间的发展具有相对独立性,但城市群内各城市之间要有密切的分工合作,共同组成一个有机整体,形成整体优势。中心与腹地的内在经济联系紧密,具有"极化—扩散"效应。③ 第四,城市群在空间结构上呈现出比较明显的圈层结构,如图 7-1 所示。核心首位城市带位于城市群中心,城市规模大,而且第三产业发达,交通条件好,具有较强的集聚和扩散功能。城市组群发育带是围绕核心区的规模不等的次级城市集聚区,区内城市化水平较高,城镇体系发展良好,并在整个组群中分担特定的功能,与核心首位城市带在功能上相互补充。城市个体分布带分布于城市群的外围区域,与前两圈层主要通过某些

---

① 参见张鸿雁:"迈向二十一世纪的长江三角洲城市群发展战略定位分析",《上海社会科学院学术季刊》1999 年第 1 期,第 126—135 页。

② 参见杨建荣:"论中国崛起世界级大城市的条件与构想",《财经研究》1995 年第 6 期,第 45—51 页。

③ 参见李廉水等著:《都市圈发展——理论演化·国际经验·中国特色》,科学出版社 2006 年版,第 12 页。

交通干道连接,接受城市群核心区域的功能辐射,城市个性突出,但城市的聚集性功能较低。城市群腹地主要由散落在城市群周围的城市区域构成,因交通因素的影响,城市群的功能扩散并未直接对这一区域产生明显的作用,而只是波及该区域。[1]

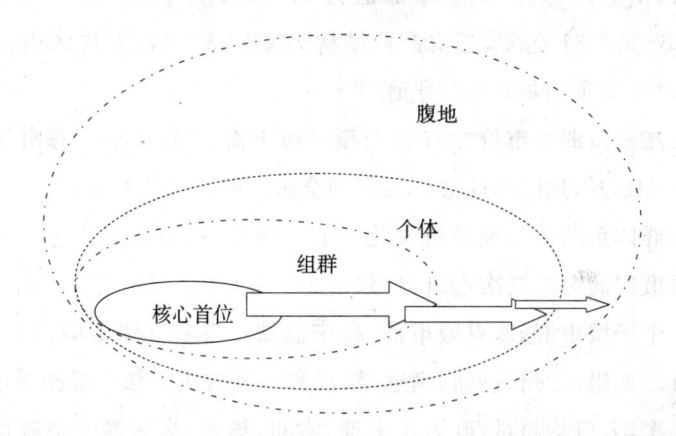

资料来源:郁鸿胜著《崛起之路——城市群发展与制度创新》,湖南人民出版社 2005 年版,第 20 页。

图 7-1 城市群结构框架图

7.1.2 中国城市群发展现状[2]

(一)国家层面的三大城市群

1. 长江三角洲城市群

长江三角洲城市群以上海为中心,以沪、宁、杭为主体,北部包含扬州、泰州、南通,南部包含南京、镇江、苏州、无锡、常州、上海、湖州、嘉兴、杭州以及处于杭州湾以南的绍兴、宁波、台州、舟山,共 16 个城

---

[1] 参见郁鸿胜著:《崛起之路——城市群发展与制度创新》,湖南人民出版社 2005 年版,第 19—20 页。

[2] 本节的城市群分类方法采用了姚士谋等对我国城市群的分类方法。参见姚士谋等著:《中国城市群》,中国科学技术大学出版社 2001 年第 2 版。

市。城市群总面积达 9.93 万平方公里。2006 年总人口 9 846.11 万,城镇人口约 6 194.16 万,城市化率达到 62.91%。① 2006 年,长江三角洲城市群中 15 个地级市中有 13 个 GDP 总量超过 1 000 亿元,区内国内生产总值为 39 578.01 亿元,其中第一产业增加值为 1 547.74 亿元,第二产业增加值为 21 723.46 亿元,第三产业增加值为 16 306.81 亿元,三次产业结构为 4∶55∶41,人均国内生产总值为 40 197 元,约 5 140 美元。②

长江三角洲城市群中有超大型城市上海。2006 年上海市城镇人口为 1 610 万,是国际性港口城市和全国性经济中心城市,是长江三角洲城市群体系的核心和经济文化中心。南京、杭州和苏州构成长江三角洲城市群的第二层次,人口均超过 200 万,并分别是长江三角洲城市群的三个子城市群(南京城市群、杭宁温城市群和苏锡常城市群)的核心城市。无锡、常州、扬州、南通、镇江和宁波构成长江三角洲城市群的第三层次,人口均超过 50 万。南通、常州、扬州、嘉兴等中小城市为长江三角洲城市群的第四层次。其他小城市和卫星城市构成长江三角洲城市群的第五层次。

根据马克·杰弗逊(M. Jefferson)的城市首位律,计算得到 2006 年长江三角洲城市群的首位度指数分别为:2 城市指数为 3.46,4 城市指数 1.55,11 城市指数 1.62。而根据位序—规模原理,正常的 4 城市指数和 11 城市指数都应该是 1,2 城市指数应该是 2。因此,长江三角洲城市群的规模等级结构不尽合理,但相对于 1999 年已经有比较大的改善(1999 年三个指数分别为 3.92、2.00、2.13)。

2. 珠江三角洲城市群

珠江三角洲位于广东南部、珠江下游,毗邻港澳,地理位置重要,自然条件优越,是我国经济最发达的地区之一。广东省 1994 年编制珠江三角洲经济区域城市群规划时,规定的范围包括广州市、深圳市、珠海

---

① 参见《中国统计年鉴(2007)》及江苏、浙江省 2007 年统计年鉴,其中浙江七市的城镇人口按照浙江省城镇人口比例估算。

② 参见《上海统计年鉴(2004)》、《浙江统计年鉴(2004)》、《江苏统计年鉴(2004)》。

市、东莞市、中山市、佛山市、江门市、惠州市的惠城区、惠东、惠阳、博罗,以及肇庆市的端州区、鼎湖区、四会、高要等地。这里的珠三角实际上指的是"小珠三角"。小珠三角加上香港、澳门则称为"大珠三角",进一步将大珠三角的概念延伸至珠江流域,则将包括福建、江西、广西、海南、湖南、四川、云南、贵州和广东九省与香港、澳门两特区统称为"泛珠三角"。一般珠三角城市群均指小珠三角。

2006年年末,珠江三角洲城市群的总人口为4 634.07万,城市化水平为79.48%。区内GDP为21 619亿元,其中第一产业增加值为594.7亿元,第二产业增加值为11 110.8亿元,第三产业增加值为9 913.5亿元,三次产业结构为2.8:51.4:45.8。人均国内生产总值为46 652元,约5 970美元。[1]

珠江三角洲城市群体现出这样几个鲜明的特征。一是城市化水平高。2006年,珠江三角洲城市群的城市化水平(城镇人口占总人口的比重)达到79.48%,比全国的平均水平(43.90%)高出35.58个百分点。在工业化的驱动下,人口大量向城市迁移,各城市建成区迅速扩大。二是基础设施比较完善。珠江三角洲是我国机场密集程度最高、国际机场最多的区域,4万平方公里内建有7个机场,公路、铁路、水运、海运交通网络四通八达,17个主要水道能通航300—1 000吨船只。公路已形成以广州为核心,广深、广汕、广珠、广湛、广韶等主干公路向四周网络辐射的发达的公路系统。三是城镇体系初具规模。从城镇数量上看,珠江三角洲1997年城市数量达到25个,建制镇420个,基本形成以特大城市广州和深圳为中心,以中小城市为外围,以众多星罗棋布的小城镇为基础的城市群规模结构的雏形。

3. 环渤海湾城市群

广义上的环渤海城市群以北京、天津两个国家直辖市为龙头,包括了三个次级城市群,即京津唐城市群、辽宁中南部城市群和山东半岛城

---

[1] 参见《广东省统计年鉴(2007)》。

市群。

(1) 京津唐城市群

京津唐城市群包括北京市、天津市、河北省的唐山市和廊坊市,土地面积5.26万平方公里,2006年总人口3 789万(北京、天津为常住人口)。城市群 GDP 为 15 321.44亿元,其中第一产业为579.53亿元,第二产业为6 457.71亿元,第三产业为8 284.01亿元,三次产业结构为4∶42∶54。人均国内生产总值为40 436元(按常住人口计算),约5 170美元。①

京津唐城市群的基本特征表现为:一是中心城市的地位尤其重要;二是城市数量比较少。除了三个特大城市外,京津唐地区城市群中的大城市数量少,中小城市也相对缺乏。

(2) 辽宁中南部城市群

辽宁中南部城市群由沈阳、大连、鞍山、抚顺、本溪、辽阳、铁岭和营口等地市组成,土地面积8.4万平方公里,2006年总人口2 722.9万,城市化率54.8%。城市群 GDP 为 8 257.67亿元,其中第一产业为616.59亿元,第二产业为4 130.52亿元,第三产业为3 523.59亿元,三次产业结构为7∶50∶43。人均 GDP 为 30 327元,约3 880美元。

辽宁中南部城市群的基本特征体现为:一是城镇等级规模层次较分明,但不协调,大城市以上类型城市数量较多,特大城市化发展主流明显;二是中小城市不发达,城镇体系不完善;三是小城镇的数量虽占绝对优势,但城镇人口却占很小比重,难以发挥区域中心的作用,导致城市发展的区域化特征不明显。

(3) 山东半岛城市群

山东半岛城市群以胶济铁路、济青高速公路和烟威高速公路为主干线,沿线串连了济南、青岛、淄博、东营、烟台、潍坊、威海、日照8个城市,面积7.3万平方公里,2006年末总人口3 990.18万,城市化率

---

① 根据《北京统计年鉴(2007)》、《天津统计年鉴(2007)》、《河北统计年鉴(2007)》计算。

47.51%。2006年城市群GDP为14 488.17亿元,其中第一产业为1 063.35亿元,第二产业为8 492.16亿元,第三产业为4 932.65亿元,三次产业结构为7∶59∶34。人均GDP为36 309元,约4 650美元。该地区包括22个县级市、651个建制镇,是山东对外开放的前沿、经济发展的支柱、社会文化发展的重心。

(二) 区域层面的城市群

区域层面的城市群主要有:四川盆地城市群、关中城市群、福厦城市群、武汉地区城市群、哈大齐城市地带、中原城市密集区、湘中地区城镇密集区等。

7.1.3 城市群发展与中国城市化

(一) 城市群对我国城市化的带动作用

1. 城市群地区城市化水平高于全国及所在省区的城市化水平

城市群地区是我国城市化水平相对比较高的地区。从表7-1中的数据来看,全国意义上的三大城市群地区城市化率均明显高于全国总体的城市化水平,其中珠江三角洲城市群更是高于全国的城市化水平35个百分点。区域层次的城市群的城市化水平也超过或接近全国的总体城市化水平,并都高于所在省市的总体城市化水平。

2. 城市群地区通过吸纳非本地农村人口,带动全国城市化水平的提高

城市群的发展,不仅吸纳了大量本地区农村劳动力,加快本地区城市化进程,而且,沿海地区的城市群,如珠江三角洲、长江三角洲、环渤海湾和福厦城市群还吸纳了大量非本地户籍的农村劳动力,带动了所在省区甚至是全国各省市的城市化进程。从2006年的情况来看,沿海地区城市群大多吸纳了不少非本地户籍的人口,其中尤以珠江三角洲地区为最多,常住人口是户籍人口的1.64倍(参见表7-2)。

表 7-1　城市群地区与全国及区域城市化水平对比(2006 年)

城市群名称		城镇人口(万)	城市化水平(%)	所属省区城市化水平(%)
全国		57 706	43.90	—
长江三角洲		6 194.16	62.91	江苏:51.90; 浙江:56.50
珠江三角洲		3 683.19	79.48	广东:63.00
环渤海湾	京津①	2 147	80.84	河北:38.44
	辽宁中南部②	1 494.4	54.88	辽宁:48.85
	山东半岛②	1 895.64	47.51	山东:34.77
福厦		1 253.43	51.64	福建:48.00
中原		1 606	40.66	河南:32.47
湘中		662.31	50.97	湖南:38.71

注:① 因无法获得河北省的唐山市和廊坊市的城镇人口数据,这里仅计算了京津唐地区的北京和天津的城镇人口数据。
② 辽宁和山东的数据都按照两省统计年鉴中非农业人口数据计算,因此两省的城市化水平与《中国统计年鉴(2007)》中的数据有较大差异。
资料来源:各省市的数据来自它们的 2007 年统计年鉴,全国数据来自《中国统计年鉴(2007)》。

表 7-2　城市群地区城市非本地户籍人口城市化吸纳能力(2006 年)

城市群名称		户籍人口(万)	常住人口(万)	常住与户籍人口差(万)
长江三角洲		8 421.89	9 846.11	1 424.22
珠江三角洲		2 821.27	4 634.07	1 812.8
环渤海湾	京津	2 146.49	2 640	493.51
	辽宁中南部	2 722.9	—	—
	山东半岛	3 990.18	4 244.23	254.05
福厦		2 219.62	2 427	207.38

资料来源:各省市 2007 年统计年鉴。

(二) 城市群发展对中国城市化进程的意义

1.适合工业化推进的内在要求

工业区位有强烈的大城市取向。对工业而言,它需要城市的服务功能,需要大规模的工业基础设施支持,需要大量的劳动力,需要产业集聚的效益,需要紧靠它的最大用户——大城市。这一切都决定了工业分布的大城市取向。① 工业的快速发展也离不开强大的生产者服务业的支持,而生产者服务业由于其规模化发展的规律也注定必然具有强烈的大城市取向。城市群的发展在加强区内城市联系的同时,也为工业及生产者服务业的发展拓展了市场,同时通过区内城市的功能互补而加快区内城市的工业化进程。

2. 城市群的发展有利于大型基础设施的建设

基础设施是影响城市化进程的重要因素,良好的交通基础设施通常会促进城市的工业化进程,并强化城市对农村剩余劳动力转移的吸纳能力。现代化的交通基础设施需要城市群内各城市间的密切合作才能完成,这是因为:第一,大型基础设施通常需要大量的资金投入。单个城市的资金有限,而通过城市群的发展和城市间的密切合作,则会加速大型基础设施的发展,从而带动相关产业的发展,加速城市群区的城市化进程。第二,大型基础设施会加速产业和地区间的交互作用,加强城市群内城市间的联系。第三,大型基础设施还可以延伸核心城市的腹地范围,加速城市群区的一体化进程,并进一步促进区内大型基础设施的建设。

3. 城市化和农村剩余劳动力转移的迫切需要

根据市场化国家的经验,城市化发展符合一条被拉平的"S"形曲线,当城市化水平达到30%之后,城市化发展将会进入加速的阶段。而根据世界银行对全球133个国家的统计资料看,当人均国内生产总值从700美元提高到1 000—1 500美元、经济步入中等发展中国家行列时,城市化进程会加快。我国城市化水平1996年即达到30%,2004年达到41.76%;我国1997年人均GDP即超过700美元,2004年达到1 276美元,这些都意味着我国已经进入城市化加速发展的阶段。城市化的加速发展也意味着我国将面临巨大的农村人口转移的压力。因此,如何在空间上有效、合理地容纳和安置这些转移人口,将是我国城

---

① 参见周牧之:"中国需要大城市发展战略",载陈甬军、陈爱民主编:《中国城市化:实证分析与对策研究》,厦门大学出版社2002年6月版,第135—140页。

市化能否健康发展的关键。

从我国改革开放后城市非农产业从业劳动力的发展轨迹来看,在20世纪80年代主要是依靠快速的工业化进程尤其是沿海地区轻工业的快速发展,吸纳了大量的农村劳动力。但到20世纪90年代中后期,在工业化进程逐渐转向重点发展资本、知识密集型产业之后,第二产业吸纳农村劳动力的能力明显减弱。由于第三产业吸纳就业的能力是第二产业的4至5倍,因此加快发展第三产业,缓解由于城市化进程加快而造成的农村劳动力非农产业化的压力成为必然。城市群内的各城市作为一个整体,极大地拓展了第三产业发展的空间,第三产业在城市群地区的发展更具优势。因此,发展城市群对我国的城市化进程有着特别重要的意义。

(三) 城市群在我国城市化进程中存在的问题

1. 城市化整体水平不高

从表7-1中的数据来看,除长三角、珠三角和京津地区外,区域性城市群的城市化水平大多在50%左右,有的甚至低于全国的城市化水平,一些中西部的区域性城市群的城市化水平更低。因此,我国的城市群整体上仍体现为城市化水平不高的局面。

2. 对周边地区劳动力吸纳能力不强

可以通过城市群地区常住人口与户籍人口数据构建的对周边地区农村劳动力的吸纳指标,来考察城市群对周边地区农村劳动力的吸纳能力。

对周边地区农村劳动力的吸纳指标可以用式(7.1)来计算:

$$I = (P_c - P_h)/P_h \tag{7.1}$$

其中I为城市群对周边地区农村劳动力的吸纳能力,P_c为城市群地区常住人口,P_h为城市群地区的户籍人口。通过式(7.1),利用表7-2中的数据计算得出珠江三角洲城市群的I值最高,为0.64,之后依次为京津的0.23,长三角的0.17,福厦城市群的0.09,山东半岛的0.06。这说明城市群整体的农村劳动力吸纳能力还不强,还不能在区域乃至全国的城市化进程中发挥更大的作用。

3. 城市群内各城市之间分工协作体系尚不健全。城市群本身应是一个一体化的整合体,其内部可分为不同的层级,从而形成不同的城市等级体系,并形成各等级城市之间的密切分工与协作,对中心城市的崛起和城市群整体竞争力的增强提供有利的支持。但是,我国城市群一方面城镇发展不平衡,往往是中心城市和主要功能区发展迅速,但外围地区发展缓慢,落差过大;①另一方面城市群内城市间联系不紧,区域内的城市各自为政,城市之间的竞争明显大于联合,摩擦高于融合,加上城市定位相近,造成重复建设、资源无法整合,无形之间削弱了城市群的繁荣和发展。② 因此,我国各城市群的发展亟须构建健全的分工合作体系。

7.2 中国三大城市群的农村劳动力吸纳情况的比较

本节将比较分析我国城市群发展中的农村劳动力吸纳机制,由于目前国内城市群研究最多的仍然是全国层次的三大城市群,即长江三角洲城市群、珠江三角洲城市群和环渤海湾城市群,因此本节也将围绕这三个城市群,从产业发展、劳动力的产业分布等方面来对比分析它们对农村劳动力的吸纳机制。

7.2.1 三大城市群劳动力的三次产业分布

(一)三大城市群劳动力数量增长③

1.环渤海湾城市群

北京和天津 2000 年前从业劳动力数量增长都比较缓慢,北京

---

① 参见郁鸿胜著:《崛起之路:城市群发展与制度创新》,湖南人民出版社 2005 年版,第 148 页。
② 参见陈章喜:"我国大型城市群发展现状与对策分析",《经济前沿》2006 年第 1 期,第 11—14 页。
③ 本部分内容中引用的统计数据均由作者根据各城市历年统计年鉴中相关数据计算而得。

2000年仅比1985年增长7.7%,天津2000年也仅比1985年增长6.8%,而在2000年之后,北京和天津从业劳动力数量增长速度明显加快。例如北京自2001年起到2005年,各年从业劳动力数量年增长率分别为1.55%、8%、3.55%、21.44%、2.8%,天津2001年到2004年各年从业劳动力数量年增长率分别为0.29%、0.88%、3.71%、3.31%,均明显快于2000年之前,这可能得益于北京2001年申奥成功的带动作用。

作为环渤海湾城市群的次级城市群,山东半岛城市群的两个核心城市——济南和青岛的从业劳动力数量增长体现出与北京、天津不太相同的路径。青岛自1980年到1992年从业劳动力数量处于平稳增长的态势,而在1993年到2000年期间增速放缓,2002年之后呈现出明显的加速趋势。2002年之后的加速趋势可能也与北京申奥成功并将部分水上项目设在青岛的带动作用相关。济南1998年之前的从业劳动力增长趋势整体上比较平缓,而1998年之后增速明显减慢,并且没有体现出像青岛那样的增速加快的趋势。

环渤海湾城市群的另一次级城市群——沈大城市群的劳动力吸纳能力增长最慢。从沈阳的统计数据来看,2000年从业劳动力总量与1995年相当,而2001—2004年间从业劳动力总量则一直处于减少的趋势,增长率分别为-0.9%、-2.08%、-3.73%,有加速负增长的趋势。

2.长江三角洲城市群

作为长江三角洲城市群的龙头和核心,上海在2000年前从业劳动力总量增长一直较慢,20年来总量仅增长2%,[①]但2001年起到2005年则增长速度加快,年增长率分别为0.94%、5.29%、2.9%、2.68%、3.16%,五年总量增长15.84%,明显快于2000年以前。南京作为长江三角洲城市群的次级中心之一,1993年之前从业劳动力

---

① 根据上海历年统计年鉴计算,但疑似其2000年与之前年份的统计口径不一致。这个问题在其他城市也可能存在。

总量增长较为平稳,而1994—2001年则处于减少的趋势,7年间总量减少近10%。2002年之后南京从业劳动力总量恢复快速增长趋势,2002年到2004年增长率分别达到1.35%、3.85%、9.28%。南京和上海2001年之后从业劳动力总量增速加快可能与上海2002年世博会申办成功密切相关。这一点从杭州自2001年起从业劳动力总量的快速增长上也得到体现。杭州2001—2004年各年的从业劳动力总量年增长率分别为1.25%、6.75%、2.15%、5.99%,增长速度都比较快。

3. 珠江三角洲城市群

珠江三角洲城市群的两个核心城市——广州和深圳的劳动力吸纳能力都比较强。广州1980—1985年、1986—1990年、1991—1995年、1996—2000年、2001—2004年这五个时间段的从业劳动力总量分别增长13.97%、8.83%、19.53%、21.7%和8.96%,均保持了加快的增长速度。而深圳的增长速度要更快些,1980—1993年从业劳动力总量增长率都在10%以上,1994年起增长率虽有所放缓,但2004年从业劳动力总量仍较1993年增长2倍多,平均增长速度仍达到7.3%。①

(二) 三大城市群主要城市从业劳动力的三次产业分布

从表7-3中1980—2004年三大城市群主要城市的三次产业从业劳动力分布情况来看,总体趋势是,第一产业占总从业劳动力的比例逐渐减少;第二产业从业劳动力比例大体上在1980—1990年间呈上升趋势,之后则呈逐渐下降的趋势;第三产业从业劳动力比例则呈现出逐渐上升的趋势,到2000年,除天津、杭州、青岛外,第三产业已经成为这些城市中三次产业从业劳动力比例最高的产业。如北京第二产业从业劳动力比例1990年达到44.9%,到2004年下降到27.3%,而同期第三

---

① 计算方式为:设1993年为1,年均增速为x,则$x=(L_{2004}/L_{1993})^{1/11}$。其中$L$为当年从业劳动力总量。

产业则由 40.6% 上升到 65.5%。上海 1990 年第二产业从业劳动力所占比例达到 59.3%，之后逐渐下降，到 2004 年为 37.8%，而第三产业则从 2000 年就开始超过第二产业，到 2004 年达到 54.2%。

表 7-3 三大城市群主要城市第二、第三产业从业劳动力分布情况

（单位：%）

城市	产业	1980	1985	1990	1995	2000	2001	2002	2003	2004
北京	第一产业		16.9	14.5	10.6	11.8	11.4	10.0	8.9	7.2
	第二产业		44.2	44.9	40.7	33.6	34.3	34.6	32.1	27.3
	第三产业		38.9	40.6	48.7	54.6	54.3	55.4	59.0	65.5
天津	第一产业		21.7	19.9	16.1	16.7	16.9	16.7	16.3	15.6
	第二产业		50.1	49.4	47.9	45.6	43.6	41.7	42.9	42.4
	第三产业		28.2	30.7	36.0	37.7	39.5	41.6	40.8	42.0
济南	第一产业	63.1	47.5	46.5	35.8	31.7	31.4	30.6	29.5	27.7
	第二产业	23.9	31.0	32.4	32.9	31.9	31.2	30.9	31.1	31.6
	第三产业	13.0	21.5	21.1	31.3	36.4	37.4	38.5	39.4	40.7
青岛	第一产业	56.9	47.3	44.4	41.5	36.4	33.4	29.4	27.3	
	第二产业	30.4	33.1	34.9	35.4	33.9	35.5	37.2	37.3	
	第三产业	12.7	19.6	20.7	23.1	29.7	31.1	33.4	35.4	
沈阳	第一产业				20.0	18.2	23.4	22.2	22.5	23.1
	第二产业				48.8	44.4	35.3	33.3	30.9	29.2
	第三产业				31.2	37.4	41.3	44.5	46.6	47.7
上海	第一产业	29.0	16.3	11.1	9.8	10.8	11.6	10.6	9.1	8.0
	第二产业	48.6	57.4	59.3	54.5	44.3	41.2	40.5	39.0	37.8
	第三产业	22.4	26.3	29.6	35.7	44.9	47.2	48.9	51.9	54.2
南京	第一产业	40.7	31.6	30.1	26.5	26.2	25.0	21.2	18.4	14.6
	第二产业	36.2	44.0	44.0	42.7	34.7	34.1	34.5	36.0	40.5
	第三产业	23.1	24.4	25.9	30.8	39.1	40.9	44.3	45.6	44.9
杭州	第一产业					28.8	27.5	24.4	22.7	19.3
	第二产业					35.2	34.6	38.5	40.5	48.0
	第三产业					36.0	37.9	37.1	36.8	32.7
广州	第一产业	40.2	31.3	28.2	22.7	19.3	19.3	18.7	18.4	16.7
	第二产业	33.6	37.7	36.4	38.8	40.0	39.0	38.5	38.4	37.8
	第三产业	26.2	31.0	35.4	38.5	40.7	41.7	42.8	43.2	45.5

资料来源：各城市历年统计年鉴。

(三) 三大城市群劳动力吸纳能力比较

这里采用城市的非农从业劳动力与该城市户籍总人口之比来衡量三大城市群主要城市的非农产业劳动力吸纳能力。这个指标计算公式如下:

$$R = L_{非农} / P_{户籍} \tag{7.2}$$

其中,R 为非农产业劳动力吸纳能力,[①]$L_{非农}$ 为城市非农产业从业劳动力总量,$P_{户籍}$ 为城市户籍总人口。

由于一个城市非农产业劳动力除来自城市自身和城市以外地区的非农业人口外,还有来自城市地区的农村劳动力、城市以外乃至全国各地区转移到该城市地区从事非农产业生产的农村劳动力。尽管 L 中包括其他地区的非农人口,但一般所占比重比较低。因此可以认为,如果 R 越高,则该城市对农村劳动力的吸纳能力就越高。由于统计数据获取的限制,这里仅计算了近几年三大城市群中部分城市的这一指标,参见表 7-4。

从表 7-4 中的数据来看,可以得出以下结论:

第一,各城市的农村劳动力吸纳指数虽在 2000 年左右出现过一定幅度的下降,但在整体上呈现出上升的趋势。如北京由 1997 年的 0.480 7 上升到 2004 年的 0.681 5,上海由 1997 年的 0.320 8 上升到 2004 年的 0.569 1,广州由 1997 年的 0.502 6 上升到 2004 年的 0.610 8。城市农村劳动力吸纳指数的提高,意味着城市对农村劳动力的吸纳能力在逐渐增强。

[①] 由于统计数据的原因,该指数对各城市群地区城市农业劳动力向非农产业转移的吸纳能力评价并不是十分充分。比如珠江三角洲地区的东莞,2003 年总人口仅 158.96 万,统计数据显示非农产业从业劳动力为 103.43 万(不含外来劳动力),根据式(7.2)计算得出吸纳指数为 0.650 7。但根据《东莞统计年鉴(2004)》,同年东莞外来劳动力总计达到432.73万,其中从事非农产业的外来劳动力为 424.22 万,加上本地非农产业从业劳动力,则吸纳指数达到 3.319 4,高于深圳同年的 2.769 8。因此,各城市——尤其是珠三角和长三角这两个吸纳全国外来劳动力数量最多的城市群——统计数据中外来劳动力统计的模糊,使得这一指数分析的有效性大大降低。

表7-4 三大城市群部分城市农村劳动力吸纳能力指数

城市	1997年	1998年	1999年	2000年	2001年	2002年	2003年	2004年
北京	0.480 7	0.504 5	0.435 3	0.427 5	0.408 2	0.538 2	0.557 6	0.681 5
天津	0.480 2	0.472 0	0.470 9	0.444 7	0.443 8	0.446 5	0.461 9	0.477 1
济南	0.417 4	0.419 7	0.421 3	0.421 9	0.422 0	0.425 5	0.429 8	0.439 3
青岛	0.335 9	0.340 6	0.349 7	0.357 9	0.375 2	0.407 9	0.442 7	—
沈阳	—	—	—	0.422 6	0.423 2	0.412 6	0.394 4	—
上海	0.320 8	0.560 4	0.547 5	0.559 9	0.501 2	0.530 6	0.551 5	0.569 1
南京	0.422 2	0.381 1	0.360 9	0.361 5	0.361 7	0.377 9	0.400 5	0.448 1
苏州	0.440 9	0.435 5	0.421 3	0.428 9	—	—	—	—
常州	0.384 8	0.378 3	0.386 3	0.373 5	0.407 9	0.425 1	0.464 9	0.524 0
无锡	0.425 5	0.409 2	0.398 9	0.393 4	0.441 5	0.468 2	0.498 9	0.535 7
扬州	0.342 9	0.324 7	0.318 5	0.315 0	0.321 5	0.340 2	0.367 6	0.385 9
南通	0.347 1	0.322 6	0.308 4	0.307 7	0.294 9	0.316 0	0.332 6	0.354 4
杭州	—	—	—	0.467 6	0.476 0	0.523 9	0.541 9	0.591 6
宁波	—	—	—	—	—	0.521 1	0.542 9	0.571 7
广州	0.502 6	0.521 7	—	0.571 7	0.569 7	0.571 8	0.586 3	0.610 8
深圳	2.444 1	2.459 1	2.426 8	2.438 9	2.494 1	2.548 2	2.769 8	2.749 8
佛山	0.454 5	0.462 0	0.454 6	0.458 4	0.448 4	0.499 0	0.726 9	0.736 3

第二,从各城市群主要城市的农村劳动力吸纳能力指数的情况来看,整体上长三角城市群地区中的城市要强于环渤海湾城市群地区中的城市,珠三角城市群地区中的城市要强于长三角城市群地区中的城市。2004年珠江三角洲的广州、深圳和佛山的农业劳动力吸纳指数都超过0.6,而长三角地区的城市大多为0.5—0.6,环渤海湾城市群地区的城市则除了北京外,大多为0.4—0.5。

第三,从各城市群内部的情况来看,环渤海湾地区中北京的吸纳能力因主办2008年奥运会而迅速得到提升,而其他城市的吸纳能力上升速度有限,沈阳甚至仍在下降。长三角城市群城市的吸纳能力上升都很快,快于环渤海湾城市群和珠三角城市群。珠三角城市群中吸纳能力最强的城市是深圳,超过2,但从近年来的情况看,珠三角地区吸纳能力的上升速度有所放缓。

7.2.2 珠江三角洲城市群产业发展及劳动力吸纳情况

(一) 珠江三角洲城市群产业发展现状

1. 三次产业结构演变

珠江三角洲地区在 1995—2004 年期间,第一产业比重由 8.08% 下降到 3.78%,呈现出不断下降的趋势;第二产业比重由 1995 年的 50.18% 缓慢下降到 1998 年的 49.31%,经过 1998—2001 年的徘徊后又开始上升,到 2004 年达到 53.80%;第三产业所占比重自 1995 年到 2002 年一直呈缓慢上升的趋势,达到 45.29%,之后略有下降,2004 年下降到 42.42%。珠江三角洲三次产业结构演变可参见图 7-2。

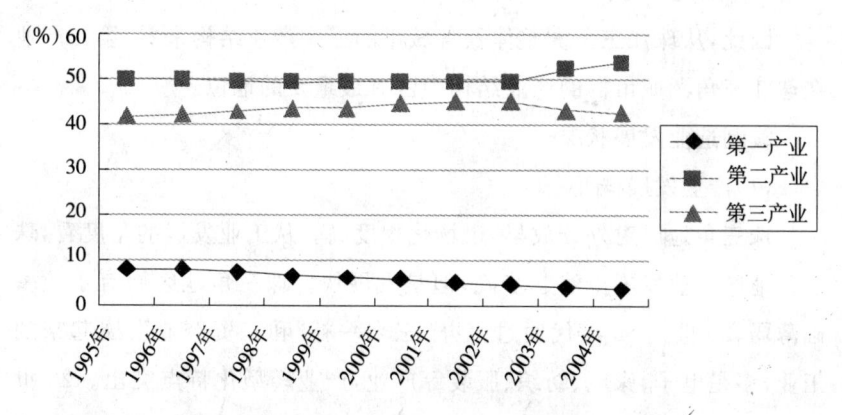

图 7-2 珠三角地区三次产业的增长和分布(1995—2004 年)

从珠江三角洲三次产业结构演变来看,第二产业总产值占地区生产总值比重一直保持在 50% 及以上,占主导地位,因此,第二产业尤其是制造业的发展对珠江三角洲地区农村劳动力的吸纳有最重要的作用。

从各城市三次产业结构的演变来看,广州自 1981 年以来,第二产业总产值占 GDP 比重就一直呈现出下降的趋势,中间虽有少数年份有所反复,但整体下降趋势明显,由 1981 年的 57.2% 下降到 1990 年的 42.6%,到 2002 年降到最低点 37.8%,2003 年和 2004 年有所回升,分别为 39.5% 和 40.2%。广州第三产业占 GDP 的比重则是一直处于上升的趋势,由 1981 年的 32.6% 上升到 2004 年的 57.2%。深圳第二产业占 GDP 的比重由 1979 年的 20.5% 上升到 2004 年的 61.6%,而第三产业则由 1979 年的 42.5%,经历 20 世纪 80 年代的上升,到 1990 年达到 51.1%,经历了 20 世纪 90 年代的先降后升和自 1997 年的持续下降,到 2004 年,第三产业占深圳 GDP 的比重仅为 38%,低于 1979 年的 42.5%。佛山自 1994 年到 2004 年的 11 年间,第二产业占 GDP 的比重一直高于 50%,由 1994 年的 56.4% 下降到 1999 年的 52.3% 之后,又一直上升到 2004 年的 57.8%。东莞第二产业占 GDP 的比重则由 1978 年的 43.9% 上升到 2003 年的 54.0%,第三产业比重由 1978 年的 11.6% 上升到 43.0%。

因此,从珠江三角洲整体及各城市的三次产业结构来看,第二产业在珠江三角洲城市群的产业结构中占有最重要的地位。

2. 制造业发展状况

(1)产业发展概况

珠三角地区对外开放早,市场化程度高。从工业发展的角度看,珠三角地区工业发展虽然起步晚,但是发展快。珠三角地区原有工业基础薄弱,20 世纪 80 年代通过兴办"三来一补"和三资企业发展起来的工业,多是电子、家电、纺织、服装等产业,产业轻型化特点突出。20 世纪 90 年代以来,珠三角紧紧抓住国际产业转移的机遇,加大产业结构调整的力度,与跨国公司合作,发展了汽车、石化等产业,产业结构也由加工型逐渐转变为制造型,以通信、家电和 IT 制造为支柱,形成了多个制造业中心和优势产业群,现已被列入世界前 20 名的制造加工区。[1]

---

[1] 参见陈秀山主编:《中国区域经济问题研究》,商务印书馆 2005 年第 1 版,第 174 页。

(2)产业特点与布局

第一,产业外向度高,三资企业和"三来一补"企业占较大比重。2004年,珠三角地区国有企业工业总产值和工业增加值仅分别占2.7%和4.9%,三资企业占工业总产值和工业增加值的比重则分别达到68.6%和62.1%,尤其港澳台投资企业占珠三角地区的工业总产值和工业增加值的比重分别达到39.8%和37.5%。

第二,以劳动密集型零器件生产与组装等出口产业为主,如电脑、手机、复印机、家电等产业。2004年,珠三角地区的电器及机械制造业、通信设备、计算机及其他电子设备制造业、仪器仪表及文化办公用机械制造业等行业的工业总产值和工业增加值分别占整个珠江三角洲地区的45.8%和36.3%。

第三,专业化程度高,城市间分工协作关系良好,产业特色突出,如顺德的家电制造、东莞的IT产业、惠州的音像制品。

第四,制造业布局相对均衡。2004年,珠三角的工业总产值中,广州占24.9%,深圳占30.1%,佛山占18.5%。

(3)出口拉动型产业发展方式

改革开放以来,珠三角地区凭借其毗邻港澳、靠近东南亚的地缘优势和华侨之乡的人缘优势,以"三来一补"、"大进大出"的加工贸易起步,并大量吸引境外投资,迅速成为中国经济外向型程度最高的地区。2004年,珠江三角洲地区外贸进出口总额达3 417.77亿美元,占全国的29.6%;其中出口总额达到1 848.15亿美元,占全国出口总额的30.6%;外贸依存度达到211%。这几项指标均远远高于全国其他省市。[1]

(4)产业发展动力机制:外资推动型

珠江三角洲自改革开放以来经济一直保持高速发展,一个重要的原因就在于它多年来一直保持着吸引外资的绝对领先地位。珠三角的

---

[1] 参见陈秀山主编:《中国区域经济问题研究》,商务印书馆2005年第1版,第507页。

外资主要来源于中国香港、东南亚及海外华资。[①] 2004年,广东省实际利用外资128.99亿美元,占全国的20.1%。其中,珠三角地区实际外商直接投资110.66亿美元,占全国的17.3%。从1995—2004年的情况来看,珠三角地区实际利用外资均占全国较大比重,2002年实际利用外资总额达到最高的150.21亿美元,占当年全国实际利用外资总额的27.3%;而在2001年,珠三角实际利用外资占全国比重达到最高,为28.6%(参见图7-3)。

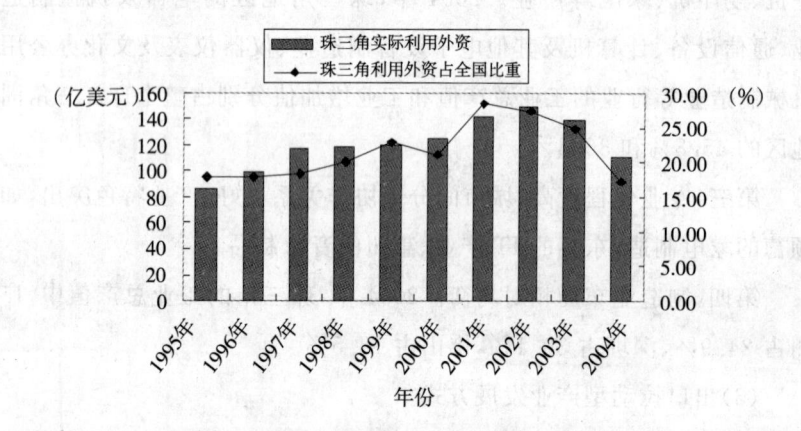

资料来源:根据1996—2005年《广东省统计年鉴》和《中国统计年鉴》中相关数据计算得出。

图7-3 1995—2004年珠三角地区实际利用外资总额及其占全国的比重

(5)产业特色:轻纺——劳动密集型

珠三角地区产业以服装、玩具、家电等劳动密集型产业为主,以加工贸易为主要形式。2004年,化学纤维产量达53.13万吨,纱16.46万吨,布20.74亿米;空调机3 227.79万台,家用洗衣机179.04万台,电视机3 557.69万台。近年来随着产业结构不断调整和优化升级,高科技产品增速较快。2004年,半导体集成电路产量达到447 632万块,较2003年增长40.2%,微型电子计算机产量达到1 218.13万部,较2003

---

① 参见陈秀山主编:《中国区域经济问题研究》,商务印书馆2005年第1版,第508页。

年增长42.3%,已成为全球最大的电子和日用消费品生产和出口基地之一。此外,石油化工、电气机械业正在成为新的产业支柱。①

3. 第三产业的发展

与全国第三产业的发展轨迹一样,珠江三角洲城市群第三产业的发展也经历了20世纪80年代的补偿性快速发展和20世纪90年代之后的缓慢发展两个阶段。1980年,广州市第三产业占生产总值的比重仅为34.64%,到1990年这一比例上升到49.30%,10年上升了近15个百分点,表现出明显的快速发展势头。2000年,广州市第三产业占生产总值比重进一步上升,达到55.23%,2004年为57.19%。从第三产业自身增长速度来看,广州第三产业增长速度最快的时期是1984年到1995年,这一期间每年的增长速度均超过10%,而且有7年超过30%。1995年之后,广州第三产业增长速度明显减慢,除2000年外,年增长率均低于20%。

深圳第三产业比重在1986年曾达到最高的52.9%,但之后由于第二产业尤其是制造业的快速发展,第三产业占深圳地区生产总值的比重一直处于萎缩的状态,到1993年下降到42.9%,虽然之后略有回升,但1997年之后再次不断下降,到2004年下降到38.0%。深圳第三产业增长速度最快的是1990年之前,1980年到1990年这11年间有7年增长率超过50%,其中1984年和1985年均超过90%;1990年之后增长速度减慢,到1997年增长率均保持在20%—40%;1997年之后进一步减慢,1998—2004年间增长速度仅略高于10%。

(二) 珠江三角洲城市群农村劳动力吸纳机制

1. 珠江三角洲城市非农产业从业劳动力总量增长状况

从2003年和2004年两年的情况看,珠江三角洲城市群第二产业从业劳动力总量分别为962.82万人和1 021.98万人,第三产业从业劳动力分别为753.22万人和816.93万人,可见第二产业仍然占珠江三角洲

---

① 参见陈秀山主编:《中国区域经济问题研究》,商务印书馆2005年版,第509页。

城市群非农劳动力的主要部分。2004年,珠江三角洲制造业从业劳动力占全部非农劳动力总量的比例达到49.8%,占更加重要的地位。

珠江三角洲城市群的两个核心城市——广州和深圳的劳动力吸纳能力都比较强。从非农产业劳动力增长的情况来看,广州1980年非农产业从业劳动力为164.4万人,2004年达到450.6万,吸纳农村劳动力转移286.2万。从1980年到2004年广州第二、第三产业吸纳农村劳动力情况来看,整体上第三产业从业劳动力的增长要快于第二产业,广州2004年第二产业从业劳动力较1980年增加112.38万人,而第三产业增加了173.79万人(参见图7-4)。

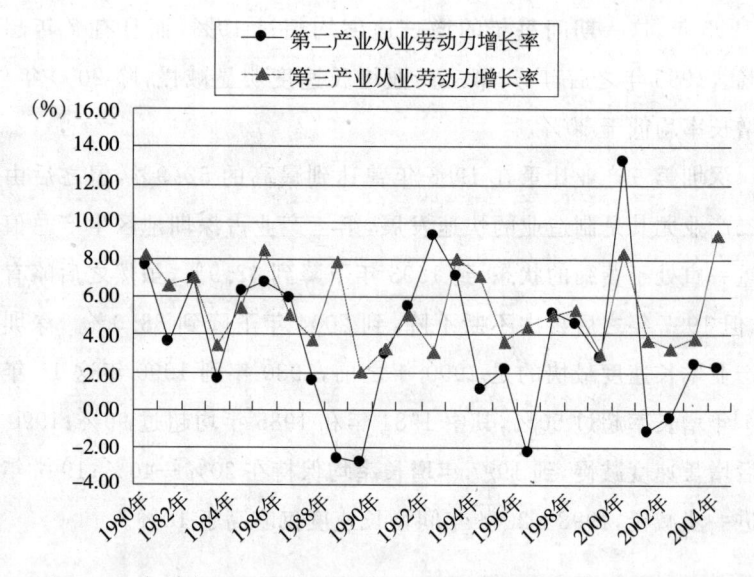

图7-4 广州市1980—2004年第二、第三产业从业劳动力增长情况

深圳2004年较1980年新增从业劳动力441.19万人,年均从业劳动力增长速度达到15.3%。① 与广州不同的是,第二产业在深圳吸纳农村劳动力中占主要地位。2004年,深圳第二产业从业劳动力261.28

---

① 计算方式为:设1993年为1,年均增速为x,则$x=(L_{2004}/L_{1993})^{1/11}$。其中$L$为当年从业劳动力总量。

万,占非农产业从业劳动力的 57.54%。从 1997—2004 年的情况来看,深圳 2004 年第二产业从业劳动力较 1997 年增长了 52.7%,低于第三产业的 74.2%,因此,深圳第二产业吸纳农村劳动力的能力有逐渐减弱的趋势,而第三产业的能力则逐渐增强。

此外,佛山和东莞是珠江三角洲地区的另外两个吸纳农村劳动力转移数量较多的地区。2004 年佛山非农产业从业劳动力数量为 258.35 万人,较 1994 年增长 115.12 万人;2003 年东莞非农产业从业劳动力数量为 103.42 万人,较 1980 年的 20.76 万人增加 82.66 万人,而这还不包括 2003 年在东莞非农产业就业的 424.2 万外来劳动力。①

2. 珠江三角洲农村劳动力吸纳机制

珠江三角洲城市群农村劳动力吸纳机制,主要体现为以外商投资尤其是港澳台资为动力,带动珠江三角洲城市群制造业和第三产业中交通运输、批发零售、住宿与餐饮、居民服务等行业的快速发展,从而产生对农村劳动力的强大需求,并通过对农村劳动力转移供求模型中的非农产业工资水平的调整,从而增加本地农村劳动力和外来农村劳动力的供给,并在供、需相互调节中达到一个动态的均衡点。珠江三角洲城市群的这种农村劳动力吸纳机制体现为这样几个特点:

(1)在改革开放初期,轻工业②是珠江三角洲城市群吸纳农村劳动力的主要产业,但近年来轻工业吸纳农村劳动力的能力逐渐减弱,而化学工业、机械工业等行业吸纳能力不断增强。轻工业吸纳劳动力数量虽然仍呈现出上升的趋势,但比例不断降低。1997 年,珠江三角洲地区轻工业吸纳劳动力占制造业从业劳动力的 42.1%,到 2004 年这一比例已降为 36%。与此同时,电气机械、通信设备、计算机及其他电子设备制造业等高科技行业劳动力吸纳数量和比例均在上升。1997 年,电气机械、通信设备、计算机及其他电子设备制造业、仪器仪表行业吸纳劳动力数量为 81.32 万,占珠江三角洲地区制造业从业劳动力的

---

① 按照《东莞统计年鉴(2004)》中的相关数据,2003 年东莞外来劳动力总共为 432.7 万,其中从事农业生产的有 8.5 万人,因此 2003 年在东莞非农产业就业的外来劳动力为 424.2 万人。

② 含食品、饮料、纺织、服装、鞋、革、家具、造纸、印刷、文体用品等行业。

22.2%;到 2004 年,这几个行业吸纳劳动力数量已经达到 237.22 万,占珠江三角洲地区制造业从业劳动力的 34.8%。

(2)在珠江三角洲农村劳动力吸纳中,制造业占主导地位。根据表 7-5 的数据,①从 1997—2004 年的情况来看,珠江三角洲地区制造业吸纳劳动力数量仍然呈现出不断上升的趋势。在 1997 年到 2004 年的 8 年间,珠江三角洲地区制造业吸纳劳动力由 1997 年的 366.06 万上升到 2004 年的 681.1 万,年均增长率超过 9%。同样根据表 7-5,制造业从业劳动力的增长已占珠江三角洲地区从业劳动力增长的绝大部分。1997 年到 2004 年间,珠江三角洲地区从业劳动力增量为 536.35 万人,其中制造业从业劳动力的增量即达到 315.04 万人,占总从业劳动力增量的 58.8%。

表 7-5 1997—2004 年珠江三角洲地区制造业从业劳动力情况

年份	总计（万人）	制造业（万人）	制造业所占比例(%)	外商投资企业（万人）	港澳台资企业（万人）
1997	1 636.98	366.06	0.223 6	48.29	137.18
1998	1 676.15	429.48	0.256 2	46.2	210.58
1999	1 714.38	441.75	0.257 7	50.05	216.96
2000	1 767.54	466.41	0.263 9	62.2	226.28
2001	1 813.59	476.2	0.262 6	62.9	245.09
2002	1 905.81	535.64	0.281 1	74.23	278.79
2003	2 072.69	617.07	0.297 7	99.77	317.83
2004	2 173.33	681.1	0.313 4	110.36	351.01

资料来源:1998—2005 年《广东统计年鉴》中的《经济地带主要指标》。

(3)外资尤其是港澳台资企业在珠江三角洲城市群吸纳农村劳动力中占有尤其重要的地位。首先,从制造业从业劳动力总量来看,1997—2004 年间,外商投资企业和港澳台资企业从业劳动力数量,均超过当年

---

① 此处引用的 1998—2005 年《广东统计年鉴》中的《经济地带主要指标》中珠江三角洲制造业劳动力数据,可能与其他统计年鉴中的数据统计口径不一致。此处 2004 年珠江三角洲制造业从业劳动力为 681.1 万人,而据《长江和珠江三角洲及港澳统计年鉴(2005)》,这一数据为 916.11 万人。

珠江三角洲地区制造业从业劳动力总量的一半,1997年为50.7%,2004年为67.7%,呈现出逐年上升的趋势。其次,港澳台资企业是珠江三角洲地区制造业从业劳动力的最主要组成部分,但外商投资企业从业劳动力近年来有加速增长的趋势。1997年,它们占珠江三角洲地区制造业从业劳动力的37.5%,到2001年超过50%,2004年达到51.5%。在1997年到2004年的8年间,外商投资企业从业劳动力数量上增长了128%,2002年到2004年增长率分别达到18%、34%和11%,均超过这三年港澳台资企业从业劳动力增长率。1997—2004年珠江三角洲地区外商投资企业与港澳台资企业从业劳动力情况也可参见表7-5。

(4) 第三产业中交通运输、批发零售、住宿与餐饮、居民服务这四类行业是吸纳农村劳动力的主要行业。2004年,广州市第三产业从业人员总计245.92万人,其中交通运输、批发零售、住宿与餐饮、居民服务这四类行业从业人员达到154.83万人,占62.96%;深圳2004年第三产业从业人员总计192.78万人,其中这四类行业从业人员117.19万人,占60.79%;东莞2002年这四类行业从业人员占第三产业从业人员总量的56.76%;佛山2004年的这一比例是71.66%。从历史数据来看,广州市2004年第三产业吸纳劳动力较1980年增加173.79万人,而这四类行业同期从业劳动力增加108.79万人,占第三产业新增从业劳动力总量的62.60%。深圳市第三产业2004年较1997年新增从业劳动力92.81万人,同期这四类行业新增从业劳动力45.02万人,占总量的48.51%。由此可见,交通运输、批发零售、住宿与餐饮和居民服务这四大类行业是珠江三角洲城市群第三产业吸纳农村劳动力的主要行业。

7.2.3 长江三角洲城市群产业发展及劳动力吸纳情况

(一) 长江三角洲城市群产业发展

1. 三次产业结构演变

根据表7-6中的数据,长江三角洲城市群除上海外,第一产业在

1990年以前都占有较高的比重,在1980—1990年间,这一比重缓慢下降,但仍有南通、嘉兴超过30%,扬州、宁波、绍兴超过20%,最低的杭州也达到9.8%。在1990年至2000年间,第一产业比重呈加速下降趋势,到2004年,仅有南通和扬州仍超过10%,其他城市均低于10%。第二产业在长江三角洲城市群各城市中历年来都占有最高的比重,而且大多数由于20世纪80年代乡镇企业的蓬勃发展而在90年代中期前呈不断上升的趋势。到了90年代中期,由于乡镇企业发展速度减慢,又由于吸引外资方面无法与珠江三角洲城市群相竞争,导致第二产业占各城市地区生产总值的比重趋于下降。到90年代后期尤其是2000年之后,由于外资企业的蓬勃发展,长江三角洲城市群中制造业的发展再次升速,第二产业比重又呈现出上升的趋势。长江三角洲城市群中部分城市的第二产业占地区生产总值比重的变化趋势可参见图7-5。改革开放以前第三产业在长江三角洲地区的发展与全国其他地区一样受到抑制,比重严重偏低,产业结构失衡。80年代以后,随着改

表7-6 长江三角洲城市群三次产业的增长和分布(1980—2004年)

(单位:%)

	第一产业				第二产业				第三产业			
	1980	1990	2000	2004	1980	1990	2000	2004	1980	1990	2000	2004
上海	3.2	4.3	1.8	1.3	75.7	63.8	47.6	50.8	21.1	31.9	50.6	47.9
南京①	13.6	10.5	5.4	3.4	58.3	59.7	48.4	48.6	28.1	29.8	46.2	48.0
苏州	24.7	17.3	5.9	2.2	58.6	61.0	56.5	65.7	16.7	21.7	37.6	32.1
无锡	12.3	10.9	4.0	2.0	70.5	67.1	56.9	57.8	17.2	22.0	39.1	40.2
南通	32.6	31.9	17.6	12.1	45.1	45.0	48.1	54.2	22.3	23.1	34.3	33.7
扬州	39.8	24.4	13.4	10.1	43.5	53.3	49.0	53.3	16.7	22.3	37.6	36.6
常州	21.5	18.6	7.5	4.7	62.6	61.1	56.1	58.8	15.8	20.3	36.4	36.5
杭州	11.0	9.8	4.7	3.5	54.9	59.9	63.0	63.1	34.1	30.3	32.2	33.4
嘉兴	39.1	30.7	11.2	7.4	42.5	49.9	55.3	60.4	18.4	19.4	33.5	32.2
宁波	29.4	20.3	8.2	5.7	52.6	55.2	56.0	57.0	18.0	24.5	35.8	37.3
绍兴	39.8	24.0	10.5	6.6	40.4	52.9	58.5	61.0	19.8	23.1	30.7	32.4

注:①南京为1985、1990、2000、2004年数据。
资料来源:各市历年《统计年鉴》。

革开放的不断推进,阻碍第三产业发展的因素不断弱化,第三产业出现了较快的补偿性增长。自 2000 年后,由于以制造业为主的工业化再次快速发展,第三产业虽仍保持相对较快的发展速度,但其比重大多出现小幅下降的趋势。

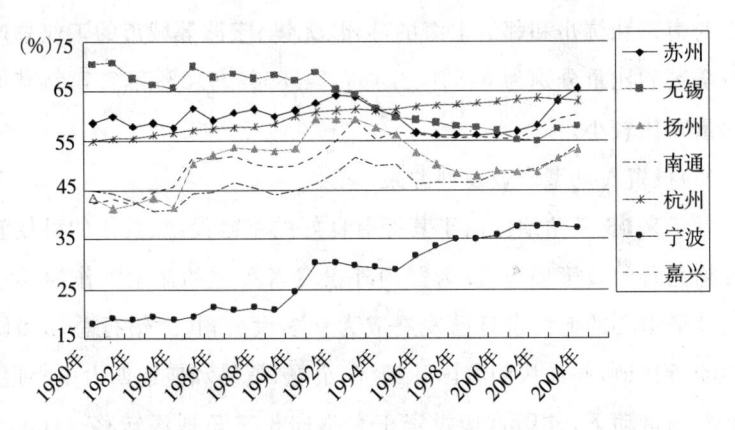

图 7-5 长三角地区部分城市第二产业占地区
生产总值比重变化趋势(1980—2004 年)

2. 长三角制造业的发展状况

(1)发展概况

长三角的制造业起步早,在 20 世纪 80 年代就已成为全国重要传统加工制造业基地。20 世纪 90 年代以后,电子信息产业制造业迅速成长为支柱产业。沪宁、沪杭高速公路沿线分布有数以千计的 IT 企业,其中全球 500 强企业上百家,使这里成为电子制造业投资的热点地区,也是全球瞩目的信息产业高地。目前全区拥有 6 个国家级高技术开发区,是中国发展水平最高的现代制造业基地。①

(2)产业特点与布局

长三角的现代制造业具有以下几个特点。第一,产业外向度不断

---

① 陈秀山主编:《中国区域经济问题研究》,商务印书馆 2005 年版,第 169 页。

提高。1991—2004年,长三角的外商直接投资由5亿美元增长至254.2亿美元,占全国比重由11.4%提高到41.9%。第二,产业以资本密集型的现代制造业为主,包括半导体、通信等高技术产业和汽车、钢铁、化学、纤维等制造业。第三,产业集中呈较明显的梯度分布,中心城市突出。上海作为一级中心,其工业总产值占全区的26%;作为二级中心的南京和杭州和邻近上海的苏州、无锡、宁波等城市的工业总产值占全区的比重分别为6.6%、8.4%、14.85%、9.2%和7.7%;其他城市比重则比较小。

(3) 投资拉动型产业发展源泉

近年来,长三角地区由于其拥有良好的基础设施、发达的科技教育和日趋完善的政策环境,成为国内外投资者关注的热土。作为长三角地区经济中心的上海市日已发展成为众多大公司、大银行总部和研发中心的所在地,并加快朝着国际经济、金融、贸易和航运四大中心迈进。在上海的带动下,外国直接投资正大举向长三角地区转移。2004年,长三角地区实际利用外资254.2亿美元,是2000年的2.4倍。上海、南京、苏州、无锡、南通、杭州、宁波、嘉兴当年实际利用外资均超过10亿美元,而2000年达到这个规模的只有上海、苏州和无锡。2004年,长江三角洲的城市群共完成全社会固定资产投资13 650.6亿元,占全国的19.4%,是珠三角的3倍多。[1]

(4) 产业特色:高科技——知识密集型

长江三角洲经济圈产业门类齐全,轻重工业发达,是全国最大的综合性工业区,其纺织、服装、机械、电子、钢铁、汽车、石化等工业在全国占有重要的地位。但相对其他经济圈而言,这里以微电子、光纤通信、生物工程、海洋工程、新材料等为代表的高新技术产业更为突出。近年来,电子信息制造业的增幅始终保持在30%以上,上海已建成7条芯片生产线,其中符合国际主流的8英寸生产线有3条,而全国仅有4条。上海、无锡和杭州已被确定为国家级集成电路设计产业化基地。

---

[1] 参见陈秀山主编:《中国区域经济问题研究》,商务印书馆2005年版,第507页。

2004年,上海高新技术产业工业总产值3 947.78亿元,占全市工业总产值比重达到28.2%。近年来台商投资的高科技产业主要向长江三角洲经济圈转移和集中。①

3.长江三角洲第三产业发展状况

长江三角洲城市群第三产业发展的两阶段特征十分明显,即改革开放初期由于抑制第三产业发展的因素被逐渐打破,第三产业在比例严重失调的情况下得到补偿性的快速增长;之后第三产业增长明显减缓。长江三角洲城市群第三产业第一阶段的补偿性增长大多始于20世纪80年代中期,到90年代中期增长速度放慢,比如,上海的第一阶段是1984年到1996年,杭州是1984年到1995年,宁波是1984年到1996年。与珠江三角洲城市群相比,长江三角洲城市群第三产业补偿性增长阶段开始的时间略晚,增长速度稍慢,但持续的时间要长一些。

表7-7 2001—2005年上海第三产业增加值行业比重

(单位:%)

行业	2001年	2002年	2003年	2004年	2005年
交通运输、仓储和邮政业	12.68	10.67	10.13	12.05	12.61
批发和零售业	20.34	19.20	18.83	18.18	18.2
金融业	19.39	21.22	20.64	14.95	14.61
房地产业	12.04	13.56	15.33	16.26	14.63
信息传输、计算机服务和软件业	6.48	7.04	7.55	7.42	7.77
租赁和商务服务业	5.02	2.84	2.73	6.18	6.32
科学研究、技术服务和地质勘察业	4.21	2.56	2.46	4.19	4.61
其他	19.84	22.91	22.33	20.77	21.25

资料来源:上海市统计局。

上海第三产业的发展充分体现了其作为长江三角洲城市群首位城市的特征。从"十五"期间五年的情况来看,交通运输、仓储和邮政业,批发和零售业,金融业,房地产业等四类行业占上海第三产业增加值的比重均超过了10%,是上海第三产业发展的主要产业(参见表7-7)。

---

① 参见陈秀山主编:《中国区域经济问题研究》,商务印书馆2005年版,第509页。

作为长江三角洲城市群的首位城市和全国经济中心城市,交通运输、仓储和邮政业,批发和零售业以及金融业的蓬勃发展都有利于强化其对周边地区乃至全国的集聚与辐射作用,发挥作为中心城市对周边地区的带动功能。而信息传输、计算机服务和软件业,租赁和商务服务业,科学研究、技术服务和地质勘察业近年来在上海发展也较快,占上海第三产业增加值的比重呈现出快速上升的势头。这些产业的发展则进一步体现了上海作为长江三角洲城市群首位城市所应具备的服务、辐射功能。

(二) 长江三角洲城市群农村劳动力吸纳机制

1. 长江三角城市群非农产业劳动力增长的阶段性特征

长江三角洲城市群对农村劳动力吸纳表现出三个阶段:①

第一阶段是改革开放初期到 20 世纪 80 年代末。这一时期,由于乡镇企业发展迅速,长江三角洲地区对非农产业劳动力的需求增长迅速,对农村劳动力的吸纳呈现出快速增长的势头。但这一较快的增长到 1985 年达到顶点之后开始下降,到 1989 年几乎全部降到零甚至是负增长率。自 1978 年到 1988 年,上海非农产业从业劳动力增加 240.7 万人,年均增长 3.9%;南京非农产业劳动力增加 75.75 万人,年均增长 4.6%;苏州非农产业劳动力增加 140.09 万人,年均增长 7.5%;无锡非农产业劳动力增加 110.79 万人,年均增长 7.8%;常州非农产业劳动力增加 61.36 万人,年均增长 6.7%。

第二阶段是从 1989 年到 1999 年。这一时期,由于当时乡镇企业发展趋缓,在吸引外资上竞争力又不如珠江三角洲,因而对非农产业劳动力的需求增长出现减少甚至是负增长,对农村劳动力的吸纳数量也就减少。1989 年到 1999 年,上海非农产业从业劳动力总共仅增长 2.9%,南京增长 0.5 万人,苏州减少 10.75 万人,无锡减少 25.02 万人,常州增加 8.58 万人。因此可以说,这一阶段长江三角洲城市群对

---

① 本节有关统计数据均来自相关城市历年统计年鉴。

农村劳动力的吸纳基本处于停滞状态。

第三阶段是自 20 世纪 90 年代末期开始至今。由于改革开放近 30 年来这一地区基础设施建设的日渐完善,上海本身雄厚的制造业基础以及浦东新区的快速发展,长江三角洲地区吸引外资的竞争力明显增强,长江三角洲城市群制造业因此获得快速发展,带动长江三角洲城市群非农产业劳动力需求增加,从而对农村劳动力的吸纳能力增强。2000 年到 2004 年的 5 年间,上海非农产业从业劳动力总计增长 7%,南京增长 35%,无锡增长 38.6%,扬州增长 23%,常州增长 39.3%,嘉兴增长 72.9%,杭州 2004 年较 2000 年增长 32.6%。这一时期,长江三角洲城市群吸纳农村劳动力增长速度虽然整体上慢于改革开放初期,但较 1989 年到 1999 年这一时期已经有了明显的提高。

2. 长江三角洲城市群吸纳农村劳动力的产业分布

长江三角洲城市群吸纳农村劳动力的产业分布体现为这样几个特点:

首先,长江三角洲城市群吸纳农村劳动力的增长主要是第二产业尤其是制造业带动的。第一,第二产业从业劳动力增长也呈现出明显的三阶段特征,即 1988 年之前的快速增长阶段,1989—1999 年的停滞阶段和 2000 年之后的恢复增长阶段。第二,第二产业从业劳动力在长江三角洲城市群一直占有极高比重。1995 年之前,几乎所有城市第二产业从业劳动力均占非农产业从业劳动力的 60% 以上。上海和南京虽然自改革开放之后第二产业从业劳动力占非农产业从业劳动力比重一直下降,但到 2004 年仍分别占 41.06% 和 47.41%。上海的这一比例在长江三角洲城市群是最低的。苏州、无锡、常州、南通、嘉兴、绍兴、宁波等市第二产业从业劳动力占非农产业从业劳动力的比重一直都在 60% 以上。因此,正是第二产业尤其是制造业的发展,带动了长江三角洲城市群吸纳农村劳动力的增长。

其次,第三产业对上海、南京、杭州等中心城市吸纳农村劳动力的作用越来越大。自 1991 年之后,上海第二产业从业劳动力数量就一直处于下降的趋势,第三产业不仅吸纳了全部新增非农产业从业劳动力,而且吸纳了从第二产业退出的那部分劳动力。第三产业从业劳动力占非农产业从业劳动力比重从 2000 年开始超过 50％，之后一直上升，到 2004 年达到 58.94％。南京则是自 1995 年之后第二产业从业劳动力数量开始下降，到 1998 年第三产业占非农产业从业劳动力的比重即超过 50％，到 2002 年达到最高的 57.4％。

第三，近年来外资企业对长江三角洲城市群吸纳农村劳动力发挥了重要的作用。尤其是 2000 年之后，长江三角洲城市群吸纳外资金额增长很快，而且大多投向制造业。2004 年上海实际利用外资 65.4 亿美元，其中有 34.83 亿美元投向制造业；苏州 2004 年实际利用外资 46.5 亿美元，其中 45.5 亿美元在制造业；宁波 2004 年实际利用外资 21 亿美元，其中 18.1 亿美元在制造业；南京 2004 年实际利用外资 25.66 亿美元，其中 16.84 亿美元在制造业；杭州 2004 年实际利用外资 14.1 亿美元，制造业占了 10.2 亿美元。外资的大举进入，带动了长江三角洲尤其是上海的制造业升级，并使得各地区工业行业内的比较优势和专业化分工趋势得到加强。由于外资的进入使上海的工业结构更加倾向于重化工业和装备工业，资本密集型和技术密集型产业的比较优势日益显著，因此，上海近年来第二产业尤其是制造业的从业劳动力并没有增加，但产业却获得了很大的提升。而在江苏所属各市中，虽然传统工业仍占主导地位，但高加工度化和技术知识密集型行业增长快，资本密集型行业开始具有比较优势；浙江所属各市主要集中于劳动密集型产业，纺织、服装等轻工业制造业的竞争优势显著。[①] 由于外资的进入带动了江苏和浙江各自的产业发展，也加快了上海原有传统产业向城市群周边地区的转移进程，因而长江三角洲城市群中江苏和浙江所属各市的第二产业从业劳动力近年来均获得不同幅度的增加。

7.2.4 环渤海湾城市群产业发展及劳动力吸纳情况

与珠江三角洲和长江三角洲相比，环渤海湾城市群区域之间的联

[①] 参见洪银兴、刘志彪等著：《长江三角洲地区经济发展的模式和机制》，清华大学出版社 2003 年版，第 109—110 页。

系较为松散，一体化程度较低，原因主要有：一是区域范围广阔，制造业布局分散，全区主要由京津唐、山东半岛和辽宁中南部这三大块独立的制造业区域组成；二是区域内部各个城市之间的地域分工格局尚未形成，城市间的生产协作紧密程度较低；三是区域内部差距较大，京津地区发展水平最高，山东半岛次之，辽东半岛经济比较落后。但近年来，尤其是2002年北京申奥成功以后，环渤海湾城市群一体化有加速发展的趋势。

(一) 环渤海湾城市群产业发展状况

1. 三次产业结构演变

从三次产业占各地国内生产总值的比重来看，北京第一产业所占比重在20世纪80年代虽略有上升，但自80年代末期开始一直下降，2004年仅为2.4%；第二产业比重由改革开放初期的70%左右下降到2004年的37.6%；而第三产业所占比重则由改革开放初期的20%左右上升到60%。天津第一产业所占比重的变动轨迹与北京相似，也是在20世纪80年代略有上升，自80年代后期开始下降，2004年仅占国内生产总值的3.58%；第二产业在天津一直占有较高比重，虽然自改革开放以后也呈现出持续下降的趋势，并在2000年左右降到50%以下，但其后有所上升，2004年占53.2%；而第三产业比重则是一直上升，由1978年的24.31%上升到2002年的47.065，其后两年略有下降，2004年为43.2%。

环渤海湾城市群其他城市的三次产业结构各有不同表现。从表7-8可见，2004年，山东半岛城市群中的烟台、潍坊和日照的第一产业比重均高于10%，而淄博、东营、威海的第二产业比重高于60%，仅有济南的第三产业比重高于40%，东营的第三产业比重仅为14.7%。辽东半岛城市群中的营口和铁岭的第一产业比重高于10%，除沈阳和铁岭外，其他城市第二产业比重均高于50%，第三产业比重都比较低，仅沈阳和大连高于40%，其他均在30%至40%之间。

表7-8　山东半岛和辽宁中南部城市群三次产业结构(2004年)

(单位:%)

城市	第一产业	第二产业	第三产业	城市	第一产业	第二产业	第三产业
济南	7.3	45.9	46.8	沈阳	5.6	49.5	44.9
青岛	7.5	54.1	38.4	大连	7.8	50.1	42.1
淄博	4.4	64.7	30.9	鞍山	5.0	59.2	35.8
东营	4.6	80.7	14.7	抚顺	7.1	60.4	32.5
烟台	10.5	56.7	32.8	本溪	6.2	59.3	34.5
潍坊	14.5	54.8	30.7	营口	11.6	53.4	35.0
威海	9.8	61.1	29.1	辽阳	7.6	54.8	37.6
日照	16.1	49.3	34.6	铁岭	26.7	41.5	31.8

2. 制造业发展现状

计划经济时期,环渤海湾地区是中国重要的制造业基地,但在改革开放之后,其发展一直滞后于珠三角和长三角地区。进入20世纪90年代以后,环渤海尤其是京津地区,电子信息、生物制药、新材料等高新技术产业发展迅速。① 环渤海地区制造业的发展相对比较分散,全区在空间上分离为三个独立的子区域——京津唐区、山东半岛区、辽宁中南部区,仅京津子区域城市间分工明确,北京以研发为主,天津以制造见长,辽宁中南部和山东半岛内部城市之间的分工协作关系尚不成熟,甚至出现结构趋同、恶性竞争的局面。此外,环渤海地区制造业的发展还体现出如下几个突出的特点:

(1)国资主导型产业发展动力机制

环渤海湾经济圈属于中国的老工业基地,尽管近年来所有制结构调整加快,但国有经济比重仍相对较高。2004年辽宁国有及国有控股工业产值占工业总产值比重达到56.7%,北京达到53.7%,天津为33.5%,山东为25%。2004年,全社会固定资产投资中,天津国有经济占38.8%,山东占23.1%,辽宁占30.9%,北京占29.9%。

(2)重化工——资本密集型产业为主导

---

① 参见陈秀山主编:《中国区域经济问题研究》,商务印书馆2005年版,第177—178页。

环渤海经济圈是中国重化工业、装备制造业和高新技术产业基地,其钢铁、机械、汽车、石油化工、建材、造船以及微电子等IT产业在全国占有重要地位。近年来,生铁、钢、成品钢材、大型拖拉机、塑料、啤酒等产量均占全国30%以上,电冰箱和洗衣机产量占全国1/4以上,微型电子计算机占全国的近50%。[1] 2004年重工业产值占整个工业的比重,辽宁达到83.5%,山东达56.7%,天津达74.3%,北京达81.1%。

(3) 制造业领域外商投资作用加大

近年来,外资对环渤海地区制造业发展的作用越来越大。2000年,环渤海湾城市群实际利用外资金额103.5亿美元(不含河北省唐山市和廊坊市);到2004年,实际利用外资金额增加到202.0亿美元(不含河北省唐山市和廊坊市),比2000年增长1倍,略低于长江三角洲城市群,是珠江三角洲城市群的近2倍。环渤海湾地区利用外资大多在制造业领域。山东省2004年实际利用外资87.0亿美元,山东半岛城市群占88.8%,其中83.6%为制造业所利用。天津2004年实际利用外资24.7亿美元,其中17.7亿美元为制造业所利用。辽宁2004年实际利用外资54.1亿美元,其中辽东半岛城市群占95.8%,制造业占57.0%。山东半岛和辽东半岛两个次级城市群是近年来环渤海湾城市群中利用外资增长最快的地区,在外资带动下,它们的工业经济增长明显加快。2004年,辽东半岛城市群的工业总产值是2000年的2倍多,年均增长率近20%,而1995年到2000年间年均增长率仅为7%。山东半岛城市群2004年工业总产值是2000年的2.1倍,年均增长率约21%,1990—2000年间为7%。

3. 第三产业发展

近年来,环渤海湾城市群中除北京外,第三产业占国民经济比重的上升趋势尚不明显,有的城市甚至是呈现下降趋势,但第三产业的增加值仍然获得了很大的增长。山东半岛城市群中,济南1995年第三产业仅实现增加值180.5亿元,之后十年间增长率均超过10%,到2004年,第三产业增

---

[1] 陈秀山主编:《中国区域经济问题研究》,商务印书馆2005年版,第510页。

加值达到 757.8 亿元,年均增长率约为 17.3%。青岛 1990 年第三产业增加值为 228.6 亿元,2004 年达到 830.8 亿元,年均增长率超过 15.5%。辽宁中南部城市群中,沈阳 1995—2004 年第三产业增长率为 11.2%,大连 1996—2004 年间年均增长率为 13.0%,均慢于济南和青岛。

北京是全国性政治、经济和文化中心,是环渤海湾城市群的首位城市,其第三产业的发展表现出这样两个特点:第一,第三产业发展速度快,且占国民经济的比重高。2005 年,北京第三产业实现增加值 4 761.8 亿元,占北京市国民生产总值的 69.1%。第二,金融保险、信息传输、技术服务和商务服务等发挥北京集聚和辐射功能的第三产业发展尤其迅速。2005 年,北京第三产业增加值中,金融保险业占 17.6%,信息传输、计算机服务和软件业占 12.2%,科学研究与技术服务业占 7.2%,租赁和商务服务业占 7.3%,交通运输、仓储和邮政业占 8.5%,房地产业占 9.6%,这些产业的发展增强了北京的集聚和辐射功能,凸显了其对环渤海湾地区的带动作用。此外,北京第三产业的发展受举办奥运会的影响很大。奥运会对北京第三产业发展的影响表现在两个方面:一是由于筹备和举办奥运会,使北京的基础设施、自然环境和社会环境不断改善,国际声誉不断提高,从而使北京的国际地位显著提升,国内联系更加紧密,对北京第三产业的发展产生直接的带动作用。二是举办奥运会给北京发展所带来的巨大的无形资产,包括社会环境的改善、开放度的提高、民族凝聚力的增强、国家和企业声誉的提高等方面,对北京发展第三产业产生长远的间接影响。

(二) 环渤海湾城市群对农村劳动力的吸纳机制

1. 环渤海湾城市群吸纳农村劳动力的整体情况

虽然环渤海地区非农产业从业劳动力在 20 世纪 80 年代也呈现较明显的增长趋势,但由于缺乏明显的促进农村劳动力向非农产业转化的动力,并没有出现像珠江三角洲和长江三角洲那样的快速增长势头,大多增长缓慢。如,增长最快的山东,1990 年仅比 1980 年增长 121%,同期北京增长 46.5%,辽宁增长 22.6%,天津增长 19.1%,均明显低于珠江三角洲和长江三角洲城市群。而在20世纪90年代,环渤海地区非农产业从业劳动力虽然增长缓慢,但也没有出现如珠江三角洲和长江三角洲那样因为动力因素的减弱而导致非农产业从业劳动力的增长率整体性的大幅度放慢甚至是负增长的情况。到20世纪90年代中后期,由于国有企业改制,下岗职工增多,导致辽宁、天津乃至北京出现非农产业从业劳动力的负增长(见图7-6)。

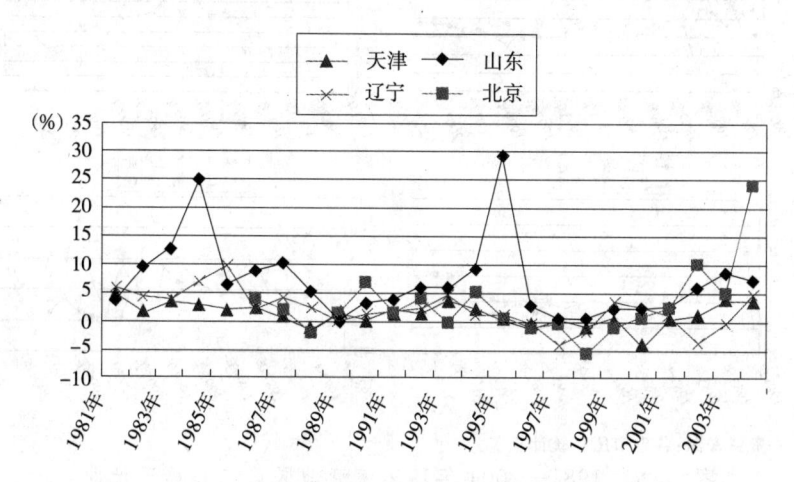

图7-6 1981—2004年环渤海地区非农产业从业劳动力增长曲线

2.环渤海湾城市群对农村劳动力的吸纳机制

环渤海湾城市群对农村劳动力的吸纳机制大体上体现为:在改革开放初期,是由国有企业的发展带动农村劳动力向非农产业的转化,但是由于环渤海湾地区国有企业大多是资本密集型的重化工业,吸纳农村劳动力的能力有限,因此对农村劳动力的吸纳能力不如珠江三角洲和长江三角洲地区因劳动力密集型工业的快速发展对农村劳动力的吸纳能力强。进入20世纪90年代,由于国有企业面临改制的压力,在吸引外资方面又无法同珠江三角洲和长江三角洲地区相竞争,非农产业吸纳农村劳动力的能力进一步减弱。20世纪90年代后期尤其是2000年之后,外资利用增长加快,加上东北老工业基地改造战略的提出和北京成功申办2008年奥运会,带动环渤海地区吸纳农村劳动力有加快的趋势。由于资本密集型的重化工业长期发展所奠定的产业基础,环渤海地区近年来吸纳农村劳动力的增长也主要依靠第三产业的发展,第二产业吸纳农村劳动力增长率要慢于第三产业(参见图7-7)。

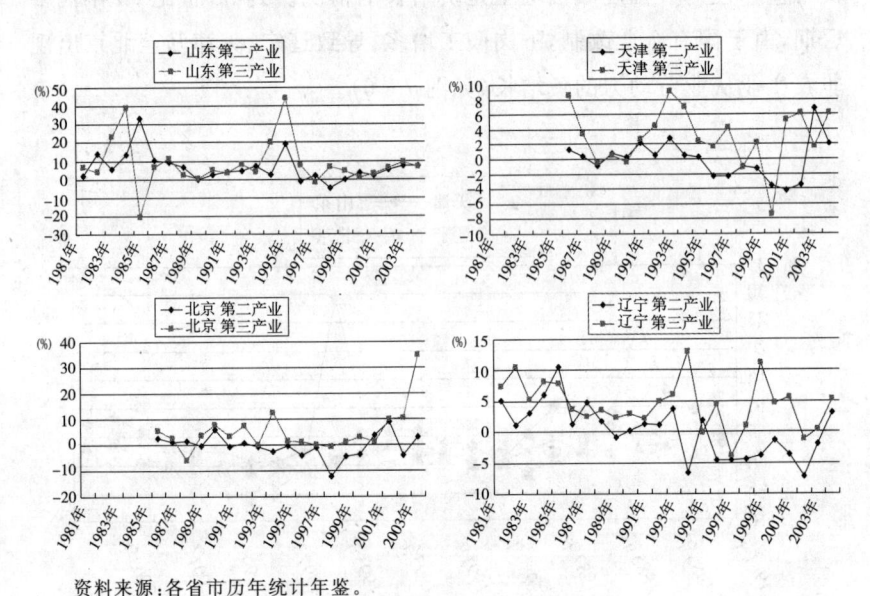

资料来源:各省市历年统计年鉴。
图7-7 1981—2004年环渤海湾地区第二和第三产业从业劳动力增长情况

环渤海湾城市群由于地域广阔,各地独立性大,因此农村劳动力吸纳机制也不尽相同。大体来说,环渤海湾城市群农村劳动力吸纳机制可以划分为三个独立的板块,即京津唐、辽东半岛、山东半岛三个次级城市群。它们在吸纳农村劳动力机制方面表现出各自不同的特征。

(1)京津唐城市群

京津唐城市群在吸纳农村劳动力方面体现出了一定的内部分工与合作。京津唐城市群的第二产业尤其是制造业从业劳动力数量自20世纪90年代中期开始就一直处于减少的状态,只是在近两年才恢复缓慢的增长,这一点从图7-7中可以看出。因此京津唐地区吸纳农村劳动力主要依靠第三产业。北京由于其全国性政治经济中心城市的地位,其第三产业中体现其中心城市积聚与辐射功能的行业如金融业、商务服业、信息传输、技术服务等在吸纳劳动力方面扮演重要的角色,而天津的第三产业则主要是依靠传统服务业作为吸纳农村劳动力的主体。

2004年,北京第三产业从业劳动力占非农产业从业劳动力的70.6%,已占绝对的主导地位。北京2004年第三产业从业劳动力559.75万人,2000年仅为338.2万人,4年来平均每年新增从业劳动力四十多万。从第三产业吸纳劳动力的分类来看,所占比例最高的是批发和零售业,占19.57%,租赁和商务服务业次之,占12.23%,其后依次是交通运输、仓储和邮政业占9.86%,居民服务业和住宿餐饮业分别占7.94%和7.75%,而金融业虽然在第三产业增加值中占有比例最高,但从业人员却仅占北京第三产业从业劳动力的2.84%。

天津虽然新增非农从业劳动力也主要是由第三产业吸收,但第三产业吸纳劳动力的能力与北京相比显然弱很多,而且更多集中在批发零售、交通运输、居民服务等传统服务业。2004年,天津第三产业从业劳动力221.1万人,仅比2000年增加37.7万人。天津2004年第三产业从业劳动力中,批发和零售业占29.2%,居民服务业占15.4%,交通运输、仓储和邮政业占14.8%。这三类行业占天津第三产业从业人员的比重达到59.4%,而信息传输、金融业、租赁和商务服务、科学研究和技术服务等行业从业人员比例均较北京低。北京和天津2004年第三产业从业人员比例参见表7-9。

表7-9 北京和天津2004年第三产业从业人员比例

(单位:%)

行业	北京	天津	行业	北京	天津
批发和零售业	19.6	29.2	信息传输、计算机软件	6.6	1.4
租赁和商务服务	12.2	5.1	房地产业	5.7	2.3
运输、仓储、邮政	9.9	14.8	公共管理和社会组织	5.2	6.4
居民服务	7.9	15.4	卫生、社保和社会福利	3.3	4.2
住宿和餐饮业	7.8	4.7	文化、体育和娱乐业	3.1	1.6
教育	7.4	7.9	金融业	2.8	2.5
科研、技术服务	6.9	2.6	水利、环境和公共设施管理	1.4	1.9

数据来源:《北京统计年鉴(2005)》和《天津统计年鉴(2005)》。

(2)山东半岛城市群

山东半岛城市群对农村劳动力的吸纳主要表现为工业经济快速发展下的农村劳动力非农产业化。山东的非农产业尤其是第二产业从业劳动力一直保持较快的增长趋势。主要是因为,山东工业总产值自1980年起就一直保持高速增长,而在山东工业总产值中,尽管轻工业所占比重一直处于下降的趋势,但1995年之前轻工业所占比重超过了50%,到2004年轻工业所占比重仍然达到37.8%,这在环渤海湾城市群中是最高的(见图7-8)。

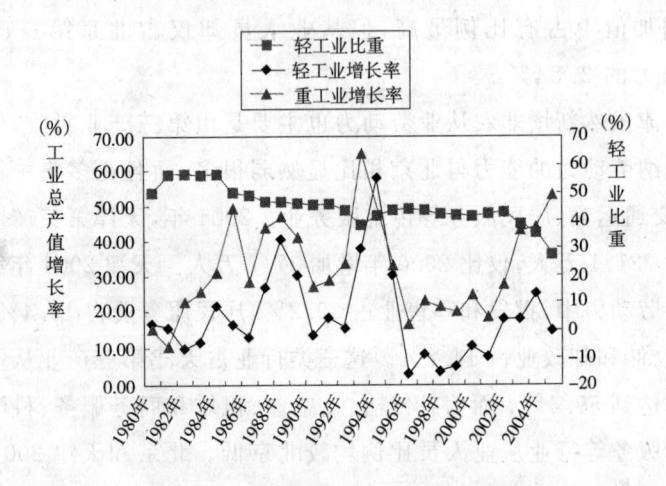

资料来源:根据《山东统计年鉴(2005)》中相关数据计算绘制。
图7-8 1980—2005年山东轻工业占工业总产值比重及轻、重工业产值增长率

山东工业总产值增长最慢的1996—2000年,也正是山东非农产业从业劳动力增长最慢的几年。正是由于工业经济的快速发展,带动山东非农产业从业劳动力数量在1980—2005年间以年均7%的速度增长,是环渤海湾地区最快的。

虽然山东非农产业从业劳动力增长是在工业经济快速增长下带动的,但吸纳农村劳动力数量增长最快的还是第三产业。1980年,山东第三产业从业人数276.9万人,到2005年达到1 709万,

是 1980 年的 6.2 倍,而第二产业 2005 年从业人员则是 1980 年的 4.6 倍。2005 年,第三产业中的交通运输、仓储和邮政业从业人员 213.2 万人,占第三产业从业人员的 12.5%;批发和零售业从业人员 460.2 万人,占 26.9%;住宿和餐饮业从业人员 146.6 万人,占 8.6%。这三类行业是山东第三产业吸纳农村劳动力的主要行业。2005 年,非农产业从业劳动力已有 819.8 万人,而 1995 年仅为 435.8 万人。[①]

此外,山东省胶东半岛制造业基地(2003 年)和山东半岛城市群(2005 年)的整体规划的制定与实施,都对山东半岛城市群吸纳农村劳动力产生积极的作用。

(3)辽宁中南部城市群

辽宁中南部城市群是环渤海地区重工业比重最高的地区。1990 年,辽宁重工业产值占工业总产值的 70.4%,到 2004 年这一比例上升到 83.5%。沈阳和大连 2002 年重工业产值占工业总产值的比重分别为 76.1%和 77.5%,与当年全省的 80.1%相近。辽宁工业总产值增长速度在环渤海湾地区是比较低的,1980—2002 年间年均增长率为 11.6%,而山东同期为 20%。由于工业经济发展速度慢,且轻工业所占比重低,因此辽宁第二产业的从业人员自 1993 年之后就一直处于负增长状态。2004 年,辽宁第二产业从业人员 586.8 万人,低于 1981 年的 593.7 万人,比 1993 年从业劳动力最高时的数量少 240.6 万人。因此,辽宁自 1993 年之后农村劳动力的吸纳主要是依靠第三产业,第二产业则是在不断地向外释放劳动力。但缺少了第二产业的带动作用,辽宁第三产业吸纳劳动力的能力也不强,与 1993 年相比,2004 年第三产业仅增加从业劳动力 250.9 万人。因此在 2004 年,辽宁非农产业从业劳动力仅比 1993 年增加 10.3 万人。

沈阳的情况也是如此。2003 年,沈阳第二产业从业劳动力较 1995

---

① 2005 年与 1995 年第三产业行业分类标准有所不同。1995 年第三产业与这三类行业相似的是:交通运输、仓储邮电业;批发和零售贸易、餐饮业。与新的行业分类法相比,少了住宿,多了电信。

年减少65万人,第三产业仅增加27.3万人,两相抵消后,2003年沈阳非农产业从业劳动力较1995年减少37.7万人。

2003年,在实施"振兴东北老工业基地"战略的带动之下,辽宁工业经济、第二产业从业劳动力都出现了复苏的迹象。2003、2004年,辽宁工业总产值分别增长25.1%和40.7%。2004年,辽宁第二产业从业劳动力较2003年增长3.16%,非农产业从业劳动力增长4.4%,这些都是1993年以来最快的。

通过以上的分析可以看到,在符合我国整体工业化和城市化阶段性发展特征的基础上,三大城市群的农村劳动力吸纳机制基本上都表现为以工业的快速发展为动力,在外商投资、特殊事件(如奥运会、世博会和重大政策的出台,如振兴东北等老工业基地、发展胶东半岛制造业基地等)的推动下,实现农村劳动力的非农产业转化。而不同的城市群,城市群内不同等级、发挥不同功能的城市,在吸纳农村劳动力上的差异,则主要体现为第二产业从业劳动力的增减、第三产业从业劳动力在不同行业的分布差别等方面。

7.3 中国城市群发展中的农村劳动力吸纳机制探索

7.3.1 城市群地区城市化阶段性定位

城市化进程中产业演进与劳动力转移的一般模式表明,城市化发展表现出"S"形曲线的阶段性特征(参见图3-4)。城市化进程的这一阶段性特征表明,在城市化的初步发展阶段,农村剩余劳动力主要向纺织、食品、日用产品等轻工业转移,餐饮、商业、运输等传统服务业随之发展。在城市化加速发展阶段,随着资本积累与分工的深化,煤炭、石油、电力等能源工业,钢铁、化学、机械、汽车等资本密集型产业开始发展,对劳动力的吸纳能力开始减弱;为生活、生产服务的第三产业发展加速,对劳动力的吸纳能力逐步加强,第三产业从业人员比重开始加速。随着工业化进入第二阶段发展的后期,电气设备、航空工业、精密机械、核能工业等技术密集型产业发展加快,对劳动力的吸纳能力进一步减弱;而城市化的进一步发展以及金融保险业、房地产业、产业服务业等现代服务业的兴起与发展,使得第三产业对劳动力的吸纳能力和吸纳速度均超过第二产业。进入工业化发展后期,信息产业、电子工业、新材料、生物工程、海洋工程等知识密集型产业对劳动力的技能要求越来越高,需求数量相对减少,因此在城市化发展的后期,第三产业成为吸纳劳动力的主要产业。

城市群地区城市化与工业化发展也符合"S"形曲线的特征。因此,作为支持城市群发展的农村劳动力吸纳机制的重要一环,也应根据各城市群的不同阶段设定合理的劳动力吸纳产业。

7.3.2 期望工资模型与城市群农村劳动力吸纳机制

1. 城市化发展中一般的劳动力转移的供求模型

围绕中国产业演进、劳动力转移与城市化发展关系问题,第四章建立了反映农村劳动力转移规律的供求理论模型。模型描述如下:

(1)供给函数

农村剩余劳动力供给函数为:

$$S = S(w, a, n, e, d, s, \delta) \tag{7.3}$$

其中,w 为城市非农产业收入水平,a 为农业劳动生产率水平,n 为人口自然增长率,e 为教育水平,d 为城乡收入差距,s 为土地制度,δ 为其他相关制度。短时期内,在除工资外的因素不发生变化的情况下,供给函数可以简化为:

$$S = S(w) \tag{7.4}$$

即短期内,农村剩余劳动力的供给量取决于城市或非农产业的平均工资水平。

(2)需求函数

农村剩余劳动力的需求量与其影响因素之间的关系可以表示为：

$$D=D(w,g_m)=D(w,g_p,\eta)=D(w,k,c,s_i,l_i,z_i,z_u) \quad (7.5)$$

其中，g_m 为非农产业就业的增长率，g_p 为非农产业产值增长率，η 为非农产业对劳动力的吸纳能力，k 为非农产值增长率和地区资本积累，c 为地区消费水平和结构，s_i 为地区产业结构，l_i 为产业布局方式，z_i 为产业组织方式，z_u 为城市发展政策。

短期内，假设除工资外的因素是相对稳定的，则农村剩余劳动力的需求函数可以简化为：

$$D=D(w) \quad (7.6)$$

(3)中国农村剩余劳动力转移的供求模型

根据一般的农村剩余劳动力转移的供求理论模型(见图 4-2)，进一步建立了中国农村剩余劳动力转移的模型(见图 4-3)。这个模型说明了在新中国的三个历史阶段农村劳动力转移的不同状况。特别是指出，图上的需求曲线斜率不同，说明在同样资本的情况下，非农产业对劳动力的吸纳能力不同。改革开放前，中国重工业优先发展的战略决定了从农业向非农产业转移的劳动力数量非常有限。改革开放后，轻工业首先发展并得到快速发展，劳动力向非农产业的转移速度加快，需求曲线较平缓。进入 20 世纪末期，随着工业的再次重工业化，工业对劳动力的吸收能力显著下降，同时服务业还没有完全补偿重工业对于劳动力的排斥，非农就业转移速度减慢，农村剩余劳动力转移过早进入了"S"形转移模式的劳动力缓慢转移阶段。

2. 城市群吸纳农村劳动力转移的供求理论模型——期望工资模型

应该指出，前面建立起来的中国农村剩余劳动力转移供求模型是将我国农村剩余劳动力转移作为一个整体来进行研究，此时农村剩余劳动力在向城市转移的时候只有城市和农村的选择，因此可以将短期内影响供给函数和需求函数的因素简化为非农产业的工资水平。但在城市群地区城市化发展过程中,对农村剩余劳动力的吸纳要更复杂一些。对此,这里对前面的供求理论模型作一定的修改,代以期望工资模型,以更好地说明农村劳动力在向城市群中的城市转移时的实际情况。

城市群地区城市化的发展对农村剩余劳动力的吸纳,主要有两个来源:一是城市群地区本身的农村剩余劳动力,二是城市群地区之外的农村剩余劳动力。城市群地区本身的农村剩余劳动力在向城镇非农产业转移的时候面临的主要问题是,是向本城市群地区的城镇转移还是向别的城市群地区转移?一般来说,向其所在城市群地区城市非农业转移的倾向性会比较大一些。而在向所在城市群非农产业转移的时候面临的主要问题是,是向核心首位城市、次级中心还是卫星城镇转移?而在向城市群之外地区转移的时候也会面临同样的问题,即向哪个城市群地区转移?向城市群内的哪个等级的城市转移?以下从供求两个方面进行分析。

(1)供给函数

从供给的角度看,可以把影响农村剩余劳动力转移的因素归纳为:期望转移的目标城市群地区与本地的工资差异 W^* ($W^* = W^u/W^r$),这种差异越大,则转移的可能性越大;与目标城市群地区的距离远近(D),一般来说,农村剩余劳动力倾向于向较近的城市群地区转移;就业机会(C),就业机会越大,则农村剩余劳动力越倾向于向该城市群地区转移;是否属于本城市群地区(L),一般来说,本城市群地区的人比较倾向于转移到本城市群地区,而向非本城市群地区转移的倾向性要小很多;其他因素,如农业劳动生产率、人口自然增长率、教育水平、制度因素等,可以统一归纳为 δ,这些因素由于在短期内是稳定的,因此短期内不会对城市群地区农村剩余劳动力的供给产生影响。

由此,可以将城市群地区农村剩余劳动力的供给函数表示如下:

$$S = S(W^*, D, C, L, \delta) \qquad (7.7)$$

在短期内 δ 不发生变化的情况下,可以将 W^*、D、C、L 等变量综合成一个因素,即农村劳动力在向城市群转移时的期望工资 W^e。由此,(7.7)式中的供给函数可以改写成:

$$S = S(W^e) \tag{7.8}$$

W^e 与 W^*、D、C、L 之间的变化关系参见表 7-10。

表 7-10　城市群农村剩余劳动力供给函数变量变化关系

变量	变量变化趋势	期望工资(W^e)变化趋势	供给量(S)变化趋势
实际工资差异(W^*)	↑	↑	↑
距离(D)	↑	↑	↓
就业机会(C)	↑	↑	↑
是否城市群本地(L)	是	↑	↑

(2)需求函数

城市群地区城市化的发展对农村剩余劳动力的吸纳,从需求的角度来看,也主要有这样几个因素:城市群地区与农村剩余劳动力所在地的工资差异 W^*($W^* = W^u/W^r$),这种差异越大,则城市群对农村剩余劳动力的需求越大;城市群与农村剩余劳动力所在地的距离远近(D),一般来说,这个距离越远,则需求越小,说明城市群倾向于利用附近的农村劳动力;就业机会(C),就业机会越大,则对农村剩余劳动力的需求越大;是否属于本城市群地区(L),一般来说,城市群地区城市化进程对本地区农村剩余劳动力的需求比较大,而对非本地区的农村剩余劳动力的需求相对比较小,这是因为存在文化认同、语言交流等方面的因素;其他因素,如农业劳动生产率、人口自然增长率、教育水平、制度因素等,可以统一归纳为 δ。由于这些因素在短期内是稳定的,因此短期内不会对城市群地区农村剩余劳动力的需求产生影响。

由此,需求函数也可以表示成:

$$D = D(W^*, D, C, L, \delta) \tag{7.9}$$

同样,短期内 δ 不发生变化的情况下,可以将 W^*、D、C、L 等变量

综合成一个因素,即农村剩余劳动力在向城市群转移时的期望工资 W^e。由此(7.9)式中的需求函数可以改写成:

$$D=D(W^e) \tag{7.10}$$

W^e 与 W^*、D、C、L 之间的变化关系参见表 7-11。

表 7-11　城市群农村剩余劳动力需求函数变量变化关系

变量	变量变化趋势	期望工资(W^e)变化趋势	需求量(D)变化趋势
实际工资差异(W^*)	↓	↑	↓
距离(D)	↓	↑	↓
就业机会(C)	↑	↑	↑
是否城市群本地(L)	是	↑	↑

(3)供给函数与需求函数的整合

显然,供给函数曲线随 W^e 的增加而向右上方倾斜,而需求函数曲线则随 W^e 的增加而向右下方倾斜,参见图 7-9。

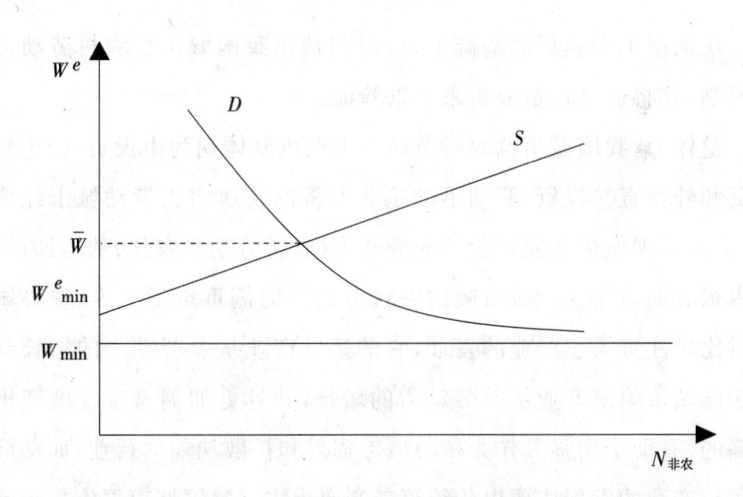

图 7-9　期望工资模型下供给曲线与需求曲线的变化趋势

由图 7-9 可见,从供给曲线来看,农村劳动力对向城市群地区转移业已形成一个所能获得工资的最低预期 W^e_{min},只有在高于这一最低预期的情况下才会向该城市群地区转移,而且转移量随着期望工资的升高而增加。$W_{\min}^e$ 的存在可以从近年来沿海出现的"民工荒"现象得到证实,正是由于部分沿海地区非农产业提供的工资低于农村劳动力向该地区转移时的最低预期工资 $W_{\min}^e$,才导致农村劳动力向这些地区转移数量的减少,甚至出现农民工回流的现象。一般来说,随着经济的增长,$W_{\min}^e$ 会呈现出不断上升的趋势。

而从需求曲线来看,城市群地区非农产业对农村劳动力的需求随着期望工资 W^e 的下降而增加。但是,W^e 的下降是以城市群内各城市当地政府所制定的最低工资保障额 $W_{\min}$ 为下限的,不会下降到 $W_{\min}$ 水平线以下。这样,需求曲线和供给曲线就会相交于均衡工资点 $\overline{W}$,$\overline{W}$ 一般会高于 $W_{\min}^e$。

7.3.3 期望工资模型下的城市群对农村劳动力的吸纳机制

在期望工资模型的基础上,可以归纳出我国城市群农村劳动力吸纳机制,并将通过计量分析来加以验证。

整体上,我国城市群农村劳动力吸纳机制体现为由投资(固定资产投资和外商直接投资)驱动下的工业经济的快速增长带动城市经济增长,从而实现城市非农产业从业劳动力(农村劳动非农化)的增加;城市群内核心城市与功能城市吸纳农村劳动力的侧重点不一样,核心城市相对比较注重第三产业的发展,它的第三产业从业劳动力的增长要快于功能城市第三产业从业劳动力的增长,并且更加侧重于发展知识含量高的、有助于增强其作为核心城市辐射和扩散功能的行业,而功能城市第三产业的发展主要以传统第三产业为主。我国城市群农村劳动力吸纳机制参见图 7-10。

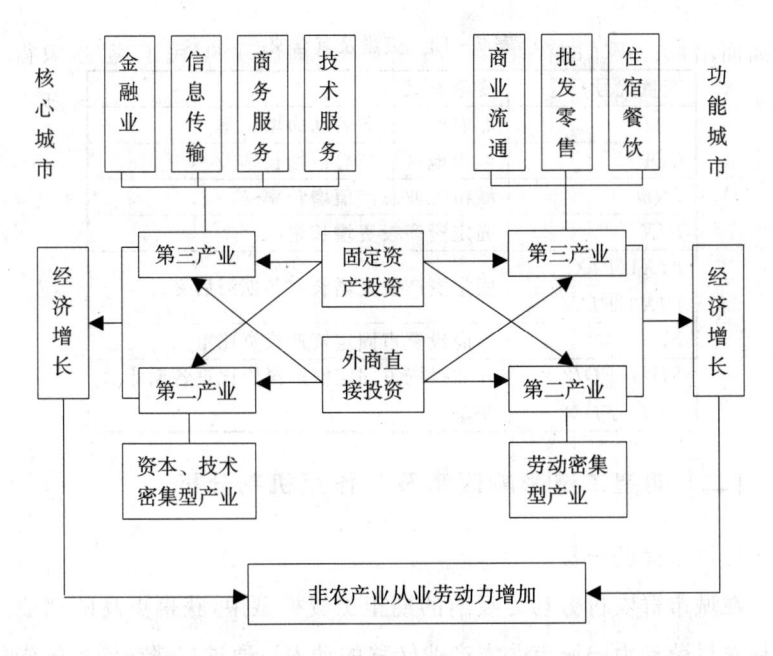

图 7-10 我国城市群对农村劳动力的吸纳机制

(一) 模型及变量解析

下面进一步通过三个城市群 10 个城市的面板数据进行计量分析,对城市群吸纳农村劳动力机制进行说明。选取的样本城市包括广州、深圳、东莞、上海、南京、无锡、常州、南通、北京、天津等 10 个数据较为完整的城市,时间跨度为自 1981 年到 2004 年。

所采用的模型是这样的:

这是通用模型。变量可分别代入公式中的 X,计算出各个数值。

$$Y_{it} = \alpha_{it} + \beta_{it}X_{it} + \varepsilon_{it} \quad i=1,2,\cdots,10; t=1,2,\cdots,24 \quad (7.11)$$

各变量及其含义参见表 7-12。

所有数据均为各城市所包含的地区(市)的总量指标,而非城市市区的指标。考虑到改革开放以来我国经济增长在各个阶段均表现出了各自的特征,因此在采用这 10 个城市的数据进行面板分析的时候均采取了跨期加权(period weights)最小二乘回归分析方法。

表 7-12　变量及其含义

变量代号	变量意义
LAB	非农产业从业劳动力增长率
GDP	城市地区生产总值增长率
IND	城市工业总产值增长率
FIX	固定资产投资增长率
FIX1、FIX2、FIX3、FIX4	固定资产投资增长率各期滞后变量
FDI	外商投资占固定资产投资比重
FDI1、FDI2、FDI3、FDI4	外商投资占固定资产投资比重各期滞后变量

（二）期望工资影响因素及其作用机制分析

1. 供给面的分析

在城市群农村劳动力吸纳的期望工资模型中，获得更高的期望工资是农村劳动力向城市非农产业转移的动力。通过相邻或同乡的先验知识是农村劳动力了解向某一个城市转移可能获得的期望工资的重要渠道。也就是说，在对某一个城市非农产业就业所能够获得的工资收入没有明确认识的情况下，他们一般可能通过已经转移到某城市的相邻或同乡的就业情况来作出判断。在决定将要前往某一个城市非农产业寻求就业机会的时候，如果之前数年内相邻或同乡已经到该城市并得到较好的就业机会和较高的期望工资收入，他们则有可能追随相邻或同乡前往该城市非农产业寻求就业机会。

因此，通过考察城市非农产业从业劳动力增长率预期自身滞后变量之间的关系可以验证前面的假设。在对所选取的 10 个城市自 1986—2004 年①的数据采用式 7.11 的模型进行分析，得到的结果参见表 7-13。

在表 7-13 的回归结果中，一期滞后变量 $LAB1$ 的 t-统计量显著，调整后的 R^2 为 0.801 869，证明农村劳动力向城市转移的过程中，

---

① 因有滞后变量，所以回归分析时利用的数据虽然是 1987—2004 年的，但实际数据是 1986—2004 年的。

对相邻或同乡的有关期望工资收入的先验知识有明显的依赖性。

表 7-13 非农产业从业劳动力增长率与自身滞后变量间的关系分析

因变量：LAB			方法：合并广义最小二乘法（跨期加权）	
样本（调整后）：1987—2004			观测时间：18年（调整后）	
地区数：10			总观测值（平衡面板）：180	
变量	系数	标准误	t-值	P值
C	0.755 294	0.022 880	33.011 22	0.000 0
LAB1	0.389 175	0.015 958	24.387 00	0.000 0
		加权统计量		
R^2	0.802 976		调整后 R^2	0.801 869

2. 需求面的分析

（1）非农产业从业劳动力与 GDP 增长的关系

从需求的角度来看，一个城市的经济增长状况才是真正决定其吸纳农村劳动力能力的因素。一般来说，一个城市经济增长率高通常意味着较多的就业机会和较高的期望工资收入。因此，城市经济增长率高意味着其吸纳农村劳动力能力强。这从非农产业从业劳动力与 GDP 增长率间的面板数据回归分析结果可以看出，参见表 7-14。从表 7-14 中的情况来看，调整后的 R^2 为 0.976 030，t-统计量显著，城市非农产业从业劳动力与 GDP 增长率之间的关系得到体现。

表 7-14 非农产业从业劳动力与 GDP 增长率统计分析

因变量：LAB			方法：合并广义最小二乘法（跨期加权）	
样本（调整后）：1986—2004			观测时间：19年（调整后）	
地区数：10			总观测值（平衡面板）：190	
变量	系数	标准误	t-值	P值
C	1.241 712	0.013 752	90.296 04	0.000 0
GDP	0.730 081	0.014 400	50.700 62	0.000 0
		加权统计量		
R^2	0.976 157		调整后 R^2	0.976 030

(2) 工业经济是城市经济增长的推动力

10个样本城市 1986—2004 年的 GDP 增长率与工业总产值增长率间的分析结果参见表 7-15。分析结果的调整后 R^2 为 0.764 532。这说明,从改革开放至今,由于我国经济增长的阶段性特征所决定,各城市的经济增长主要由工业经济的快速发展所带动。这从各城市地区生产总值中工业增加值所占比重大多超过 50% 也可以得到佐证。

表 7-15　城市 GDP 增长率与工业总产值增长率的变动关系

因变量:GDP		方法:合并广义最小二乘法(跨期加权)	
样本(调整后):1986—2004		观测时间:19 年(调整后)	
地区数:10		总观测值(平衡面板):190	
变量	系数	标准误	t-值	P 值
C	−0.672 766	0.048 801	−13.785 94	0.000 0
IND	0.183 809	0.008 112	22.658 57	0.000 0
加权统计量			
R^2	0.765 778	调整后 R^2	0.764 532

(3) 城市固定资产投资和外商直接投资带动了工业经济的快速发展

表 7-16　工业总产值增长率与固定资产投资和外商直接投资的关系分析①

因变量:IND		方法:合并广义最小二乘法(跨期加权)	
样本(调整后):1987—2004		观测时间:18 年(调整后)	
地区数:10		总观测值(平衡面板):180	
变量	系数	标准误	t-值	P 值
C	0.441 298	0.205 642	2.145 956	0.033 2
FIX1	0.132 253	0.012 154	10.881 82	0.000 0
FIX2	0.101 258	0.007 928	12.771 48	0.000 0
FDI	0.061 936	0.009 501	6.518 985	0.000 0
加权统计量			
R^2	0.822 523	调整后 R^2	0.819 660

---

① 详细回归分析过程参见本章最后一节。

工业经济的快速发展离不开固定资产投资和外商投资(尤其在沿海地区体现更为明显)。通过各城市的固定资产投资和外商直接投资投向的产业可以发现,工业是投资的主体,因此,工业经济的快速发展是以固定资产投资和外商直接投资的快速增长为前提的,这在我国经济增长方式由粗放型转向集约型之前尤其如此。工业经济的快速发展,同时也带动了城市第三产业的快速发展,促进了第三产业对农村劳动力的吸纳。10个样本城市1986—2004年的工业总产值增长率与固定资产投资和外商直接投资的关系间的分析结果参见表7-16。分析结果的调整后R^2为0.819 660。

(4)城市群内不同等级城市非农产业吸纳农村劳动力的差异

在城市群中,核心城市与各功能城市的产业和功能梯度分布则会增强城市群作为一个整体的农村劳动力吸纳能力。从制造业的角度看,核心城市相对侧重于资本、技术密集型产业的发展,而功能城市则相对侧重于劳动密集型产业的发展。第三产业方面,核心城市更加侧重于发展增强信息传输、金融、商务服务和技术服务等知识

表7-17 三大城市群中的部分城市第三产业投资与劳动力主要指标

(单位:%)

年份		上海	北京	广州	深圳	天津	佛山	宁波
2003	固定资产投资	66.92	77.30	78.55	65.05	37.18	30.68	51.80
	实际利用外资	56.92	65.63	42.47	36.91	—	11.05	7.12
	知识型服务业	13.83	25.88	10.70	18.24	8.85	8.80	6.52
	传统服务业	60.78	46.54	67.07	61.98	61.43	73.14	72.42
2004	固定资产投资	67.08	67.60	80.60	58.60	34.82	37.23	51.25
	实际利用外资	44.61	62.71	37.19	—		9.80	11.84
	知识型服务业	16.58	28.66	14.74	18.68	11.53	9.53	7.42
	传统服务业	59.74	45.12	62.96	60.79	63.83	71.66	74.00

注:①固定资产投资指该市当年固定资产投资总额中第三产业所占比例,其中北京不包括房地产。②实际利用外资指该市当年实际利用外商直接投资中第三产业所占比例。③知识型服务业指信息传输与计算机软件、金融业、租赁和商务服务、科研和技术服务四类行业从业劳动力占当年该市第三产业总从业劳动力比例。④传统服务业指交通运输、仓储、邮政业,批发和零售业,住宿和餐饮业,居民服务业四类行业从业劳动力占当年该市第三产业总从业劳动力的比例。

资料来源:各市2004、2005年统计年鉴。

含量高的行业,而功能城市则主要以传统第三产业如批发零售业、住宿和餐饮业、居民服务为主。从表 7-17 可见,上海、北京、广州、深圳等核心城市第三产业占固定资产投资和外商直接投资的比例要明显高于天津、佛山、宁波等城市。而且,核心城市的第三产业中,以金融业、信息传输与计算机软件业、商务服务和技术服务业为代表的现代知识型服务业从业劳动力占第三产业总从业劳动力的比重,也高于其他城市。

以上分析说明,从整体上来说,固定资产投资和外商直接投资是三大城市群的城市农村劳动力吸纳机制的原动力。而在城市群内各城市(尤其是核心城市与次中心城市、功能城市)的农村劳动力吸纳机制方面,在它们的相互关系和定位还不明晰的时候,还只是体现在第二产业和第三产业吸纳农村劳动力的整体但尚显模糊的差别上,如由于第二产业中劳动密集与资本、技术密集型产业的分布差别所导致的第三产业中知识密集型与传统型服务业对农村劳动力吸纳能力的差别等方面。

7.3.4 城市工业增长中固定资产投资与外商直接投资的作用分析

在实际回归分析的过程中,通过自变量 FIX、FDI 及其各期滞后变量对 IND 的不同回归测试,发现固定资产投资和外商投资对样本城市的工业经济发展的推动作用方式并不一致,固定资产投资主要体现为两期滞后变量的影响,即某年的固定资产投资对其后两年内该城市的工业经济发展影响较大,而外商投资则主要体现为对当年的工业生产总值影响大。

首先,考虑固定资产投资和外商投资对城市工业经济发展五年内的影响,即分别采用固定资产投资增长率(FIX)与外商直接投资占固定资产投资比例(FDI)及其一期、二期、三期、四期滞后变量对工业总产值增长率(IND)进行回归分析,得到的结果见表7-18。

表7-18 含四期滞后变量的回归结果

因变量:IND		方法:合并广义最小二乘法(跨期加权)	
样本(调整后):1987—2004		观测时间:18年(调整后)	
地区数:10		总观测值(平衡面板):180	
一步加权矩阵后的线性回归			
跨区加权(PCSE)标准误和协方差(经自由度校正)			
变量	系数	标准误	t-值	P值
C	17.878 00	0.786 232	22.738 82	0.000 0
FIX	−0.084 562	0.023 884	−3.540 591	0.000 5
FIX1	0.134 229	0.020 383	6.585 439	0.000 0
FIX2	0.067 535	0.008 285	8.151 108	0.000 0
FIX3	−0.009 500	0.010 419	−0.911 789	0.363 2
FIX4	0.009 115	0.010 343	0.881 276	0.379 4
FDI	−0.013 988	0.011 167	−1.252 613	0.212 1
FDI1	−0.356 418	0.012 666	−28.140 38	0.000 0
FDI2	0.264 769	0.010 357	25.563 57	0.000 0
FDI3	−0.103 921	0.013 190	−7.878 905	0.000 0
FDI4	−0.224 727	0.014 820	−15.164 25	0.000 0
加权统计量			
R^2	0.997 641	因变量均值	14.296 31
调整后 R^2	0.997 516	因变量标准差	29.963 02
回归标准误	1.493 345	残值平方和	379.113 7
F-统计量	7 987.949	D-W统计量	2.745 058
P值(F-统计量)	0.000 000		

从分析得到的结果来看,固定资产投资的三期符号与预期的相反,而且不显著,因此基本上可以将三期、四期滞后变量从模型中剔除。FDI的三期、四期滞后变量的符号均与预期相反,因此FDI的三期、四期滞后变量也从模型中剔除。经过变量调整后的模型回归结果如表7-19所示。

表 7-19　含两期滞后变量的回归结果

因变量：IND		方法：合并广义最小二乘法（跨期加权）	
样本（调整后）：1986—2004		观测时间：19 年（调整后）	
地区数：10		总观测值（平衡面板）：190	
一步加权矩阵后的线性回归			
跨区加权（PCSE）标准误和协方差（经自由度校正）			
变量	系数	标准误	t-值	P 值
C	6.138 326	1.786 671	3.435 622	0.000 7
FIX	-0.087 393	0.050 340	-1.736 066	0.084 2
FIX1	0.080 923	0.024 582	3.292 009	0.001 2
FIX2	0.084 560	0.014 521	5.823 449	0.000 0
FDI	0.042 074	0.014 395	2.922 889	0.003 9
FDI1	-0.101 560	0.029 226	-3.474 950	0.000 6
FDI2	0.003 608	0.010 699	0.337 190	0.736 4
加权统计量			
R^2	0.911 025	因变量均值	6.980 051
调整后 R^2	0.908 108	因变量标准差	9.668 460
回归标准误	2.930 864	残值平方和	1 571.963
F-统计量	312.294 5	D-W 统计量	1.718 941
P 值（F-统计量）	0.000 000		

经过变量调整之后的模型回归结果仍然不令人满意,主要是 FIX 当期变量符号与预期不符,FDI 一期之后变量符号与预期不符。将变量 FIX 与 FDI 的一期、二期滞后变量去除后再次回归,得到结果如表 7-20 所示。

回归分析得到的结果中,各变量均统计显著,调整后的 R^2 值为 0.819 660,D-W 统计量为 1.932 344。通过对这 10 个样本城市 1986—2004 年 19 年间数据的面板分析,可以认为固定资产投资和外商投资对样本城市的工业经济发展的推动作用方式并不一致,固定资产投资主要体现为两期滞后变量的影响,即某年的固定资产投资对其后两年内该城市的工业经济发展影响较大,而外商投资则主要体现为对当年的工业生产总值的影响大。

表7-20 剔出不合预期滞后变量的回归结果

因变量：IND		方法：合并广义最小二乘法（跨期加权）	
样本（调整后）：1986—2004		观测时间：19年（调整后）	
地区数：10		总观测值（平衡面板）：190	
一步加权矩阵后的线性回归			
跨区加权（PCSE）标准误和协方差（经自由度校正）			
变量	系数	标准误	t-值	P值
C	0.441 298	0.205 642	2.145 956	0.033 2
$FIX1$	0.132 253	0.012 154	10.881 82	0.000 0
$FIX2$	0.101 258	0.007 928	12.771 48	0.000 0
FDI	0.061 936	0.009 501	6.518 985	0.000 0
加权统计量			
R^2	0.822 523	因变量均值	8.103 011
调整后 R^2	0.819 660	因变量标准差	7.792 129
回归标准误	3.309 038	残值平方和	2 036.650
F-统计量	287.340 8	$D-W$统计量	1.932 344
P值（F-统计量）	0.000 000		

第八章 产业演进与中国服务业发展

中国城市化自 20 世纪末进入了不可逆转的快速发展阶段以后,一方面城市人口的迅速增加和城市功能的提升为服务业发展提供了强大动力;另一方面城市服务业的滞后发展既成为产业演进中的明显"短板",又影响了对进城劳动力的吸纳规模。因此,重点研究服务业发展问题,促进中国服务业与城市化的协调发展,是走中国特色城市化道路的一个重要的理论和现实问题。

8.1 服务业与城市化发展关系理论简述

8.1.1 服务业发展与城市化的内在联系机理

城市化是影响服务业发展的一个基本因素。伴随着城市化出现的人口聚集,是服务业起步发展的重要前提,而世界各国的发展实践表明,随着城市化水平的逐步提高,服务业比重将持续扩大,服务业种类更趋丰富。[1] 两者具有内在的联系。

---

[1] 本书采用经济学家辛格曼按经济功能对服务的分类,把服务划分为流通服务、生产者服务、社会服务和个人服务。流通服务包括交通运输、邮电仓储、批零贸易等;生产者服务是作为生产过程的中间投入,提供给企业和经济组织的服务,包括金融、保险、房地产和会计、法律、咨询管理等商务服务;社会服务包括卫生医疗、教育文化、福利和宗教服务、非营利机构、政府、其他专业化服务和社会服务等;个人服务包括家庭服务、旅馆和饮食业、修理服务、洗衣服务、理发和美容、娱乐和休闲、其他个人服务。

（一）动态联系机理

1. 从产业升级的角度看，城市化即非农化，因此，服务业发展是城市化顺利推进的产业基础

在经济学中，城市化的基本含义是指由于工业化而引起的劳动力由农村向城市、由农业向非农产业转移的过程。从城市化发展的内在根源说，农村劳动力由分散经营、生产率较低的农业转移到布局集中、生产率较高的工业是城市化起步的关键，并会带动相应的生活服务和生产服务的发展。因此，城市化与非农化是紧密相联的。我国学者辜胜阻等在20世纪90年代初就明确提出，劳动力由农业向非农产业转移是城市化的关键，城市化必须以非农产业即工业和服务业的快速发展为条件。[1]

近年来我国学者对世界主要国家城市化历程的分析进一步表明，工业在其前期和中期阶段具有直接和较大的带动作用，而"当工业化演进到较高阶段、人均收入达到较高水平以后，对城市化进程的主导作用逐步由工业转变为整个非农产业"，"非农产业就业比重的上升明显快于生产比重的上升，而这主要不是工业而是服务业的就业增长带动的"。[2] 这一研究结果深入揭示了城市化与服务业发展的关系，表明两者之间最直接的联系是服务业对城市就业具有较强的吸纳作用，服务业所提供的大量就业岗位是保证农村劳动力顺利转移和城市化持续发展的基础。

2. 从分工深化的角度看，服务业的发展和城市化统一于分工演进的过程，服务业发展和城市化都是分工深化的结果

分工有利于提高劳动熟练程度，节省劳动时间，促进技术发明与运用，因此，分工有利于增进劳动生产率。亚当·斯密曾明确指出，分工是获得报酬递增的重要途径，是经济增长的源泉。20世纪以后，随着

---

[1] 参见辜胜阻等主编：《当代中国人口流动与城镇化》，武汉大学出版社1994年版。
[2] 郭克莎："工业化与城市化关系的经济学分析"，《中国社会科学》2002年第2期，第47页。

分工的不断细化和深化，经济学家对分工的认识越来越深入，研究表明，分工不仅会催生出新的行业和部门，形成不同的产业结构，而且在空间上也会形成有利于分工和协作的地理形式——城市。

从分工经济的角度看，服务业也是分工深化的产物。世界上最古老的服务行业——商业就是第三次社会大分工的产物。进入现代工业社会后，分工开始在产业间和产业内、企业间和企业内、国家间和国家内等几个层面同时演进。至第二次世界大战后，分工的空间范围和专业化程度都得到了极大提高，表现为国际分工逐步取代国内分工而占据了主导地位，传统的产业间分工发展为产业内分工，而且一些产业的产品还实现了不同生产环节、不同零部件以及不同生产工艺之间的分工。分工的逐步细化、深化，促使一些原本由企业内部承担的服务，如设计研发、运输仓储、市场营销等逐渐独立出来，成为市场化和产业化的服务活动；此外，分工的细化、深化还使市场关系更加复杂，市场种类和层次更多样化，这也导致了许多新兴的现代服务业的出现。这些都是推动现代服务业规模扩大、比重提高的重要原因。

综上所述，服务业和城市化的发展都是分工演进的结果，由此可进一步推断，分工发展到一定阶段必然导致服务业和城市化的共同演进。这是服务业与城市化动态联系的另一个重要方面。

（二）静态联系机理

1. 服务的经济特性决定了城市是服务业发展的主要场所

无形性、不可储存性、生产与消费的同时性是服务所具有的一般特点，其中不可存储性、生产与消费的同时性意味着，服务必须最大程度地靠近它的消费者，服务的交付必须在生产者与消费者近距离接触的情况下才能实现。因此，经济学家普遍认为，人口规模或者说市场规模是制约服务业发展的根本条件，只有大量的人口和经济组织集中在一起，才有可能提供服务产业化所需的足够大的市场需求。城市拥有密集的人口、数量众多的经济组织和迂回复杂的经济关系，因此，城市具有服务业生存和发展的天然良好环境，是服务业发展的主要场所。

在现代信息和通信技术的影响下,虽然服务的时空限制性在一定程度上有所减弱,一些服务产业还可以借助技术手段实现存储和异地消费,如软件设计和服务外包等。但是,许多研究表明,现代技术对服务业根本属性的改变是有限的,大多数服务活动仍要受到明显的时空限制。而且,服务生产者与消费者面对面的直接交流,对服务质量、服务的最终效果具有十分重要的正面影响。因此,借助技术手段所实现的新的服务方式与传统的服务方式之间不是替代关系,而是一种互补关系。现代服务业的基本属性未发生根本改变,城市依然是服务业聚集、发展的主要场所。

2. 服务业是城市聚集经济效应形成和发挥的主要产业载体

聚集经济是城市经济优越性的集中体现,是推动城市化持续发展的主要动力。当众多的家庭、公共机关和企业聚集在一个地区时,地理上的紧密接近就能带来内在的规模报酬、信息交流最大化、专业化分工和专业劳动力的集中供给等诸多好处,从而给家庭、公共机关和企业带来额外的收益。

中间投入品的规模经济、劳动力市场共享和知识的溢出是城市聚集经济出现的三个主要原因。城市通过向不同行业的企业提供共有的具有规模经济的商务服务(如银行、保险、房地产、旅馆、建筑物维修)和公共服务(如治安、消防、交通、学校),来降低每个企业的成本;城市还在整个城市范围内提供劳动力市场的共享服务,使企业可以更容易地增加或减少劳动力;城市聚集了各行各业的人才,具有不同特长和兴趣爱好的人进行面对面的交流,加速了技术的传播和创新思想的产生。这些都促成了城市聚集经济的形成。

显然,城市的聚集经济效应与各种类型的服务活动是密不可分的。事实上服务业是城市聚集经济效应发挥的主要产业载体,城市聚集经济离不开基础性公共服务、商务服务、要素市场服务、流通服务、教育服务等多种服务活动的支持。城市经济的吸引力、聚集力正是通过这些服务行业的良好运行得以实现的。因此,城市聚集经济是把服务业与城市化紧密联系在一起的一个重要因素。

3. 城市功能的完善依赖于服务业的发展

工业革命以后,由于现代工业的建立,城市的生产和市场交易功能日益强大起来。英国城市经济学家巴顿指出,城市是一个坐落在有限空间地区内的各种经济市场——住房、劳动力、土地、运输等——相互交织在一起的网状系统。① 这在一个重要的方面揭示了城市具有经济中心的一个重要特征。

进入20世纪以后,城市的文化、教育、科技等功能随城市生产、生活的需要而逐渐发展起来,城市所创造的巨大物质和精神财富成为人类文明进步的重要基础。今天,城市已发展成为一个地区的政治、经济、文化、科技和教育的中心,城市具有显著的综合服务功能。现实中,城市的上述功能主要是以服务活动的形式存在的,它们表现为城市公共服务、商务服务、文化教育服务、科技研发服务等。因此许多学者指出,服务业是城市功能发挥的主要产业载体,城市功能的强弱主要依赖于服务业的发展水平,城市服务业的种类越多、规模越大、专业化分工水平越高,城市功能就越强大、越完善。

城市化是城市功能不断得到提升和完善的过程,因此,伴随着城市化水平的逐步提高,提升城市功能的现实需要必然推动城市服务业的快速发展。这是服务业发展与城市化密不可分的另一个重要原因。

8.1.2 产业结构视角下服务业与城市化的动态发展关系

(一) 库兹涅茨和钱纳里的实证研究结果

库兹涅茨考察了19世纪50年代至20世纪50年代主要资本主义国家的产业结构变动情况。他发现,发达经济的不断城市化、集中生产和分散消费的矛盾、经济组织和生产系统的日益复杂化、生活方式的变

---

① 参见巴顿著,上海社会科学院城市经济研究室译:《城市经济学》,商务印书馆1984年版,第4页。

化、耐用消费品使用的扩大是导致服务业规模迅速扩大的主要原因。此外,库兹涅茨通过对美国的实证研究发现,在服务业中,交通与通信、商业(或贸易)是发展最迅速的两个行业。这说明在以工业技术为主导的经济发展和城市化阶段,流通服务是服务业中处于上升趋势的先导产业,这与当时城市聚集和扩散主要依靠有形资源的发展特点是一致的。①

钱纳里研究了1950—1970年间一百多个国家伴随着经济增长所出现的经济结构的显著变化,得出服务业产出结构和就业结构变动的标准模式是,按1964年美元计算,人均GNP从100美元以下提高到1 000美元以上,服务业的产出比重将从0.3上升到0.386,就业比重将从0.210上升到0.473;且产出比重变化的中点不明显,就业比重变化的中点出现在人均GNP约450美元的水平上。

在钱纳里产业结构变动的标准模式中,城市化水平也是稳步提高的,从人均GNP 100美元以下时的0.128上升到人均GNP 1 000美元以上时的0.658,提高了0.530个百分点,变化的中点大约出现在人均国民生产总值250美元的水平上。②

综合来看,在钱纳里的研究结果中,城市化的发展进程要早于服务业。在人均国民生产总值达到250美元时,城市化就已经完成了一半的过渡,而服务业就业在人均国民生产总值达到450美元时才完成一半的过渡。这在一个方面验证了服务业是城市化后续动力的观点。

(二)富克斯、鲍莫尔和丹尼尔·贝尔对服务业增长规律的研究

富克斯对美国1929—1965年间服务业就业、产出和生产率增长方面的情况进行了研究,发现无论是从行业还是职业的角度考察,美国从事服务活动的劳动力人数都大幅增长,但在产出方面,服务业比重

---

① 参见库兹涅茨著:《现代经济增长》,北京经济学院出版社1989年版,第45—92页。
② 参见钱纳里著:《发展的型式:1950—1970》,经济科学出版社1988年版,第16页。

的增长是不明显的。富克斯分析认为,服务业劳动生产率增长缓慢是导致服务业产出比重变化不大的主要原因。鲍莫尔利用一个简单的两部门增长模型,进一步说明了由于服务部门生产率增长落后于制造业部门,所以服务部门的不断扩大最终将导致整个经济的增长速度放慢。①

丹尼尔·贝尔对服务业增长的看法体现在他的后工业社会思想中。贝尔认为,后工业社会在经济上意味着从产品生产经济转变为服务型经济,即大多数劳动力不再从事农业或制造业,而是从事贸易、金融、运输、保健、娱乐、研究、教育和管理等服务业。贝尔发现20世纪以来美国经济结构和职业结构有两次重大的变化,一是向服务业的转化;二是公共部门作为就业的主要领域而发展起来。这表明,服务业的增长不仅是由个人需求增长推动的,而且有很大一部分是由公共需求增长推动的。②

富克斯、鲍莫尔和丹尼尔·贝尔的研究结果反映了20世纪30年代至70年代美国进入高度城市化阶段后,经济结构逐渐向服务经济转型的情况,这一发展趋势很快就在其他发达国家开始显现。

(三) 第二次世界大战后,发展中国家城市化与服务业联系加强的趋势及原因

第二次世界大战后,发展中国家的城市化水平得到迅速提高,成为推动世界城市化进程的主要力量。其中拉美国家的城市化发展很快,且城市化与工业化的联系并不紧密,城市化与服务业比重的上升基本上是同步的。在较低的经济发展水平上,拉美国家就实现了高度的城市化和高比重的服务业。

对此,早期的观点认为,由于服务业效率低下,由服务业带动的城市化是低效率的、不长久的,不能推动经济的增长,因此对拉美国家的城市

---

① 参见富克斯著:《服务经济学》,商务印书馆1987年版。
② 参见丹尼尔·贝尔著:《后工业社会的来临》,商务印书馆1984年版,第20页。

化模式持否定态度,称之为"过度城市化"和"没有工业化的城市化"。

新近的观点指出,拉美国家的城市化模式具有一定的可取之处,原因之一是发展服务业有利于增加城市就业,减少失业,保持城市经济的稳定;原因之二是发达国家和发展中国家经济发展的环境发生了较大变化,如工业资本有机构成提高,人力资本重要性增强以及发达国家文化观念、生活方式的影响等,会导致先行国和后进国之间存在着明显的结构成长偏差,表现为,发展中国家服务业起步的时点大大提前,在第二产业尚未充分发展时,服务业就已开始兴起,因此服务业与城市化的联系明显加强。

(四) 20世纪60年代后,信息化和全球化推动发达国家的经济结构日益服务化,其中生产者服务的增长最迅速,并带动了城市功能的升级

在全球化和经济信息化的影响下,20世纪60年代发达国家的经济结构出现了向服务型经济全面转型的变化,并带动了全球范围内一次新的产业结构调整。在这次结构调整过程中,生产者服务的增长异常迅速,并具有突出的重要性。研究显示,由于全球市场的竞争日趋激烈,产品技术更新的速度不断加快,生产过程变得更加复杂和专业化,这增加了企业对生产的中间投入性服务——如研发、产品推广、组织变革、引进新技术、市场营销等服务——的需求,从而推动了生产者服务的迅速增长。

由于生产过程越来越多地使用服务,并且越来越多的劳动力流入服务领域就业,因此无论是从产出还是从就业的角度衡量,近年来各国经济都出现了明显的服务化趋势。研究显示,发达国家在60年代完成由工业经济形态向服务型经济形态的转换,新兴工业化国家和地区于80年代、发展中工业化国家和地区于90年代也分别开始向服务型经济形态转换。

生产者服务是知识技术密集型服务,投入要素主要是人力资本和知识资本,因此其产出中也包含有大量的人力资本和知识资本,这对促

进创新和地区增长具有重要作用。20世纪90年代,随着美国新经济的出现,生产者服务的重要性受到越来越多的重视,各国政府都在致力于推动生产者服务的发展。发展生产者服务要依赖于高素质的人才、发达的基础设施和较大的市场规模,这些条件只有在较大的城市才能得到满足。因此生产者服务的快速增长主要集中于大城市,并体现为城市产业结构的进一步高级化和城市功能向以生产服务功能为主的转变。

8.2 对典型国家服务业与城市化发展关系的实证考察

这一节,将通过对几个典型国家的实证分析,探究和总结在不同的城市化发展阶段,服务业的总体规模和内部结构所发生的变化特征。[①]

8.2.1 发达国家:以英国和美国为例

(一) 英美城市化进程中服务业总比重的变动趋势

18世纪末,英国的工业化进程开始起步,城市化也随之迅速发展起来。1801年,英国的城市化率是26%,三次产业的产出比重是32.5%:23.4%:44%,就业比重是35.9%:29.7%:34.5%。从产业结构的角度分析,英国的服务业发展水平不仅高于城市化水平,而且显著地高于工业的发展水平,这说明,英国在工业化和城市化的早期就已经具有十分发达的服务业。

1801—1851年,英国的城市化率由26%提高到50%。这一时期,

---

① 一般称城市化率低于30%的发展阶段为城市化的起步阶段,城市化率处于30%至70%之间的阶段为城市化的加速发展阶段,城市化率处于70%以上的阶段为城市化的高级发展阶段。在此,我们进一步定义城市化率处于30%—50%的阶段为城市化加速发展阶段的中前期,城市化率处于50%—70%的阶段为城市化加速发展阶段的中后期。

英国的服务业产出比重上升到45.3%,仅提高了1.3个百分点,就业比重上升到35.5%,仅提高了1个百分点。形成鲜明对比的是,工业比重的上升很快(见表8-1),说明这一阶段工业发展对城市化的带动作用十分显著。

表8-1 英国1801—2000年城市化率与产业结构的变动

(单位:%)

年份	城市化	生产结构			就业结构		
		农业	工业	服务业	农业	工业	服务业
1801	26	32.5	23.4	44	35.9	29.7	34.5
1851	50	20.3	34.3	45.3	21.7	42.9	35.5
1901	75	6.4	40.2	53.5	8.7	46.3	45.1
2000	89.5			66			72.9
城市化中前期的变动 (1801—1851年)	24	−12.2	10.9	1.3	−14.2	13.2	1
城市化中后期的变动 (1851—1901年)	25	−14.1	5.9	8.2	−13	3.4	9.6
整个加速时期的变动 (1801—1901年)	49	−26.1	16.8	9.5	−27.2	16.6	10.6

资料来源:黄少军《服务业与经济增长》,经济科学出版社2000年版,第262—263页;高佩义《中外城市化比较研究》,南开大学出版社2004年版,第46页;《国际统计年鉴(2004)》,中国统计出版社2005年版。

1851—1901年,英国城市化率提高了25个百分点,城市化水平达到75%。在此期间,英国服务业的产出比重由45.3%提高到53.5%,提高了8.2个百分点;就业比重由35.5%提高到45.1%,提高了9.6个百分点。与前一阶段相比,工业增长的速度明显放慢了,工业产出和就业比重的上升幅度都小于服务业。这说明在英国城市化的中后期,服务业对城市化的贡献明显加强,服务业对城市化的推动作用已经超过了工业。

美国城市化进程中服务业发展的特点与英国十分相似(见表8-2)。在城市化起步之初,美国经济中服务业的比重就较高,1860年美国城市化率为19.8%,当年服务业产出的比重达到43%,服务业就业的比重为 24.9%,均高于工业的比重。

1860—1920 年,美国城市化率由 19.8% 提高到 51.2%,基本实现了城市化。在此期间,美国工业产出比重由 16.2% 提高到 32%,上升了 15.8 个百分点;工业就业比重由 18% 提高到 31.7%,上升了 13.7 个百分点。服务业增长的特点是,产出比重小幅上升,仅上升了 4 个百分点;就业比重上升幅度较大,上升了 12.8 个百分点。

1920—1960 年,美国城市化继续保持了快速上升的趋头,城市化率由 51.2% 提高到近 70%。与此同时,美国服务业的产出比重由 47% 提高到 58%,上升了 11 个百分点,就业比重由 37.7% 提高到 59%,上升了 21.3 个百分点。而工业快速增长的趋势已明显减缓,工业产出比重仅上升了 6 个百分点,就业比重仅上升了 2.3 个百分点。这说明在美国城市化的中后期,服务业的增长速度要明显快于工业,服务业已成为带动城市化水平提高的主要力量。

表 8-2 美国 1860—2000 年城市化率与产业结构的变动

(单位:%)

年份	城市化	生产结构			就业结构		
		农业	工业	服务业	农业	工业	服务业
1860	19.8	40.8	16.2	43	57	18	24.9
1900	39.7	29	25.4	45.6	40.6	28	31.3
1920	51.2	21	32	47	30.6	31.7	37.7
1960	69.9	4	38	58	7	34	59
2000	77.2	—	—	76.1	—	—	74.1
城市化中前期的变动 (1860—1920 年)	32.4	−19.8	15.8	4	−26.4	13.7	12.8
城市化中后期的变动 (1920—1960 年)	18.7	−17	6	11	−23.6	2.3	21.3
整个加速发展时期的变动 (1860—1960 年)	50.1	−36.8	21.8	15	−50	16	34.1

资料来源:王章辉《欧美农村劳动力的转移与城市化》,第 67 页;黄少军《服务业与经济增长》,第 268—269 页;高佩义《中外城市化比较研究》,第 17 页;毛健"我国产业结构变动的比较分析",《经济纵横》2002 年第 1 期,第 18 页。

(二)英美两国城市化进程中服务业内部结构的变动

流通服务的快速增长是英美城市化中前期服务业发展的共同特点（见表8-3、表8-4）。1801—1851年,英国流通服务的产出比重上升了1.3个百分点,就业比重上升了4.6个百分点,是这一时期带动英国服务业总比重上升的主要力量。1859—1920年,美国流通服务的产出比重上升了5个百分点,就业比重上升了11.8个百分点,而1859—1920年,美国整个服务业产出和就业总比重仅分别上升了4个百分点和12.8个百分点。

表8-3 英国城市化进程中服务业内部结构的变动

（单位:%）

年份	流通服务	生产结构			就业结构		
		个人服务	房地产	公共服务	流通服务	个人服务	公共服务
1801	17.4	5.5	5.3	15.8	11.2	11.5	11.8
1851	18.7	5.2	8.1	11.3	15.8	13	6.7
1901	23.3	4.8	8.2	10.7	21.4	14.1	9.6
1955	23.9	0.6	3.2	18.6	21.8	2.2	21.9
2000	20.9	—		19.9	26.5	—	31
城市化中前期的变动(1801—1851年)	1.3	−0.3	2.8	−4.5	4.6	1.5	−5.1
城市化中后期的变动(1851—1901年)	4.6	−0.4	0.1	−0.5	5.6	1.1	2.9
城市化高级阶段的变动(1901—1955年)	0.6	−4.2	−5	7.9	0.4	−11.9	12.3

注:2000年的公共服务包括社会服务和政府服务。
资料来源:黄少军《服务业与经济增长》,经济科学出版社2000年版,第262—263页;《国际统计年鉴(2004)》,中国统计出版社2005年版。

在城市化加速发展的中后期,英国流通服务的增长依然非常迅速,产出和就业比重分别上升了4.6个百分点和5.6个百分点,分别占当期服务业总产出和总就业比重上升的56%和58%。个人服务的比重呈下降趋势,公共服务比重下降的幅度则比前一个时期减小了,说明在这个阶段公共服务的发展出现了上升的趋势。美国在进入城市化加速发展的中后期之后,流通服务的增长速度也明显降低。增长最快的是公共服务,产出比重上升了1个百分点,就业比重上升了10.2个百分点,说明这一时期公共服务发挥了很强的吸纳就业的能力。

表8-4 美国城市化进程中服务业内部结构的变动

(单位:%)

年份	生产结构			就业结构		
	流通服务	个人服务	公共服务	流通服务	个人服务	公共服务
1859	24	4	15	10.2	11.5	3.2
1920	29	9	9	22	8	7.7
1950	29	11	10	27	5.9	17.9
2000	23.8	—	20.8	26.7	—	35.3
城市化中前期的变动（1859—1920年）	5	5	−6	11.8	−3.5	4.5
城市化中后期的变动（1920—1950年）	0	2	1	5	−2.1	10.2
城市化高级阶段的变动（1950—2000年）	持平	—	上升	上升	—	上升

注:1859—1950年流通服务包括金融保险业,2000年流通服务中不包括金融保险业,2000年的公共服务包括社会服务和政府服务。
资料来源:黄少军《服务业与经济增长》,经济科学出版社2000年版,第268—269页;2000年数字来自《国际统计年鉴(2002)》,中国统计出版社2003年版。

由表8-3可知,英国在进入城市化高度发达阶段后(即1901—1955年),流通服务的增长速度显著降低,产出和就业比重仅分别上升了0.6个百分点和0.4个百分点;而公共服务成为服务业内增长最快的部门,产出和就业比重分别提高了7.9个百分点和12.3个百分点。由表8-4可知,美国在进入城市化高度发达阶段后,流通服务产出比重的上升不明显,但就业依然呈现较快的增长。

综合来看,英、美两国在城市化加速发展的中前期,流通服务都是增长最迅速的服务行业;当城市化进入加速发展的中后期,公共服务的增长在两国都明显加快。两国不同的地方是,英国城市化过程中流通服务持续增长的时间较长,公共服务比重的上升是缓慢渐进的;而在美国城市化过程中,流通服务的增长是迅速的,主要在中前期,公共服务比重的上升也是迅速的,主要在中后期。

(三) 英美两国城市化与服务业互动发展的其他特点

1. 社会服务需求随城市化急剧增长

在英国城市化过程中,城市人口的快速增长对城市基础设施、住房建设、卫生医疗、文化教育、交通运输等服务产生了强大需求,其中住宅不足和卫生条件差是两个长期存在的尖锐问题。据资料显示,19世纪80年代,英国住房问题达到非常危险的程度,许多房屋只有一间房,一家人挤住在一起。① 由于城市住房拥挤,缺乏起码的卫生设施,19世纪英国城市的卫生状况非常恶劣,各种瘟疫在城市大流行。这说明当时城市社会服务的供给远远不能满足迅速增加的城市人口对社会服务的迫切需求。直到进入20世纪,随着城市管理制度的完善、民主政治水平的提高和科技的进步,英国城市的一系列社会问题才逐步得到缓解。

2. 服务业对城市化具有明显的推动作用

服务业对城市化的巨大推动作用在美国表现得最为充分。19世纪初,美国城市化主要集中在东北部一角,中西部地区尚处于待开发状态,城镇数量少、规模小,1850年该地区的城市化率仅为9%。在西部开发过程中,美国充分发挥了交通运输业对城市发展的促进作用:一方面政府在西部大规模地修建铁路,提供便利的迁移手段;另一方面铁路公司和土地投机商结合在一起,在修建铁路时就有计划地把铁路沿线靠近矿产资源、农产品加工地和水陆联运枢纽的地方设为站点,开发建立城镇。由于便利的交通条件和农矿加工业的发展,这些铁路站点迅速聚集起大量人口,在较短时间内就发展成为具有一定规模的城市,使西部地区的城市化水平在短短几十年内得到迅速提

---

① 参见王章辉著:《欧美农村劳动力的转移与城市化》,北京科学文献出版社1999年版,第314页。

高。

3.首位城市的服务功能不断强化

在英美两国的城市化过程中,首位城市都发挥了重要的经济核心作用。如在英国,工业革命前伦敦已经是英国最大的贸易中心、生产服务中心和手工业中心。第二次工业革命后,伦敦依然保持着较快的增长,不仅在金融、保险等商务服务领域保持着优势,还成为汽车制造、电器机械、飞机制造等新兴工业的聚集地。1951年,伦敦制造业就业人数达到140万,占英国制造业就业人数的1/7。[①] 第二次世界大战以后,伦敦的经济结构全面向服务业转型,生产型服务业和消费型服务业均具有十分重要的地位,1999年,伦敦集中了全国15.4%的就业人口,其中85%以上在服务业就业。[②] 伦敦的金融、保险等专业服务非常发达,具有为全世界提供服务的强大功能。

8.2.2 拉美国家:以巴西为例

(一)巴西城市化进程中服务业比重的变动趋势

20世纪30年代,巴西开始推行进口替代工业化发展战略,逐步建立了比较齐全的现代工业体系,带动了城市化的迅速发展。1940年,巴西的城市化率是31%,当年农业、工业和服务业的产出比重分别是21.4%、24.4%和54.2%,就业比重分别是60%、14%和26%,表明巴西在城市化早期就具有十分发达的服务业。1970年,巴西城市化率提高到55.8%,这时巴西农业、工业和服务业的产出比重分别为10%、37.4%和52.6%,和1940年相比,农业比重下降了11.4个百分点,工业比重上升了13个百分点,服务业比重下降了1.6个百分点。这一阶段巴西就业结构的变化也非常显著,1940—1970年,巴西农业就业比

[①] 参见姚为群著:《全球城市的经济成因》,上海人民出版社2003年版,第164页。
[②] 参见丝奇雅·沙森著,周振华译:《全球城市:纽约 伦敦 东京》,上海社会科学院出版社2005年版,第167,202页。

重从60%下降到31.2%,工业就业比重由14%提高到26.6%,服务业就业比重由26%提高到42.3%(见表8-5)。

表8-5 巴西1940—1990年城市化率与产业结构的变动

(单位:%)

年份	城市化率	生产结构			就业结构		
		农业	工业	服务业	农业	工业	服务业
1940	31	21.4	24.4	54.2	60	14	26
1950	36	16.8	32.7	50.5	54	13	33
1960	46.2	13.4	37.1	49.5	44	18	38
1970	55.8	10	37.4	52.6	31.2	26.6	42.3
1980	66.8	10.5	43	46.5	—	—	—
1985	72	14.3	33.6	52.1	—	—	—
1990	75.6	11.6	38.3	50.1	22.8	22.7	54.5
城市化中前期的变动（1940—1970年）	24.8	−11.4	13	−1.6	−28.8	12.6	16.3
城市化中后期的变动（1970—1990年）	19.8	1.6	0.9	−2.5	−8.4	−3.9	12.2

资料来源:吴红英《巴西现代化进程透视》,时事出版社2001年版,第249—255页;斯·罗博克《巴西经济发展研究》,上海译文出版社1980年版,第131页;《国际统计年鉴(2003)》,第134页。

1970—1990年是巴西城市化加速发展的中后期,城市化率由55.8%提高到75.6%。在此期间,巴西农业产出比重由10%提高到11.6%,上升了1.6个百分点;工业产出比重由37.4%上升到38.3%,提高了0.9个百分点;服务业产出比重由52.6%下降到50.1%,降低了2.5个百分点。就业结构的变化也较为显著,农业就业比重由1970年的31.2%下降到1990年的22.8%,降低了8.4个百分点;工业就业比重由26.6%下降到22.7%,降低了3.9个百分点;服务业就业比重由42.3%提高到54.5%,上升了12.2个百分点。

综合来看,在巴西城市化的中前期,工业的推动作用是明显的,工业增长速度很快,产出比重和就业比重都有大幅提升;服务业对城市化的贡献主要体现在就业上,这一时期服务业就业增长的速度明显超过了工业。在城市化加速发展的中后期,巴西三次产业产出结构的变动很小,没有出现应有的产业结构高级化的趋势,反而出现了农业比重小幅上升、服务业比重小幅下降的现象,这说明巴西城市化水平虽然在继续提高,但产业结构优化的动力不足。

(二)巴西实现高度城市化后,服务业内部结构的变化

目前,巴西已经进入高度城市化阶段,2000年,巴西的城市化率达到81.3%,与欧美发达国家的水平相当。随着经济的发展和城市化水平的提高,巴西的服务业结构出现了高级化趋势。1990年到2000年,贸易餐饮业在巴西国内总产值中的比重由9.1%下降到6.4%,就业比重由12.8%上升到13.4%;同一时期交通运输业的产出比重由1990年的9.1%下降到2000年的5.5%,就业比重则保持稳定。综合来看,在巴西城市化的高级发展阶段,流通服务的产出增长较为缓慢,但就业仍保持较快的增长速度(见表8-6)。

表8-6 巴西1990—2000年主要服务行业的产出和就业比重

(单位:%)

年份	贸易餐饮业		交通运输业		金融、保险业		社会和个人服务业	
	产出	就业	产出	就业	产出	就业	产出	就业
1990	9.1	12.8	9.1	3.9	9.1	2.8	18.2	34.9
2000	6.4	13.4	5.5	3.9	16.2	1.9	20.6	37.3

注:在就业统计中,旅馆饭店业、仓储业包含在个人和社会服务业中。

1990—2000年,巴西金融、保险业的产出增长非常迅速,产出比重出现大幅提升,由1990年的9.1%上升到2000年的16.2%,是服务业中产出增幅最大的行业,但金融、保险业就业的增长相对缓慢,就业比重出现了明显下降。1990—2000年,巴西社会和个人服务业的增长速度较快,产出比重由18.2%提高到20.6%,就业比重由34.9%提高到37.3%,均提高了2.4个百分点。

(三)巴西城市化与服务业互动发展的其他特点

1.快速城市化带动服务业就业大幅增长,但传统服务业和非正规

就业所占比重大

巴西自20世纪30年代开始实行进口替代工业化战略,虽然极大地带动了城市发展,但城市工业所创造的就业机会远远不能满足不断增长的就业需求。大批进城农民由于缺乏知识和技术,很难在现代工业部门找到工作,因此城市传统服务业成为吸纳就业的主要渠道。传统服务业生产率较低,对城市经济增长的贡献较小,而且传统服务领域有相当大比重是非正规就业。非正规就业是指,主要采取个体经营或在微型企业就业、没有签订劳动合同、没有社会保障的就业形式,其主要作用是吸纳就业。资料显示,巴西非正规就业约占总就业人数的近50%。[1] 传统服务业和非正规部门的扩大虽然创造了大量城市就业机会,推动了城市化水平的迅速提高,但对经济增长的贡献较小,这使巴西城市化与经济发展水平出现较为明显的脱节,并导致一系列城市问题的出现。

2. 人口向大城市过度集中,城市公共服务及设施严重不足

巴西城市化的一个典型特点是人口向大城市过度集中。巴西最大的城市圣保罗,1950年的人口是250万,1990年增至1 842万,占全国总人口的12.2%;第二大城市里约热内卢,1940年的人口是151.9万,1990年达到1 430万人,占全国总人口的9.5%。[2] 人口大量集中在少数大城市,使得大城市交通拥挤、住房紧张、环境恶化、治安混乱等问题十分突出,"城市病"在巴西各大城市普遍存在,反映出巴西城市人口快速增长与城市就业机会不足、城市公共服务设施短缺之间的激烈矛盾。这种矛盾集中体现在城市的贫民窟中。贫民窟地区房屋建筑无序,缺乏必要的卫生等服务设施,环境恶劣,治安混乱,贫民窟的人口虽然居住在城市,但享受不到基本的居住、出行、卫生、教育等社会服务。据统计,近20年来,巴西城市人口增长了24%,贫民窟人口却增长了118%。目前居住在城市贫民窟中的人口达到3 500万,占全国城市人

---

[1] 参见韩俊:"巴西城市化过程中贫民窟问题及对我国的启示",《中国发展观察》2005年第6期,第5页。

[2] 参见吴洪英著:《巴西现代化进程透视》,时事出版社2001年版,第251页。

口的 25.4%。[①]

8.2.3 新兴工业化国家:以韩国为例

(一)韩国城市化进程中服务业比重的变化趋势

韩国从20世纪60年代开始实行出口导向型工业化战略,城市化随工业化得到快速发展。1960年,韩国城市化率为28%,三次产业的产出结构为37%:20%:43%,就业结构为79.5%:5.8%:14.7%。从1960到1980年,韩国城市化率由28%上升到57.3%。这一时期韩国工业的增长速度很快,工业产出比重由20%提高到41.3%,上升了21.3个百分点;就业比重由5.8%提高到28.7%,上升了22.9个百分点。服务业的发展主要体现在就业增长上,它的就业比重由1960年的14.7%提高到1980年的37.3%,上升了22.6个百分点,仅次于工业就业比重的上升幅度;服务业产出比重的变化较小,由1960年的43%提高到1980年的43.8%,仅上升了0.8个百分点。

1980—1995年是韩国城市化加速发展的中后期,韩国城市化率由57.3%提高到81%。在这一时期,韩国农业的产出和就业比重继续大幅度下降,而工业比重快速上升的趋势减缓了,工业产出比重由41.3%提高到43.3%,仅上升了2个百分点;就业比重由28.7%提高到33.2%,上升了4.5个百分点。这一时期服务业增长的速度明显加快,服务业产出比重由43.8%提高到50.1%,上升了6.3个百分点,就业比重由37.3%提高到54.3%,上升了17个百分点,服务业增长对城市化的贡献上升到第一位(见表8-7)。

[①] 参见国家发展和改革委员会产业发展研究所美国、巴西城镇化考察团:"美国、巴西城市化和小城镇发展的经验及启示",《中国农村经济》2004年第1期,第72页。

表8-7　韩国1960—1995年城市化率与产业结构的变动

（单位:%）

年份	城市化率	生产结构			就业结构		
		农业	工业	服务业	农业	工业	服务业
1960	28	37	20	43	79.5	5.8	14.7
1970	41.2	26.7	29.1	44.2	50.5	17.2	32.3
1980	57.3	14.9	41.3	43.8	34	28.7	37.3
1985	67.1	12.8	41.9	45.3	24.9	30.5	44.6
1990	74.4	8.7	43.4	47.9	18.3	35.1	46.7
1995	81	6.5	43.3	50.1	12.5	33.2	54.3
城市化中前期的变动（1960—1980年）	29.3	−22.1	21.3	0.8	−45.5	22.9	22.6
城市化中后期的变动（1980—1995年）	23.7	−8.4	2.0	6.3	−21.5	4.5	17.0

资料来源:《国际统计年鉴(1995)》,第70、111页;汪斌《东亚工业化浪潮中的产业结构研究》,杭州大学出版社1997年版,第85—86页;陈颐"中韩城市化比较研究",《江海学刊》2001年第6期,第40页。

综合来看,韩国城市化过程中工业和服务业比重变动的趋势与英美两国十分相似,都是在城市化中前期工业增长迅速、带动作用明显,在城市化中后期服务业增长较快,对城市就业增长的贡献较大。

（二）韩国城市化进程中服务业内部结构的变化

在城市化的中前期,韩国服务业中流通服务（包括贸易餐饮业和运输邮电业）的产出比重是上升的,其中运输邮电业的增长尤其显著,其产出比重由1960年的4.6%提高到1980年的7.6%,上升了3个百分点。这一阶段,金融保险业产出比重的上升也非常迅速,由1960年的8.5%提高到1980年的10.6%,上升了2.1个百分点。只有个人和社会服务业的产出比重出现大幅的下降,由17.2%下降到12.8%,降低了4.4个百分点。这一时期各个行业就业结构的变化与产出结构的变化基本相同,其中贸易餐饮业具有很强的吸纳就业的能力,就业比重的上升幅度最大（见表8-8）。

表 8-8 韩国 1960—1990 年各服务行业比重的变动

(单位:%)

年份	生产结构				就业结构			
	贸易餐饮	运输邮电	金融保险	个人和社会服务	贸易餐饮	运输邮电	金融保险	个人和社会服务
1960	12.8	4.6	8.5	17.2	—	—	—	—
1970	15.8	6.7	8.2	13.5	15	3.4	1.0	11.7
1980	12.7	7.6	10.6	12.8	19.2	4.5	2.4	10.9
1990	13.4	6.7	14.7	13.2	21.8	5.1	5.2	14.6
城市化中前期的变动（1960—1980 年）	−0.1	3	2.1	−4.4	4.2	1.1	1.4	−0.8
城市化中后期的变动（1980—1990 年）	0.7	−0.9	4.1	0.4	2.6	0.6	2.8	3.7

注:1970 年就业结构为 1972 年数据,城市化中前期就业变动计算的是 1970—1980 年的数据。
资料来源:《亚洲发展中国家和地区经济和社会统计资料汇编(1992)》,《国际统计年鉴(2002)》,中国统计出版社 2003 年版。

在韩国城市化加速发展的中后期,金融保险业成为增长最迅速的行业,产出比重由 1980 年的 10.6% 提高到 1990 年的 14.7%,上升了 4.1 个百分点;就业比重由 2.4% 提高到 5.2%,上升了 2.8 个百分点。个人和社会服务业扭转了下降的势头,产出和就业比重均呈现上升,产出比重由 1980 年的 12.8% 提高到 1990 年的 13.2%,就业比重由 10.9% 提高到 14.6%。流通服务中,运输邮电业快速增长的势头减缓了,产出比重由 1980 年的 7.6% 下降到 1990 年的 6.7%,就业比重仅由 4.5% 提高到 5.1%。贸易餐饮业仍保持较快的增长,产出比重由 1980 年的 12.7% 提高到 1990 年的 13.4%,就业比重由 19.2% 提高到 21.8%。综合来看,贸易餐饮业在韩国城市化过程中的就业增长幅度始终较大,这说明该行业对城市就业增长具有不容忽视的重要作用。

(三)韩国城市化与服务业互动发展的其他特点

1.交通运输和基础设施建设推动了韩国城市化的快速发展

韩国十分重视交通运输与基础设施建设对经济增长和地区发展的

先导作用。从 20 世纪 60 年代开始韩国就把大部分固定资产投资于基础设施建设,完成了铁路的电气化,修建了港口和通信设施,对城市的排水、排污、供气等公共基础设施进行了修整。交通运输业的发展和基础设施建设对韩国城市布局产生了重要影响。韩国建成的第一条高速公路——汉城至釜山高速公路在 1970 年开通后,人口向汉城、釜山及其沿线城市聚集的程度大幅提高,逐渐形成了韩国最大、最重要的城市带。1992 年,这一地区内包括汉城、釜山、大邱、仁川、大田、光州在内的 6 个主要城市的人口占全国人口的 50% 以上。[1]

2. 优先发展教育为非农化和城市化提供了重要支持

重视普及教育是韩国经济发展取得成功的一个重要原因。韩国从 1954 年就开始实行义务教育计划,到 1959 年小学就学率已达到 96.4%,1966 年达到了 98.1%,这比当时的世界水准要高出许多。[2] 此外,韩国自 60 年代开始重视发展职业教育,并根据经济发展的需要不断调整职业教育的发展方向和重点。60 年代初到 70 年代末,韩国重点发展中低层次的职业教育;80 年代以后,随着产业结构的升级,韩国重点发展高等职业教育。通过大力发展义务教育和职业教育,韩国在较短时间内提高了国民素质,为非农产业的发展提供了必需的技术劳动力。教育的超前发展给经济增长和社会发展带来诸多好处,推动着韩国在短短三四十年内由一个落后的农业国成功地转变为一个高度城市化的现代化国家。

3. 大城市化导致社会服务的供需矛盾集中体现在大城市

韩国城市化的一个显著特点是大城市化。1992 年,占韩国国土面积仅 0.6% 的汉城(首尔)拥有全国总人口的四分之一,目前的人口密度达到为每平方公里 17 046 人,仅次于法国巴黎,居世界第 2 位。[3] 人口的过度集中导致韩国教育、交通、土地、住宅等社会问题集中于汉城。为遏制汉城人口的过分集中,韩国从 70 年代初就规划在汉城周边

---

[1] 参见陈颐:"中韩城市化比较研究",《江海学刊》2001 年第 6 期,第 41 页。
[2] 参见贾金英:"韩国经济发展中教育的作用",《教育与经济》2005 年第 1 期,第 48 页。
[3] 参见李东华:"韩国的产业集聚与城市化进程",《当代韩国》2003 年春夏合刊,第 42 页。

地区建设 10 座卫星城市。至 80 年代末 90 年代初,汉城周围建成了 5 座卫星城,能够吸纳 100 万人口。这些新城拥有优美的环境和完善的服务设施,大量住宅价格低廉、环境幽雅,并有直通汉城的高速、便捷的城际交通,因此吸引了大量人口。新城建设有效地缓解了汉城面临的各种压力。1993 年至 1998 年,汉城占全国人口的比重由 24.2% 降至 21.8%。①

8.2.4 服务业与城市化动态发展关系的一般经验总结

根据前面的理论分析和对几个典型国家的服务业与城市化互动发展历史的实证考察,可以发现,服务业在城市化过程中具有较为明显的推动产业结构渐进升级和空间布局不断优化的特点。具体来说,当城市化处于加速发展的中前期,即城市化率由 30% 向 50% 发展的阶段(主要特点是首位城市快速发展),服务业的产业结构变动特点是,服务业产出增长慢于工业,就业增长与工业相当或快于工业,因此服务业在国民经济中的总比重变化不大。在服务业内部,包括交通和贸易在内的流通服务增长最迅速,是这一阶段推动服务业稳定增长的主要力量。这一时期服务业空间布局的特点是,在城市体系内,大城市是主要的工业和服务业中心,中小城市以工业为主,服务业水平普遍较低。服务业在城市内部的布局特点是,由于城市规模普遍较小,所以无论大、中、小城市,服务业都具有向市中心聚集发展的明显趋势。

当城市化进入加速发展的中期,即城市化率为 50% 左右的水平时,城市化由集中型城市化向分散型城市化过渡,与这一阶段相对应的服务业的产业结构变化特点是,服务业产出和就业增长都明显加快,因此服务业在国民经济中的比重呈现稳定的增长。在服务业内部,卫生、教育、福利等社会服务业的增长显著加快,逐渐取代流通服务,成为推

---

① 参见李辉:"韩国工业化过程中人口城市化进程的研究",《东北亚研究》2005 年第 3 期,第 57 页。

动服务业产出和就业增长的主要力量。这一阶段服务业的空间布局特点是,在城市体系内,大城市的功能由工业中心向服务中心转变,大城市承担为中、小城市提供各种专业化服务的职能。对于不同规模等级的城市,服务业布局的特点是,大城市的服务业向中心商业区聚集的程度已达到阶段性顶点,中小城市由于城市规模相对较小,服务业继续向城市中心聚集发展。

当城市化进入加速发展的中后期,即城市化率由50%向70%发展的阶段,城市化的显著特点是处于分散型城市化(郊区化)和中等城市快速发展阶段。此时在城市体系内,人口向大城市聚集的速度开始放慢,人口向中等城市聚集的速度明显提高。与这一发展阶段相对应的服务业的产业结构变化特点是,服务业的产出比重和就业比重都超过了工业,服务业在国民经济中占据举足轻重的地位。在服务业内部,流通服务的增长速度明显放慢,社会服务的产出保持稳定增长,但其就业增长的速度仍然较快;这一时期生产者服务的增长速度最快,在国民经济中的比重迅速提高。这一时期服务业的空间布局特点是,在城市体系内,所有城市的服务业比重都有显著提高,其中大城市是区域的综合服务中心,服务优势显著,服务功能已成为大城市的首要功能;中、小城市一般是专业性较强的工业城市。在不同规模的城市中,大、中城市的服务业布局呈现由中心商业区向郊区扩散的发展趋势,小城市的服务业布局仍保持集中的特点。

当城市化进入高级发展阶段,即城市化率达到70%以上的发展阶段,城市化的显著特点是小城市快速发展和大、中城市进入再城市化阶段。与这一阶段相对应的服务业的产业结构变化特点是,服务业无论是产出比重还是就业比重都在国民经济中占有绝对优势,服务业创造了绝大部分的产出和就业。在服务业内部,流通服务和社会服务的增长速度保持稳定,生产者服务的增长速度最快,其产出和就业比重不断扩大,是这一阶段推动服务业整体增长的最主要力量。这一时期服务业的空间布局特点是,在城市体系内,所有城市的服务业就业比重都较高,其中大城市是区域的综合性服务中心,知识技术密集型生产者服务向大城市高度集中,中、小城市的工业比重相对较高,专业化程度较强。在不同规模的城市中,大城市的生产者服务向中心商业区高度聚集,中心商业区实现了功能升级和再度繁荣,生活服务则呈现分散的布局;在中、小城市,服务业呈现较为均衡化的空间布局。①

8.3 服务业与城市化协调发展的主要制约因素分析

作为世界各国经济发展的典范,英美两国成功地通过工业化、城市化和服务业的协调渐进发展,实现了经济的快速增长。韩国作为新兴工业化国家,也在短短几十年内实现了经济的腾飞和社会的发展。它们的成功不是偶然的,而是依赖于经济体系内有利于服务业与城市化协调发展的良性循环机制。而巴西所以出现城市化与经济社会发展不协调的现象,也正是由于构成这一良性循环机制的某些环节出现了脱节。比较这四个国家的发展历史,可以发现,制约这一良性循环机制发挥作用的因素主要包括经济因素和制度因素。

8.3.1 制约服务业与城市化协调发展的主要经济因素

(一)商品经济的发达程度

回顾英美的发展历史可以发现,两国都曾通过商业革命和交通革命促进了商品经济在全国的迅速确立,如英国在工业革命前首先进行

---

① 上述对服务业与城市化动态发展关系的一般经验总结,是建立在对几个典型国家实证考察和有关城市化理论的基础之上的。它反映的是服务业与城市化动态发展的一般趋势,因此忽略了不同国家、地区或者是城市之间在经济、社会、技术和文化等方面的具体差异,而这些差异在现实中常常会导致不同国家、地区或城市在服务业实际发展方面表现出较大的差异,偏离上述的一般经验模式。

了商业革命,而美国在经济开发之初就被卷入世界贸易和生产体系之中,因此经济的市场化水平一直较高。这对两国的城市化以及城市化中前期流通服务的快速发展起到了重要的推动作用。

商品经济对流通服务具有内在的发展要求。商品交换的方式、途径和范围决定了流通服务的发达程度。因此,伴随着一国工业化以及商品经济的确立,城市化和流通服务将会迅速发展起来。反之,如果一国商品经济的发育程度较低,影响范围较小,对该国工业化、城市化以及城市化中前期流通服务的发展就会产生不利影响。此外,发达的商品经济要以国内市场统一为基础,这就形成了服务按市场需求规模进行合理空间分工的必要条件。所以,扫除各种障碍,形成统一的国内市场,全面确立商品经济的地位,是工业化和城市化快速发展、城市化与服务业形成协调发展关系的重要经济基础。

(二) 工业化中的产业演进顺序

英、美、韩等三国的工业化中的产业演进,都是沿着轻工业化—重化工业化—高加工度化的顺序渐进发展的,这和城市化加速发展的中前期、中后期及高级发展阶段基本形成了一一对应关系。这一由轻到重的工业化顺序,对农业劳动力向城市转移十分有利。轻纺工业具有劳动密集的特点,能吸纳大量的劳动力,且对劳动力素质的要求不高,因此在城市化中前期,轻纺工业的较快发展可以创造较多的城市就业机会,十分有利于城市人口的聚集。

当工业化进入重化工业阶段,工业的资本密集程度提高,工业对劳动力的吸纳能力降低,这时城市化已进入中期发展阶段,城市具有一定的规模,城市人口众多,经济关系复杂,能够为服务业提供必要的发展空间。此外,这一时期城市化进入了完善城市功能、提高城市化质量的阶段,城市迫切需要各种社会服务的支持。这些因素共同推动服务业在城市化中期取代工业,成为城市化发展的后续动力。

当工业化进入高加工度阶段,社会分工细化,生产的迂回程度大大提高,使企业对生产者服务的需求大幅增长,特别是金融、保险、商务服务成为发展最迅速的服务行业。此外，由于城市经济达到了较高发展水平，居民收入普遍提高，居民对教育、卫生保健、娱乐等社会服务的需求也稳步增长，这些因素都会推动社会服务行业继续保持稳定的增长。在这一阶段，服务业在社会经济中已占据绝对优势地位，经济发展形态开始由工业社会向服务社会转变。

巴西的发展实践从反面证明了工业化演进顺序对城市化和服务业协调发展的重要性。巴西从上个世纪30年代初就将工业发展的重点从轻工业转向重工业和基础设施，这导致劳动密集型轻纺工业的发展很不充分。在巴西城市化进程中，工业就业只在城市化中前期出现较快的增长，在城市化中后期就出现了明显的下降。因此，巴西城市化虽然发展很快，但城市失业率始终较高，大量人口滞留在效率较低的城市传统服务业和非正规就业部门，造成巴西经济发展水平和服务业的结构升级长期滞后于城市化水平。

（三）农业的现代化水平

城市化不仅需要工业化和服务业的推动，而且需要农业提供足够的经济剩余。农业为工业化和城市化提供的经济剩余包括产品剩余、资金剩余和劳动力剩余。此外，工业产品的销售也需要有广阔的农村市场作保障。因此，农村和农业的发展对城市化的顺利展开十分重要，并进一步影响到城市化和服务业的协调发展。在英美两国城市化的过程中，农业都实现了重大变革，农业劳动生产率大幅提高。1700年，英国一个农业劳动力只能养活1.7人，到1800年能养活2.5人，使英国在19世纪基本上实现了粮食的自给自足。[1] 1820年，美国一个农业劳动力能供养4.1人，到1964年，一个农民能养活33人。[2] 农业劳动生产率的提高为美国城市化快速发展提供了重要保障。

---

[1] 参见 W. H. B. 考特著，方廷钰译：《简明英国经济史：1750年至1939年》，商务印书馆1992年版，第25页。

[2] 参见王章辉：《欧美农村劳动力的转移与城市化》，社会科学出版社1999年版，第13、65页。

韩国在经济发展过程中也较为重视农业和农村的发展。在20世纪70年代,针对城乡之间差距逐渐加大、城乡发展开始失衡的问题,韩国政府在全国范围内实施了农村发展计划,即"新村运动",由政府出资建设农村基础设施和公用设施,推广水稻新品种,给予财政补贴,保护水稻新品种价格以及组织推广大规模的企业农、合作农和生产合作组织,提高农民的生产技术。新村运动取得了十分显著的效果,农民收入大幅提高,城乡差距开始缩小。从1970年到1978年,韩国农户年人均收入由137美元增长到649美元,增长了近5倍。[①] 新村运动增加了农村的吸引力,70年代后半期由农村向城市流动的人口数量出现明显减少,一定程度上缓解了城市快速发展所带来的各种压力,提高了城市化质量。

反观巴西,由于巴西长期发展单一的出口农业,形成了畸形的农业结构,导致农业和农村日渐衰落。1965—1970年,巴西农业的年均增长率仅为0.4%,几乎处于停滞状态,农村贫困率最高时达到73%。[②] 由于巴西农业发展长期滞后,农业既不能为城市化提供充足的产品剩余,又造成农村和城市的发展差距过大,农村人口大量涌入城市并滞留在城市低效率的传统服务部门,使巴西形成了城市服务业低水平膨胀的发展特点。

8.3.2 制约服务业与城市化协调发展的主要制度因素

(一) 人口流动制度

人口规模是服务业发展的重要限制条件,要使城市人口达到服务产业化所要求的规模"门槛",必须拆除限制人口流动的制度障碍,实现人口向城市的较快聚集。英国在工业革命以前及其早期,人口流动受

[①] 参见李水山:"韩国的新村运动",《中国改革》2004年第4期,第57页。
[②] 参见尚月佟:"巴西贫困和反贫困政策研究",《拉丁美洲研究》2001年第3期,第48页。

到旧法律和交通条件的双重限制。从1795年至1846年,英国政府通过多次修改《贫民迁移法》,放宽了对人口迁移的限制,1865年,议会又通过《联邦负担法》,使限制定居实际上已不可能。美国则是通过南北战争扫除了人口自由流动的障碍。在韩国,人口流动是自由的,政府始终未采取任何行政措施限制、禁止农村人口向城市移民。在巴西,快速的城市化和人口的自由流动也是分不开的,19世纪末随着君主制的废除,巴西人口流动的制度障碍已基本消除。

(二)土地制度

土地制度对城市化和服务业发展的促进作用体现在两个方面:

1.在城市化的初期,适宜的农村土地所有制可从制度上保证农业劳动生产率得到迅速提高,从而为城市化持续发展提供充足的经济剩余

英、美、韩等三国在工业化起步时都曾进行过土地革命。英国通过圈地运动使封建小农经济破产,农业经营规模和生产效率得到提高。美国在开发西部过程中采取赠与土地的方式,迅速建立了规模适中的私有化家庭农场制经济,为农业实现规模化和机械化生产奠定了基础。韩国在50年代初对土地进行了平均分配,建立了一家一户的小农场制,极大地促进了农业生产效率的提高。

在巴西,由于农村长期保持大土地所有制,土地的占有极不平等,导致了无地和少地农民的数量不断增加。这些失地农民无法在农村生活,只好到城市寻找新的就业机会。因此,巴西农村的大地产制是造成农村人口大规模向城市流动的重要原因。在巴西城市工业就业机会有限的情况下,缺乏劳动技能的农村劳动力大多进入城市的传统服务行业,这是巴西城市化与服务业就业之间存在紧密的正相关关系的重要原因。

2.城市化进入中期阶段后,政府对土地用途的管制是保证城市土地合理和可持续利用的重要手段

城市化从宏观上看,是大量农业用地转变为非农业用地的过程;从

微观上看,是城市土地受价格机制和其他因素的影响,城市土地利用模式不断趋于合理的过程。因此,由土地所有制决定的土地价格形成机制及政府对土地用途的管制制度,直接影响城市化发展的水平和效果,对城市服务业能否形成合理的空间布局也具有重要影响。

在英美两国,大部分土地归私人企业和个人所有,这决定了土地市场以市场调节为基础,地租是决定土地使用方式的主要因素。但是土地作为一种稀缺资源,在使用过程中具有很强的外部性,因此虽然实行土地私有制,但这两国政府对土地的利用都实施了严格的管制。在美国,联邦和州政府拥有土地征用权、土地利用的规划权和土地征税权三项重要的权力。在英国,政府对土地市场的干预主要是土地用途管理、激励机制、基础设施投资和税收政策等。上述制度安排既保证了市场机制对土地使用发挥微观调节作用,又确保了政府对土地利用的宏观管理,使城市的空间布局较为有序,为服务业与城市化的协调发展提供了重要保障。

(三)公共服务供给制度

随着城市化的深入发展,城市人口大量聚集,与城市生产、生活方式直接相关的各种社会问题变得日益严重,如住房短缺、交通拥挤、环境污染、教育投入不足、疾病流行等。此外,在城市化过程中,由于商品经济日益取代自然经济,经济发展的机制发生了根本改变,增加了人们对防范市场风险的社会保障和教育、卫生等社会服务的需求。由于上述服务大多具有公共产品的属性,因此完全依靠市场机制很难实现充足供给。从发达国家的实践看,政府的积极介入是解决问题的根本,依靠政府的强制力,建立较为完善的公共服务供给体制,是保障社会服务与城市化同步快速发展的重要途径。

英、美、韩三国在进入城市化中期以后,都先后出台了许多促进社会服务发展的公共政策,并以社会保障制度为核心,形成了较为完善的社会服务供给体系。如英国在1891年开始推行《免费义务教育法》,解决了基础教育的普及问题;20世纪初开始着手建立比较完善的社会保障制度,至第二次世界大战后,基本形成了针对国民的从"摇篮到坟墓"

的种类齐全的社会保障和福利项目,推动了英国经济结构向服务型经济的较快转变。

美国在20世纪30年代开始建立社会保障制度,逐渐形成了现在的包括失业保险、养老保险、医疗保险、社会福利和社会救济在内的全方位、高水准的社会保障体系,社会服务业获得了稳定的发展。2000年,美国包括政府服务在内的社会服务占GDP的比重达到20.8%,占美国就业的比重达到35.3%。[①]

巴西的社会保障制度起步于20世纪40年代,虽然建立时间较早,但社会保障的覆盖面窄,保障内容不完善,保障功能薄弱。长期以来,穷人、低收入者和非正规部门就业者等最需要社会保障的人被排斥在社会保障体系之外,社会保障制度无法起到调节收入分配的作用。20世纪90年代的一组数据显示,巴西用于社会福利的总开支中,20%最富有的阶层得到其中的24%,20%最贫穷的阶层仅得到其中的13%;在养老金的分配上,20%最富有的阶层得到其中的2/3。[②] 巴西社会保障制度中隐藏的这些严重的缺陷,加剧了城市的两极分化,给经济发展带来许多不利的影响,如消费市场萎缩、劳动力素质难以提高、劳动力就业困难等。这也是巴西"城市病"和服务业低水平膨胀长期存在的一个重要原因。

(四)城市规划制度

城市化的发展受经济、社会、自然地理等多种因素的影响。因此,要在城市化进程中实现经济增长、社会进步、环境可持续发展等多重目标,必须对城市发展进行科学合理的规划。

英、美两国在进入城市化中期以后,都强化了城市规划对城市发展的法律约束。英国于1909年建立土地规划制度,1947年制定《城乡规划法》,目前已形成了较为完善的城市规划法律、法规体系。英国的城

[①] 参见《国际统计年鉴(2002)》,中国统计出版社2003年版。
[②] 参见刘金源:"巴西社会两极分化问题及其成因探析",《拉丁美洲研究》2002年第4期,第25页。

市规划有中央、大区、郡和市四级规划,均具有法律效力,任何发生在土地上的行为,必须首先获得政府的许可。因此,土地利用规划已经成为政府、公众和开发商必须严格遵守的法律规范。

美国的土地利用规划分为州和地方两个层次,其中地方土地利用规划包括总体规划和分区规划,都具有法律效力,且职责分明。总体规划规定了土地开发的区位、基础设施的服务水平、人口和就业的长期趋势预测、公共设施的预留空间以及开放空间的保护等。分区规划将一定范围内的土地分成不同的土地使用区,同时规定不同的土地使用规则。目前美国城市范围内的每一块土地几乎都经过分区规划,在科学制定和严格执行的保障之下,美国城市的空间布局发展十分有序。

韩国在这方面也形成了自上而下较为严格的制度。目前韩国已经形成了包括国家和城市两个层次、由专门法和若干部门法共同组成的城市规划体系。城市内部规划由城市负责,城市以外的规划由国家负责。

和英、美、韩三国相比,巴西对城市发展的规划明显不足。在城市化快速发展过程中,巴西大多数城市的发展规划不足,城市在建房用地、基础设施、社区发展等方面没有考虑低收入阶层的需要,导致低收入阶层无法在城市获得合法的住房,只有非法强占城市公有土地,搭建简陋住房,从而形成城市贫民窟四处蔓延的现象。

8.4 中国服务业与城市化发展关系的回顾与问题分析

由于经济体制的重大变革,新中国的经济和社会发展可以划分为两个大的发展阶段,1978年以前是计划经济时期,1978年以后是实行改革开放、逐步引入市场机制、建立市场经济体制的时期。根据我国经济体制改革的进程,这里把我国经济发展的历程划分为计划经济时期、计划与市场并存时期和市场经济确立时期这三个时期,并以此为基础,对各个时期中国服务业与城市化动态发展的一般特点和形成机制进行分析。

8.4.1 总体发展趋势

(一) 计划经济时期(1953—1977年)

这一时期服务业与城市化的发展情况见表8-9。

表8-9 计划经济时期我国服务业与城市化的发展情况

(单位:%)

年份		城市化率	服务业增加值比重	服务业就业比重
正常发展阶段	1953	13.3	30.8	9
	1954	13.7	29.7	8.3
	1955	13.5	29.3	8.3
	1956	14.6	29.5	8.9
	1957	15.4	30.1	9.9
超速发展阶段	1958	16.2	28.9	15.4
	1959	18.4	30.6	17.4
	1960	19.7	32.1	18.6
停滞和倒退阶段	1961	19.3	32.0	11.9
	1962	17.3	29.3	10.1
	1963	16.8	26.6	10.1
	1964	18.4	26.2	10.1
	1965	18	27	10.2
	1966	17.9	24.4	9.9
	1967	17.7	25.8	9.9
	1968	17.6	26.7	9.9
	1969	17.5	26.5	9.5
	1970	17.4	24.3	9.2
	1971	17.3	23.8	9.3
	1972	17.1	24.1	9.4
	1973	17.2	23.5	9.3
	1974	17.2	23.4	9.5
	1975	17.3	21.9	9.6
	1976	17.4	21.7	10.1
	1977	17.6	23.4	11

资料来源:历年《中国统计年鉴》。

1. 1953—1957 年是城市化与服务业正常发展阶段

从 1953 年起,我国开始大规模的工业化建设,带动了城市发展。1957 年,我国工业化率由 1952 年的 20.9% 上升到 29.7%,城市化率由 12.5% 提高到 15.4%。在这一时期服务业也保持了正常发展,增加值比重由 30.8% 下降到 30.1%,就业比重由 1953 年的 9% 上升到 9.9%,服务业与城市化的发展关系比较正常。

2. 1958—1960 年是城市化和服务业超速发展阶段

这一阶段是国民经济出现异常的 3 年,工业化和城市化在脱离农业的基础上出现超速发展。1957 年至 1960 年,我国工业增加值比重由 29.7% 上升到 44.5%,城市化率由 15.4% 猛升至 19.7%。服务业比重也随城市化出现大幅提升,服务业产值比重由 30.1% 提高到 32.1%,就业比重由 9.9% 上升至 18.6%。

3. 1961—1977 年是城市化停滞和服务业倒退阶段

1961 至 1963 年由于三年自然灾害,粮食大幅减产,国家实行了压缩城市人口的政策,导致我国的城市化水平由 1960 年的 19.7% 下降到 1963 年的 16.8%。1966 至 1976 年间,由于城市工业停滞,城市发展十分缓慢,我国城市化率由 17.9% 下降到 17.4%。城市化的停滞和倒退直接导致服务业的萎缩,1960—1977 年,我国服务业的增加值比重由 32.1% 下降到 23.4%,就业比重由 18.6% 下降到 11%。

(二) 计划与市场并存时期(1978—1991 年)

这一时期服务业与城市化的发展情况见表 8-10。

1. 1978—1984 年是城市化和服务业恢复性发展阶段

由于农村土地承包制改革和城市经济的逐步搞活,这一时期我国城市化水平和服务业就业出现了快速的恢复性增长。1978—1984 年,我国城市化水平由 17.92% 上升到 23.01%,年均上升 0.85 个百分点;同期服务业的增加值比重由 23.7% 上升到 24.7%,年均提高 0.17 个百分点,服务业就业比重由 12.2% 上升到 16.1%,年均提高 0.65 个百分点。

2. 1985—1991 年是城市化稳步推进、服务业快速增长阶段

从 1984 年开始,我国进入了以城市为中心的全面经济体制改革阶段,

服务业出现了快速的增长。1985—1991年服务业的增加值比重由28.5%提高到33.4%,年均提高0.82个百分点;就业比重由16.8%提高到18.9%,年均提高0.35个百分点。这一阶段涌现了大量乡镇企业,并且降低了城镇建制标准,推动了城市化水平的稳步提高。1985年到1991年城市化水平由23.71%上升到26.94%,年均提高0.54个百分点。

表8-10 计划与市场并存时期我国服务业与城市化的发展情况

(单位:%)

	年份	城市化率	服务业增加值比重	服务业就业比重
恢复性发展阶段	1978	17.92	23.7	12.2
	1979	18.96	21.4	12.6
	1980	19.39	21.4	13.1
	1981	20.16	21.8	13.6
	1982	21.13	21.7	13.5
	1983	21.62	22.4	14.2
	1984	23.01	24.7	16.1
稳步推进阶段	1985	23.71	28.5	16.8
	1986	24.52	28.9	17.2
	1987	25.32	29.3	17.8
	1988	25.81	30.2	18.3
	1989	26.21	32.0	18.3
	1990	26.41	31.3	18.5
	1991	26.94	33.4	18.9

资料来源:历年《中国统计年鉴》。

(三)市场经济时期(1992年至今)

这一时期服务业与城市化的发展情况见表8-11。

1992年至今,在经济体制改革和对外开放的推动下,我国经济保持了持续快速的增长,城市化水平也得到不断提高,城市人口比重由1992年的27.46%上升到2004年的41.8%,年均升幅近1.2个百分点,我国逐渐进入城市化加速发展的中期阶段。

1992年至今,服务业的增长速度很快。根据2004年第一次全国经济普查数据,1992—2004年。我国服务业增加值由9 138.6亿元提高到65 018亿元,扩大了7倍,服务业增加值比重由34.3%上升到40.7%,提高了6.4个百分点。服务业就业人数由1亿3 098万人上升到2亿3 011万人,增加了近1亿人,服务业就业比重由1992年的19.8%上升到2004年的30.6%,提高了10.8个百分点。

表8-11 1992—2004年我国服务业与城市化的发展情况

(单位:%)

年份	城市化率	服务业增加值比重	服务业就业比重
1992	27.46	34.3	19.8
1993	27.99	33.9	21.2
1994	28.51	33.8	23.0
1995	29.04	33.1	24.8
1996	30.48	33.0	26.0
1997	31.91	34.4	26.4
1998	33.35	36.5	26.7
1999	34.78	38.0	26.9
2000	36.22	39.3	27.5
2001	37.66	40.7	27.7
2002	39.09	41.7	28.6
2003	40.53	41.5	29.3
2004	41.8	40.7	30.6

注:服务业增加值比重一栏中,1993—2004年的数值为根据第一次全国经济普查结果进行调整后所得的数值。

资料来源:历年《中国统计年鉴》;"经济普查后中国GDP数据解读",中国经济普查网。

从整体看,1992年以来我国城市化和服务业呈现同步快速增长的发展趋势,城市化水平过低和服务业比重较小的问题得到一定程度的缓解。

8.4.2 中国城市化进程中服务业内部结构的变动

(一)计划经济时期,流通服务在服务业中占有绝对优势

改革开放以前,由于对服务业的认识还不深入,对服务业产值的统

计只有运输邮电业和贸易餐饮业两个行业。1952—1978年,贸易餐饮业的增加值比重由11.8%下降到7.3%,运输邮电业的增加值比重由4.3%上升到4.8%。从总体上来看,在改革开放前的大多数年份,我国流通服务和城市化的发展趋势是基本一致的。但流通服务的增加值比重在波动中不断下降,从1952年的16.1%下降到1978年的12.1%,降幅达25%。

(二)计划与市场并存时期,各服务行业均出现恢复性增长,金融保险业与社会个人服务的增长最迅速

这一时期各主要服务行业在国民经济中的比重见表8-12。

表8-12 计划与市场并存时期我国各主要服务行业在国民经济中的比重

(单位:%)

年份	增加值比重					就业比重				
	贸易餐饮业	运输邮电业	金融保险业	房地产业	社会和个人服务业	贸易餐饮业	运输邮电业	金融保险业	房地产业	社会和个人服务业
1978	7.4	4.8	2.1	1.4	7.2	2.8	1.9	0.2	0.1	7.2
1980	4.8	4.6	1.9	1.3	8.0	3.2	1.9	0.2	0.1	7.6
1985	6.8	4.8	3.6	1.2	9.9	4.6	2.6	0.3	0.1	9.2
1989	6.3	4.9	7.3	1.2	9.5	5.0	2.8	0.4	0.1	10.1
1990	4.7	6.3	7.0	1.2	9.8	5.0	2.8	0.4	0.1	10.3
1991	6.2	6.1	6.7	1.2	9.8	5.2	2.8	0.4	0.1	10.5

资料来源:增加值数据来自黄维兵《现代服务经济理论与中国服务业的发展》,西南财经大学出版社2003年版,第114页;就业数据是作者根据《中国统计年鉴(1998)》计算得出。

1978年以后的改革开放,使中国经济和社会发展的各个方面重现生机,带动了与之相关的各类服务行业的快速增长。1980—1991年,贸易餐饮业在我国国内生产总值中的比重由4.8%提高到6.2%,就业比重由3.2%提高到5.2%,是就业增长较快的服务行业。运输邮电业的增加值比重由4.6%提高到6.1%,就业比重由1.9%提高到2.8%。金融保险业的增加值比重由1.9%提高到6.7%,是产出增长速度最快

的服务行业,但其就业比重仅由0.2%提高到0.4%。

这一时期,由于各项社会事业的恢复,包括教育、卫生、文化等在内的社会服务业得到了较快发展。1980—1991年,社会个人服务业的增加值比重由8.0%上升到9.8%,就业比重由7.6%上升到10.5%,是就业比重上升幅度最大的服务行业。在服务业内,比重变动幅度最小的是房地产业,1980—1991年,房地产业的增加值比重由1.3%下降到1.2%,但其就业比重几乎没有变化,仍然维持在0.1%的水平上。

(三) 市场经济确立时期,房地产业与社会个人服务业的增长速度最快

这一时期各主要服务行业的比重变化情况见表8-13。

表8-13 1992—2004年我国各主要服务行业在国民经济中的比重

(单位:%)

年份	增加值比重					就业比重				
	贸易餐饮业	运输邮电业	金融保险业	房地产业	社会和个人服务业	贸易餐饮业	运输邮电业	金融保险业	房地产业	社会和个人服务业
1992	10.0	6.3	6.0	2.0	10.0	5.4	2.8	0.4	0.1	11.0
1993	8.9	6.1	6.0	1.9	9.8	5.8	2.8	0.4	0.1	12.1
1995	8.4	5.2	6.0	1.8	9.3	7.1	3.2	0.5	0.1	13.9
1997	8.3	5.1	6.1	1.7	9.7	7.7	3.3	0.5	0.1	14.8
1999	8.4	5.4	5.9	1.8	11.5	7.7	3.3	0.5	0.2	15.2
2001	8.1	6.1	5.7	1.9	12.3	7.5	3.3	0.5	0.2	16.3
2002	8.1	6.1	5.7	2.0	12.4	7.3	3.3	0.5	0.2	16.8
2004	9.5	7.6	3.4	4.5	15.7	3.5	3.5			18.0

注:2004年以前各行业的增加值比重是根据统计年鉴的数据计算得出的,2004年的各行业增加值比重是第一次全国经济普查的结果,因此2002—2004年之间数据的波动较大。
资料来源:《中国统计年鉴(2005)》;"经济普查后中国GDP数据解读",中国经济普查网。

1992年我国确立了社会主义市场经济体制,城市化获得快速发展,服务业内部各主要行业的发展速度出现了明显变化。1992—2004年,服务业中房地产业和社会个人服务业的增加值比重出现大幅上升,

分别由2.0%和10.0%上升到4.5%和15.7%,比重增长幅度分别高达100%和50%。这一阶段,运输邮电业增加值比重的上升也较明显,由6.3%提高到7.6%,上升了1.3个百分点。只有贸易餐饮业和金融保险业的增加值比重出现了下降,金融保险业下降的幅度较大,由6.0%下降到3.4%,降幅达到40%。从2004年的数值看,目前流通服务业(包括贸易餐饮业和运输邮电业)与社会和个人服务业已成为我国服务业中增加值比重最大的行业,超过了15%,而包括金融保险业和房地产业在内的生产者服务在经济中的比重还偏低,仅为7.9%。

在就业方面,社会和个人服务业的就业增长的速度很快,占社会总就业的比重由1992年的11%上升到2002年的16.8%,已成为目前服务业中就业比重最大的行业。贸易餐饮业的就业比重由1992年的5.4%上升到2002年的7.8%,提高了2.4个百分点。房地产业虽然占总就业的比重很低,但就业增长的速度最快,由1992年的0.1%上升到2002年的0.2%,增幅达100%。运输邮电业和金融保险业的就业增长也较快,分别由1992年的2.8%和0.4%上升到2002年的3.3%和0.5%。总体来看,1992年以来随着城市化水平的快速提高,我国服务业就业出现了显著增长,这与世界城市化的一般发展经验相一致,其中劳动密集型的贸易餐饮业和社会个人服务业已成为我国就业增长的主要领域。

8.4.3 中国城市化进程中服务业空间布局的变化特点

(一)计划经济时期,城市服务设施具有布局分散、对外封闭的特点,城市体系内中心城市的对外服务功能基本丧失

20世纪五六十年代,随着我国工业建设的快速推进,工业城市大量涌现,城市的生产性逐渐取代消费性,并使我国形成了独特的城市产业空间布局,即在传统的城市中心周围,大规模的工厂和工人住所以及服务设施全部建在集中的区域,被称为"单位"的混合土地使用方式有

效地消除了对专用区的需要。① 单位大院集生产、居住和生活为一体，对外相对封闭。在这里，生产区和生活区毗邻，生活区域内不仅有单位住宅楼，还有各类服务设施如商店、食堂、浴池、医务所（院）、图书室、活动中心、广播站、幼儿园、小学甚至中学。这些生活、生产服务一般不对外开放。因此，单位大院事实上就是一个相对独立的、"小而全"的服务业空间集合。虽然那时城市也有面向社会提供的专业化服务机构，但由于众多的单位服务分散了市场消费力，所在城市不能形成专业化的服务聚集区，专业服务机构的规模普遍较小、发展十分缓慢。

此外，在高度集中的计划经济体制下，中国城市体系也表现出典型的封闭性特点。由于各地区的经济联系以纵向联系为主，中央直接控制着城市大中型企业的生产建设、物资分配和人员录用，因此，城市之间的横向经济联系很少，城市体系的形成不是区域产业分工深化的产物，而是国家行政力量和投资政策的结果。在这种情况下，中央政府的经济计划职能实际上取代了中心城市的综合服务功能，中心城市只具有生产的功能而不具有对外服务的功能，这对服务业的发展带来长期不利的影响。

（二）计划与市场并存时期，城市空间布局发生调整，商业服务设施日益向市中心聚集，城市体系内中心城市的对外服务功能初步显现

1978年以后，随着市场机制的逐步引入和城市经济社会发展的需要，我国城市的产业空间结构发生了较为明显的变化。我国各级城市通过建立经济开发区，使城市中心区的部分工业企业和一些污染企业逐渐迁入离市区较远的开发区内，市中心原有的工业用地逐渐被置换为服务用地，传统的以大型百货商店为主的中心商业区在城市得到恢复和发展。资料显示，1981—1991年，我国城市用地中工业用地比重

---

① 参见保罗·贝尔琴著，刘书瀚译：《全球视角中的城市经济》，吉林人民出版社2003年版，第112页。

由 27.21% 下降到 25.13%,而公用设施用地比重由 20.76% 上升到 22.79%。这说明我国城市服务业的发展空间得到了不断扩大,城市的服务功能正在日益加强。

这一时期,在城市体系内,由于经济体制改革的推动和市场机制的引导,我国城市之间的纵向经济联系开始减弱,横向经济联系明显加强,中心城市所具有的政治集中能力迅速转化为经济融合能力,省会城市普遍出现较快的发展,沿海开放城市也在政策倾斜下成为带动地区经济发展的增长极。这一时期我国经济发展的主要特点是打破短缺经济,因此,中心城市的强大服务功能主要体现在发达的商业贸易和交通运输上,辐射区域的大型百货商场的集中兴起是这一时期中心城市流通服务发展的一大特色,如北京的王府井、上海的南京路、郑州的二七广场等。

(三) 市场经济确立时期,城市内生产者服务聚集发展与生活服务分散布局的趋势并存,城市体系中服务业日益向大中城市集中,中心城市的服务功能不断得到加强

20世纪90年代以来,中国城市的空间变化主要表现在两个方面:一是城市建成区大规模向外扩张,城市面积显著增长。1990年,我国城市建成区面积为 12 856 平方公里,至 2004 年提高到 30 406 平方公里,14 年间扩大了 2.4 倍;[1]二是城市内部空间布局发生了较大规模的重新组合。城市核心逐渐形成以商贸功能为主的中心商业区,紧靠核心外围的城市内圈形成主要的居住区,而在城市外圈则出现新旧工业区以及由核心及内圈外迁出来的新居住区。例如在上海,"八五"期间通过土地有偿使用和土地置换,内环线以内的 700 个生产点被调整,置换出 3 平方公里的土地用于发展金融、贸易、商业、住宅、商品办公楼等服务业,有效地促进了中心城区由生产功能向综合服务功能的转变。我国城市的空间扩展和内部重组对服务业增长发挥了积极的推动作

---

[1] 参见《中国统计年鉴(2005)》,中国统计出版社 2006 年版。

用,伴随着城市近郊房地产业的繁荣,城市零售商业、生活服务业由市区向近郊区不断扩散,为服务业创造了新的增长空间。

这一时期,城市地域空间的迅速扩展和城市间经济联系的加强,使我国城市体系内大、中城市的作用日益突出,人口和经济活动向大中城市集中的趋势十分明显。1997年到2003年,占我国城市总数约1/3的地级及以上城市各项主要经济指标都出现大幅提升,其人口在全国的比重由19.34%上升到26.5%,第二产业增加值比重由46.2%提高到63.2%,服务业增加值比重由58.98%提高到86%。这表明,我国城市化正处于大城市快速增长阶段,大城市超先增长规律日益明显,服务业向大中城市聚集发展的趋势十分显著。

8.4.4 中国服务业与城市化发展中的问题分析

(一) 城市化与社会服务供给不足的矛盾冲突

随着一国进入城市化加速发展阶段,城市人口的大量增加通常导致城市人口对社会服务的需求急剧增长。通过对几个典型国家的实证考察说明,社会服务供给不足几乎是所有国家进入城市化中期以后都面临的一个严峻问题,能否有效解决这一问题直接影响到整个城市化的质量和效益。由于认识上的失误和体制转型期中政府功能的错位,我国社会服务供给不足的矛盾日益突出,目前已经成为制约我国城市化持续发展的一个主要因素。

1. 我国社会服务供给不足的表现

(1) 一些基础性社会服务的价格持续上升,增长速度超过了人均收入的增长

基础教育、卫生医疗是现代社会必需的基础性社会服务。近年来我国这些社会服务的价格出现了大幅上涨。以医疗服务为例,1988年,我国综合性医院平均每诊疗人次的医疗费用和每一住院者住院治疗费用分别为7.5元和327.2元,到2003年,两者分别上升到108.2

元和 3 910.7 元,年均增长速度分别达 19.5% 和 18%,①大大超过了同期我国人均 GDP 的增长,说明近十几年来我国医疗服务价格变得越来越昂贵了。在医疗服务成本略有上升的情况下,服务价格持续的上涨表明我国医疗服务市场长期处于供不应求的状态,供给不足推动了服务价格持续上升。

(2)社会保障体系建设严重滞后

社会保障是每个劳动者的基本需要,也是社会服务的主要组成内容。至 2003 年底,我国参加基本养老保险、医疗保险、失业保险的人数分别占全国就业人数的 20.8%、14.6% 和 13.5%。② 也就是说,我国有约一半的城市就业人口不能享有社会保障,全国约 80% 的就业者处于无社会保障的工作状态。从世界各国的发展实践看,社会保障体系的建设主要由政府主导,受政府供给能力的制约。因此,我国社会保障发展水平低主要是由政府对社会保障的供给不足引起的。另外,制度建设滞后也是一个重要原因。

(3)大城市通过户籍政策等行政手段,人为抑制社会服务需求的过快增长

城市是各种社会服务的集中生产地和消费地。长期以来,我国城市内的许多社会服务供给是和城市户籍直接挂钩的,只有拥有城市户籍才可以无偿地或以较低价格享有城市政府提供的多种社会服务,如优先就业、子女教育、购买低价住房等。目前我国在小城市(镇)已基本取消了户籍流动的管制,但在大城市尤其是经济中心城市,严格的户籍流动管制至今未发生根本改变。主要原因是大城市的外来人口数量增长迅速,政府没有能力在短时间内扩大社会服务的供给规模,因此就借助户籍管理等行政手段,人为地控制本来应该合法享有各种社会服务的城市人口数量。这一举措也反映了我国城市社会服务供给不足的现

---

① 参见丁继红:"试论我国医疗保险制度改革与医疗费用增长的有效控制",《南开经济研究》2004 年第 4 期,第 98 页。

② 参见厉有为主编:《中国城市年鉴(2003)》,中国城市年鉴社 2004 年版,第 243 页;《中国统计年鉴 2004》,中国统计出版社 2005 年版,表 23-35、表 23-36。

实状况。

2. 我国社会服务供给不足的产生根源

(1)社会服务领域普遍存在的国家垄断经营体制

目前,国家垄断经营在我国社会服务行业中普遍存在。以国有经济占行业固定资产投资的比重为衡量指标,2002年,在我国主要的社会服务行业中,地质勘察水利管理业、社会服务业、卫生教育社会福利业和教育文化广播影视业的国有经济比重都达到70%以上。这说明这些行业基本上属于市场力量不能有效进入的领域,是国家垄断经营的行业。

社会服务虽然具有公共产品的属性,但是社会服务中纯公共产品的数量很少,大多是准公共产品,因此在国家财力有限的情况下,以公共服务的形式提供全部的社会服务既是不必要的,也是不经济的。由于缺乏预算约束机制和所有者缺位问题,国家直接生产和提供各种社会服务将不可避免地产生资源浪费问题,其结果通常是服务的价格高、质量差,供给水平低于现有技术条件下可能达到最佳产出水平。

(2)社会服务供给的政府职能缺位

20世纪90年代以后,由于我国经济体制的改革推动,原来计划经济体制下由企业直接承担的各种社会保障及服务职能逐渐被剥离出去,重新回归社会、回归政府。在这一社会保障职能主体转换的过程中,由于对社会保障制度的重要性认识不够以及我国改革的渐进性特点,新的与市场经济体制相适应的社会保障体系未能及时建立。社会保障制度具有调节收入分配、促进社会公平的作用,因此,在世界各国建立社会保障制度的过程中,政府都发挥着主导性的作用。在我国,由于政府职能的缺位,我国社会保障体系在较长一段时间内发展缓慢、覆盖率很低,居民对社会保障的迫切需要无法得到充分满足。

(3)社会服务供给的政府职能错位

每种社会服务都包含众多的不同层次的服务项目,如教育服务包括学前、初等、中等、高等和职业技术教育,不同层次的服务项目在经济和社会发展中所起的作用不同,其受益群体也有明显差异。从大多数国家的发展实践看,政府对那些基础性的、关乎全民福祉、受益者主要为中低收入阶层的服务项目,如基础教育、公共卫生、基础医疗、计划免疫等,大多以公共服务的形式直接提供;对那些高层次的、受益群体较少且受益者主要为高收入阶层的服务项目,如高等教育、医疗保健等,主要通过引入市场力量,引导市场扩大服务供给,政府重点承担行业监管的职能。

20世纪90年代以后,我国政府在社会服务领域的许多举措都没有遵循上述原则,从而导致严重的社会服务供给不足。以教育服务为例,1996年,在国家教育经费的总支出中,高等教育和小学初中教育的比重分别为19%和54%,到2003年,高等教育的比重上升到23%,小学初中教育的比重上升为55.1%,①高等教育经费的增长明显快于初中级教育。在我国一直存在义务教育收费问题的情况下,政府未能从资金投入上对义务教育给予切实保证,反而把大量资金投入非公共产品领域,这是政府职能错位的一种表现。近年来,我国在医疗卫生、城市住宅等服务领域也存在着上述类似的问题。

(二) 高等级城市的发展与生产者服务的聚集不足

在经济全球化和信息化的影响下,知识技术密集型生产者服务呈现出向大城市聚集发展的显著特点。这就意味着,外部空间环境是决定生产者服务发展绩效的一个重要因素,能否形成有利于生产者服务快速发展的空间组织,直接影响到生产者服务的发展效率。目前我国正处于城市化快速发展时期,城市体系的形成和大城市发展的特点对生产者服务的聚集具有直接影响,我国在这一方面还存在着一些明显的障碍,直接和间接地制约了城市化和生产者服务的协调发展。

1. 我国生产者服务向高等级城市聚集不足的表现

我国生产者服务聚集程度低主要表现在两个方面:一是在城市体

---

① 参见张保庆:"关于中国教育经费问题的回顾与思考",http://www..edu.cn/;《中国统计年鉴(2005)》,中国统计出版社2006年版。

系内,生产者服务向首位城市聚集的趋势不强,首位城市生产服务功能的优势不明显;二是在高等级城市内部,生产者服务的布局较为分散,不利于生产者服务业经济绩效的提高。

(1)生产者服务在城市体系内聚集不足的表现

在我国,地级及以上城市是城市体系的主体,也是服务业的主要聚集地和产出地。2002年,我国279个地级及以上城市占我国城市总数的42.3%,占我国城市总人口的57.1%,但是创造的服务业增加值达到全国的84.8%。因此,地级及以上城市服务业的发展状况基本上代表了我国服务业发展的全局。在此利用2002年的城市统计数据,以就业为衡量指标,计算各主要服务行业在地级及以上城市的集中程度,[①]以反映我国主要服务行业的空间布局特点。

首先,计算了各主要服务行业在全国城市体系内的集中程度。结果显示,我国的运输邮电业、金融保险业、卫生福利业集中于最大的城市上海,但集中程度不高,分别为5.7%、6.3%和6.3%;贸易餐饮业、房地产业、社会服务业、综合技术服务业集中于第二大城市北京,且集中程度较高,分别为10.3%、17.5%、7%、18.9%。这一结果说明,在我国城市体系中,首位城市上海虽然具有一定的服务优势,但还不具备全国性综合服务中心的功能,还缺乏全国意义上真正的经济中心城市。更进一步地,这还说明我国城市体系内的分工还不充分,国内分工水平较低,抑制了我国高等级、专业化生产者服务的聚集发展。

其次,考察了生产者服务在各省城市体系内的集中程度。为较客观地评价各省生产者服务的聚集发展程度,选择了23个省区(除去4个直辖市和3个地级城市数量少于3的省区——海南、青海和新疆),分别计算了贸易餐饮业、金融保险业和房地产业向各省首位城市的集中程度,并以贸易餐饮业为参照系,比较各省区金融保险业和房地产业的首位城市集中度,得到3个结果(见表8-14)。

---

① 即以所有城市某一行业就业人数为基数,计算该行业拥有最多就业人数的城市在行业总就业人数中的比重。

表 8-14 2002 年各省区贸易餐饮业、金融保险业和房地产业的地区集中度

(单位:%)

省份	城市数量	首位城市	贸易餐饮业首位城市集中度	金融保险业首位城市集中度	房地产业首位城市集中度
河北	11	石家庄	25.7	23.2	16
山西	10	太原	36.8	33.6	51.6
内蒙古	7	呼和浩特	26.6	38.1	49.4
辽宁	14	沈阳	34.7	31.3	31.3
吉林	8	长春	61.3	44.1	59.8
黑龙江	12	哈尔滨	71.3	40.5	65.5
江苏	13	南京	26.6	20.6	33.9
浙江	11	杭州	40.9	32.7	36.3
安徽	17	合肥	18.3	15.6	17.9
福建	9	福州	39.8	30.4	38.0
江西	11	南昌	19.3	36.1	33.7
山东	17	济南	19.8	18.3	20.3
河南	17	郑州	18.3	22.1	29.6
湖北	12	武汉	54.5	46.6	59.4
湖南	13	长沙	39.0	24.6	42.4
广东	21	广州	43.0	27.8	33.2
广西	14	南宁	30.8	28.0	38
四川	18	成都	45.1	34.7	34.1
贵州	4	贵阳	72.7	61.0	92.2
云南	6	昆明	65.7	71.6	86.8
陕西	10	西安	61.8	64.2	71.4
甘肃	10	兰州	43.5	48.9	50.0
宁夏	4	银川	39.1	62.1	79.5

资料来源:《中国城市统计年鉴(2002)》。

第一,在 23 个省区中,除了内蒙古、江西、河南、云南、陕西、甘肃和宁夏 7 个省区,其余 16 个省区的金融保险业的集中度都小于贸易餐饮业。这说明在我国 70% 的省区,金融保险业的空间聚集程度都较低,省区内首位城市的金融服务功能要弱于流通服务功能,首位城市在地区经济发展中主要承担的是流通中心的职能。第二,在 23 个省区中,有 14 个省区(包括山西、内蒙古、江苏、江西、山东、河南、湖北、湖南、广西、贵州、云南、陕西、甘肃和宁夏)的房地产业集中度高于贸易餐饮业,

这说明,在我国61%的省区中,房地产业的聚集程度较高,省区内首位城市的房地产业要明显发达于其他城市。第三,在23个省区中,除了河北、四川和江西3个省,其他20个省区的房地产业集中度都高于或等于金融保险业,这说明在我国生产者服务内部,不同行业间的聚集发展水平有较大差异,房地产业在我国绝大多数省区的聚集程度都要高于金融保险业。结合近年来我国金融保险业发展缓慢而房地产业增长迅速的发展特点,这可在一定程度上说明,聚集不足阻碍了我国金融保险业的快速发展。

(2)生产者服务在高等级城市内聚集不足的表现

在多数大城市中,生产者服务的空间聚集度较低。虽然许多大城市规划建立了以金融、保险为主的中心商业区,但进驻的生产服务企业并不多,行业分散布局的状况未发生根本改变,阻碍了城市生产者服务绩效的提高。

2. 我国生产者服务向高等级城市聚集不足的成因

(1)行政区划限制了区域分工的深化,阻碍了专业化生产服务向首位城市的聚集

分工深化是生产者服务迅速发展的原因,分工深化的空间表现形式就是专业化生产者服务向高等级城市聚集。因此,我国首位城市生产者服务的聚集程度不强的主要原因是国内分工不充分,地区封锁和市场分割阻碍了分工的空间扩展。20世纪90年代以后,我国虽然初步建立了社会主义市场经济体制,市场对资源配置日益发挥主导作用,推动了国内统一市场的发展和区域分工水平的提高。但是在财政分权和地方官员追求政绩的体制的推动下,各地以行政区划为单位,热衷于谋求本地区经济的快速增长和产出的大幅提高,争相投资效益高、见效快的经济项目,从而导致各地区出现产业结构趋同和重复建设屡禁不止的现象。这种状况说明,国内分工还停留在区域层面,远远达不到全国性分工的水平,这就使建立在分工基础上的国内城市体系缺乏内在的经济一体性,首位城市在主要程度上是区域中心城市,而不是全国性的中心城市,难以承担全国生产服务

中心的职能。

(2)生产者服务业的开放程度较低,市场竞争不足,导致最优的空间组织形式难以形成

生产者服务的发展水平和一国的经济发展水平呈正相关关系。在当今世界,生产者服务最发达、最具有优势的国家几乎都是发达国家,这是由生产者服务知识技术密集的特性所决定的。我国生产者服务的发展起步于改革开放后,在二十多年的时间里,随着我国经济体制的变革和市场竞争的日趋激烈,生产者服务业出现了较快增长。但是和我国其他领域如制造业的发展相比,生产者服务业的发展相对滞后。出现这种状况的一个重要原因是,我国对生产者服务业的市场保护过高,市场缺乏竞争,影响了行业绩效的提高和空间布局的优化。例如,我国的银行、保险服务长期处于国家垄断经营之中,仅在近年才出现了少数民营和股份制的金融机构,而会计、审计、法律、咨询等专业服务机构有许多是从政府管理部门的二级机构转变来的,长期的政企不分和行政隶属关系使它们享有许多特殊的市场权力,行业市场的竞争很不充分。我国生产者服务的对外开放程度也长期较低。2004年,我国金融业、租赁和商务服务实际利用外资仅占当年全国实际利用外资的0.42%和4.6%,[1]远低于国际一般水平。由于行业市场缺乏竞争,受到高度的保护,我国生产者服务业的企业缺少提高效率、实现最优化生产的内在动力,因此,使生产效率达到最优的行业空间组织形式——集聚发展也必然难以实现。

(3)控制大城市的城市发展方针制约了生产者服务业的发展空间

生产者服务业具有向高等级的大城市聚集发展的空间布局特点。大城市人才聚集,分工层次多,经济关系迂回复杂,为生产者服务提供了良好的生存空间,是生产者服务聚集发展的主要场所。在服务业发达的西方国家,高等级生产者服务主要是集中在国际化的大都市,如纽约、东京和伦敦等,这些城市都是人口超过千万的超大型城市。研究还

---

[1] 参见《中国统计年鉴(2004)》,中国统计出版社2005年版。

发现,在日益增加的高级生产者服务业在世界城市集中的同时,其他生产者服务业呈现出一个更均衡的空间分布模式上的差异。这说明,生产者服务首先是在城市体系中的顶级城市产生和发展,然后逐渐向下一级城市扩散和转移。长期以来,我国城市发展以积极发展中小城市(镇)、控制大城市发展为指导方针,与生产者服务向大城市聚集发展的空间布局规律背道而驰。在我国原本就缺乏生产者服务比较优势的情况下,限制大城市的发展,等于是遏制了生产者服务业的市场发展空间。

(4)按比较优势参与国际分工,导致大量生产者服务由外部供给,割裂了生产者服务与国内城市体系的联系

20世纪90年代以来,在经济全球化的影响下,我国参与国际经济的程度大幅加深。通过大量吸引跨国公司的直接投资,我国日益融入国际分工体系之中。按照比较优势原则,在由跨国公司主导的国际分工链条中,我国主要从事的是劳动密集型的加工制造环节,而知识技术密集型的生产者服务主要由发达国家承担。在这种国际分工体系下,近几十年来产生了跨越国境的国际城市体系。少数世界性城市如纽约、伦敦、东京处于国际城市体系的顶端,它们是高等级生产者服务的生产聚集地和出口地;区域性中心城市处于城市体系的中间,提供低一等级的生产者服务;而遍布世界各地的加工制造型城市是世界城市体系的末端节点,它们出口制成品,进口生产者服务。目前我国吸引的外资以制造业为主,且集中于沿海地区,其特点是带动了我国出口加工型制造业的迅速发展,但生产过程中所需的服务大量从国外进口,因此我国东部沿海地区的城市实际上是处于世界分工体系和世界城市体系的末端。

我国沿海开放地区因参加国际分工,与国内经济的联系逐渐减少,而其对生产者服务的需求是由世界城市体系中的高等级城市满足的,不是由本国城市体系中的高等级城市满足的。因此,这些地区外向型经济的发展对我国生产者服务发展的带动作用相对较小,过于偏重制造业的引资结构不利于我国生产者服务的规模扩大和聚集发展。

8.4.5 影响大中城市服务业发展绩效的若干因素的计量分析

地级及以上城市是我国服务业发展的主体,其发展速度和效益直接影响到我国服务业的整体增长。因此,对这些城市的服务业发展状况进行研究和分析,发现影响这些城市服务业发展的潜在因素,对促进我国服务业与城市发展的相互协调具有十分重要的意义。

由于我国地级及以上城市的数量众多,且不同类型城市之间存在着一些十分显著的差异,如旅游型、交通枢纽型城市的服务业比重明显较高,而矿山开采型、资源加工型城市的服务业比重明显偏低,因此,用服务业比重来直接衡量某一时点城市的服务业发展水平并不是一种很好的方法。经过比较,这里选择以人均服务业增加值作为衡量城市服务业发展水平的指标。因为在一般情况下,如果城市服务业的发展水平较低,服务业的人均增加值就会较低,而发展水平较高,服务业的人均增加值也会相应较高。所以,采用这种方法可以避免因服务业低水平膨胀而导致对城市服务业发展水平的错误判断。

这里搜集和整理了2002年我国所有地级及以上城市的8类经济数据,它们分别是城市总人口、城市人口密度、城市建成区面积、城市人均可支配收入、城市互联网用户数、城市专业技术人员数、城市当年外商直接投资额和城市当年房地产投资总额,这些数据反映了城市人口规模、城市人口聚集强度、城市基础设施建设规模、城市居民消费能力、城市信息化水平、城市人力资本存量、城市受外部经济影响的力度和城市房地产开发力度等方面的一些基本情况(见表8-15)。

这些是根据对服务业发展规律的认识,预期会对城市服务业的发展绩效产生较大影响的经济指标。需要强调的是,这里使用的所有城市数据都是以市辖区为范围统计的,因为市辖区的服务设施比较齐全,人口密度较高,具有典型的城市特征,可以比较准确地反映我国城市的真实发展情况。

表 8-15　影响大中城市服务业发展的经济指标及其含义

指标	单位	含义
城市总人口	万人	反映城市的人口规模
人口密度	人/平方公里	反映城市人口的聚集强度
建成区面积	平方公里	反映城市基础设施建设的规模
人均可支配收入	元	反映城市居民的消费能力
互联网用户数	户	反映城市的信息化水平
专业技术人员数	万人	反映城市人力资本状况
当年外商直接投资额	万美元	反映外部经济的影响
房地产投资总额	万元	反映特类投资的影响

以人均服务业增加值为因变量，以上述 8 类经济指标为自变量，可以构建一个多元回归模型，来考察这些变量的变动对城市人均服务业增加值产生的影响。在构建模型时，为了消除各变量因数值差异较大所带来的问题，对因变量和所有自变量都取了对数形式。回归的结果如下[①]：

$\ln Y = -1.374 - 0.576 \ln Pop + 0.080 \ln Md + 0.251 \ln Area$

　　(−1.141)　　(−8.494)　　　　(2.347)　　　(3.487)

　　(0.255)　　 (0.000)　　　　　(0.020)　　　(0.001)

$+ 0.724 \ln Inc + 0.087 \ln Net + 0.061 \ln Tec + 0.023 \ln FDI$

　　(4.655)　　　(3.030)　　　　(1.315)　　　(1.017)

　　(0.000)　　　(0.003)　　　　(0.190)　　　(0.310)

$+ 0.266 \ln Inv$

　　(4.231)

　　(0.000)

$R^2 = 0.713 \quad F = 66.518$

在上式中，Y 表示服务业人均增加值，Pop 表示城市人口规模，Md 表示城市人口密度，$Area$ 表示城市建成区面积，Inc 表示城市人均可支配收入，Net 表示城市互联网用户数，Tec 表示城市技术人员数，FDI

---

① 回归过程中已对自变量之间的多重共线性进行过检验，不存在共线性问题。

表示城市当年外商直接投资额，Inv 表示城市当年房地产投资额。

回归方程的拟合优度为 0.713，调整后为 0.702，拟合度较高，方程反映了对服务业人均增加值的变化具有影响的 70% 的因素。

回归的结果表明：(1)总人口对人均服务业增加值的影响为负，且非常显著，这说明单纯增加城市人口对服务业的人均增加值没有促进作用。人口密度对人均服务业增加值的影响是正的，且很显著，人口密度每提高 1 个百分点，人均服务增加值就提高 0.08 个百分点，说明适度提高城市人口聚集强度有利于服务业绩效的提高。(2)城市建成区面积对人均服务业增加值具有显著的正影响，建成区面积每提高 1 个百分点，人均服务业增加值就提高 0.251 个百分点。这说明扩大具有完善基础设施的城市地域范围，将对服务业发展产生积极的促进作用。更进一步地，为详细考察基础设施建设对服务业人均增加值的影响，以市区面积（行政区划的面积）取代建成区面积，进行了一次同样的回归，结果得到的影响系数为负。这一结论具有很强的政策含义，表明仅仅依靠扩大市区面积，而不投入基础设施建设，并不能带动服务业发展水平的提高，说明了城市基础设施建设对城市服务业发展的重要性。(3)人均可支配收入对人均服务业增加值有显著的正向影响，人均可支配收入每提高 1 个百分点，服务业人均增加值就提高 0.724 个百分点，说明提高居民的实际收入水平对扩大服务消费有积极的促进作用。(4)互联网用户数对人均服务业增加值的影响为正，且很显著，互联网用户数每提高 1 个百分点，人均服务增加值就提高 0.087 个百分点，这说明提高城市的信息化水平可以带动服务业的发展。(5)专业技术人员和外商直接投资对人均服务增加值的影响是正的，但是都不显著，说明目前人力资本和外资对我国城市服务业发展水平的提高没有明显的促进作用。(6)房地产开发投资对服务业人均增加值具有显著的正向影响，房地产投资每上升 1 个百分点，服务业人均增加值就扩大 0.266 个百分点。这说明城市房地产投资对服务业的发展具有较强的拉动作用。

综合来看，上述回归结果的政策启示是：首先，经济增长和人均收入水平提高对城市服务业的发展具有积极的促进作用，各级城市应大力发展本地区的经济,提高居民的收入水平,以此来带动服务业的发展;其次,城市基础设施建设对提高服务业发展水平具有明显的促进作用,城市政府应重视城市水电气、公共交通、通信网络等基础设施建设,努力营造一个良好的服务业发展的外部环境,推动服务业的较快发展;再次,合理地进行房地产开发投资可以带动整个服务业的增长。此外,确定适宜的城市人口密度、提高城市信息化水平也有利于城市服务业获得较好的发展绩效。

要保持我国服务业与城市化的同步协调发展,实现服务业和城市化快速发展的预期目标,必须在遵循服务业与城市化动态发展一般规律的基础上,结合中国的具体国情,走有中国特色的服务业与城市化的协调发展之路。

第九章 从劳动力转移到产业区域转移：区域发展中的产业选择与城市化发展

从中国区域经济发展的视角加以观察，通过产业区域转移，形成合理的产业和人口集聚，既有利于加快产业结构升级转化，又能提高劳动力吸纳能力，降低转移成本，是一种比单纯实行劳动力跨区转移更为合理的、城市化和工业化相结合、推动地区经济发展的模式。但产业区域转移应考虑不同地区的产业发展条件与水平以及不同产业的特性，通过分类的产业政策来实现。本章首先进行理论分析，在对城市化进程中劳动力转移与产业区域转移的演变趋势、演变机理以及两者间的关系进行理论分析的基础上，从历史角度对中国城市化过程中的劳动力转移和产业区域转移演变趋势进行分析，并对不同产业的发展对就业人数的影响进行实证分析，以有针对性地探讨产业区域转移的对策。其次，以实施"中部崛起"战略所涉及的中部地区为实例，系统地分析中部与东部地区不同的资本积累及工业化、城市化演进机制，进而指出，只有形成良性循环的工业化与城市化演进机制，才能实现中部地区崛起的发展目标。最后，提出了在中国城市化过程中实现从劳动力转移到产业区域转移的具体对策。

9.1 从劳动力转移到区域转移的机理分析

1978—2004年，我国城市化率从17.92%增长到41.8%，年均增长将近1个百分点，城市化发展迅速。但是，由于历史和处在转轨时期等原因,我国城市化发展也带来了一些突出问题和矛盾:其一,城市化进程中的盲目投资和重复建设,造成投资规模偏大,产业效率低下,城市吸纳能力呈下降趋势,劳动力转移速度趋缓;①其二,随着产业和人口往东部地区持续集聚,城市地价和消费水平的提高以及工资涨幅的趋缓,增大了农村剩余劳动力转移的成本;其三,由于在城市生活与就业状况不乐观,农村劳动力无法从农业、农村中永久性地转移出来,农民工问题突出。可见,针对我国目前现状,单纯强调劳动力转移不能完全解决问题,必须落实到产业,而且必须考虑劳动力转移成本问题。而通过产业区域转移,形成合理的产业和人口集聚,既能在走新型工业化道路中提高工业的经济与环境效益、加快产业结构升级转化,又能加大对农村劳动力的吸收力度,形成和发展新型城市化道路。因此,今后我国城市化的发展应从强调劳动力转移转向强调产业区域转移。

  关于产业发展与劳动力转移问题的研究成果颇丰。国际上比较著名的有:库兹涅茨的经济增长理论、刘易斯的二元结构理论、拉尼斯-费景汉模型、乔根森模型等。但这些理论并不完全适用于中国的情况。首先,它们大多假设非农产业的吸纳能力会随资本积累率提高而提高,在这个既定条件下,只要转移动力存在,农村剩余劳动力就能全部转移到城市。要满足这个条件,就要求产业结构调整与就业结构升级是同步的,显然这种假设与中国的实际情况不符。其次,这些模型着重于农村剩余劳动力的转移,没有涉及劳动力转移成本以及转移到城市的劳动力生存状况等问题。而这些正是中国当前农村劳动力所面临的突出问题。再次,托达罗的人口流动模型,主要是以拉丁美洲为典型案例,从人口迁移的角度分析了乡村到城市转移的主要动力,但对产业发展和劳动力转移的关系关注较少。实际上,农村劳动力的转移与产业转移密切相关。非农就业岗位的提供需要非农产业发展的支撑。在这方

---

① 参见陈甬军、陈爱贞:"城镇化与产业区域转移",《当代经济研究》2004年第12期,第52页。

面,中国学者已经有一定的研究成果。

例如,我国学者在 80 年代中后期提出了产业梯度转移的设想,即随着东部沿海地区的发展和产业结构升级,劳动密集型产业失去了比较优势,将向中西部梯度转移。显然,产业梯度转移不但能加快东部地区产业结构升级转化,还能提升中西部地区的产业层次,增加非农就业机会。2001 年,国家计委投资研究所与中国人民大学区域所课题组,通过对我国空间比较优势的分析认为,由于南部沿海市场环境适于厂商生存,因此劳动密集型产业继续在南部沿海集聚,而在西部和中北部全面萎缩。[①] 文玫则从中国工业发展的历史和不同地区在技术上的比较优势角度,分析了产业集聚形成工业区域化的决定因素。这些研究同样暗含着一个假定,劳动力转移与产业集聚是同步的。[②] 范剑勇等虽然探讨了产业集聚和劳动力流动之间的正反馈机制,但认为产业集聚与农村劳动力的跨地区流动之间是一种必然的同向关系。[③]

劳动力转移是我国城市化的基本特征,产业区域转移是城市化动力的一种演变,两者在城市化发展的不同阶段会有不同的表现和影响。但不同地区的产业发展条件与水平是不同的,不同产业的特性也是不同的,应分地区、分产业地引导产业区域转移。因此,本节拟在城市化框架内对劳动力转移与产业区域转移的演变趋势、演变机理及其两者间的关系进行理论分析,在此基础上,从历史角度对我国城市化过程中的劳动力转移和产业区域转移演变趋势进行分析,并从区域层面用面板数据法进行实证分析,以有针对性地探讨产业区域转移的对策。

---

① 参见国家计委投资研究所与中国人民大学区域所课题组:"我国地区比较优势研究",《管理世界》2001 年第 2 期。
② 参见文玫:"中国工业在区域上的重新定位和聚集",《经济研究》2004 年第 2 期。
③ 参见范剑勇、王立军、沈林洁:"产业集聚与农村劳动力的跨区域流动",《管理世界》2004 年第 4 期。

9.1.1 城市化进程中的劳动力转移和产业区域转移机理分析

从世界历史的角度考察,城市化始于工业革命。在工业化与城市化发展的初期,某些地区会由于资源禀赋优势、区位优势或政策优势等,工业获得了先行发展的机会。由于受技术、资本的限制及实际需求的需要,纺织、食品、日用产品等消费品工业和餐饮、商业、运输等传统服务业最先获得了发展。在工业化和城市化初期,绝大多数地区经济都处在发展初期,资本积累都很有限,相比较而言,区域内的农村剩余劳动力的流动更自由、零散,对市场的反应更敏捷,沉淀成本低,所以其流动要先于资本,而且由于这些劳动密集型产业对劳动力的基本素质要求不高,更刺激了区域内农业剩余劳动力向这些非农产业的转移。

人口的集聚会引致需求的增长,从而促进地方产业部门的发展,并带动相关产业(包括消费者服务业)的联动发展,逐渐吸引区域外的劳动力向该地区转移。当城市聚集了一定程度的经济活动总量,市场规模的扩大带来的中间投入品的规模效应和劳动力市场规模效应及信息和技术集聚与扩散效应,大大降低了企业的生产和交易成本,尤其是当区域内的运输费用比跨区域运输费用的节省较可观时,就会造成所谓的"交易集聚",[1]促使特定产业或具有密切联系的相关产业的企业通过区域转移集聚到该区域。同时,竞争的加剧会刺激企业进一步提高劳动生产率,从而促进了产业分工的深化和产业链的延伸。随着石油、电力、钢铁、化学、机械等资本密集型产业开始发展并成为主导产业,工业劳动生产率的提高降低了对劳动力的吸纳能力,但产业分工的深化会派生出对生产者服务业的强烈需求,从而拉动服务业的发展。而服务业具有更高的就业弹性,能弥补工业吸纳能力的不足,从而促进农村

---

[1] Tabuchi, T., 1998, "Urban Agglomeration and Disperson: A Synthesis of Alonso and Krugman," *Journal of Urban Economics*, 44, pp. 333–351.

劳动力继续向非农产业转移。

根据新经济地理理论,在劳动力有限流动的情形下,随着产业集聚,区域的人口和工资就可能会上升,造成生产成本上升。当区域内生产成本的上升超过交易费用的节省时,一部分企业就开始向边缘地区迁移。但在二元经济结构国家中,劳动力的供给并不短缺,而且除了生产成本和交易成本之外,市场规模和市场制度环境对产业区域转移更有直接的影响。随着人口和产业向发达地区集聚,区域间经济与收入的差距会拉大,进而刺激更多的劳动力向发达地区转移,使得工资上升速度趋缓,产业继续向发达地区集聚。但由于一个区域内的土地是有限的,随着产业的高度集聚,地价的上升会提高区位成本,从而使企业运营成本上升。可是,人口和产业集聚的发达地区,其巨大的市场规模为企业占有高市场份额提供了有利条件。① 因此,在比较成本利益的驱动下,用地面积大的工业就有向外转移的动力,但为了靠近市场,企业会选择往郊区或区域内靠近发达城市的中小城市转移。由此,第三产业成为高度发达的中心城市的支柱产业,第二产业向周边地区转移,逐渐形成了具有一定层次性的城市圈。

在城市圈发展过程中,其人口和产业的高度集聚及其不断扩大的市场规模,还会继续吸引相对落后地区的第三产业向城市圈的中心城市转移,第二产业向城市圈的周边城市转移。产业和人口的高度集聚,会使发达地区的土地极度紧张,而土地成本的不断上升,又会通过连带效应提高城市生活成本;同时,发达地区劳动生产率的提高降低了对劳动力的需求,使得工资增幅缓慢,但农村人地矛盾的存在还将继续释放大量劳动力向城市转移,劳动力转移的成本递增。一般情况下,只有当发达地区的工业用地极度紧张,或者当该区域的市场开发得差不多,企业需要向外扩张以抢占更多市场时,才会有一定规模的产业往相对落后的地区转移。但如果相对落后地区的市场制度环境不适合企业生存,则

---

① 根据企业利润 $\pi=(p-c)q$,企业考虑的不仅仅是成本,还有销售量。与消费者近距离接触是企业提高市场占有率的关键,因此,企业对大规模市场地区的偏好不仅仅是出于运输费用节省的缘故,更是出于市场扩张战略的考虑。

会延缓产业从发达地区向落后地区转移的速度。如果产业在发达地区集聚到一定程度而不能往外转移,产业结构升级带来的技术和资本对劳动力的排斥,会降低非农产业的就业弹性系数,而同时落后地区因产业集聚不够,城市化发展缺乏工业化动力,提供非农就业能力弱的情况无法得到改善。因此,产业的过度集聚,一方面会因劳动力吸纳能力减弱而使得工资增幅缓慢;另一方面会通过土地成本上升的连带效应提高城市生活成本。由此劳动力转移会同时面临速度趋缓与成本上升的难题。

可见,在工业化和城市化互动发展的相当长的时期内,人口和产业会呈现出从落后地区向发达地区持续单向集聚的趋势。产业的适度集聚,能促进产业发展和劳动力吸纳能力的提高;而产业和人口的过度集聚,会减弱产业的劳动力吸纳能力,并增加劳动力转移成本。

9.1.2 中国城市化中劳动力转移和产业区域转移的演变历程与发展趋势

(一) 1979—1990年以劳动力单向转移为主的城市化进程

改革开放以来,随着家庭联产承包责任制的实行,农业生产力的大力发展迅速析出大量的农业剩余劳动力。但在初期,由于存在城乡二元格局,而且城市的工业发展也不发达,进城农民的规模很小。从1984年颁布实施了允许农村人口迁移到附近的城镇政策以后,农民进城经商、承包建筑施工和各项劳务活动日渐增多,剩余劳动力转移的规模才逐渐增大。1980年到1990年,累计转移劳动力6646万人。

20世纪80年代中期以来,广东、福建等省市凭借海外侨胞的优势和改革开放政策,来料加工、"三来一补"、以港澳地区为主要市场的乡镇企业迅速发展;江浙等地区以劳动密集型行业为主,市场主要面向省内、国内的乡镇企业也迅速发展。这些沿海地区乡镇企业的快速发展极大地刺激了农村剩余劳动力的转移。"七五"时期,平均每年转移农村劳动力596万人。"八五"时期,平均每年转移农村劳动力688万人。

到1988年底,全国乡镇企业吸纳农村劳动力9 545万人,占农村总劳动力的23.8%。

此外,由于我国市场长期存在供给的总量性短缺的特征,20世纪70年代末到80年代初,国内市场规模迅速扩张,这时候,即使达不到最小有效经济规模的小企业也能在市场上获得较高利润率。而且80年代初期开始进行的"放权让利"和"扩大企业自主权"改革,构筑了相对独立的地方一级预算,形成了地方政府自身的利益。为发展本地经济、增加财政收入,绝大多数的地方政府实施了公开或隐蔽的地区市场封锁政策,因此就地发展是绝大多数企业的占优选择,企业缺乏区域转移的市场驱动力。

可见,在1990年之前,我国的城市化进程是以劳动力省内转移为主要特征。①

(二) 20世纪90年代以来劳动力和产业同向转移的城市化进程

进入20世纪90年代,东部沿海地区经济进入了新的发展时期,这些地区的产业配套条件趋于成熟,市场规模迅速扩张。如在珠江三角洲地区,在100公里左右的范围内,90%以上的计算机零部件、80%以上的手机部件、将近100%的彩电部件都可以就近采购。这使得在该地区彩电、计算机、手机等产品零部件的采购成本比其他地区低30%,②从而促进了相关产业向该区域转移,逐渐形成了IT、家电等产业的集聚。此外,90年代以来,国际产业开始向我国东部沿海地区转移。1995年和2000年,东部11个省市分别吸收了外商直接投资的85.9%和86.5%,其中单是广东、江苏、浙江、上海、北京、福建6个省市就分别吸引所有外资的66.4%和68.4%。相对应地,2000年,这6

---

① 以1989年为例,全国乡镇企业吸纳农村劳动力9 366万人,出乡就业人数3 000万人,其中出省就业人数700万人。可见劳动力转移还以省内为主。数据来自中国农村劳动力转移培训网:www.nmpx.gov.cn。
② 参见刘世锦:"产业集聚及其对经济发展的意义",《产业经济研究》2003年第3期。

个省市吸纳了跨省总流动人口的68.5%,东部地区成为经济发展和吸纳劳动力的重地。① 同时,上海、北京、广州等一些中心城市的迅猛发展,吸引了各地区相关产业,特别是吸引了包括浙江、福建等发达地区企业总部的集聚。据统计,自90年代至2000年上半年,浙江约有5万家企业进驻上海,投资总额达500亿元。

但在这个产业往发达地区转移过程中,也产生了产业同构严重的现象。如在长三角地区,凡是在地域空间上相邻的城市,相似系数都大于0.93,有的城市间甚至达到了0.98以上。② 不合理的分工体系,使得发达地区的第三产业发展缓慢,较为落后地区的工业又发展不起来,极大地影响了就业结构的提升。1994年以来,东部地区非农产业对农村劳动力的吸纳能力逐渐减弱,使得全国当年转移劳动力逐年下降,从1993年的1 233万人降到1999年的179万人。

(三) 2000年以来劳动力和产业逆向转移的城市化演变趋势

为了控制一些地区借助工业园区建设与小城镇发展,乱占耕地和乱圈土地现象,以保护耕地,提高土地使用效率,2000年以来,我国逐渐加强了对非农土地使用的控制。2003年,国务院对土地市场展开了严厉的治理整顿,使得发达地区的土地供应出现紧张状态,特别在浙江、江苏、广东、上海等经济发达地区更为严重。同时,随着经济发展和人均收入水平的增加,导致需求结构的变化,特别是近年来由于宏观经济形势的变化,使得市场销售压力显著增大,迫使发达地区的企业需要通过产业区域转移的方式来打开市场,巩固市场。而1994年以来,为降低区域间的收入差异,政府增加了对中西部地区的基础设施投资。1999年开始实施西部大开发战略,并陆续建设了10个发展西部的重点工程,西部的投资环境有所改善。此外,政府对外商在西部投资也给予优惠政策,使得西部成为外商投资新的"热土"。到2001年,世界500强企业中的六十多家已进驻西部。发达地区的一些地方政府为了当地

---

① 东部11个省市指北京、天津、河北、辽宁、上海、江苏、浙江、福建、山东、广东、海南。
② 参见唐立国:"长江三角洲地区城市产业结构的比较分析",《上海经济研究》2002年第9期。

企业能有更广阔的市场发展空间,也在积极地为企业"走出去"搭建平台。如从 2002 年起,浙江省财政每年安排 500 万元资金,对参与中西部开发的企业进行贴息支持和政策支持,还逐渐在西部 8 个省市区成立了浙江企业联合会。据不完全统计,目前浙江省在西部地区 12 个省市区创业的人员达到 110 万人,投资超过 1 000 亿元。此外,国际产业向东部的持续转移,也推进了东部地区一些产业往中西部的转移。2002—2003 年,重庆市来自东部地区的投资占全部引进内资的 61.81%。1999—2003 年,湖南省仅来自广东省的投资就占了全部引进内资的 33.69%。

但是,尽管部分产业开始往中西部逐渐转移,但大多数产业还在东部地区不断集聚。从表 9-1 可见,除了烟草加工业等 5 个行业外,其他行业都在继续集聚。从 CR_8 值 1994—2003 年变化情况来看,产值居前 8 位的省市数,中西部增加 1 个省市的只有 4 个行业,减少 1 个省市的有 10 个行业。究其原因:首先,产业向中西部转移,主要不是基于比较优势而是市场扩张的需要,因此企业经营的重心还在东部地区;其次,目前一些劳动密集型行业(如纺织业、造纸及纸制品业等)还是东部的优势产业(如表 9-1 中 Q、S 值所示);第三,即使在发达的东部省市内,区域内的经济发展往往也是不平衡的,因此产业一般是先往区域内相对落后地区转移,其后才考虑区域外;最后,与中国低价工业化与高价城市化的发展模式有很大关系。① 因此,尽管出现了部分产业往中西部逐渐转移的趋势,但大多数产业还在东部地区不断集聚,这就使得劳动力还在持续往东部转移。但由于东部地区的非农产业就业弹性系数在逐渐下降,农村剩余劳动力转移速度趋缓,劳动力转移成本递增。②

---

① 参见经济增长前沿课题组:"经济增长、结构调整的累积效益与资本形成",《经济研究》2003 年第 8 期。

② 为吸引产业集聚,包括东部地区在内的工业用地往往是廉价的,而同时,地方政府往往通过房地产土地的出让来获得城市化的资金,使得非工业用地价格居高不下。这不但提高了农民工在城市购房或租房的成本,还通过其他生活费用提高的连带效应提高了农民工在城市生活的成本。但与此相对应的是,据调查表明,农民工的平均工资已经有十多年没怎么增长,珠三角地区 12 年来农民工月工资只提高了 68 元。另据农业部的调查显示,2002 年 9 400 万农民工的月均收入约 480 元左右,而同年城镇居民年均消费性支出 6 030 元/人,使得农民工在城市生活困难,转移成本高。

表 9-1　不同行业区域集聚趋势指标

序号	产业名称	CR_8(%) 1994年	CR_8(%) 2003年	2003年 Q 值 东部	2003年 Q 值 中西部	1994—2003年 S 值 东部	1994—2003年 S 值 中西部
1	煤炭采选业	72.09 (5)	76.29 (4)	0.55	2.25	1.01	1.00
2	石油和天然气开采业	72.16 (4)	81.03 (4)	0.53	2.29	1.00	1.00
3	黑色金属矿采选业	72.16 (3)	78.55 (4)	0.93	1.19	1.10	0.84
4	有色金属矿采选业	70.08 (5)	74.06 (4)	0.67	1.91	1.01	1.00
5	食品加工业	58.79 (3)	66.88 (2)	0.92	1.23	1.23	0.66
6	食品制造业	63.43 (2)	65.20 (2)	0.90	1.29	0.92	1.16
7	饮料制造业	60.66 (3)	63.81 (3)	0.82	1.49	0.92	1.11
8	烟草加工业	70.85 (5)	63.41 (4)	0.51	2.35	1.44	0.79
9	纺织业	76.41 (2)	84.16 (1)	1.15	0.59	1.30	0.00
10	造纸及纸制品业	60.90 (2)	78.64 (1)	1.07	0.82	1.15	0.66
11	石油加工及炼焦业	67.50 (2)	64.26 (2)	0.88	1.32	0.93	1.11
12	化学原料及化学制品制造业	60.71 (1)	67.85 (1)	1.00	0.99	1.13	0.73
13	医药制造业	61.17 (1)	59.74 (2)	0.86	1.40	0.95	1.09
14	化学纤维制造业	80.30 (1)	86.96 (1)	1.16	0.56	1.15	0.24
15	非金属矿物制品业	62.81 (2)	67.99 (2)	0.92	1.22	1.08	0.86
16	黑色金属冶炼及压延加工业	67.55 (2)	65.45 (2)	0.92	1.23	1.07	0.88
17	有色金属冶炼及压延加工业	56.06 (3)	51.44 (3)	0.69	1.87	1.10	0.92
18	金属制品业	69.74 (1)	80.85 (0)	1.22	0.40	1.29	−0.12

19	普通机械制造业	67.71 (2)	80.31 (2)	1.12	0.65	1.19	0.46
20	专用设备制造业	67.37 (1)	69.78 (2)	0.97	1.07	1.03	0.92
21	交通运输设备制造业	64.01 (3)	65.33 (3)	0.85	1.42	1.07	0.90
22	电气机械及器材制造业	74.23 (2)	82.56 (1)	1.02	0.93	1.09	0.63
23	电子及通信设备制造业	80.22 (1)	91.45 (0)	1.28	0.22	1.08	0.49
24	仪器仪表及文化办公用机械制造业	77.98 (1)	87.56 (0)	1.23	0.37	1.07	0.60

注：①CR_8为前8位省市某一行业产值占全国该行业总产值的比重。（ ）内的数值表示前8位省市中的中西部省市个数，其中重庆与四川合算一个。

②区位商Q＝某一区域某一行业产值占该区域所有工业产值比重/全国该行业产值占全国所有工业产值比重，增长指数S值＝某一区域某一行业产业增加值的增长速度/全国工业该行业产业增加值的增长速度。

资料来源：根据《中国工业经济统计年鉴》相关年份数据计算得出。

9.1.3 产业区域转移区域层面的实证分析

针对我国产业往东部持续集聚对劳动力转移造成的影响，显然，如果能够引导产业往中西部转移，东部发达地区致力于第三产业和资本、技术密集型产业发展，中西部地区推动劳动密集型产业发展，实行合理的产业集聚和分工，就能推动产业进一步发展，并能增加非农产业对农村劳动力的吸纳能力；而产业与劳动力往中西部的分流，还能缓解用地紧张和就业压力，从而直接或间接地降低农村劳动力转移的成本。但由于不同地区的产业发展条件与水平不同，不同产业的特性也不同，必须探讨实行不同地区不同产业的区域转移的具体政策。为此，下面拟用面板数据模型方法，通过分析不同地区不同产业的发展对就业人数的影响，有针对性地探讨产业区域转移的对策。

从表9-1可看出，尽管大部分行业呈现往东部地区集聚的趋势，但从Q、S值来看，食品制造业、饮料制造业和石油加工及炼焦业等行业，在中西部地区还是具有一定的比较优势。正如以上所述,除了产业配套条件外,市场规模和市场制度环境对产业区域转移有直接的影响。为此,根据表9-1数据和这些影响因素,在东部地区选取北京、天津、上海、江苏、浙江、福建、山东、广东等8个省市,这些省市基本属于东部发达省市,既是吸纳劳动力的重地,也是产业相对集聚、最有可能往外转移产业的省市;中西部选取的是山西、内蒙古、吉林、黑龙江、安徽、江西、河南、湖北、湖南、重庆、四川、陕西等12个省市区,这些省市区工业发展基础相对较好,这几年发展速度快,而且所处的地理位置较好,市场腹地较大,其中如陕西的西安和四川的成都、重庆等地区,靠近用户企业和配套企业,当地及周边市场潜力大,有实力承接东部发达地区转移来的产业。选取的13个行业(见表9-2),其集聚速度慢甚至处于逆集聚状态,且中西部具有一定的比较优势,也多为劳动密集型行业,对劳动力吸纳能力强。

根据各地区产业发展水平,把省市分成两组:由8个东部省市组成的发达地区与由12个中西部省市区组成的相对落后地区,时间序列为从1999年(开始实施西部大开发)到2003年。从城市化与工业化间的互动关系来看,投资规模与产业结构、产业集聚程度、产业区域分布等是影响劳动力吸纳能力的关键因素,但从单个行业来看的话,对劳动力吸纳能力的影响因素主要有产业的产出与投资规模、经济效益。为此,模型构造如下:

$$Pop_{it} = \alpha_i + \beta_{1i}Y_{it} + \beta_{2i}Inv_{it} + \beta_{3i}\Pi_{it} + \varepsilon_{it}$$

其中,$i=1,2,\cdots,13$,表示横截面上的样本数,即行业数,$t=1,2,\cdots 5$,表示时期总数,Pop_{it}表示第i行业第t期的行业就业人数,Y_{it}表示第i行业第t期的工业产值,Inv_{it}表示第i行业第t期的固定资产投资,Π_{it}表示第i行业第t期的利润。所有数据均来自2001—2004年的《中国工业经济统计年鉴》,其中固定资产投资为固定资产原价,并用固定资产投资价格指数把所有年份的值折算为1990年不变价;工业产值也为1990年不变价,利润用工业品出厂价格指数折算为1990年不变价。就业人数单位为万人,工业产值和固定资产投资单位均为亿元。计量回归结果见表9-2。

表 9-2 计量回归结果

序号	产业名称	发达地区 α_i	β_{1i}	β_{2i}	β_{3i}	落后地区 α_i	β_{1i}	β_{2i}	β_{3i}
1	食品加工业	112.384	−0.086 (−4.24)***	0.032 (0.84)	2.712 (5.08)***	−64.371	0.046 (1.68)*	−0.067 (−0.24)	−0.849 (−0.93)
2	食品制造业	0.108	−0.000 2 (−0.06)	0.043 (1.01)	0.116 (−0.70)	−81.399	0.078 (2.67)***	−0.141 (−1.08)	−0.752 (−1.54)
3	饮料制造业	21.946	−0.010 (−0.11)	−0.018 (−0.07)	−0.108 (−0.09)	−31.800	0.021 (0.08)	−0.170 (−0.46)	−0.030 (−0.02)
4	烟草加工业	−25.672	0.015 (1.42)	−0.047 (−2.76)***	0.012 (2.03)**	−86.862	0.021 (0.62)	−0.117 (−2.01)**	−0.078 (−1.41)
5	石油加工及炼焦业	−12.080	−0.024 (−0.96)	0.037 (0.23)	−0.045 (−0.14)	−102.511	−0.019 (−0.44)	0.041 (0.67)	0.118 (1.36)
6	化学原料及化学制品制造业	118.968	−0.023 (−2.12)**	0.052 (1.09)	−0.017 (−0.16)	187.981	−0.133 (−3.32)***	0.003 (0.10)	0.909 (2.26)**
7	医药制造业	−8.309	−0.018 (−14.5)***	0.157 (9.07)***	−0.080 (−1.79)*	−75.865	0.020 (0.78)	0.021 (0.16)	−0.311 (−1.05)
8	非金属矿物制品业	−32.938	−0.061 (−0.33)	0.270 (0.44)	0.626 (0.28)	−551.876	−0.556 (−60.94)***	1.754 (51.14)***	−0.065 (−4.00)***
9	黑色金属冶炼及压延加工业	30.138	−0.015 (−0.92)	0.014 (0.35)	0.159 (1.00)	108.807	−0.008 (−0.04)	−0.106 (−0.17)	0.206 (0.39)

10	有色金属冶炼及压延加工业	−16.540 (−1.96)**	0.092 (1.33)	0.217 (1.24)	563.619	1.193 (0.59)	−3.307 (−0.60)	−2.334 (−0.53)
11	专用设备制造业	−130.890 −0.033 (−1.55)	0.722 (3.59)***	−0.466 (−2.93)***	−86.726	−0.066 (−2.00)**	0.290 (3.78)***	−0.038 (−0.08)
12	交通运输设备制造业	−76.925 0.162 (5.88)***	−0.183 (−12.3)***	−2.398 (−5.35)***	138.960	0.039 (5.02)***	−0.230 (−4.95)***	−0.255 (−4.42)***
13	电气机械及器材制造业	19.808 −0.030 (−1.50)	0.204 (0.77)	0.863 (2.58)**	82.044	−0.009 (−2.20)**	−0.631 (−8.09)***	0.084 (0.94)

注：计算软件采用的是 Eviews5.0。（ ）内为 t 统计值。*** 表示在1%水平上统计显著，** 表示在5%水平上统计显著，* 表示在10%水平上统计显著。发达地区的 $R^2=0.99$，$DW=2.57$；落后地区的 $R^2=0.99$，$DW=2.87$。

从回归结果来看，只有石油加工及炼焦业在落后地区的系数均大于发达地区，即该行业在落后地区集聚更有利于劳动力吸纳能力提高。从总体来看，化学原料及化学制品制造业、医药制造业、专用设备制造业、交通运输设备制造业、电气机械及器材制造业更应该在发达地区集聚。从产值系数来看，有9个行业在落后地区的系数大于发达地区，尤其是食品加工业、食品制造业、饮料制造业、医药制造业、有色金属冶炼及压延加工业5个行业更明显，即在落后地区增加这9个行业的产值对行业劳动力吸纳能力提高更有利。但从固定资产投资系数来看，发达地区有10个行业该系数大于零；相反在落后地区，11个行业的固定资产投资系数小于发达地区，且有8个行业的固定资产投资系数小于零。可见，在发达地区增加大多数行业的投资可以继续增加就业，资本与技术基本还未对劳动力产生排斥作用，而在落后地区增加固定资产投资对增加劳动力吸纳明显不如发达地区。不难看出，产值提高与固定资产增加对增加劳动力吸纳的作用在发达地区与落后地区发生了分离。产值是现期实现，在劳动生产率没有相应提高的情况下，产值增加可增加劳动力吸纳；而在投资总规模较小的情况下，固定资产投资多为新增投资，一般具有一定的周期，且其投产情况还与当地行业发展水平有关，因此在落后地区产值提升对劳动力吸纳的近期作用要大于固定资产增加的远期作用。发达地区固定资产投资对劳动力吸纳能力作用大的原因在于，当地行业投资规模已达到一定水平，继续追加投资能尽快增加就业，其产值提高对劳动力吸纳能力作用小，很大程度上是劳动生产率提高的结果。从利润指数来看，落后地区有6个行业该系数大于发达地区，但总的来看，企业经济效益对劳动力吸纳能力提高并没有一致的影响。另外，饮料制造业、石油加工及炼焦业和黑色金属冶炼及压延加工业，由于近几年市场特性发生较大变化，行业就业人数受其他因素影响较大，因此，其t值显著性稍差。

由于数据获取的困难，回归时间比较短，且变量不够多，在一定程度上影响了回归的效果。但回归结果还是可以大致体现出不同地区、不同产业发展对劳动力吸纳能力的影响。结合表9-1和表9-2的分

析结果,可得到以下三点结论:

1. 一些劳动密集型产业和资源依赖型产业,在落后地区具有比较优势,且其在落后地区集聚有利于劳动力吸纳能力的提高,政府应引导这些产业往这些地方转移。但并不是所有的劳动密集型且在落后地区具有比较优势的产业,转移到落后地区就能提高产业劳动力吸纳能力,对这些行业,应主要由市场来引导。

2. 从增强产业劳动力吸纳能力的角度来考虑,对哪些产业应进行区域转移,主要应考虑其对劳动力吸纳的潜力。有些产业(如食品加工业、食品制造业、有色金属冶炼及压延加工业)目前虽然在落后地区的固定资产投资就业系数比在发达地区低,但其产值就业系数大,由此,对这些产业的新增投资应该列入往落后地区引导的行列。

3. 一些技术相对密集型行业(如医药制造业、专用设备制造业、交通运输设备制造业、电气机械及器材制造业),从 Q、S 值来看,中西部具有与东部接近的比较优势,但从产业发展角度来考虑,东部发达地区可能更适合这些产业生存;同时这些行业在东部的集聚也更有利于其劳动力吸纳能力的提高。因此,对产业区域转移的引导要考虑全面的影响因素。

9.2 "中部崛起"中的产业演进分析

继实施东南沿海开放、西部大开发、东北老工业基地振兴战略之后,"中部塌陷"与"中部崛起"的问题,在进入新世纪后已引起政府部门以及专家学者更多的关注。其中工业化、城市化是关系到中部地区崛起的两个相互联系、相互影响的结构变革过程。本节在对中部地区发展历程、现状的基本特征进行归纳、总结、分析的基础上,探讨导致"中部塌陷"的主要原因:生产要素禀赋与主导产业选择的差异,形成中部与东部地区不同的资本积累及工业化、城市化演进机制,进而导致了中部与东部地区经济发展水平的差异。

在此基础上,提出了推动中部崛起的具体对策:选择合适的主导产业,打破现有的经济运行机制,形成良性循环的工业化与城市化演进机制。

9.2.1 已有的研究简述

对中部地区崛起的关注,目前主要集中在以下几个方面:一是中部地区发展中存在的问题。如杨云彦、秦尊文认为中部地区有逐渐边缘化的趋势,即中部地区制造业出现比较明显的衰退,就业总量萎缩,生产要素外流,经济地位下降,内部经济联系和市场覆盖面缩小,与其他地区的差距扩大等,呈现出明显的问题区域特征。[1] 二是"中部塌陷"的原因。大多数学者的观点认为是政策原因,如提出"政策边缘化",[2] 或是"成为被中央倾斜政策遗忘的角落",[3] 也有学者认为是制度因素。[4] 三是中部崛起的对策。如杨开忠认为,中部崛起的关键在于实施产业群导向战略;[5] 参见刘勇认为,中部崛起主要靠其居中的地位,发挥"承东启西"的作用;[6] 参见樊新生、李小建则认为,中国大多数工业产业重心并未按人们的预期发生相应的空间转移,东部地区所有产业都占有较大份额,中部地区应该从多方面重新审视自己的比较优势,制定相应的经济发展对策。[7]

2005年,中部崛起已经从专家学者的呼吁上升到政府部门的决策,成为国民经济发展的一项重要内容,对中部崛起的研究显得愈发重要。要得出适合中部地区发展的战略以及推动中部地区崛起的对策建

---

[1] 参见杨云彦、秦尊文:"论'中部崛起'与武汉城市经济圈建设",《城市经济、区域经济》2005年第2期。
[2] 王小广:"我国应实施'中部振兴'新战略",《中州学刊》2004年第3期。
[3] 胡平:"湖南战略",《江南都市报》2002年12月16日。
[4] 参见陈瑾:"制度创新与江西在中部崛起",《赣南师范学院学报》2002年第6期。
[5] 参见杨开忠:"下活中部崛起这盘棋",《经济日报》2004年12月13日。
[6] 刘勇:"'中部崛起'的主要任务和对策",《中州学刊》2004年第3期。
[7] 参见樊新生、李小建:"中国工业产业空间转移及中部地区发展对策研究",《地理与地理信息科学》2004年第2期。

议,必须对中部地区经济发展历程、现状,尤其是导致"中部塌陷"的经济发展机制进行分析探讨。

9.2.2 中部地区发展现状、历程及其区域比较

中部6省区①土地面积为102.75平方公里,占全国比重为10.96%;2004年底总人口3.65亿人,占全国比重为28.21%;国内生产总值32 088亿元,占全国比重为19.66%。中部地区经济总量在全国占有较大的比重,而其土地、人口、经济规模并不匹配,尤其是拥有全国1/4多的人口,却只生产不到1/5的产出,人均收入水平低于全国平均水平。中部地区是全国粮棉油等农产品主产区(粮棉油产量占全国的30%—40%)和主要能源、原材料工业基地(主要工业产品产量占全国的20%—30%),在国民经济发展中起着举足轻重的地位。

(一)经济发展水平与速度

经济发展水平。从演变的趋势来看有两个显著特征:一是从20世纪90年代以来,人均GDP一直低于全国平均水平。2004年,中部地区人均GDP为8 789元,低于全国12 614元的平均水平,不及东部地区人均GDP(19 637元)的1/2,低于东北地区(14 087元),略高于西部地区(7 430元)。到2004年,中部地区的人均GDP始终低于全国平均水平;二是中部地区和全国水平以及东部地区、东北地区的收入差距在逐年扩大,呈扇状展开(见图9-1)。

---

① 本书的"中部地区"是指山西、河南、湖北、湖南、安徽、江西6省;东部地区包括北京、天津、河北、山东、江苏、上海、浙江、福建、广东、海南等10个省市;东北老工业基地是指黑龙江、吉林、辽宁3省;西部地区包括陕西、甘肃、宁夏、青海、新疆、内蒙古、西藏、四川、重庆、云南、贵州、广西等12个省(市、区)。

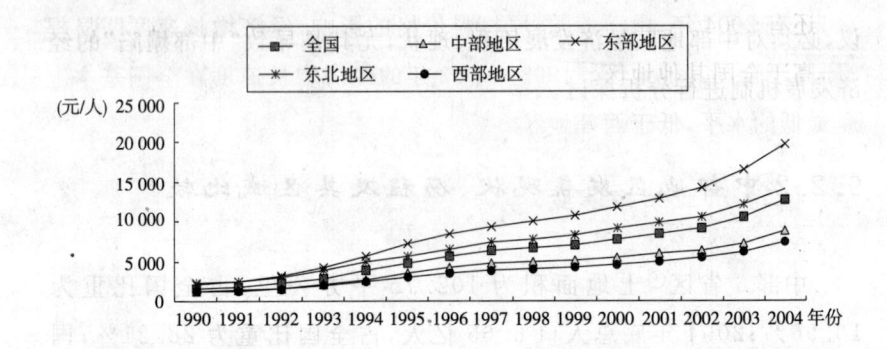

资料来源:《新中国五十年统计资料汇编》、2000—2004 年《中国统计年鉴》、2004 年统计公报。

图 9-1 1990—2004 年中部地区人均 GDP 及其区域比较

经济增长速度。从 1990 年至 2004 年的经济增长速度看(按当年价格计算,如表 9-3 所示),中部地区在大多数年份的增长速度是低于全国平均水平的,也有几年比较高,如1995—1997年,甚至高于东部地

表 9-3 国内生产总值增长速度比较

年份	全国	中部地区	东部地区	东北地区	西部地区
1991	7.32	4.62	8.77	6.26	7.45
1992	10.90	9.85	12.11	9.72	8.72
1993	15.17	13.65	16.42	14.58	12.81
1994	15.33	15.25	16.19	12.96	13.99
1995	12.80	14.39	13.14	8.78	11.85
1996	8.94	10.21	8.95	7.78	7.81
1997	6.11	6.52	6.12	5.92	5.35
1998	3.62	2.81	4.06	3.18	3.61
1999	3.16	2.33	3.66	2.99	2.38
2000	5.42	4.45	5.96	5.59	4.15
2001	4.80	4.30	5.10	4.43	4.68
2002	4.89	3.72	5.55	3.55	5.13
2003	7.46	6.66	8.03	6.63	6.68
2004	9.76	10.36	9.85	8.08	9.62

资料来源:《新中国五十年统计资料汇编》、2000—2004 年《中国统计年鉴》、《中华人民共和国 2004 年国民经济与社会发展统计公报》(国家统计局 2005 年 2 月 28 日发布)。

区;还有2004年,由于能源、原材料价格的影响,经济增长速度明显提高,高于全国其他地区。1998—2003年的经济增长速度在全国基本上是最低的水平,低于西部地区。

(二)产业结构演变

2004年,中部地区的三次产业结构为17.8∶47.7∶34.5,其中第一产业增加值比重高于全国平均水平5个百分点,第二、第三产业增加值比重分别低于全国平均水平2.8、2.2个百分点。工业增加值比重为39.4%(如表9-4所示),低于全国43.4%的平均水平;1990—2004年共增长了6.5个百分点,增长幅度略高于全国平均水平,略低于东部地区增长水平,而同期西部地区增长了5.3个百分点,东北地区仅增长0.6个百分点,说明在此期间除东北地区工业化基本上处于停滞阶段,其他三个区域工业化速度差别不大。2003年中部地区非农就业比重为45.8%(如表9-5所示),说明

表9-4 中部地区工业产值比重及其区域比较

(单位:%)

年份	全国	中部地区	东部地区	东北地区	西部地区
1990	37.1	32.9	40.7	44.3	29.5
2004	43.4	39.4	47.3	44.9	34.8
1990—2004年增长百分点	6.3	6.5	6.6	0.6	5.3

资料来源:根据《新中国五十年统计资料汇编》、《中华人民共和国2004年国民经济与社会发展统计公报》计算得出。

表9-5 中部地区非农就业比重及其区域比较

(单位:%)

年份	全国	中部地区	东部地区	东北地区	西部地区
1990	39.5	34.2	47.3	60.5	28.0
2003	51.0	45.8	61.8	54.8	41.9
1990—2003年增长百分点	11.5	11.6	14.5	-5.7	13.9

资料来源:根据《新中国五十年统计资料汇编》、《中华人民共和国2004年国民经济与社会发展统计公报》计算得出。

还有一半以上的劳动力在从事农业劳动;这个比例低于全国平均水平 5.2 个百分点,低于东部地区 16.1 个百分点,低于东北地区 9.0 个百分点。从 1990—2003 年非农就业比重的增长幅度看,中部地区也是比较低的,13 年增长了 11.6 个百分点,与全国平均水平相当。

(三)工业内部结构特征

按照主要生产要素的贡献程度、产品加工程度或轻重程度,将工业内部产业分为四类:第一类为资源密集型产业,包括煤炭采选业、石油和天然气开采业、黑色金属矿采选业、有色金属矿采选业,生产的主要是初级产品;第二类为劳动力密集型产业,包括食品加工业、食品制造业、饮料制造业、纺织业、烟草加工业、造纸及纸制品业等,生产的主要是轻工业产品;第三类为资本密集型产业,包括石油加工及炼焦业、化学原料及化学制品制造业、医药制造业、化学纤维制造业、非金属矿物制造业、黑色金属冶炼及压延加工业、有色金属冶炼及压延加工业、金属制品业等,生产的主要是重化工业产品;第四类为技术密集型产业,包括普通机械制造业、专用设备制造业、交通运输设备制造业、电气机械及器材制造业、电子及通信设备制造业、仪器仪表及办公文化用机械制造业,生产的主要是高加工度产品。但电力、蒸汽、热水的生产和供应业,主要是满足区域发展需要,没有考虑在内。① 从产业演进来看,总体上具有"资源密集型产业、劳动力密集型产业→资本密集型产业→技术密集型产业"的演进特征。

根据上述的划分标准,对中部地区、其他三个区域以及全国工业内部的产业结构进行计算,得到结果如表 9-6 所示。

在中部地区比重最高的两大类产业为资本密集型产业、劳动力密集型产业,两者比重占到 53.8%;而同期全国比重最高的两大类产业分别为资本密集型产业、技术密集型产业,两者比重占到 50%。从产业演

---

① 这种分类方法的精确性还值得探讨,如在第三类产业中也存在技术含量较高的产业,在第四类产业中也存在劳动力相对密集的产业。如果详细划分,可分为资本技术型产业、劳动技术型产业等。在这里所作的划分相对粗略一些,主要是为了反映工业化发展阶段以及不同阶段的主导产业。

表9-6 中部地区工业产业结构及其比较

(单位:%)

地区	资源密集型产业	劳动力密集型产业	资本密集型产业	技术密集型产业
中国	11.8	17.7	26.3	23.7
中部	10.2	22.3	31.5	17.9
东部	6.5	16.6	25.1	28.7
东北	37.4	8.1	23.7	15.9
西部	15.7	25.1	27.9	14.5

资料来源:根据《中国工业经济统计年鉴(2001)》相关数据计算得出。

进趋势看,中部地区的工业结构要落后于全国平均水平。东部地区比重最高的两类产业分别为技术密集型产业、资本密集型产业,两者比重占到53.9%,是全国工业结构程度最高的区域。东北地区比重最高的为资源密集型产业、资本密集型产业,两者比重为61.1%,具有典型的重工业特征。西部地区劳动力密集型产业与资本密集型产业的比重占到53.0%,在结构程度上略低于中部地区。

(四)工业区域分工

从全国的工业专业化分工来看(如表9—7所示),中部地区四大类产业中均有区位商大于1的产业;东部地区主要集中在第二、第三、第四类产业,尤以第四类产业为主;东北地区主要集中在第一、第三、第四类产业;西部地区主要集中在第一、第二、第三类产业。

从第一类产业的分工来看,中部在煤炭采选业上具有绝对优势,区位商为2.72,此外还有黑色金属与有色金属矿采选业,区位商分别为1.68和1.69。西部地区在有色金属矿采选业上具有绝对优势,区位商为2.67,还有煤炭采选业、石油和天然气开采业,区位商分别为1.16和1.21。东北地区在石油与天然气开采业上具有绝对优势,区位商高达3.79。

从第二类产业的分工来看,中部地区与西部地区主要集中在食品加工业、饮料制造业、烟草加工业,东部地区重点在食品制造业、纺织业,中部与东部都有造纸与纸制品业。

从第三类产业的分工来看,中部地区、东北地区、西部地区基本上是以建立在当地采掘业(第一类产业)基础上的初级加工业为主。如中部地区以石油加工及炼焦业(主要为炼焦业)、黑色金属冶炼及压延加工业、有色金属冶炼及压延加工业为主,此外还有非金属矿物制品业,它们的区位商分别为 1.11、1.31、1.88 和 1.45;东北地区以石油加工及炼焦业(主要为石油加工业)为主,区位商为 1.79;西部地区以黑色金属冶炼及压延加工业、有色金属冶炼及压延加工业为主,此外还有医药制造业,

表 9-7 中部地区工业区位商及其区域比较

地区	工业中区位商大于 1 的产业
中部	(1)煤炭采选业(2.72)、黑色金属矿采选业(1.68)、有色金属矿采选业(1.69); (2)食品加工业(1.48)、饮料制造业(1.16)、烟草加工业(1.54)、造纸及纸制品业(1.11); (3)石油加工及炼焦业(1.11)、非金属矿物制品业(1.45)、黑色金属冶炼及压延加工业(1.31)、有色金属冶炼及压延加工业(1.88); (4)专用设备制造业(1.21)、交通运输设备制造业(1.17)
东部	(2)食品制造业(1.13)、纺织业(1.29)、造纸及纸制品业(1.16); (3)化学纤维制造业(1.42)、金属制品业(1.37); (4)普通机械制造业(1.19)、专用设备制造业(1.17)、电气机械及器材制造业(1.37)、电子及通信设备制造业(1.47)、仪器仪表及文化办公用机械制造业(1.41)
东北	(1)石油和天然气开采业(3.79); (3)石油加工及炼焦业(1.79); (4)交通运输设备制造业(1.42)
西部	(1)煤炭采选业(1.16)、石油和天然气开采业(1.21)、有色金属矿采选业(2.67); (2)饮料制造业(1.60)、烟草加工业(3.13); (3)医药制造业(1.27)、黑色金属冶炼及压延加工业(1.11)、有色金属冶炼及压延加工业(2.17)

注:表中的(1)、(2)、(3)、(4)分类代表第一、第二、第三、第四类产业。
资料来源:根据《中国工业经济统计年鉴(2001)》相关数据计算得出,计算公式为:区位商=某一区域工业产业增加值占区域工业增加值比重/全国工业产业增加值占全国工业增加值比重。

区位商分别为1.11、2.17和1.27。这三个区域都具有典型的资源型经济特征,对矿产资源的依赖程度较大。东部地区的第三类产业以化学纤维制造业、金属制品业为主要的专业化分工行业,具有深加工程度特点。

从第四类产业的分工来看,中部地区集中在专用设备制造业、交通运输设备制造业两类产业,区位商为1.21和1.17;东北地区为交通运输设备制造业,区位商为1.42;东部地区则为普通机械制造业、专用设备制造业、电气机械及器材制造业、电子及通信设备制造业、仪器仪表及文化办公用机械制造业,区位商分别为1.19、1.17、1.37、1.47和1.41。

(五) 工业化阶段判定

以世界经验为依据,考虑到人均GDP水平、增长速度、产业结构比重,尤其是工业内部结构特征,可以对中部地区以及其他三个区域的工业化阶段判定如下:目前我国中部地区处于工业化初期向中期跨越阶段或中期阶段;东部地区、东北老工业基地处于中期或中期向中后期跨越阶段;西部地区基本上还处于工业化初期阶段或者初期向中期转移阶段。

9.3 东部与中部地区工业化、城市化演进机制的比较分析

由于路径依赖,区域主导产业的选择往往决定了一个地区的发展模式与发展速度。具有不同特征的产业,对生产要素的吸纳能力不同,通过影响劳动力的流动与集聚,影响企业的布局,进而影响城市化进程。反过来,城市化发展又会影响到企业的发展,影响生产要素的预期收益率与产业对生产要素的吸纳能力。

9.3.1 中部地区主导产业的选择与演变

为了分析自改革开放以来中部地区主导产业的选择及其演变过程,在此选取了主要工业产品的产量进行分析,通过对这些产品在全国所占份额的变化,研究中部地区主导产业演变过程。选取的产品大致可以分为四类:初级产品,如生铁、原煤、原油;轻工产品,如布、机制纸及纸板;重化工及建材产品,如钢、电、水泥、化肥;制成品,如汽车、彩色电视机、家用冰箱等。结果如表9-8所示。

表9-8 中部地区主要工业产品产量占全国比重及其区域比较

(单位:%)

产品	中部地区 占全国比重 1978	1990	2004	增长幅度 1978—1990	1990—2004	东部地区 占全国比重 1978	1990	2004	增长幅度 1978—1990	1990—2004
生铁		26.6	24.5		−2.1		35.2	49.0		13.8
原煤		44.1	40.4		−3.7		16.8	16.9		0.1
原油	2.6	6.8	3.5	4.2	−3.4	38.7	34.4	36.3	−4.3	1.9
布	22.5	23.7	17.2	1.1	−6.5	50.9	58.5	74.3	7.6	15.8
机制纸及纸板	18.4	22.4	18.4	4.0	−4.0	44.5	37.1	66.4	−7.4	29.3
钢	20.8	23.5	21.9	2.8	−1.6	35.5	39.6	53.2	4.2	13.6
发电量	21.5	23.8	22.9	2.3	−0.9	39.5	39.7	44.4	0.2	4.7
水泥	24.8	24.9	22.1	0.1	−2.8	37.9	45.9	52.6	8.0	6.7
化肥	22.5	11.4	30.5	−11.2	19.1	40.3	55.8	29.5	15.5	−26.3
彩色电视机		5.3	7.7		2.5		65.8	63.8		−2.0
家用冰箱		18.6	22.8		4.2		60.6	69.0		8.4
汽车		26.0	16.1		−9.9		43.8	46.6		2.8

资料来源:根据《新中国五十年统计资料汇编》、2000—2004年《中国统计年鉴》计算得出。

中部地区主要工业产量占全国总产量的比重,原煤、化肥、生铁等所占比重相对较高,2004年分别达到40.4%、30.5%、24.5%,其余产品所占比重都在1/4以下。并且在1990—2004年这段期间,除化肥有较大幅度增加,彩电、冰箱有小幅度增加外,其余产品产量所占全国总产量比重都在减少。其中钢产量、发电量、生铁等所占比重略有下降,而汽车、布产量等下降幅度较大。高加工度产品、能源原材料产品、轻工产品等也有不同幅度的下降,再次说明了从20世纪90年代以来,中部地区在全国的工业地位在明显下降。尤其是在中部地区有着丰富的农村剩余劳动力,这一资源并未得到充分的利用,劳动力密集型产业在全国的地位,与人口在全国的比重并不匹配,也低于中部地区GDP在全国的比重。

东部地区除原煤、原油、化肥外,其余产品产量在全国占有绝对比重,达到一半左右,个别产品甚至达到3/5或3/4的比重,如布产量占到全国总产量的74.3%,机制纸及纸板产量占到全国总产量的66.4%,家用冰箱占到全国总产量的69.0%,彩色电视机占到全国总量的63.8%。此外汽车、水泥、钢、电以及生铁在全国也占有较高比重。并且从1990年至2004年,这些产品在全国总产量中的比重大多还在增加,如汽车、家用冰箱、水泥、发电量、钢产量等。在能源、原材料以及高加工产业增长的同时,劳动力密集型产业甚至以更大幅度增加,如机制纸及纸板产量在全国总产量中所占比重从1990到2004年增长了29.3个百分点,布产量1978—1990年期间增长了7.6个百分点,1990—2004年期间又增长了15.8个百分点。

从中部地区与东部地区的比较分析可以看出,东部地区一方面进入加工程度较高的产业;另一方面,并未放弃加工程度相对较低的劳动力密集型产业。中部地区在尽力维持资源、资本密集型产业在全国的地位,而劳动力密集型产业相对在走下坡路。这一选择是与区域在改革开放初期所面临的生产要素结构与区域发展背景相联系的。

9.3.2 生产要素组合与区域产业选择

在面临不同生产要素结构与比较优势背景下,中部与东部在改革开放后选择了不同的产业发展道路。中部选择资源密集型产业,东部选择劳动力密集型产业,结果形成不同的资本积累与城市发展机制。东部地区资本积累的良性循环促进了工业化的进程,中部地区资本与劳动力的部分流失,导致与东部地区发展差距的扩大。

中部地区与东部地区在原始生产要素存量上存在显著差别:中部地区资源丰富,尤其是矿产资源,某些地区耕地资源相对也比较丰富,人均拥有耕地资源较多,由于地域与交通的影响,信息相对闭塞,居民安于现状。东部地区资源缺乏,人口密集,人均拥有耕地相对较少,区位优越,靠海靠江(如长江三角洲、珠江三角洲等),交通便利,信息相对畅通,居民外出打工较多,人口流动性较大,移居海外的华侨、出国经商和打工者、到上海等沿海相对发达城市打工的劳动者相对较多,这些以及长期经营贸易的传统,是推动工业化发展的地缘和人文优势。

其次是对生产要素的组合不同。在发挥地区比较优势的基础上,中部地区发挥资源优势,尤其是矿产资源优势,在工业化进程中首先走上了以资源型产业为主的道路。东部地区在人多地少、资源缺乏的背景下,开始发挥人力资源、区位资源优势以及地缘优势:一是继承商贸传统,在当地以及全国各地开始经营以商业为主的服务业,如理发等;二是抓住改革开放后首先放开下游产品价格的有利时机,充分发挥当地劳动力心灵手巧、细心经营、善于模仿的优势,开始在当地生产一些小五金、鞋袜等服装类产品,走上了首先发展商品经济、首先发展劳动力密集型产业的工业化进程。这个阶段的发展为工业化深入发展积累了大量的资本,推动了工业化的深入与城市化的持续发展。

东部的地缘优势,可以宁波为例。上海与宁波两地人缘相亲,文化相通,经济相融。上海有 1/3 的市民根脉源于宁波,声名显赫的"宁波商帮"从上海发轫,至今已散布于世界各地即是证明。谈起上海与宁波的合作,第一次应为改革开放初期,宁波的许多乡镇企业利用上海的"星期天工程师",冲破计划经济束缚,获得了技术、资金和市场。当地一名专家评价:"宁波的活力与效益来自于超前的改革意识与实践,来自于通过改革形成的科学而匹配的经济体制与独特模式,宁波无疑顺应了中国改革的方向,成为中国经济体制改革的只做不说的先行者之一。"当时的宁波市市长金德水认为:宁波活力指的是企业层面的经济活力、创新能力、经营能力和竞争能力。宁波企业的创新力,无疑是宁波效益与活力的灵魂。宁波的发展既不同于"温州模式"的全体民营战略,也不限于新"苏南模式"的"两头在外"之道,更不同于青岛经济中的国有成分独强的态势。宁波从1992年起比较彻底地进行了股份制的改革,至2002年底全市国有、集体企业改制面达到98.9%。[①]

9.3.3 产业选择与工业化、城市化演进机制

中部地区与东部地区在面临不同的生产要素组合和发展背景下,选择了不同的主导产业,走上了不同的发展道路,形成了不同的资本积累机制及工业化、城市化演进机制。这里首先分析东部地区相对比较成功的工业化、城市化演进模式(如图9-2所示)。

东部地区工业化、城市化演进机制,主要肇始于改革开放以后。当时东部地区面临的发展基础和背景是人多地少,缺乏资源,农村存在大量剩余劳动力。随着改革开放,一部分剩余劳动力,通过集资或社队企业少量的资本积累以及地缘优势,借助于城市企业技术工人的技术指导,开始了乡村工业化进程。乡镇工业主要集中在劳动力密集型产业,这样可以发挥人力资源丰富的优势。正如刘易斯在二元经济理论中所述,农村中存在大量边际生产力为零的劳动力,劳动力的减少不会影响到农业产出;并且只要工资高于农业部门的平均收入,剩余劳动力就会源源不断地向非农部门转移。通过这种方式,乡镇企业创造出的超额利润形成资本积累,这部分资本实际上是剩余劳动转化的;这部分资本用于扩大再生产,又吸收了大量的剩余劳动力,企业、产业规模扩大,利润增多;再投入,再生产,利润再积累。通过这种方式,吸收了大量的剩余劳动力。一开始,大多是本地剩余劳动力的转移,后来需求扩大,中

[①] 参见傅白水:"长三角经济天平悄悄南倾",《南风窗》2004年第5期。

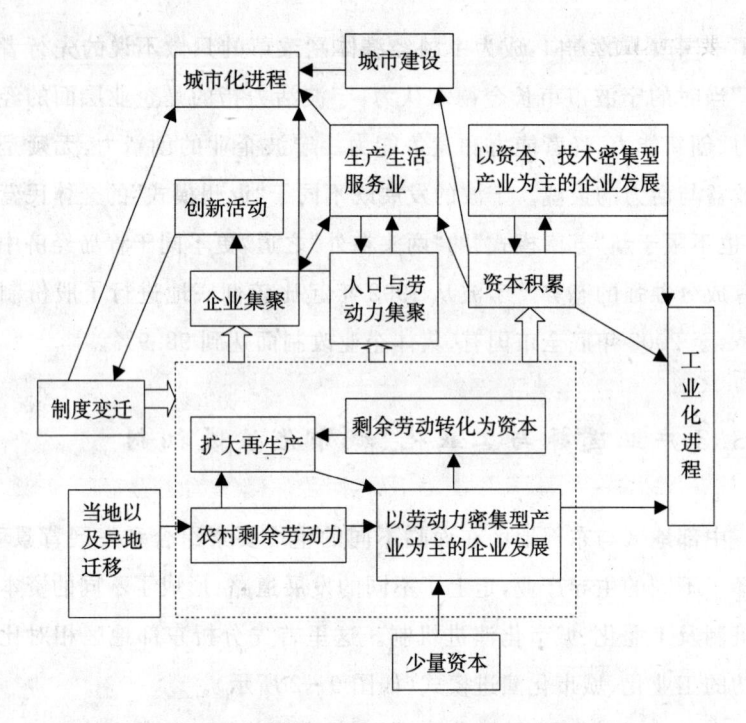

图 9-2 东部地区工业化、城市化演进机制

西部地区劳动力也源源不断流向东部地区。正是通过这种方式,积累了一定的资本,为资本、技术密集型企业产业的发展、生产生活服务业的发展与城市建设提供了前提、基础和动力。

企业的扩大再生产,一方面是企业集聚规模扩大,形成企业集群等块状经济,促使了创新活动的发生;另一方面也引起了人口与劳动力的集聚,带动了生产生活服务业的发展。企业集聚、人口与劳动力集聚是城市化的基础,第三产业的发展以及城市建设,加快了城市化进程。而在制度变迁对工业化、城市化机制的影响方面,一开始可能是一种外来的强制性的制度变迁。随着工业化、城市化的推进,人口、企业与产业的发展以及空间分布的影响,导致技术创新、观念创新、社会创新以及制度创新,诱导制度朝着有利于提高生产要素收益率的方向发展。

中部地区工业化、城市化演进模式与东部地区最大的不同是,根据生产要素禀赋选择了资源、资本密集型产业(如图9-3所示)。

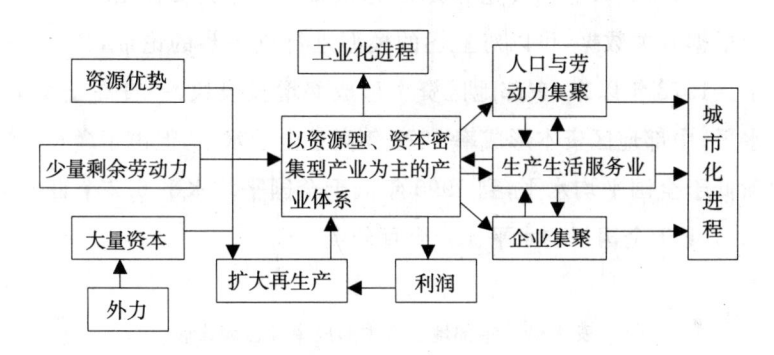

图9-3 中部地区工业化、城市化演进机制

中部地区根据资源优势(主要是矿产资源优势),使用少量的资本以及大量的资本投入,在短时期内建立起相对完善的资源、资本密集型产业为主的重型工业体系。工业的利润主要用于企业的扩大再生产。但由于资本投入额相对较大,一般而言,仅靠企业自有资本积累,难以扩大生产规模,因而在发展中常常需要借助于来自企业发展以外的资本,如国家投资、地方政府投入、私人投资等。经济市场化以后,国家投资的比例已经大规模减少。地方政府对这些企业的投资势必挤占对城市建设、第三产业的投资,使得城市化进程滞缓,城市化与工业化之间脱节。

中部地区城市化与工业化脱节的另外一个原因是,人口与劳动力的非农转换速度缓慢。因为资源资本密集型产业所需劳动力数量有限,因而农村剩余劳动力的非农转化非常缓慢。在这种情况下,即使扩大再生产,由于资本有机构成高,产生资本排斥劳动力,因而扩大再生产对劳动力的吸收数量非常小,即使增加资本投入,劳动力岗位也不会有任何增加,从而导致大量剩余劳动力向东部以及大城市流动,如安徽、河南等都是人口外出打工的大省。

这两个区域演进机制的最主要差别在于主导产业的选择,影响资本积累机制,影响企业规模扩大和劳动力与人口的集聚,进而影响工业化和城市化进程。选择劳动力密集型产业,有助于发挥我国劳动力丰富的特点,将剩余劳动转化为资本,形成资本积累的良性循环。

根据有关数据,可以对上述的模型进行进一步的论证,如表9-9所示。1978年以来,东部地区资本形成率增长较快,一直高于全国平均水平;中部地区资本形成率1978年高于全国水平,但由于增长较慢,逐渐低于全国平均水平,到1990年低于全国平均水平6.2个百分点,2003年低于全国平均水平4.4个百分点。

表9-9 中部地区资本形成率及区域比较

(单位:%)

	1978年	1990年	2003年
全国	30.4	39.4	45.4
中部地区	30.7	33.2	41.0
东部地区	29.0	38.5	46.8
东北地区	28.1	34.6	36.6
西部地区	34.7	36.9	51.1

资料来源:根据《新中国五十年统计资料汇编》、《中国统计年鉴(2004)》计算得出。

9.4 "中部崛起"中的产业选择与城市化发展

"中部崛起"的关键是改善投资环境,通过制度创新、技术创新、人力资本积累来提高生产要素以及企业的预期利润率;核心是建立有利于资本积累与推进工业化、城市化进程的良性发展机制,防止资本与劳动力的大量流失;重点是选择适合当地经济发展阶段、区域背景的主导产业(群),合理确定技术密集型产业、资本密集型产业与劳动力密集型产业的适当发展比例,提高就业岗位的数量,加快农村剩余劳动力转移。

9.4.1 产业选择

"中部崛起"中的产业选择,主要包括主导产业选择、产业组织选择、产业布局选择、产业增长方式选择等。

(一) 主导产业的选择

中部地区目前居于从工业化初期向中期转变的阶段,从工业内部产业结构演进的特征看,是从消费品工业为主导逐渐向资本品工业为主导的转变时期。但是考虑到中部地区产业演进的总体特征是,在工业化起步时期首先选择了资源、资本密集型产业,劳动力密集型产业未得到充分发展,考虑到中部地区劳动力资源丰富的特点,中部地区在继续发展资本、技术密集型产业的同时,应该大力发展多元化的劳动力密集型产业。所谓多元化的劳动力密集型产业,不仅包括传统意义上技术含量低、对劳动力技术水平要求不高的产业,如食品加工业、纺织业、饮料业等,而且还包括劳动力技术密集型产业、劳动力知识密集型产业等。这些产业的技术含量相对较高,但经过短时期的技术培训,就可以让劳动力掌握专业技能,相对于资本投入,劳动力投入比重较高。以电子设备和服装产业为例,一般电子设备组装产业和中低档的服装产业是劳动力密集型产业,而包含自主研究开发在内的、相对完整意义上的电子设备制造是劳动力技术密集型的产业。同样,具有品牌性质的高品质服装制造也是一种劳动力技术密集型产业,而和服装业相关的服装设计、广告策划则是劳动力知识密集型产业。

劳动力密集型产业至少在三大类产业中具有发展潜力。一是中部地区农业生产条件较好,可以提供丰富的农副产品,发展以农副产品为原料的特色轻加工工业,可以将资源优势迅速转化为经济优势,既能解决一部分农村剩余劳动力的就业,也有利于农民收入水平的提高,并加快农业产业化进程。因地制宜,发挥地区优势,以名牌产品为龙头,培育地方支柱产业,建立具有地方特色的农副产品加工体系,带动农业、服务业的发展,是中部地区主导产业选择之一。二是中部地区服装、机械、电子等产业已有一定基础,在加强技术创新、提高人力资本对产业的贡献的同时,不断提高产业规模,通过技术开发、技术扩散、技术普及,不断提高产品的技术含量,通过专业培训,提高劳动力的就业能力,充分发挥劳动力技术密集型产业、劳动力知识密集型产业优势。三是中部地区居中的区位优势,起到了承东启西的作用,加上相对发达的交通运输体系,为现代物流业的发展提供了良好的基础。以现代物流业为龙头,带动第三产业的发展和素质的提高,增加就业岗位。随着经济全球化和现代科技的发展,现代物流业作为最经济、合理的综合服务模式,正在全球范围内引起广泛的重视。现代物流业的发展,不但使生产企业有望实现零库存、零距离,甚至零运营成本,极大地提高生产企业的经济效益,而且还能带动交通运输业、商品配送、物流信息业等相关第三产业的发展。中部地区一些地处交通要道和交通枢纽的中心城市初步具备了建设物流基地的基本条件,应抓住机遇,乘势而上。在整个中部地区乃至全国范围内,以货物流量、流向及其合理组织等因素为导向,统筹制定中部地区物流体系发展的规划,并将物流作为内在的经济要素统一纳入到交通等有关基础设施建设的规划之中。

(二)产业组织方式的选择

产业组织方式主要采取产业集群模式,加强产业之间的联系,将具有相互关联的同一类企业及辅助企业在空间上集中起来,实现资源、信息共享,延伸产业链条。此外中部地区崛起必须大力发展民营企业,壮大民营经济。要在普遍增加民营企业数量的基础上,扩大民营企业的规模,增强其实力,提高其核心竞争力;形成一批实力强大的知名民营企业集团,通过这些集团带动民营企业的全面发展;并注意将民营企业发展与产业集群发展结合起来,形成民营企业群落,发挥集群效应,改变分散的经营状况。

中部地区重点培育农业产业群、农业机械及生产资料工业产业群、农产品深加工产业群、能源产业群、冶金产业群、汽车产业群、高技术产业群、旅游产业群、物流产业群、商务服务和金融产业群,以之为基础和主导,带动整个区域发展。空间聚集产业群是一组(群)在地理位置上相互靠近、同处在一个特定的产业领域,具有共性、互补性并相互联系的企业构成一个有机的企业群体。辨认是否是产业群的重要标准是:产业群内是否存在长期交易关系与长期性竞争机制,即企业间是否存在既协作又竞争的经济关系,有无大家较为认同的产业文化,即基于共同遵守的法规或游戏规则,并在社区中分工协作。在同一产业或相关产业部门中,大量专业化企业通过各种"中间性体制组织"或市场交易网络形成的产业群,既能取得规模经济与范围经济,又具有高度灵活性,同时还具备跨地域、跨行业进行开发设计、加工制造、物流销售和投融资等能力。这样的产业集群将呈现出巨大的生命力。①

(三)产业增长方式的选择

传统的粗放型经济增长方式,主要通过扩大资源、资本投入数量来推动产业扩张以及经济增长。资源回采率低、产业耗能高、产出低等,对资源和能源的不合理利用,加快了经济与资源、环境之间的矛盾。资源型产业以及资源加工型产业在未来一段时期依然是中部地区的重要产业之一,要解决人口、资源与环境之间的矛盾,实现可持续发展的目标,就必须选择集约型经济增长方式:一方面采用循环经济发展方式,节约与创造资源,实现废弃物质低排放或者零排放;另一方面不断提高技术水平,提高人力资本存量,发挥人力资本对物质资本的增值效应。

9.4.2 建立工业化与城市化互动发展机制

多元化劳动力密集型产业的发展,可以充分发挥中部地区劳动力丰富的优势,通过劳动创造,增加资本积累(如图9-4所示)。

---

① 参见汪少华、王惠敏:"浙江产业群成长模式及其演进",《中国农村经济》2003年第5期。

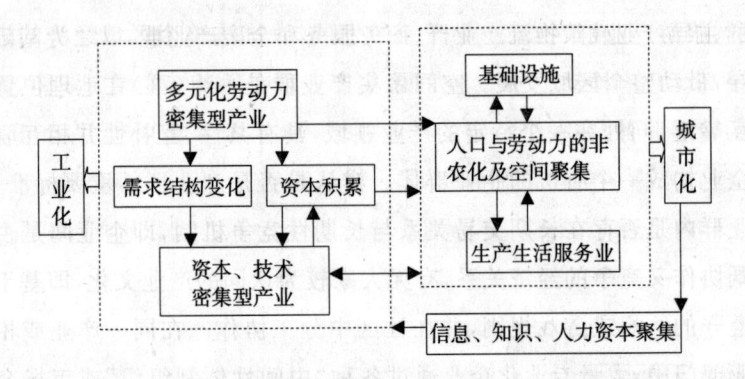

图 9-4 中部地区工业化与城市化互动发展机制

通过劳动力的非农转移,带动人口的非农转化与空间集聚。人口与劳动力的集聚达到一定规模,突破门槛人口,就可以带动基础设施建设与生产生活服务业的发展,推动城市化进程。城市中由于人口、资本、企业等经济活动的集聚,导致了创新活动的发生,加速了信息、知识的创造与生产以及人力资本的快速积累,会推动劳动力密集型产业、资本密集型产业等工业发展。劳动力密集型产业发展到一定规模,随着需求结构的变动,刺激了资本、技术密集型产业的发展;同时劳动力密集型产业也为资本、技术密集型产业发展提供了一定的资本积累,推动工业化进程。

9.4.3 促进中部地区崛起的对策建议

为保障中部地区产业选择与城市化发展的顺利进行,需要创造一个有利于劳动力密集型产业发展的环境,提高生产要素与企业的预期利润率。重点是做好以下四方面工作。

一是加强制度创新,改善投资环境,降低企业运行的交易成本。中部地区与东部地区发展差距的扩大,实际上也形成了地区制度差异:东部地区与市场机制更为贴近,中部地区则保留了更多的计划经济体制以及政府经济的烙印。当市场不能很好地发挥作用时,政府应该用积极的主导产业政策推动主导产业的发展,以推进整个区域经济的进步与提高。政府推动主导产业发展,主要表现在通过转变政府职能,为企业的发展服务,如减少企业发展当中的一些审批手续,降低民营企业的准入门槛,增加民营企业贷款比例,在具体的政策导向上可以向劳动力密集型产业倾斜等。通过提供这些方面的服务,降低企业发展的交易成本。

二是加快技术创新步伐,通过技术水平的提高,降低企业生产成本。从各区域主导产业发展的实践情况看,为了促进主导产业的快速发展,必须加快这些产业与部门的技术进步与设备更新速度,提高生产的技术水平和产品的技术、质量,集中资金攻克技术难关,提高设备水平。采用先进适用技术改造传统产业,发挥传统产业在吸纳劳动力方面的作用,开发技术与劳动双密集的技术,充分利用人力资源,发挥低成本人力资源的优势。

三是发挥主动意识,积极承接东部产业的转移,大力拓展西部市场。东部地区目前处于工业化中期向后期转移阶段,在产业结构升级转化过程中,一些产业要向中部地区、西部地区转移。理论上和发展趋势上是这样,但现实中,东部产业的转移还是存在一些问题。一是根据发展经验,产业转移总是滞后于产业发展的区域优势的转化;二是东部地区产业转移,有向当地山区或落后地区转移的趋势。中部地区必须发挥主动性、积极性,要通过改善投资环境,积累各类生产要素,主动承接东部转移的产业。为此,中部地区应采取如下措施,吸引东部企业以产业转移为目的的投资,如加快连接东部地区的交通运输通道建设,降低产品的运输成本;改革现行的劳动人事制度,使企业能在当地获得所需的熟练劳动力、专业技术人才及普通管理人员;建立与东部地区地方政府的合作机制;积极利用各种现代媒体扩大本地的影响,使东部企业获得更多的能反映本地优势的信息。[1]

---

[1] 参见陈计旺:"东部地区产业转移与中部地区经济发展",《山西师范大学学报》2003年第3期。

四是增加人力资本存量,提高人力资本对经济发展的贡献。卢卡斯的两部门人力资本模型说明:人力资本生产具有溢出效应,即具有较高人力资本的个体能对其周围的人产生更多的有利影响,提高他们的生产率;因而消费品、物质资本生产部门的生产,便能在人力资本生产外部性的作用下,显示出收益递增的发展态势。中部地区的发展必须借助于人力资本的积累、人力资本对物质资本的影响以及对经济增长的贡献来促进中部地区崛起。中部地区在人力资本的创造上应该说是具有优势的,问题是大量的人才在不断地流失。留住人才,才能提高投资收益率。中部地区必须面对这一现实,想尽办法留住人才,给他们施展的机会;通过人力资本、物质资本的吸引,选择适合的产业,建立资本积累机制、劳动力转移机制,加速生产要素流动、集聚与创新,推动工业化与城市化进程,促进中部地区崛起。

第十章 中国资源型省区城市化道路研究——以山西省为例

在我国诸多省市自治区中,有一种类型——资源型省区的城市化发展比较缓慢。为此,本章对此进行重点分析。通过山西省的实例分析,揭示资源型省区产业演进中的劳动力转移的特殊机制,为推进全国资源型省区的城市化进程提供借鉴。

10.1 中国城市化道路中的地方特色分析

我国幅员辽阔,自然环境与经济发达程度存在南北、东西差异,甚至地带性差异,各个省区的城市化历程、水平、速度也存在较大差异,因此城市化方针与道路的选择,既与国家的总体发展方针具有统一性,又具有典型的区域特点。以下从城市化道路、城镇体系和城市发展方针三个方面来看中国各省区的城市化目标与特色。

10.1.1 各地区城市化道路的不同特色

21世纪初,中央政府开始重视城市化的发展,各省(市、区)也制定了适合自己区域的城市化发展战略,选择了相应的城市化道路。一般来说,现在全国各省区的城市化道路从城市规模的角度表述较多。如重庆提出:"坚持走大中小城市协调发展的城镇化道路,完善主城区功能,强化都市圈中心作用,加快建设大城市,积极发展中等城市,择优培育和发展富有特色的小城市和新型小城镇,改善和提高城镇发展的质量。"重庆还高度重视城市化机制、城乡关系,开始进行城乡一体化的实践。这一点从其城市化对策、城市化重点中得到不同程度的体现。也有一些省更注重城市化机制在城市化道路中的核心地位,力图对原有城市化道路进行突破。如广东省提出:"坚持以人为本的城镇化基本理念,树立和落实全面、协调、可持续发展的科学发展观,遵循城市化发展规律,加快城镇化步伐,促进城镇化和工业化、城乡经济、社会协调发展,走大中小城市与中心镇协调发展的有广东特色城镇化道路。"这种提法强调了"科学发展观"与"遵循城市化发展规律",在此基础上,通过工业化与城市化的协调发展、城市与乡村的协调发展、经济与社会的协调发展来发展大中小城市与中心镇。这是对人为因素、主观因素起主要作用的传统城市化道路的突破。大部分省市强调了城市化最典型的集聚经济特征,把培育城市的集聚经济功能放在一定的战略高度。如浙江省城市化的总体思路是,以现代化战略为导向,以制度创新为动力,加快城市化进程;遵循城市化发展的客观规律,规划先行,有序推进,强化杭、甬、温等大城市辐射功能,积极发展中小城市,择优培育中心镇,完善城镇体系,走大中小城市协调发展的城市化道路;全面提高城市整体素质,增强城市要素集聚功能和经济带动能力,充分发挥城市在区域经济和社会发展中的核心作用,实现城乡协调发展。

10.1.2 各地区合理城镇体系构建中的不同特点

关于积极发展各级各类城市,建立大中小合理配置的城镇体系,已经成为全国的共识。广东省提出:"建立以广州、深圳为龙头,大中城市为骨干,小城市和小城镇为依托,布局合理、协调发展、特色鲜明的城镇体系";安徽省提出:"科学完善省城城镇体系,走大中小城市协调发展的道路","形成以省会城市为中心,其他省辖市为骨干,县城(含县级市)为纽带,中心建制镇为基础的规模等级有序、空间布局合理、功能优势互补、城乡协调发展的城镇体系";山东省提出:"以中心城市和沿海港口为依托,以交通干线为主轴,逐步构建起功能互补、布局合理、等级规模有序的城镇体系";云南省要求:"高起点搞好城乡规划,逐步形成大中小城市结合、城镇规模适度、职能分工明确、服务功能完善、布局结构合理的城镇体系"。每一个省(市、区)都把加快城市化发展速度、协调大中小城市与小城镇发展、建立适合自己区域的城镇体系作为各自的战略目标,城市化在区域经济发展中的地位得到高度肯定与重视。

不同规模城市的发展表现出一定的东西部差异。中西部省区强调区域性中心城市的建设,发挥大城市的集聚和辐射带动作用,将中心城市作为区域经济发展的新支点。如四川省要求"提升特大城市现代化建设水平,加快培育发展大城市,积极发展中小城市,大力发展小城镇";贵州省的重点是"培育发展大城市,积极发展中小城市,加快发展小城镇";云南省是"合理发展特大城市,积极发展中等城市,大力发展小城镇";宁夏要"加快中心城市建设和规范小城镇发展,突出发展首府银川市";新疆是"积极扶持和培育具有较高综合服务功能的区域中心城市,重点发展乌鲁木齐和库尔勒市";湖北省强调"充分发挥特大城市优势,壮大完善大城市,因地制宜发展中小城市,择优发展小城镇"。东部省市则提出在大力推进特大城市和大城市建设的同时,积极合理发展中小城市,择优培育重点中心镇,全面提高城镇发展质量。如,福建省提出,突出抓好中心城市和中心城镇的功能培育和发展壮大;广东省提出,强化广州、深圳的中心城市功能,强调对城镇密集区进行整合、提高。

10.1.3 各地区城市发展方针实施中的不同重点

城市发展方针与各省(市、区)的区域经济发展特点联系紧密,反映了当地经济的特色以及城市化发展中的侧重点。广东省以"合理布局、科学规划、扩张为主、新建为辅、政府推动、市场运作"为方针,加快发展小城镇,推进城乡一体化进程,强调了空间布局、城市化方式、城市化动力机制的重要性;黑龙江省以"优化结构、提高质量、完善功能、突出特色"为城镇发展方针,逐步建立起大、中、小城市和小城镇协调发展的生态型、开放式的省域城镇体系发展格局,突出了资源型城市的转型与城市功能的建设;湖南省坚持"政府引导、市场运作、重点突破、梯次推进"的方针,以现有城镇特别是县城和部分基础条件好、发展潜力大的建制镇扩展为主,适当发展新城镇,优先发展沿江、沿路、沿边城镇、大中城市的卫星城镇以及经济活力较强的特色城镇,体现了市场化推进为主的城市化道路与非均衡城市化发展的思想。

10.2 资源型省区城市化道路的形成与发展

10.2.1 资源型省区及区域中心城市的产业演进与城市化发展的理论分析

以下以山西省为例,重点分析资源型省区的城市化发展道路。根据已有理论及大量的实践,先对资源型省区及区域中心城市的产业演进与城市化发展的基本规律作出理论假设。理论假设的前提是,现代中国经历了新中国成立到改革开放,经历了计划经济以及计划经济向市场经济的转变,经历了重工业优先发展战略的实施,改革开放后乡镇企业的兴起与发展,社会主义市场经济发展等几个发展阶段。

1. 产业演进与城市化发展的内容

产业演进包含内容比较广泛,从城市发展的角度考虑,城市主导产业的选择是关键,是城市产业演进的核心。围绕主导产业的选择与发展,产业扩张从两方面展开,一方面是围绕主导产业提供生产服务的横向产业扩张,另一方面是围绕主导产业向前、向后的纵向产业延伸。主导产业及其相关产业的演进,引起产业结构变迁、产业空间布局方式演变、产业组织方式演变、产业增长方式演变等几个方面,构成产业演进的主要内容。主导产业本身是在不断发展与更替的,主导产业及其相关联产业的发展与演进,引起城市产业结构的变迁,包括三次产业结构变迁、工业内部产业结构变迁。产业空间布局方式,包括产业集中布局与产业分散布局,其中集中布局又可以分为园区布局、块状布局等;分散布局又分为见缝插针式布局、飞地式布局等。产业组织方式,主要指企业组织方式,既包括企业所有制结构、企业规模结构、企业职能结构,也包括产业之间的分工与专业化程度,产业以及企业的联系方式,如在市场经济条件下,企业社会化服务职能的剥离,企业生产功能上的集中化、一体化,产业的集聚化、集群化等。产业增长方式主要是指,生产要素对产业增长的贡献,如资本投入的推动、劳动力投入推动、技术投入的推动、知识投入的推动以及各类生产要素投入的贡献比例等。

城市化本身是一个含义非常丰富的概念,从经济学的角度理解,是非农产业发展引起人口、资本、企业等人类以及经济活动在空间的集聚。城市化发展既有量的增加,也有质的提升。从量的角度考虑,城市化发展包括城市规模的扩张:经济总量规模扩张、就业规模扩张、人口规模扩张、空间地域规模扩张。从质的角度度量,城市化发展包括城市职能的提升、城市空间布局的优化、城市影响范围的扩大。城市功能的提升包括生产功能向服务功能转化、传统服务功能向现代服务功能转化等。城市空间布局优化,包括生产与生活功能区的分离,城市产业按照城市地价分布规律进行合理布局,城市是一个适宜居住的环境等。城市影响范围的扩大是指,城市作为区域的经济中心和增长极,作为区域性中心城市,对周边腹地的影响,如与周边城市的分工与联系、对周边农村的辐射效应等。

2.产业演进与城市化发展的相互作用机制

产业演进与城市化发展的相互作用机制如图 10-1 所示。产业演进包括主导产业及其相关产业演进所带来的产业结构演进、产业布局方式演进、产业组织方式演进、产业增长方式演进。其中主导产业演进及其所决定的产业结构演进,是城市化发展的主要动力,通过影响经济增长速度、就业结构(如非农就业比例)、地域扩张等几个方面,进而决定了城市的经济规模、就业规模、地域规模。

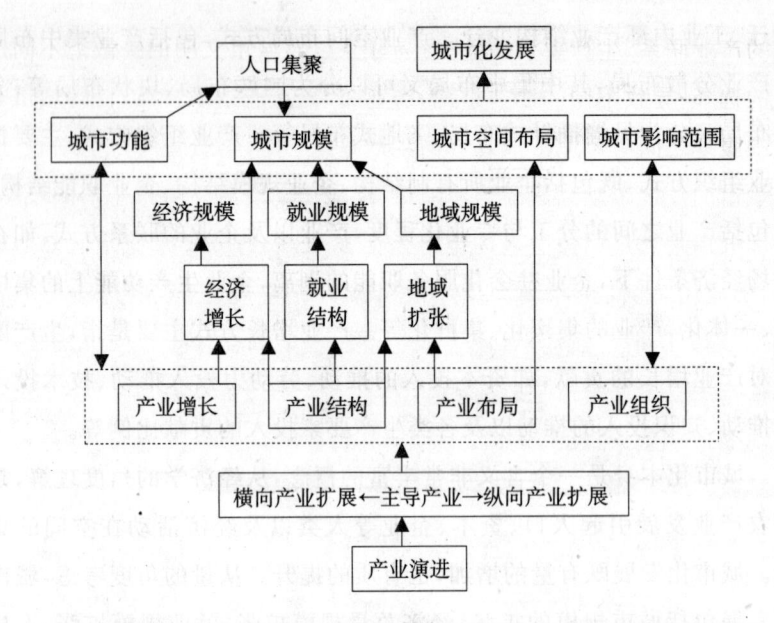

图 10-1　产业演进与城市化发展的相互作用机制

产业演进与城市功能提升之间是相互作用的。产业结构的变化与城市功能之间具有直接相关性,如第二产业向第三产业转变,引起城市职能从生产功能向服务功能转变,第三产业内部结构转变,也显示了城市服务功能的细化与主要职能的变化。反过来,城市功能的确定,通过影响产业选择,也会影响产业结构变迁。产业增长方式决定了产业增长对不同生产要素的需求,会促使不同生产要素市场的发育,如资本市场、技术市场,进而促进城市功能的变化,如金融中心、信息中心。反过来,金融中心、信息中心的形成,也会从生产要素供给的角度,影响产业增长方式的转变。产业组织方式对城市职能的影响,主要是企业职能与城市职能的重合,如在计划经济时期,企业办社会,将生产职能与服务职能都作为企业职能,弱化了城市服务职能的形成与发展。在城市发展的不同阶段,城市功能是不完全相同的,城市主要功能的确定,决定了城市用地特征以及地价分布规律,地价分布规律影响产业布局分布特征,进而影响城市空间布局特征。

产业演进对城市周边城市以及腹地的影响,主要表现在城市与区域的产业联系、生产要素联系、贸易联系以及城市文明的扩散。不同产业的选择,导致不同的产业结构、产业布局、产业组织特点,使得城市与周围腹地之间有可能形成总部与生产基地、总厂与分厂等产业联系,通过城市的发展带动周边腹地小城市、小城镇的发展。城市生产的产品,一部分用来满足周边腹地的生产生活需要,一部分用来满足区外的需要,形成相对稳定的需求市场。由于城市的极化效应,周边腹地的资本、劳动力向城市流动,形成生产要素的供给市场。随着城市发展,其扩散作用逐渐大于极化效应,生产功能逐渐被服务功能所取代,生产功能向周边扩散,带动周边区域发展;其扩散的范围呈波浪式、圈层式或者跳跃式向外逐渐扩张。产业增长方式的选择,如果与周围地区的生产要素优势相一致,容易带动周边区域发展。

10.2.2 资源型省区城市化道路的形成与城市化机制

自新中国成立以来,尤其是在改革开放以后,山西选择了一条以政府与资源型产业推动为主的城市化道路,2004年城市化率达到39.6%,属于国内中等发展水平;从城市化率的变化来看:1990—2000年期间山西城市化率上升了6.3个百分点,同期全国上升了9.8个百分点,山西从过去的高于全国平均水平到低于全国平均水平,城市化速度明显放慢。随着社会主义市场经济体制的确立和完善,以政府与资源型产业推动为主的城市化道路显然不合时宜,今后城市化道路应该怎么走,关系到国民经济的发展,关系到山西省在全国的地位与资源型地区的未来。

在发挥比较优势的工业化起步时期,丰富的煤炭资源、国内地区分工与战略的需要,促使山西省选择了一条以资源型产业及其加工业为主的工业化道路以及相应的以资源型产业推动为主的城市化道路。这条道路曾经为山西省经济发展,尤其是全国经济发展作出了巨大贡献,同时也给山西的发展带来许多问题。

在新中国成立之后,随着"重工业优先发展战略"的确立以及投资重点向中西部地区转移,山西省以资源型产业为基础的重工业得到迅速发展,促进了城市、工矿区的发展与城市人口的快速增长,资源型城市化道路初步形成。1978年,山西省工业产值占国内生产总值比重达到54.7%,高于全国44.3%的平均水平,非农产值比重已经达到79.3%,非农就业比重为34.9%,城市化率为19.2%,分别高出全国平均水平7.4、5.5、1.3个百分点,在计划经济时期,以政府投资推动工业化、城市化发展的山西经济,在全国的位置基本上还属于中等偏上。20世纪70年代末,国家根据全国经济发展对能源的需求以及地域间分工的要求,提出把山西"尽快建成强大能源基地"的战略,1983年编制完成的《1981—2000年山西能源重化工基地综合建设规划(草案)》,把"能源基地"修改为"能源重化工基地"。"七五"时期山西省提出继续加快煤炭和原材料的发展,"八五"时期把"煤电并输"作为经济发展的重中之重。在这种战略思想的指导下,煤、电、焦等能源以及相关的建材、煤运等都有了很大增长。在资金的强力推动下,资源型产业得到快速发展,成为最为重要的支柱产业和高度专门化生产部门。重工业优先的方针,特别是在"完全自给、区域平衡"的目标约束下,大型能源原材料工业基地成为投资建设的重点,而这类资源型产业的布局基本上集中于资源禀赋条件优越的地区,不少是远离城镇的新区。产业发展布局的特点以及工业布局的原则要求,导致这类产业的建设发展与城镇发展结合不够,成了游离于工业化之外的经济增长因素和区域开发力量。此外,随着改革开放与计划经济向市场经济的转轨,属于上游产业的资源型产业为主的能源工业,基本上还是由国家控制和协调区域之间的供求,直到20世纪末期,资源型产业才逐步进入市场。在上世纪80年代,以消费品为主的下游产品首先进入市场,民营经济抓住这一机遇,在全国各地,尤其是在东部地区迅速发展,而山西由于资源型产业的制约,基本上还处于政府投资控制为主的计划经济时期。资源型城市化道路产生了一系列问题与后遗症,资金的流失、人口与劳动力的集聚不足、技术市场的匮乏与创新的迟缓,都破坏了城市化的动力与传导机制,引起城市化增长缓慢,在上世纪90年代这方面的表现尤甚。

从城市化机制来看,一般而言,是先有非农产业发展,引起非农就业增加,非农产业在空间集聚会降低生产成本,引起资本与人口在空间的集聚;城市逐步形成,规模逐步扩大,通过集聚经济效益吸引人口、资本、技术等各种生产要素向城市集中,这样循环往复,城市化得以持续发展。可以将这两环节分解为企业与人口对城市化的需求与对城市化的供给。不同的产业对空间集聚要求的程度不同,对劳动力的吸纳能力不同,进而引起人口与企业的集聚程度不同,城市化发展表现出水平与质量上的差异。

山西是以资源型产业为基础的工业结构,在表10-1中列出了山西省行业增加值占工业增加值比重超过1个百分点的所有行业,其中煤炭采选业占绝对比重,占到工业增加值的1/3左右,2003年有所下降,炼焦、黑色金属冶炼业的相对比重在上升,说明资源型产业的加工程度在不断深化。劳动力相对密集的食品加工业、纺织业,所占比重有明显下降趋势。专用设备制造业、电气机械及器材制造业等技术密集型产业,其比重也在下降。山西经济发展的重心,还是围绕煤炭等资源

表10-1 山西省分行业工业增加值比重变化

工业行业分类	工业增加值分行业所占比重(%)			
	1985年	1992年	1997年	2003年
煤炭采选业	32.95	35.51	33.56	29.22
食品加工业	1.36	1.34	1.31	1.00
饮料制造业	1.37	2.40	1.74	1.10
纺织业	4.25	2.90	1.90	0.78
石油加工及炼焦业	0.31	1.17	4.97	10.03
化学原料及化学制品制造业	5.80	6.48	7.07	4.87
医药制造业	1.03	0.87	1.13	1.63
非金属矿物制品业	4.15	4.37	4.60	2.77
黑色金属冶炼及压延加工业	9.05	11.14	10.87	18.38
金属制品业	2.08	1.90	2.48	0.71
专用设备制造业	7.71	3.18	2.16	1.95
电气机械及器材制造业	2.14	1.69	1.26	0.54
电力、蒸汽、热水的生产和供应业	11.06	11.10	11.08	13.85

资料来源:《山西省统计年鉴(2004)》。

型产业以及深加工产业,对劳动密集型产业、技术密集型产业重视不足。

资源型产业的布局一般是资源指向性。从山西省整体布局来看,资源偏在两翼,主要分布于西部吕梁山区与东部的太行山区,而经济活动,尤其是已有一定发展规模的城镇主要集中在中部的几大盆地,从总体上决定了以资源型产业为主的工业化进程在布局结构上必然与城市化进程存在偏差;资源型产业与城市、城镇的偏离,使得城市服务业的发展相对受到影响,间接就业机会减少。资源型产业结构从布局上对空间集聚的需求相对较低,这是以资源型产业为主的产业结构导致山西省城市化进程相对落后的第一个原因。第二个原因是资源密集型产业、资本密集型产业对劳动力的吸纳能力较低,同时还会通过影响服务业的发展,进而导致非农就业水平相对低下。如在 1980—1990 年、1990—2000 年两个时期,中国非农产业就业弹性分别为 0.618 1、0.195 1,山西这两个时期分别为 0.546 9、0.055 2,前一时期山西略低于全国平均水平,后一时期是同时期全国平均水平的 1/4 左右,明显偏小,即在 1990—2000 年期间,山西的国内生产总值每增加 100 个百分点,劳动力仅增加 5 个百分点。这与资源密集型产业、资本密集型产业的比重继续上升,劳动力密集型产业比重下降,服务业发展不足密切相关。第三个原因是,在改革开放后,山西非农产业发展速度相对下降,直接引起人口城市化速度下降。山西的非农产值比重从 1978 年的79.3% 上升到 2001 年的 90.4%,上升了 11.1 个百分点,同期全国从71.9% 上升到 84.7%,上升了 12.8 个百分点。从非农就业比重上升来看,差距更大了:同期山西非农就业比重上升了 17.8 个百分点,全国上升了 20.5 个百分点。差距扩大主要是在 90 年代,1990—2000 年,全国非农产值比重上升了 11.7 个百分点,非农就业比重上升了 10.1个百分点;而山西非农产值比重上升了 9 个百分点,非农就业比重仅仅上升了 1.2 个百分点。这三个方面是从城市化需求或者说城市化动力的角度引起城市化进程缓慢的主要原因。

从城市化的供给来看,城市对企业与人口的吸引力主要来源于城市所具有的聚集经济效益,通过聚集经济效益可以降低企业生产成本,提高居民的生活质量。聚集经济效应的衡量目前还没有一个确切的标准,但是从聚集经济的基本概念来看,主要包括地方化经济与城市化经济:地方化经济是指企业外部经济与产业内部经济,是由于产业集群所产生的效益;城市化经济是企业、产业外部经济,是由于企业与人口共用基础设施而产生的经济效益,所以可以从城市的基础设施来近似地表示聚集经济效益的大小。

基础设施一般包括功能性基础设施、经济性基础设施、社会性基础设施,既能反映生产条件,也能反映生活质量。根据可操作性原则,这里主要选取了六大类指标,分别为:商业物流业设施(包括亿元商品交易市场数量、亿元商品交易市场营业面积、亿元商品交易市场成交额三项指标);城市能源及供水设施(用市区人均生活用电量、市区人均生活用水量、城市煤气普及率等三项指标表示);邮电通信设施(用市区人均邮电业务总量、市区万人拥有电话机数等两项指标表示);文化、教育、医疗等社会设施(用市区人均公共图书馆藏书、市区万人拥有教师数量、市区万人拥有病床数等三项指标表示);交通运输设施(用每万人拥有公共汽(电)车辆、人均拥有铺装道路面积等两项指标表示);环境设施(用人均公共绿地面积表示)。每一类当中又包含若干指标。对每一指标先进行标准化处理,然后对同类指标再进行算术平均,每一类指标的处理方式为:

$$S_{i,r} = \frac{a_{j,r}}{a_{j,\max}} \times 100; I_{i,r} = \frac{1}{n}\sum_{j=1}^{n} S_{j,r}$$

六大类指标之间不能相互替代,因而采取几何平均,最后得到相应指数。采取上述标准化方式对市区人均非农产值、市区地均非农产值、市区非农产业劳动生产率进行处理,得到相应指数,这三个指数与城市基础设施指数的散点图分别如图10-2(a)、图10-2(b)、图10-2(c)所示,三者与城市基础设施基本上是同方向变化,说明基础设施的水平会直接影响生产要素的生产效率。

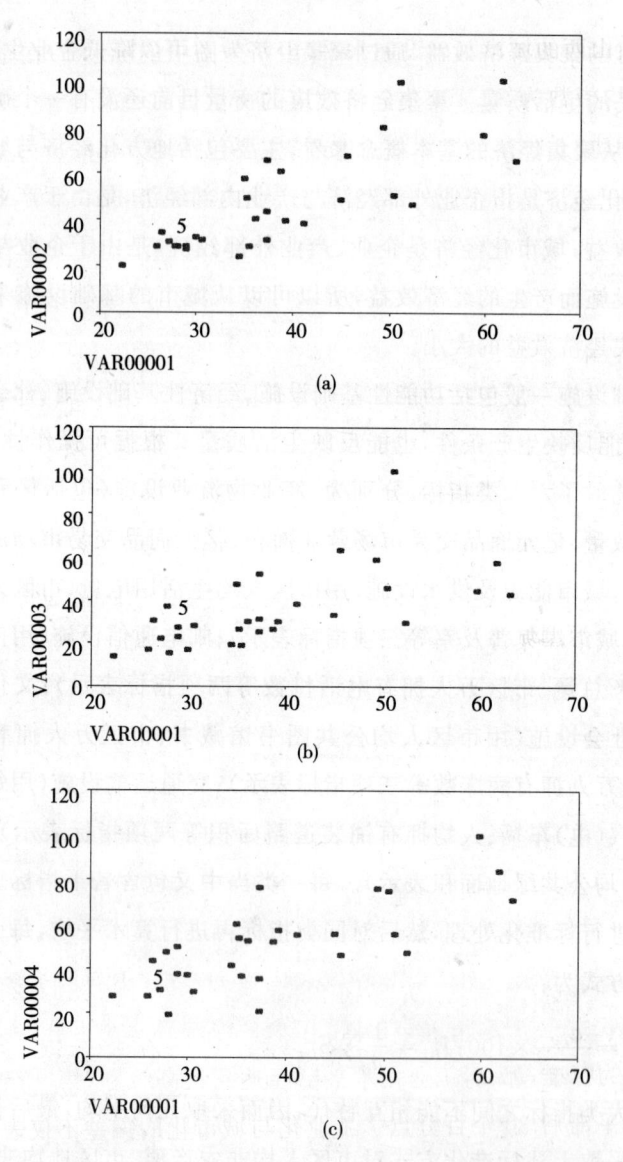

注：图中 VAR00001 代表 31 个省（市、区）地级市市区基础设施分值，VAR00002、VAR00003、VAR00004 分别代表市区人均非农产值（市区第二、第三产业产值与市区总人口和非农业人口的平均值之比）、市区地均非农产值（市区第二、第三产业产值与建成区面积之比）、市区非农劳动生产率（市区第二、第三产业产值与市区单位从业人员之比）。

资料来源：《中国城市统计年鉴(2001)》与《中国商品交易市场统计年鉴(2001)》。

图 10-2　三个指数与城市基础设施指数的散点图

其中山西的城市基础设施水平(山西为图中的标示5)在全国处于下游,平均指数为27.16,在全国排第27位(西藏指标空缺,没有考虑在内);劳动、土地等生产要素的生产能力相对较低,对企业与人口的吸引力相对不足。基础设施的存在与发展是城市得以形成聚集经济并吸引人口、企业与各类型生产要素集聚的前提,基础设施的发达程度在某种程度上反映了聚集经济的大小。山西基础设施相对是比较落后的,反映了城市功能的缺乏,包括经济、商业、文化、教育、交通等多方面功能,从这个角度而言,城市化供给相对不足,缺乏对生产要素的吸引力,城市化的传导机制没有起到相应的作用,制约了城市化的发展。

10.2.3 城乡关系及其偏差

山西资源型城市化道路带来工业化与城市化之间的偏差,资源的流失与浪费,农村生态环境的破坏,城市、城镇、矿区的严重污染,工农之间、城乡之间的矛盾突出。工业化水平一般采用工业增加值比重或者非农就业比重;城市化水平用城镇人口占总人口比重表示。2005年,山西城镇人口比重为42.1%,工业增加值比重为50.7%,第二、第三产业增加值比重为93.7%,2005年第二、第三产业就业比重为56.5%。按照钱纳里等人的研究成果(按人均GNP与产业结构将不同国家分为9个等级),如果以非农就业比重为基准,山西的工业化水平为第4级51.1%的水平,人口城市化水平约滞后9个百分点;如果以非农产值为标准,那么,工业化水平已经达到最高级别(第9级),人口城市化水平滞后30个百分点。工业化与城市化的偏差不仅表现在数量上,还表现在演进方式上,如工业布局与城镇分布的偏差;单一的、嵌入式的、资源开发型的工业化模式,与城市化演进存在偏离;生产、社会组织方式与城市化的偏离等。资源型产业的布局一般是接近原料地,在空间布局上相对分散,占用了大量的农业用地,造成工业与农业之间的矛盾。在资源开采过程中对周边的环境、水源造成极大的破坏,影响了当地居民的正常生活。工矿区在空间上的相对分散,与城市、城镇所要求的集中布局相分离，以资源开发为主的工业化进程对城市化的推动作用非常有限，造成工业化与城市化之间的偏差；城市化的相对滞后，引起第三产业发展相对滞后，对农村剩余劳动力的吸纳能力减弱，这些都可能加深城乡之间的矛盾。因而必须考虑工业化与城市化的协调发展，人口、资源与环境的协调发展，工业与农业的协调发展等，统筹城乡关系。

10.2.4 城市结构及其存在问题

城市结构包括城市规模结构、城市职能结构、城市空间结构。城市职能结构具有典型的资源型经济特征。山西典型的资源型经济特点对城市化的影响是资源型城市、城镇在城市总数中占绝对比重，城市工矿职能突出，城市服务职能相对不足，这一点从一些统计数据可以得到证明。根据2000年统计资料，山西城市（市区）从业人员结构中，城市采掘业就业比例偏高，高于全国平均水平十多个百分点；制造业就业比例偏低，低于全国平均水平6个百分点，资源型城市特征突出。山西9个地级市（2003年11月，吕梁地区改设吕梁市，没有包括在内），其中采掘业比重超过全国平均水平（4.5%）的有6个，包括省会城市太原（5.9%）在内。而高于山西全省平均水平（15.3%）的有5个，分别为大同（28.7%）、阳泉（33.5%）、长治（17.5%）、晋城（43.2%）、朔州（27.5%），采掘业已明显成为这5个城市经济发展的主导产业，尤其是晋城，比重占到40%以上，相应而言，具有城市化特征的社会服务业、房地产业、科研和综合技术服务业，却远远低于全国与山西省的平均水平。这可能是人口城市化增长滞缓的主要原因之一。再如卫生、体育和社会福利业、教育、文化艺术及广播电影电视业、科研和综合技术服务业等在城市中所占比重也相对较低，尤其是科研和综合技术服务业所占比重与全国的差距较大，影响了经济发展的科技推动力。

城市规模结构集中程度不断下降，城市数量呈金字塔形分布，城镇人口呈两头大中间小的哑铃形分布，以城市非农业人口计算，特大城市、大城市、中等城市、小城市数量结构为1∶1∶5∶15,人口规模结构为30.8∶16.2∶26.8∶26.2。城市规模普遍小于全国平均水平,尤其是区域中心城市的规模小,难以起到带动区域发展的作用。根据城市化发展的基本规律,在城市化起步期与城市化成长期,大城市总是超先增长,进而带动城市化持续稳定增长,带动区域经济全面快速发展。山西城市功能相对完善、集聚能力较强的大城市数量太少,对区域经济的辐射与带动作用小,城市增长慢,区域经济发展也慢。

城市空间布局主要集中于铁路沿线的中部地带,这一特点是由山西的地形特点决定的。从地形地势看,山西大致分为三个区域:东部山地、中部盆地和西部高原山区,其中山地、丘陵约占全省总面积的80%,人口与经济活动在中部盆地的分布密度要远远高于西部吕梁山脉与东部太行山脉,山区小城镇规模小,农村人口分布分散、密度低,难以产生规模经济效益,不足以成为带动农村经济发展的引擎。

10.3 中国资源型区域中心城市的产业演进与城市化发展——以太原市为例

工业化与城市化的相关关系在一定程度上表现为产业演进与城市化发展之间的关系。对于不同类型的区域或者城市,其产业演进与城市化发展之间的关系是不相同的。资源型省区中,区域中心城市的产业演进与城市化发展具有典型的中国特色,从一定角度反映了新中国成立以来产业演进与城市化发展的基本特征。

新中国成立后,中国选择了一条重工业优先发展的道路,围绕着这条道路,一批重工业城市迅速成长、发展;而在改革开放后,它们又经历了一次变革。在现实中,它们不仅承担工业、经济职能,往往承担着中心城市的职能。对这种类型城市的研究,有助于把握中国城市发展的特色。有鉴于此,本部分主要从一个城市发展的角度,分析研究在工业化、城市化发展的不同阶段,产业演进表现出的具体特征以及对城市化发展的影响。

10.3.1 资源型城市的界定

目前对资源型城市的定义主要有两种：一种是从发生学的角度，从城市产生和发展的角度来定义，如"依托资源开发而兴建的或者发展起来的城市，作为一种特殊类型的城市，其主导产业是围绕资源开发而建立的采掘业和初级加工业"；[1]还有一种是从城市的功能来定义，如"资源型城市指主要功能或重要功能是向社会提供矿产品及其初加工品等资源型产品的一类城市"。[2] 本书认为，所谓资源型城市，是指城市的发展对资源型产业有高度依赖，向社会提供矿产品或初级产品成为城市的主要功能之一。根据这种理解，无论城市起初的发展是否依托资源开发，重要的是看现在初级产业是否还是城市的主导产业之一，如果是，就认为是资源型城市。可见，资源型产业是资源型城市的主要产业之一，资源型产业所占比重成为划分是否属于资源型城市的主要依据。有观点认为，凡采掘工业产品在工业产值中比重达到10%的城市，即被认定为资源型城市。[3] 本书采纳这种划分依据。

根据资源型城市的产业结构与城市功能，又可以将资源型城市分为两大类：一类是完全依赖于资源型产业的城市；另一类是资源型产业只是城市的主要产业之一，如资源型区域中心城市，在产业上主要依赖于资源型产业，在功能上又具有中心城市功能，是具有双重含义的城市。

---

[1] 张弥尔、武春友："资源型城市产业转型障碍与对策研究"，《经济理论与经济管理》2001年第2期。

[2] 张秀生、陈先勇："论中国资源型城市产业发展的现状、困境与对策"，《经济评论》2001年第6期。

[3] 参见周长庆："浅论资源型城市属性、结构及成长中的协调"，《经济体制改革》1994年第5期。

10.3.2 资源型区域中心城市的产业演进与城市化发展

资源型区域中心城市的发展阶段大致可以分为四个时期:快速起步时期、缓慢成长时期、多元化跨越发展时期、稳定成熟时期。快速起步时期,是在国家大规模投资推动下,在较短时间内建立了相对完善的重工业生产体系,奠定了城市的初步构架,集中了大规模的城市人口。在工业体系建成之后的一段时期,城市的发展主要是在重工业体系内部循环,对周围农村的影响相对较小,对劳动力的吸纳能力较小,人口向城市的迁移极少,城市发展相对缓慢。城市要发展,单纯依赖资源型产业是有局限性的,资源型产业必须向多元化产业发展,一方面,加强资源型产业的深加工,延伸产业链条;另一方面,发展高科技产业以及劳动力密集型产业等,城市与周围的联系要加强,对周围腹地的影响范围扩大,辐射加强,对劳动力的吸纳能力加强,城市的服务功能加强。第四个时期是稳定成熟时期,城市的服务功能更为突出,取代了生产功能。这四个时期的发展主要是围绕主导产业演进、产业结构变迁、城市功能改变、城市规模扩张而展开的,各个时期的特征如表10-2所示。

在城市快速起步时期,资源型产业是城市的主导产业,由于产业的初期投入较大,企业规模较大,往往是由国家进行直接投资,在所有制结构上也是以全民所有制为主,产业增长以资源投入、资本投入推动为主。企业占地面积大,产业布局一般比较集中,分布于城市的边缘区,主城区主要是服务业分布区与居住区,城市功能区相对明确。城市的初期发展完全依赖于资源型产业,城市的功能也是以生产职能为主,担负着向全国提供资源型产品的职责。资源型产业的形成,必须在短期内解决产品的外运、生活品的输入,为资源型产业提供生产服务业,同时为生产工人及其家属提供生活服务。通过产业的横向扩展,相对完善的资源型产业体系建立起来,非农就业人口大规模集中,经济总量规模、地域规模快速增长。城市的产品主要输往区外,城市的生活品主要从区外输入,与区域内其他城市的联系相对较少。

表10-2 资源型区域中心城市的产业演进与城市化发展阶段性特征

城市发展阶段	产业演进	城市化发展
快速起步时期	资源型产业体系; 公有制、大规模企业; 集中布局; 资源、资本投入推动为主	人口、经济、地域规模快速增长; 重化工生产功能突出; 城市功能分区较为明显; 城市影响范围小
缓慢成长时期	资源型产业体系+少量非资源型产业; 全民所有制大规模企业+少量集体企业; 集中布局+分散布局; 资本投入推动+劳动力投入推动	人口、经济、地域规模增长缓慢; 重化工生产功能+生产生活服务功能; 城市功能分区不明显; 城市影响范围变化不大
多元化跨越发展时期	非资源型产业体系+资源型产业体系; 股份制企业; 集中布局(园区布局); 技术、资本、劳动力投入推动	人口、经济、地域规模快速增长; 服务职能突出,生产职能并存; 城市功能分区逐渐明确; 城市影响范围扩大
稳定成熟时期	以第三产业为主; 企业走向集团化、小型化、集群化; 工业布局向外地迁移或飞地式布局; 以知识、技术投入为主	人口、经济、地域规模基本稳定; 以服务职能为主; 城市空间布局优化、环境美化; 城市与周边腹地联系紧密

资源型产业体系与以生产功能为主的城市初步形成之后,在一段时期内产业演进速度相对缓慢,产业增长与城市经济增长相对缓慢,但毕竟还是有一些变化。这些变化主要表现在:为了解决城市居民的生活或者为当地生产提供一些简易的产品或者服务,一些规模相对较小的劳动力密集型产业得到发展。一般情况下,是以街道为单位的集体企业,它们的布局方式以分散为主,主要是为了生产、生活方便,所以见缝插针,零星布局在主城区,结果造成生产与服务功能、生产与居住功

能混杂布局。在城市职能表现上,服务职能有所提升。总体来说,城市规模增长缓慢。

资源型产品作为上游产品,其市场竞争力难以与下游产品抗衡,并且伴随城市产业发展,城市所依赖的资源逐步减少,甚至枯竭,危机感迫使城市选择新的产业来维持城市的持续发展。新的主导产业的选择往往有几个思路:一是选择高科技产业;二是在原有资源型产业、资本密集型产业基础上,延伸产业链条,发展深加工产业及产品,加强产业的纵向扩展;三是以新技术改造传统产业,提高传统产业的收益率及其市场竞争力;四是发挥城市的服务职能、市场职能,大力发展服务业,尤其是现代服务业,以现代服务业的发展带动工业的发展,带动第三产业的发展,带动城市的发展。因此在这个时期,资源型区域中心城市往往面临一个多元化跨越发展时期,企业组织形式以股份制为主,布局形式以集中为主,如园区化布局,增长方式中加大了技术投入力度,增加了人力资本以及知识对经济增长的贡献。产业的多元化发展加快了城市经济、人口的增长速度以及地域的扩张,在市场经济条件下,产业布局逐渐按照地价分布规律进行布局与调整,城市功能分区明显,城市空间布局优化。产业的快速发展以及空间布局的调整,加强了城市与周边区域的产业与贸易联系,城市的服务功能突出。

随着城市发展的逐步成熟,城市的生产职能逐渐退缩,向周边小城市、小城镇和农村腹地扩散,形成总部经济与生产基地的关系,城市的主导产业主要是以现代服务业为代表的第三产业,主城区的企业基本上是属于大型企业集团的研发基地或者总部,其具体的生产车间或者生产基地以飞地的形式布局在城市边缘区,或者更远的城市腹地,就某一处的布局还是相对集中的,以园区化为主。城市空间布局的优化以及生产职能的消失,使得城市成为适宜居住的生活环境;然而随着交通体系的完善,人们的居住开始有向周边分散的趋势,城市人口相对稳定。城市与周边腹地的联系相对紧密。

10.3.3 资源型区域中心城市产业演进与城市化发展的不同模式

根据主导产业演进路径与产业空间扩展方式,形成具体的城市化模式。从产业演进路径看:资源密集型产业→资本密集型产业→生产服务业,形成重型化城市化模式;资源密集型产业→劳动力密集型产业→生产生活服务业,形成轻型化城市化模式;资源密集型产业→资本密集型产业→技术、知识密集型产业→生产生活服务业,形成综合型城市化模式;资源密集型产业→服务业,形成专业化城市化模式。不同的演进路径导致城市化速度、规模以及城市影响范围是不相同的。对于重型化城市化模式,由于产业增长方式是以资源和资本的投入为主,对非农劳动力的吸收往往比较弱,城市经济总量与地域规模相对较大,城市人口规模相对较小;城市化演进速度与产业扩张速度相伴随,随着某个大型工程的建设,人口规模出现短时间的快速增长,然后趋于稳定,城市功能是以生产功能为主。对于轻型化城市化模式,随着产业演进,劳动力的吸收相对较强,城市人口规模相对较大,经济总量偏小,成为一个适宜居住的城市。综合型城市化模式,应该是一个相对比较理想的城市化模式,在城市化速度、规模、空间布局、城市职能等各方面相对比较理想,与周围腹地的联系相对紧密,能够带动周边地区的发展。专业化城市化模式,城市的发展比较受局限,对资源型产业的过分依赖,使得城市的区域中心服务职能相对弱小,随着资源的枯竭,城市的发展面临挑战。

从产业空间扩展方式看,有两种方式,一种是沿交通线路布局,然后向外延伸,形成轴向扩展模式:城市的扩展往往是沿着城市的几条主干道以及城市对外交通干道向外延伸,形成"指状"或"锯齿状"空间结构形态。另一种是相对比较均衡发展,"摊大饼"式地向外扩张,成"圈层状"向外延伸的方式:最初资源型产业居于城市外围,形成工业围城,随着城市发展,原来居于外围的部分已经成为城市的主城区。资源型产业的高污染、占地面积大、高成本、低产出等特征决定了资源型产业的外迁,服务业、新型产业在主城区的比重越来越大。根据产业的收益率,产业呈圈层分布,居于中心的收益率高,居于外围的收益率相对较低。也有两种方式并存,即轴向扩展与圈层扩展并存。

10.4 实证分析:太原市产业演进与城市化发展

太原是新中国工业化建设的重要据点,是一个典型的老工业基地城市。依据产业结构演变特征、国民经济增长速度变化、经济增长动力机制的不同,可以将太原市经济发展大致划分为工业化起步阶段、工业化波动发展阶段、适应性结构调整和升级性结构调整四个发展阶段。每个阶段的产业演进与城市化发展特征、互动机制如表10-3所示。

表10-3 新中国成立以来太原市产业演进与城市化发展机制与特征

城市发展阶段	产业演进特征	城市化推动机制	城市化发展特征
工业化起步阶段(1949—1957年)	以冶金、电力、化工、燃料、机械五大产业为主的重化工业;成组、平衡、生产与生活一体化布局(地域生产综合体);北部、西部工业区形成;国家投资为主,全民所有制企业占有绝对比重	重化工业生产性功能推动城市人口与城市地域扩张;区域性中心城市功能并存,推动人口与经济规模;工业直接扩张推动城市规模扩大并决定了城市发展方向	城市地域、人口、经济规模迅速扩张,城市化数量特征明显;城市化发展表现为工矿区的增加与扩张,与城市的联系弱;城市发展向中、西部延伸

阶段				
波动发展阶段 (1958—1977年)		以冶金等五大产业为主的重化工业体系进一步强化； 五小工业、手工业、五金、日用品等开始在城区内部发展，并沿道路向东部、南部延伸	生产性功能进一步强化； 区域性中心城市功能弱化； 工业波动发展决定了城市发展动力较弱	城市人口、经济规模波动发展； 城市向东部、南部扩张； 城市内部生产与生活混杂
适应性结构调整阶段 (1978—1998年)	1978—1991年	重化工业城市定位决定了重化工业依然是主要产业； 轻工业相对比重提高	生产性功能与区域性中心城市功能同时作用； 城市化动力加强	城市人口、经济规模扩大； 城市人口密度、居住密度、产值密度提高
	1992—1998年	老工业区处于停滞、衰退状态，五大产业比重显著下降； 以三大园区为标志的园区建设促进了新兴产业的发展	园区经济成为推动城市经济发展的新的增长点； 区域性中心城市功能强化； 服务业发展成为主要推动力之一	城市经济、人口、地域规模扩大； 城市经济中心有南移趋势； 城市商业中心分化，由单中心走向多中心
升级性结构调整阶段 (1999年至今)		产业升级特征明显：初级生产外迁； 高新技术产业比重提高；原料型产业向深加工产业转变，重新重工业化，重工业比重再次提高； 以研发、服务、总部行政驻地为主的总部经济有所发展	城市定位推动：生产功能向服务、消费（或生活）功能转化，推动了产业升级； 产业升级推动：市区产业升级，原有产业向市域、腹地范围转移； 工业企业服务职能社会化	城市化质量特征显著：城市功能分区明显，城市与工矿区的一体化程度加强； 市域范围内小城镇生产职能突出，与主城区联系、一体化程度加强；城市与区域一体化程度加强

10.4.1 新中国成立至"一五"期末工业化起步阶段

太原市工业化起步可以追溯到19世纪末期，以1892年太原市第一个现代工业企业——太原市火柴厂的建立为标志，截止到1949年，全市有47家小工厂,设备简陋,工业总产值3 586万元,职工36 000人,主要生产原煤、生铁、钢、水泥。国民经济恢复时期,政府把没收的47个官僚资本主义工业企业合并改造成34个社会主义国营企业,并对太原钢铁厂、太原矿山机器厂、西山煤矿等31个企业进行扩建和改造。"一五"时期,全市工业经济开始有计划地进行建设,以建设重工业为中心,相应地发展轻工业,对私营企业进行了社会主义改造。5年中,国家投资4.8亿多元,除了继续恢复时期的重点项目外,又新建了现代化的太原化工厂、太原化肥厂、太原磷肥厂、山西纺织厂、太原矿棉制品厂等28个大型骨干企业,并扩建改造了一批老企业。1957年,生产布局的原则主要是借鉴了苏联工业布局的主要方式——地域生产综合体。工业企业呈组团状布局,围绕某一核心企业,根据产业之间的联系在某一地域集中布局;同时坚持平衡布局原则,如男女劳动力平衡,发展一定的轻工业,如纺织工业;兼顾生产与生活,在工厂建设的同时,家属区、学校、医院、服务中心等生活区也相应建立起来了。在这种布局原则指导下,在城市北面和西面分别形成了城北钢铁、机械,北郊国防工业,河西北部重型机械,河西南部化工、能源四大工业区,形成以冶金、电力、化工、燃料、机械五大产业为主的重化工业体系,1957年全市工业总产值达到5.4亿元,这5大工业占到其中的68%。其他几大产业还有建材、食品、纺织、造纸、文教等。从企业所有制属性看,几乎全部是公有制企业,且以全民所有制为主,在工业总产值中,全民所有制工业所占比重为91.6%,集体所有制企业为8.3%,个体手工业为0.1%,私营工业为零。

以重化工业生产为主的四大工业区的建立,从数量上迅速推动了城市化规模的扩张,包括人口规模、地域规模以及经济规模。1949年底,太原市常住人口67.7万人,市区人口38.9万人,其中市区非农业人口21.5万人,相当于现在的中等城市,城市化率为31.7%。到1954年,太原市常住人口达到106.1万人,首次突破百万大关;非农业人口54.5万人,首次超过农业人口;市区非农业人口达到53.3万人,跨入全国大城市行列,城市化水平达到50.2%。城市化增长速度非常迅速。"一五"期末,太原市空间布局框架基本形成:中间为居住区,由河西、河东及新城地区三大片组成;外围为四大工业区,城市发展向北部、西部拓展。

10.4.2 "二五"到改革开放前的工业化波动发展阶段

从1958年开始,经济增长开始出现大起大落,尤其是工业发展。经济总体上仍在重工业优先的战略指引下发展,城市第三产业基本上是在控制中缓慢增长。冶金、电力、化工、燃料、机械五大产业在工业总产值中的比重进一步加强,1971年其比重达到84%,后来有所下降,1977年为75%。第三产业在国内生产总值中所占比重不断下降。从1958年开始,街道工业迅速发展,出现了生活用具、鞋袜服装、文化用品、小型农具、针织缝纫、电器修配等与生活密切相关的生产企业,这些街道工业的布局,打破了原有生产与生活分离的城市布局状态。

从20世纪60年代至70年代末,伴随经济的波动发展,产业布局也打破了原有规划,城市沿着道路交通轴,向东山、北营扩展,布局混乱、松散;市区规模在扩大,突破了原规划控制指标;同时,工业遍地开花,工业与居住混杂的布局形式出现,城市空间布局开始混乱。生产性功能取向的城市发展模式,导致城市居住、商贸、服务的地域空间明显不足,城市功能地域混杂布局,城市载体功能不断弱化。城市化水平起起落落,1959年城市非农业人口达到101.3万人,首次跨入全国特大城市行列,城市化水平达到64.4%。其后城市化水平开始下降,1965年有所回升,至1977年,城市化率降至52.5%,降至"一五"期末的水平。受全国政治大气候的严重干扰,这20年中工业发展、城市发展基本上是在波动中艰难前行,经济增长缓慢,城市化进程基本处于停滞状态,城市空间布局混乱。

10.4.3 改革开放以来至20世纪末的适应性结构调整阶段

改革开放以后,太原市进入经济规模迅速扩张时期。1998年,GDP达到323.1亿元,按可比价计算,比1978年增长6.2倍。经济结构得到一定程度的调整。具体而言,又可以分为两个时期。

1978—1991年为第一个时期。这一时期由于城市定位的影响,重化工业生产功能依然突出。从冶金、电力、化工、燃料、机械五大产业的比重来看,一直在70%左右徘徊,1991年比重为72%。轻重工业比例相对有所提高,1978年为1∶3.3,1985年降为1∶2.9,1990年为1∶3.0。同时区域性中心城市功能得到显著加强,具体表现为第三产业发展开始加速,1978—1985年期间第三产业增加值年平均增长率为17.9%,远远超过同期GDP的增长速度11.3%;1986—1990年第三产业增长率为24.3%,超过同期GDP 15.9%的增长速度8.3个百分点。城市化动力增强促进了城市经济与人口规模的迅速扩张,增长速度加快,城市人口密度与产值密度增加。

1992—1998年为第二个时期。这一时期对太原市而言,是一个历史性转折时期。随着市场化进程的加快,以国家投资为主、价格曾受到严格控制的上游产业的生存受到严峻的考验,四大老工业区不同程度地出现市场制约、生产停滞、企业亏损、职工下岗的现象。与此相对应,民营经济迅速发展,以太原市高新技术产业开发区、太原经济技术开发区、郝庄民营经济园区等三大园区的兴起和发展为标志,为太原市经济发展注入了新的活力。企业组织结构逐步改善,非国有经济作用日趋突出。60%的国有工业企业完成了改制任务,组建了20个民营企业集团。原有的工业结构体系被打破,一些新的产业在国民经济中占有一定位置,冶金、电力、化工、燃料、机械五大产业比重迅速下降,从1992年的70%下降到1998年的53%。传统第三产业快速发展,第三产业对国民经济贡献率不断提高,产业结构由工业主导型逐步转变为第二、第三产业协同发展型,城市功能逐步由单一的工业基地转变为综合性的区域中心。

总之,这一阶段的资源配置方式由单纯的计划手段转向计划手段与市场调节相结合,由封闭经济开始走向开放经济,产业结构、企业组织结构和空间布局结构失衡状况得到一定程度的调整。经济结构最明显的变动特征是,工业占GDP的比重不断下降,第三产业比重不断提高。1995年,第三产业占GDP的比重超过工业占GDP的比重,成为经济增长的主导力量之一。1998年,第三产业就业比重首次超过第二产业,说明太原市经济发展进入了以城市化和第三产业发展为主要推动力的新阶段。

10.4.4 21世纪进入升级性结构调整阶段

20世纪90年代,我国经济发展出现了由计划经济向市场经济、由卖方市场向买方市场的两个重大转变。在这一过程中,太原表现出明显的不适应性。到90年代后期,太原经济跌入低谷,短缺经济条件下外延式发展的后遗症和结构性矛盾凸显出来。在此情形下,太原市大力实施经济结构调整战略,全面推进技术结构、企业组织结构和行业结构调整,扭转了1997—2000年连续4年低速增长的局面,2001到2004年连续4年经济增长速度达到10%以上,经济增长速度明显加快。产业结构呈现出新的特征:一是煤炭、冶金、化工、机械制造行业的竞争力明显提升,四大行业的工业产值增长近4/5,尤其是不锈钢、机焦和电子通信设备产量大幅度增长。二是高新技术产业化取得成效,生物制药、电子信息、新材料等正在成为新的优势产业。2003年外商直接投资首次突破1亿美元,外向型经济发展步伐加快。三是第三产业在固定资产投资中的比例不断上升,从1995年的47.0%上升到2003年的51.1%。第三产业的比较劳动生产率从1997年的1.18上升为2003年的1.24。

与此同时,城市空间结构发生了可喜变化。在市域层次,县市产业分工格局基本成型:古交在能源工业大规模推进的基础上,焦化工业迅速发展;清徐的特色农产品加工业、铸造业和焦化工业继续保持较快发展势头;阳曲的铝工业基地建设正在起步。在市区层次上,单一中心填充式空间结构调整方式已不能适应城市快速发展的要求。市委、市政府适时提出"南移西进,扩容提质"的空间发展战略,以长风大街开通、经济技术开发区升格、太原不锈钢生态工业园区投产运营为标志,城市空间结构走向核心区功能扩散与新区建设协调推进的新阶段。

这一阶段,经济社会发展进入新的增长期,经济结构调整开始深入到技术结构、企业组织结构和行业结构层面。工业内部传统产业新型化步伐加快,比较劳动生产率明显提高,高新技术产业规模化取得成效,外商直接投资出现较大突破。第三产业的资本投入增加,对劳动力的吸纳能力增强。以经济园区为标志的新型工业化地域得以发育,城市空间扩展走向核心区功能扩散与新区建设协调推进的新阶段。

10.4.5 未来发展趋势

根据资源型区域中心城市的阶段判定,太原市经历了快速起步期(1949—1957年)、缓慢增长期(1958—1998年),目前正处于第三个阶段(1999年至今),即多元化发展时期。根据人均 GDP 水平、霍夫曼系数、产业与就业结构等相关指标,目前,太原市经济发展处于工业化中期向工业化后期转变阶段,人均收入水平从下中等收入水平向上中等收入水平的阶段迈进。

从产业演进的角度看,在工业化从中期向后期转变过程中,经济结构变动的明显标志就是第三产业发展速度加快,产业结构逐步走向"三、二、一"结构,伴随着分工的深化以及交易成本的增加,促使生产服务业和生活服务业的快速发展,服务业的产业地位越来越重要。工业化中后期,经济增长方式从资源型、粗放型产业向高加工、集约型转变,劳动力、资本、土地、资源等生产要素从传统产业向现代产业流动,技术密集型产业比重增加,产品的科技含量提高,加工程度向深度发展。从太原市来看,随着工业化进程的加快,技术密集型产业比重将会相对增加,具有一定技术水平的劳动力密集型产业也会得到相应发展。伴随工业的深化与高加工度化,未来一段时间太原市的科研、技术开发投入将会逐步增加,中介服务业、金融业、物流业等生产性服务业将会得到进一步的发展。从未来发展看,集团化、集群化和网络化将成为太原企业组织的发展趋势。省内区域间产业分工不断深化,太原市将更突出现代服务业、高新技术产业、高加工度产业等知识型、高效节能型产业的发展,与省内其他城市之间形成总部与车间、服务与生产、加工与原料等分工与协作关系,在提升自身产业水平的同时,增强对省内区域经济的辐射带动能力。

产业演进的变化,带来城市化动力机制的改变:从生产功能向服务功能、消费功能转化,从生产基地向总部基地、研发基地、市场基地转化,从适宜企业生存、发展的以生产功能为主的工矿区向适宜人口居住、生活、消费、工作的以消费功能为主的良好的人居环境转化,从生产、经济中心向文化、教育、娱乐、商业、金融、旅游、市场等具有综合性功能的中心转化。动力机制的改变,对城市化推动最明显的变化特征为:从推动城市化数量特征变化向城市化质量特征变化转变。未来一段时期,伴随人口、地域、经济规模等城市化数量扩张的同时,其城市化质量不断提升:城市功能分区变化及联系,城市生产、生活一体化,城市市区、市域、腹地一体化程度不断加深,城市用地合理化,地价分异规律决定城市产业、居住的空间布局,城市环境的优化、美化提高了人口的生活质量和城市对人口的吸引力。

10.5 资源型省区未来城市化道路的探索

资源型地区未来城市化道路的选择,不仅仅关系到城市化发展的本身,还关系到山西经济的全面发展,需要综合考虑山西及其资源型地区未来的发展目标及其在全国的地位。

10.5.1 山西资源型省区城市化道路的确立依据

山西未来城市化道路的确立主要考虑几个方面的因素。

一是遵循城市化发展的基本规律,重点发展区域性中心城市,协调工业化与城市化二者之间的互动发展关系。城市化发展的基本规律为:城市化进程的"S"形阶段性发展规律与大城市优先发展规律,工业化与城市化互动发展规律以及城市化机制。山西已经进入了城市化发展的成长期,这个阶段是城市化增长比较快的阶段,城市化年均增长率平均达到1个百分点左右,现在的增长速度(20世纪90年代年均增长0.63个百分点)不能适应这一需求,因此必须通过产业结构调整、投融资体制改革以及投资环境改善,加强城市化动力与传导机制的作用,加快城市化进程。山西的大城市非常缺乏,目前22个城市中只有省会太原与大同两个城市的非农人口规模达到50万以上,大城市增长显然不足。这主要是由城市功能决定的。城市功能的缺乏与级别相对较低,决定了城市在区域经济中的辐射与集聚能力较低,城市规模难以扩张,对区域经济发展起不到带动作用。要加快区域中心城市发展,完善城市功能,增加大城市的比例。这个阶段也是工业化与城市化互动发展特征最为明显的时期,所以一定要协调工业化与城市化的关系,通过城市化动力机制与传导机制的循环,促进工业化与城市化的互动发展。

二是要综合考虑山西经济的全面发展,合理确定产业结构与产业发展方向,将推动城市化的产业重点放在技术密集型与劳动力密集型产业。要从全局的角度综合考虑各方面的因素,不能仅从某些指标来确定山西的经济发展方向。为了提高经济发展水平与提升工业化高度,山西以及许多省区提出发展高新技术产业。这本身没有错。但是我国重型工业结构对劳动产生的排斥与资源型产业对空间集中的背离已经产生"排斥劳动"的现象,如果在未来将发展重点放在高新技术产业上,又是一个"排斥劳动"的产业,是一个单独向前发展的产业,与农业、农村发展的关系不大,对农村劳动力的吸纳能力非常有限。那么,在产值增高的同时,非农化率依然增长缓慢,城市化率增长缓慢,产值结构与就业结构偏差,工业化与城市化偏差会愈演愈烈。在强调高新技术产业发展的同时,要多考虑农业、农民、农村的发展,考虑农村剩余劳动力的转移,考虑资源型产业存在大量的生产要素向哪些产业转移。因此,不能确立某一产业发展推动城市化发展,如资源型产业推动城市化发展就带来许多问题,而是要多产业推动,既有高新技术产业来改造原有产业的发展,来领导全省产业的发展,也要有劳动力密集型工业与大量的服务业的发展。因此,在未来发展中宜确定技术密集型产业、劳动力密集型产业重点发展,资源密集型产业适当发展,加大技术密集型产业与劳动力密集型产业比重,推动劳动力非农转移,推动城市化进程。

三是从城市化供给的角度考虑,要加快城市基础设施建设,完善城市各项功能,发挥城市在区域的集聚与扩散功能,优化城市投资环境,吸引企业与人口,吸引各种生产要素向城市、城镇地区集聚。资源型产业的发展,一方面缺乏产业关联性,不能带动其他相关产业发展,不能集聚资金;另一方面不能带动城市所在区域的发展,不能集聚区域当中的生产要素,在流失资源、资金的同时,环境还遭到严重的破坏,财富挖走了,给山西尤其是山西的后代留下的是资源匮乏、土地贫瘠、生产落后的经济面貌。这样的状况必须得到改变。环境的改善,包括一个优美、富庶的自然环境,也包括一个宽松、舒适、创新的人文环境。要通过基础设施的建设,给生产要素提供一个自由流动、集聚进而创新的宽松环境,给企业与人口提供一个吸引力较强的、自由的发展环境。

四是要考虑山西在全国的地位与定位,加强观念创新、体制创新。自改革开放以来,山西省经济总量、人均收入水平、生活水平等在全国的排序不断后移。1978年至2001年,山西国内生产总值排序从全国各省份中第15位后移到第22位;人均国内生产总值从第10位后移到第24位。2001年山西城镇居民人均可支配收入在全国排第28位;农村居民纯收入低于全国平均水平,排第23位。城市化率也从1978年的高于全国平均水平降到低于全国平均水平。山西在全国的地位逐年下滑,如果不改变现有的产业定位与城市化方式,不改变现有的资源型产业发展观念,不进行观念创新、管理创新、制度创新,那么山西在全国的中下游位置在一段时间内将难以改变。应以观念与体制的创新来推动技术、管理、生产方式等多种生产要素的创新,树立城市化道路新理念,确立城市化在区域经济发展中的战略地位,加速城市化发展。

10.5.2 山西资源型省区未来城市化道路及内容

综合以上四个方面的考虑,可以将山西未来一段时期城市化道路概括为:以民营经济为主体、多种产业共同推动、工业化与城市化协调发展、区域性中心城市重点发展的可持续城市化道路。其中以民营经济为主体,是考虑城市化的投资主体与推动主体向民营经济转移,改变观念,加速向市场经济的转型。多种产业共同推动,是技术密集型产业、劳动力密集型产业、资源密集型产业共同推动,可以把发展的重点放在前面两种产业,资源密集型产业可以通过深化加工与转化、技术改造等多种方式,逐步降低其在产业中的比重。通过产业的逐步调整,也可协调工业化与城市化之间的关系,充分发挥和利用二者之间的互动发展关系,加快城市化的进程。我国明确提出"大中小城市与小城镇协调发展",在山西也不例外,但根据省情,目前的重点宜放在已有一定规模的区域性中心城市,向大城市迈进,通过大城市的集聚与辐射作用,带动区域经济发展。山西的民营经济还不发达,乡镇企业规模普遍偏小,对小城镇的推动作用也非常有限,在非农产业已有一定基础的中心镇可以适度发展。可持续城市化道路是考虑到人口、资源与环境的关系。具体而言包含以下几个方面的含义。

一是改变观念,走政府引导、市场主导、民营经济推动的城市化道路。中国的城市化是在经济转型期进行的,这就决定了政府在城市化建设中的重要作用。对政府而言,在城市化建设中,一是要作好规划,合理布局;二是要对城镇建设给予必要的财力支持;三是要营造一种良好的城镇发展环境,创造有利于城镇发展的条件。应放宽国内民间资本对城镇基础设施建设市场的准入,以拓宽城市化建设的资金来源。

借鉴江浙发展经验，采用"政府规划推动，招商引资拉动，工业园区牵动，社会各界联动"和高起点规划、高标准建设、高水准管理的办法，加快城市化的进程。充分运用市场机制，更多地发挥民间资金作用，开辟多渠道筹集城市建设资金的新路子。在适当增加国家和地方财政对城市开发和建设资金支持的同时，应建立依靠社会资金建设城市与小城镇的多元投资和建设体制，大力推进城市基础设施的市场化进程，根据"谁投资、谁受益"的原则，鼓励国内外企业、个人及外商以多种方式参与建设、经营和管理，使其产业化。可将各种开发公司与城市、城镇综合开发结合起来，建立城市、城镇经济发展与社会发展相配合的体制，将农民在城市与城镇投资兴实业、购买住房和其身份的转化结合起来，使农民在城市、城镇的定居和投资开发城市、城镇建设具有永久的利益保障等。

二是以产业结构调整为契机，走城市化与工业化互为动力、协调发展的道路，加快城市功能转型。城市化与工业化的发展是相辅相成的，没有城市化，第二、第三产业的发展就失去了发展的空间和相应的平台；而没有产业发展的支持，城市化也是难以进行的。山西工业化与城市化的背离，是与山西资源型经济特点分不开的。采掘业、原材料业在重工业、工业乃至三次产业中都占有相当的份额，以工业比重衡量的工业化水平远远高于以人均国内生产总值衡量的工业化水平，也远远高于以城镇人口比重衡量的城市化水平。要加快城市化进程，必须走工业化与城市化互为动力、协调发展的道路，加快农村剩余劳动力转移，加快资源型城市的功能转型。工业化对城市化的推动，主要表现在非农产业发展对空间集聚的要求，进而推动城市化进程。要积极引导乡镇工业等非农产业向小城镇、城市集聚，形成城市、城镇的经济支撑。小城镇发展的基础是非农产业，应引导农村非农产业相对集中、连片发展，与小城镇的建设结合起来。实施有效的政策措施，使各类企业向小城镇聚集。通过工业企业的集中带动人口向小城镇流动，推动小城镇第三产业发展和城镇建设的兴起。在积极推进农业产业化经营中，要把发展支柱产业、兴办农业产业龙头企业、建设培育市场与小城镇建设结合起来。在工业向城市、城镇集聚以及城镇或城市非农产业发展的同时,要注重环境保护和生态环境问题,还要注重非农产业对农村剩余劳动力的吸纳能力,充分利用低成本的农村剩余劳动力这一优势,建立多种产业推动型城市(或城镇),如冶铸型城市(或城镇)、特色农产品加工城市(或城镇)、旅游型城市(或城镇)、商贸型城市(或城镇)等。城市化对工业化的推动,主要表现在城市(或城镇)功能的逐步完善,不仅仅表现在城市建成区面积扩大以及相应的道路交通、园林绿化、燃气供应、电力、电信等硬件方面的建设,更要注意金融、信息、技术服务、房地产业、中介服务业等软件建设,完善城市、城镇作为区域经济发展中心、生产生活服务中心、市场中心、人居环境等多种功能。

三是以"资"补农,以"绿"建城,走可持续发展的城市化道路。所谓以"资"补农,是以煤、铁等矿产资源的开发获得的超额利润,来投资环境建设,投资社会公益性事业建设,补贴山区农民向山下的移民等。这样一方面通过开发成本的提高,适量减少矿产资源的开发;另一方面可以建立一个优美的生态型城市环境;还可以通过山区移民加快城市化进程。矿产资源优势与大面积的山区人口是山西资源、人口分布的两大特点,将二者结合,协调人口、资源与环境三者的关系,走共同发展的道路。所谓以"绿"建城是指以可持续发展的理念,优化居民的居住、生存环境,建立生态型、旅游型、具有文化气息的城市与城镇。山西拥有两大资源——煤炭与旅游资源。煤炭资源必须采取集约型限量开发模式,在保证环境不被污染的前提下,使用现代化开采设备进行限量有序开发。旅游资源包括自然与人文,尤其是具有浓郁民间文化的各类型人文旅游资源,包括晋商文化、宗教文化、各类型古建筑、历史遗迹、古代传说等,是不同于北京、陕西皇家文化特色的旅游资源。这些旅游资源有些已经开发,有些还没有被认识到,而未来的城市是以文化论输赢,城市、城镇建设应该与旅游资源、文化资源相结合。在发达地区,不少城市都是请世界顶级的景观公司、园林策划公司来设计城市环境。如最近南京市又多了一个景观:狮子山和阅江楼。这个山与楼的结合,就是从南京的历史文化中挖掘出 600 年前有关"阅江楼"的典籍和史实,把朱元璋的"空中楼阁"变成城市文化的成功之作。山西城市与城镇的发展方向应该以生态型、旅游型、文化型为目标,以"绿"建城,走可持续发展城市化道路。

四是以都市区、城市群建设为依托,走合作型、辐射型、扩容型城市化道路。要加快城市化发展速度,提升城市化发展水平,宜选择城市群的发展策略,以都市区、城市群(带)的发展带动城市、区域发展。山西省目前是具备了都市区、城市群的雏形,在未来发展中,可以通过一个都市区、三个城市群的建设,来提升大中城市现代化水平与发展规模,带动小城市、小城镇以及区域经济的发展。一个都市区是指以太原为中心,以晋中市、阳泉市、忻州市为依托的太原大都市区。三个城市群,也可称为城市带,是沿大运公路分布的以大同、朔州为核心的城市群,以临汾、侯马、运城为核心的城市群,沿太焦铁路分布的以长治、晋城为核心的城市群。太原是山西唯一的特大规模城市,考虑到特大城市的拥挤与"城市病"的产生,一个有效思路就是在特大城市周围建设分担型的中小城市。这些中小城市通过先进的交通运输网络的建设,可以缩短与中心城市的空间距离,解决城市环境容量与人口规模平衡等问题。为了在更大的空间重新整合资源,促进区域经济发展,宜建立以太原为中心,包括晋中、忻州、阳泉在内的大都市区。其中晋中市与太原的距离最近,可以考虑将晋中市与太原从行政区划上进行合并,便于省会太原向南部继续扩张与发展,克服郊区与腹地规模偏小的限制。都市区、城市群内部各城市、城镇之间可以采取合作型、辐射型、扩容型等方式,来提高城市、城镇以及都市区、城市群整体的竞争能力。所谓合作型是指城市群、都市区当中各大城市之间的分工与合作,每一个城市都在其中承担一定的功能,通过分工与合作加强都市区、城市群整体竞争能力。所谓辐射型是指各级中心城市对其他低级别城市、城镇的辐射与带动作用,通过中心城市的辐射,通过低级别城市对中心城市某些功能的承担,减轻中心城市的产业、经济活动、人口聚集的压力,提升低级别城市的产业规模、人口规模与城市质量。所谓扩容型是指都市区、城市群当中单个城市的发展,通过它们之间的相互作用,包括同级别城市的分工与合作,高级别、低级别城市的辐射与带动,加快已有城市的发展。

10.6 资源型省区实施城市化道路的方针与对策

城市发展方针是为了实施城市化道路,对不同类型、不同规模、不同布局的城市之间的相互关系作出合理的安排,是对于城市的全面发展——包括城市化动力与速度、城市效益、职能、布局、形态、城乡联系等各方面内容——提出指导性、纲领性的意见与建议,其目的是加快城市发展,加快城市化进程,提高城市化质量,协调城市化与工业化,农业、工业与服务业,人口、资源与环境等各方面的关系,最终促进区域经济全面发展。

10.6.1 山西城市发展方针

山西城市化道路要从政府与资源型产业推动,转变为民营经济与多产业共同推动,其中最根本的是城市化动力机制的彻底改变。从投资主体看,从政府为主转变为民间资本为主;从产业主体看,从资源密集型产业为主转变为以技术密集型、劳动密集型产业为主。这就要求政府,尤其是城市政府,从其职能上有一个大的改变,从对企业(尤其是资源型企业及其加工企业)的直接或间接管理者、对城市的直接投资建设者,转变为城市的管理者、经营者,企业生存发展环境的创造者、规划者;把投资与管理的重心放到城市的环境,包括软环境与硬环境,基础设施的完善,投资环境的优化,通过发展环境的改善,提高城市集聚与辐射能力,提高城市效益与活力。从城市规模角度看,山西省城市规模普遍偏小,包括大中小城市及小城镇,通过完善基础设施,重点发展区域性中心城市,积极发展中小城市,适当发展小城镇。资源型产业的发展引起生态环境的极大破坏,在对待资源方面,要综合考虑,要开发、挖掘、整合新资源,如旅游资源、劳动力资源。综上所述,未来一段时期,城市发展方针确立为"政府引导、市场运营,加快转型、完善设施,加速扩容、提高效益,整合资源、协调发展"。其中"加快转型"既包含资源型产业的转型,也是指城市职能转型,是针对山西省资源型城市中存在的城市产业结构单一、城市主体职能缺乏、城市环境污染严重等问题,提出加快产业结构调整,转变城市职能,提高城市发展质量、生活质量、环境质量。

10.6.2 推进山西城市化的对策

首先从政府层面看,要改变观念,跳出小区域范围的发展观念,从全局入手,加强产业之间、区域之间的相互联系,以大都市区、城市圈、城市群的发展理念统筹城市、城镇发展、城乡发展;转变以资源开发为主的资源型经济发展观念,加快产业结构调整,鼓励非资源型产业的发展,加快第三产业的发展步伐;跳出城市规模的单一发展方针的制约,从城市动力机制、城乡关系、城市结构与效益等方面多角度、多方位审视城市化发展。

其次要制定科学、合理的城镇体系建设规划,服从全局的各级、各类城市土地利用规划,城市、城镇经济发展规划,不断确立和强化城市规划的法律地位,切实理顺行政、经济和法律与城乡规划体制的内外关系,规划中坚持注重城市发展功能定位和特色,注重城市生态环境保护,注重区域协调发展,注重城市文化内涵。城镇体系规划是从全省、全区的角度对城市、城镇的发展规模、布局进行宏观考虑,是各级城市、城镇规划的前提。每个城市、城镇的总体规划,经济社会发展规划,土地利用规划,其间要有统一性、连续性,专项规划要服从总体规划。规划实施与管理同样重要,需要专门的部门来进行规划的统一制定与实施管理,防止规划流于形式。

第三要加快基础设施建设,增强城市、城镇集聚功能。城市化的本质就是空间集聚,包括人口集聚(如人口集中化、人才密集化)、产业集聚(行业和企业集中配置)、市场集聚、资本集聚、科技集聚、娱乐和需求的集中、文化交流和传播的集中等。通过基础设施的建设来增强城市与城镇的集聚功能,增强对各类生产要素的吸引力,加快生产要素向城市、城镇的集中。努力建设现代化的综合交通体系,加快建设城市综合交通运输系统;加强信息基础设施建设,健全信息网络体系;加强城镇供水、供电、供气系统建设,努力满足城市与城镇现代化建设需求等。城市基础设施建设要注重系统的整体性、协调性和配套性,着力提高网络化水平。

最后要创新城市建设投融资及管理体制。运用市场机制,实施"市场化、产业化、多元化、规模化、一体化"改革,大力引导社会力量参与城市与城镇建设。允许社会资金、外国资本采取独资、合资、合作、BOT等多种形式,参与市场公用设施的建设和管理,大大拓宽融资渠道。要以"经营城市"的理念加快投融资体制改革。按照"谁投资、谁决策、谁受益、谁承担风险"的原则,建立投资主体和融资机构的激励和约束机制,加快城市基础设施建设的市场化步伐。

第十一章 走新型城市化道路:中国特色城市化的发展目标与方针政策

进入本世纪以来,中国城市化已经进入加速发展阶段,但城市化进程中还存在许多错综复杂的问题,城市化滞后已经成为多种经济社会问题产生的根源,其发展直接关系到今后20年我国工业化的深入发展和城乡经济的协调繁荣。因此,应把握时机,在尊重世界城市化基本规律、借鉴先行国家成功经验的基础上,积极推动中国的城市化进程,促进经济社会全面发展。

综合第一、第二章对世界城市化实践的分析,可以得出以下几个主要结论:

1. 城市化——即人口向城市的集中过程一直伴随着世界各国早期工业化发展阶段和后来的发展过程。因此,城市化是人类经济发展的必然结果,它与工业化过程的互动发展规律,已被世界各种类型国家的实践所证实。

2. 城市化虽然是一个非常复杂的、受各种因素影响的过程,但其主要还是表现为一个在产业结构调整和产业演进过程中,劳动力不断从农业转移到工业、从农村转移到城市的过程。尽管各个国家的城市化实践有其自身的特点,但农村劳动力在产业演进过程中实现转移是它们的共同特征。也可以说,在产业演进中实现农村劳动力的转移是城市化的本质特征,它们是可以在各种城市化类型中"通约"的共同的"因子"。

3. 中国的城市化尽管在一般时期内表现出与世界城市化一般进程不同的特点,但经过30年的市场经济改革,已经开始走向市场经济条件下城市化发展的共同道路了。因此,如果说中国特色的城市化道路,在过去主要是表现在中国实行与市场经济国家不同的城市化道路,特别是表现在发展战略选择的不同和对农村劳动力流动实行限制,那么现在则是主要表现在,遵循市场经济国家产业演进和城市化发展的一般规律,对农村劳动力的转移实行有宏观调控和微观管理的体制。

遵循这个思路,第三到第十章通过对产业演进、劳动力转移与城市化发展的理论与实证分析,总结了产业演进与城市化进程中农村剩余劳动力转移的基本规律与中国的特殊转移模式,构建了能够解释不同背景国家的农村剩余劳动力转移机制的供求理论模型,阐述了中国产业演进、劳动力转移与城市化发展的动力机制,并从中心城市群、服务产业、区域层面、省域和城市层面分别对中国产业演进、劳动力转移与城市化发展的关系进行了实证研究。在此基础上,本章重点阐述中国特色城市化道路的基本内容,提出通过走新型城市化道路来实现中国特色城市化发展的总体思路,并展望中国未来20—50年城市化发展的预期目标,讨论实现预期目标的主要途径和相应的政策措施。

11.1 总体目标:走新型城市化道路

11.1.1 新型城市化道路提出的背景

自新中国成立以来,中国城市化经历了计划经济时期政府严格控制型城市化道路,社会主义市场经济条件下政府与市场共同作用的多元城市化道路。进入21世纪后,中国城市化发展又进入了一个新的时期。这一时期的城市化面临的主要背景和趋势是:城市化发展速度加快,城市化理论研究相对成熟;社会主义市场经济体制改革进一步深入;树立科学发展观,实行人口、资源与环境的协调发展和可持续发展,走新型工业化道路,建设社会主义和谐社会;经济全球化和信息化进一步发展,缩短了国家与地区之间的距离,冲击着每一个国家的经济发展与城市化格局;在知识经济、信息经济时代,国家之间的竞争已经变为知识、人才、科技、产业的竞争,变成集聚了产业、金融、贸易、科技、信息、人才等的城市、城市群的竞争,等等。为了适应城市化发展阶段的新要求与全球经济变化的新趋势,中国特色的城市化需要选择走新型城市化道路。

新型城市化道路是对世界多元城市化发展模式进行分析与借鉴,同时对目前中国城市化进程中存在的问题进行全面思考与平衡,多方面考虑未来世界发展趋势及其对中国的影响,在确定中国城市化的目标与模式这个战略层面上提出来的。其中重点考虑了五个关键方面的因素:一是要坚持科学发展观,重新审视城市化规律,在尊重城市化规律的前提下来推进城市化进程,防止人为主观意志对城市化发展的影响。二是要科学设计城市化机制。城市化机制是决定城市化进程、城乡关系的最主要因素,是决定城市化道路的最核心的要素,必须在比较分析的基础上进行科学设计。三是必须考虑我国自然资源总量大、人均量少、劳动力资源丰富、资本等生产要素缺乏的现实,充分认识在城市化初期非农产业发展与城市城镇建设中对资源和环境的负面影响,协调处理好各方面关系。四是要根据世界城市化的一般规律和中国人口的特殊情况,吸取发展中国家农村劳动力转移的经验与教训,发挥中国社会主义制度的优势,建立起以宏观调控的农村劳动力自由流动体制为中心内容的城市化人口流动管理体制。五是要顾及我国区域之间经济发展水平、城市化水平、市场化程度在东、中、西地区,南、北方之间的差异,在城市化发展目标与模式选择上要与当地经济发展相结合。

11.1.2 新型城市化道路的内容

上述五个方面因素的综合就构成了新型城市化道路的主要内容,所以中国走新型城市化道路的基本内容就是:遵循工业化与城市化、农村与城市、农业与工业协调发展的城市化规律;建立政府引导、市场主

第十一章 走新型城市化道路:中国特色城市化的发展目标与方针政策

导、民营经济推动的城市化机制;推进人口、资源、环境协调发展的集约型、可持续的城市化进程;实行农村劳动力自由流动和供求管理的城市化体制;实施大中小、多产业类型共存的城市化模式。

我国30年来的改革已经显示出,在市场经济相对发达的地区,经济发展较快,城市化水平相对较高,如东部沿海地区,市场化改革相对走在前列,通过20世纪80年代乡镇企业的充分发展,积累了工业化与城市化发展的资金,产生了对具有聚集经济效益的城市化的需求,通过企业在城市、城镇工业园区的建设,通过民营经济参与城市的基础设施的投资,推动了城市化的发展。当然其中也产生了许多问题,如土地的浪费、城市的无序建设、生态环境的破坏与污染问题等。这些方面需要政府进行引导与管理。随着改革的深入,市场经济体制的逐步完善,政府的作用逐步淡化,由主导向引导转变,市场条件下自发的民营经济的力量通过对城市经济的需求与供给,可以成为城市化的主要推动力量。

市场机制的作用,决定了城市化与工业化之间、城乡之间、农业与工业之间的协调发展。工业化与城市化是互为动力、共同发展的,只是在经济发展的不同阶段,二者互动发展的特征有所不同。其中在工业化、城市化中期阶段,二者互动发展的特征最为明显,要充分利用这一优势,加强工业化对城市化的推动作用,强化城市、城镇发展的产业支撑,加强基础设施建设,发挥城市功能,带动工业化发展。城市化实际上就是生产要素在城乡之间的重新配置与组合,配置的结果是为了获得更高的效益与效用。要保证生产要素的配置达到最优,首先必须保证城市与乡村处于同等重要的地位,保证城乡之间的流通渠道畅通,通过市场调节达到生产要素最优配置的目的。我国农业在改革开放前后,都为工业化发展提供了大数量的资金积累,作出了巨大的贡献;而农业本身是劳动生产率水平相对较低的产业,也需要工业的支持。

在转型时期,多种投资主体推动了城市化的发展,但同时也存在很多问题,如土地的浪费,农业用地与工业、城建用地的矛盾,资源的过度开采,生态环境的破坏与污染,城市人口规模偏小而土地规模大等问题。据统计,在1997年至2004年这7年时间,我国耕地就减少了1亿亩。这对于人均耕地低于世界平均水平的中国来说无疑是一个触目惊心的数字。乡村地区采取原始方法开采矿产资源更是造成资源的流失与生态环境的严重破坏。在资源减少的同时，人口仍在增加，加剧了人口、资源与环境之间的矛盾。因此，在选择城市化道路时，要从过去城市化外延粗放型扩张向内涵提高的集约型转变，从城市数量的增加向城市质量的提高转变，完善土地市场，强化矿产资源管理，提高资源的使用效率，协调人口、资源与环境之间的关系，走集约型、可持续的城市化道路。

我国是一个人口大国，由于人口基数大，现在虽然每年人口的增长相对数在下降，但是增长的绝对量仍是一个庞大的数字。改革开放30年来，我国GDP保持了年均9%以上的持续高速增长，但还没有足够和全面的能力解决好农村剩余劳动力向非农产业的转化、农村人口向城市转化的任务。现在农业劳动力仍占到总劳动力比重的50%，农村人口比重占到总人口的60%，还有上亿的农村剩余劳动力等待转移。同时，中国农村剩余劳动力的供给和需求存在明显的不均衡，不仅表现在供求总量上，而且表现在供求结构上。解决这个问题，关系到中国城市化发展的全局。重点是要充分应用本研究揭示的制约农村劳动力转移的供求规律，研究作用于供求均衡模式的动力和作用力的方向和力度。在确定了各种作用力量与农村剩余劳动力的供给量和需求量之间的关系以后，通过相关政策或者具体措施，调整各种影响因素，进而达到农村剩余劳动力转移的供求均衡。依据以上思路和做法，并充分发挥社会主义制度的优势，建立一个有宏观调控和微观管理的劳动力人口流动体制。

我国地域宽广，区域之间从自然环境、生产要素分布、经济发展水平、市场发育程度以至文化观念等方面都存在较大差别，城市化不可能按照某一个模式来发展。从城市规模看，在东部地区，小城市、小城镇发展比较有活力，对城市化的贡献较大，同时沿海、沿江跨省区的城市群、城市带发展也很有特点、有规模，集中型与分散型城市化方式并存。在中西部地区，大城市，尤其是区域中心城市，是经济发展的引擎，是区域经济与城市化发展的核心,适宜走非均衡的集中型城市化道路。具体到每一个省(区、市),发展模式又会有所差别。从城市职能看,应该走多种产业推动型道路。有的城市发展比较成熟,制造业等生产性企业外迁,金融业、房地产业、中介服务业等现代服务业逐渐成为城市发展的主流;有的城市刚刚起步,尤其是小城市、小城镇,制造业发展还是支撑城市的经济基础,需要产业集聚到一定程度,通过乘数效应,使人口规模达到城市基础设施建设的门槛,才能推动城市发展,推动城市相应功能的完善,成为商业中心、信息中心、教育文化中心等。也有一些城市,借助于交通枢纽地位,或者是传统商贸中心优势,或者是旅游资源开发,通过第三产业的发展推动城市发展。

未来20—30年是中国城市化,也是中国经济发展的关键时期,城市化水平会有一个大的飞跃,经济发展会上升到较高平台。新型城市化道路是以新的发展理念对城市化进程、速度、质量、水平、方向作出选择,它与新型工业化道路的良性互动,必将对中国未来的发展发生重要的影响,成为中国城市化实践和理论研究在新世纪的最重要议题。

新型城市化道路的选择,或者说城市化规律、城市化机制、城市化进程、城市化体制、城市化模式,要求在产业发展、城市发展、乡村发展、生产要素在乡—城间的流动、区域发展等方面必须采取相应的对策与措施,来推动中国特色城市化道路的实施。城市化的核心即本书重点研究的内容,是在产业演进中加快农村劳动力向非农产业、向城市地区的转移。劳动力的大规模转移涉及非农就业岗位的大量提供,包括在产业政策上发展劳动力密集型产业,协调产业之间的关系,达到既能促进大量就业岗位的创造,又能提升产业的发展水平;包括城市发展政策,要加快城市、城镇对乡村人口的容纳、承载能力;包括乡村发展与生存环境的改善,如经济城市化与社会城市化;与乡村劳动力转移相关联的各种生产要素从乡村向城市流动的乡—城流动政策;适合于不同区域发展的城市化模式的区域政策等。因此,可以用图11-1简略描述中国新型城市化道路的目标、方针与政策的相互关系。

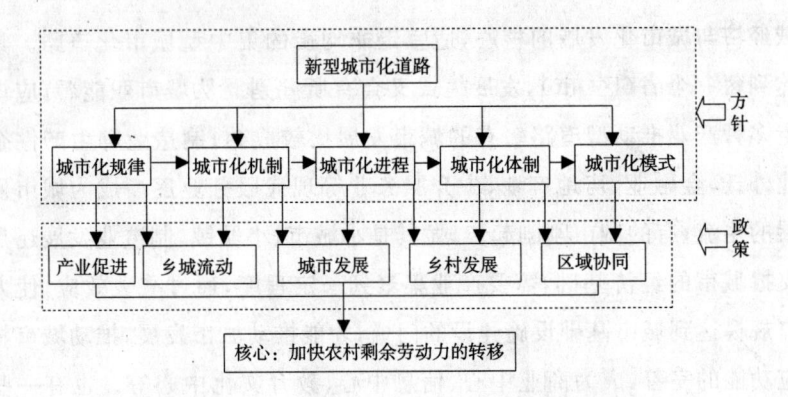

```
                    ┌─────────────────┐
                    │  新型城市化道路  │
                    └────────┬────────┘
        ┌──────┬──────┬──────┼──────┬──────┐              ⇐ 方针
    ┌───┴──┐┌──┴───┐┌─┴────┐┌┴─────┐┌─┴────┐
    │城市化││城市化││城市化││城市化││城市化│
    │ 规律 ││ 机制 ││ 进程 ││ 体制 ││ 模式 │
    └──────┘└──────┘└──────┘└──────┘└──────┘
    ┌─────┐┌──────┐┌──────┐┌──────┐┌──────┐             ⇐ 政策
    │产业 ││乡城  ││城市  ││乡村  ││区域  │
    │促进 ││流动  ││发展  ││发展  ││协同  │
    └─────┘└──────┘└───┬──┘└──────┘└──────┘
                      │
            ┌─────────┴────────────────┐
            │核心：加快农村剩余劳动力的转移│
            └──────────────────────────┘
```

图 11-1　中国新型城市化道路基本内容

11.2　中国城市化发展的目标预期与实施途径

进入 21 世纪以来，中国已经步入城市化发展的快车道。城市化发展加速，成为推动我国消费结构升级、产业结构优化、经济持续增长的主要动力。未来 20—30 年城市化的发展关系到我国经济持续、稳定、健康发展，关系到我国全面建设小康社会目标的实现，关系到我国现代化的进程。以下着重用本书构造的理论模型，具体计算中国城市化和农村劳动力转移的目标预期，并提出达到这一目标的主要途径。

11.2.1　长期预测的依据：中国农村剩余劳动力长期转移的供求模型

对未来城市化的规模和目标，可以用前面第四章给出的中国农村劳动力转移的长期供求理论模型得到。理论模型的主要内容是：推力、拉力、摩擦力决定了农村剩余劳动力的供给量和需求量，影响因素与供给量、需求量之间一一对应的函数关系分别形成供给函数与需求函数。

供求均衡决定了农村剩余劳动力的实际转移数量。①

这个理论模型的主要内容是,以二元经济理论为基础,在放宽假设条件的基础上,设立了供给函数、需求函数,即农村剩余劳动力的供给量、需求量与其相应的影响因素之间存在的对应关系,其中影响供给量的主要因素有来自于农业、农村发展的推动力以及制度变迁的摩擦力,如城市(或)非农产业平均工资水平、农业劳动生产率水平、人口自然增长率、教育水平、城乡收入差距、土地制度以及其他相关制度等;影响需求量的主要因素主要来自于非农产业、城市发展的拉动力以及制度变迁的摩擦力,如城市(或)非农产业平均工资水平、国家或区域资本积累、国家或区域消费水平与结构、产业结构、产业布局方式、产业组织方式以及城市发展政策等。影响因素的变动决定供给曲线、需求曲线的位置,进而决定某一时点农村剩余劳动力的均衡转移数量;每一时点的供求均衡决定的转移数量的连线,形成农村剩余劳动力长期转移模式。

这个理论模型的意义在于,它可以分别解释西欧与北美发达国家、拉丁美洲发展中国家、中国劳动力转移的不同规律和趋势。其政策含义为:通过改变影响因素,进而改变供给曲线、需求曲线的位置,确定均衡劳动力转移数量,达到推动农村剩余劳动力快速持续转移的目的。

(一) 供给函数与供给曲线

1. 影响因素

农村剩余劳动力的供给量受到多种因素影响:(1)城市或非农产业的平均工资水平(w)越高,对农村劳动力的吸引力越大,劳动力供给量越多。(2)农业劳动生产率水平(a)越高,农业总产出越大,能够供养的非农就业人口增加;同时从土地上解放出更多的农业劳动力,增加了剩余劳动力的供给。(3)人口自然增长率(n)越大,农村剩余劳动力供给量越大。(4)受教育程度(e)越高,转移的可能性越大。因为他们更容

---

① 从数据的可获取性考虑,本书用非农就业总量的年增加量近似表示农村剩余劳动力的年转移量。

易在城市找到合适的工作,并且不转移的机会成本较高。(5)土地占有方式及其变革(δ),决定了农民对生产要素拥有及参与分配的方式,进而决定农民的实际收入水平。此外,农业、农村发展政策、户籍管理制度、居民观念、乡村文化等对乡—城劳动力转移有不同程度的影响。

2.供给函数

农村剩余劳动力的供给量与其影响因素之间的关系如公式(11.1):

$$S=S(w,a,n,e,\delta) \quad (11.1)$$

在某一时点上,假定人口自然增长率、劳动生产率水平、受教育水平、土地及其相关制度是相对稳定的,那么供给函数可以表示为:

$$S=S(w) \quad (11.1)'$$

3.短期与长期供给曲线

如果用图形表示,则 S 与 w 是呈同方向的变化。在经济发展初期,农村中隐性失业现象比较严重,剩余劳动力供给相对比较充足。由于向城市转移的首先是受教育水平较高的中青年劳动力,劳动力的转移会带来农业总产出的减少,因而农村剩余劳动力的供给量与工资水平呈同方向变化,考虑到农村中存在的相对比较充裕的剩余劳动力,其供给曲线表现为缓慢上升。如图 11-2(a)中的 S_1。随着转移规模增加,农村劳动力的边际产出上升,导致供给曲线越来越陡峭,如图 11-2(a)中的 S_2、S_3。

除 w 之外的其他因素对农村剩余劳动力供给量的影响,表现在供给曲线的形状与位置。如人口增长率提高,农村剩余劳动力供给量必然增加,导致供给曲线向右方移动的幅度增加。如果从时间上来考虑,随着农村人口比例的下降,农村剩余劳动力的供给数量会减小,即供给曲线向右方移动的幅度减小。

如果说 S_1、S_2、S_3 可以看做是中国过去不同时期农村剩余劳动力的短期供给曲线,那么 LS 就是农村剩余劳动力的长期供给曲线,从长期看,农村剩余劳动力的供给曲线与工资之间是同方向变化的:在经济发展初期,随工资提高,变化幅度较小;进入工业化中后期阶段,农村剩余劳动力供给曲线越来越陡峭。

(二) 需求函数与需求曲线

1. 影响因素

非农产业和城市发展对农村剩余劳动力产生需求,"拉动"剩余劳动力的乡—城转化规模和速度,其需求量大小取决于以下因素:(1)城市或非农产业的工资水平(w):由于劳动的边际生产力递减,工资水平越高,对剩余劳动力的需求数量越少;(2)资本积累(k)越多、投入越大,非农产业发展速度越快,对劳动力的需求量越大;(3)消费观念、消费水平与消费结构(c)提高,增加并刺激制造业与服务业产品与劳务的需求和生产,促进非农产业的发展;(4)产业结构与组织方式(s)是否合理,决定了非农产业发展速度以及对劳动力的吸收能力;(5)城市发展政策(z)是否与城市发展阶段相匹配,决定了城市经济发展速度及其对劳动力的吸纳程度。

2. 需求函数

农村剩余劳动力的需求量与其影响因素之间的关系如公式(11.2):

$$D=D(w,k,c,s,z) \tag{11.2}$$

考虑在短时期内,资本、消费、产业结构与组织、城市发展政策等是相对稳定的,那么 w 是影响农村剩余劳动力需求量的唯一因素,需求函数表示为:

$$D=D(w) \tag{11.2}'$$

3. 需求曲线及其移动

因为劳动力的边际生产力是递减的,故需求曲线向右下方倾斜,如图 11-2(a) 中的 D。资本等其他因素对需求量的影响主要是通过改变需求曲线的位置和形状,进而改变对农村剩余劳动力的需求。如在其他条件不变的前提下,增加资本投入,会引起 D_1 向 D_2 平移;等量资本投入,产业选择不同,曲线的斜率不同,如扩大劳动力密集型产业的发展比例,导致等量的资本投入带来更多的劳动力就业。

(三) 供求均衡与中国农村剩余劳动力长期转移模型

把新中国成立以来到 2002 年的发展分成三个阶段,本研究项目启动的 2003 年以后的若干年为第四个阶段。假设每个阶段农村劳动力转移分别用供给曲线、需求曲线 1、2、3、4 来表示,那么可以得到图 11 - 2。

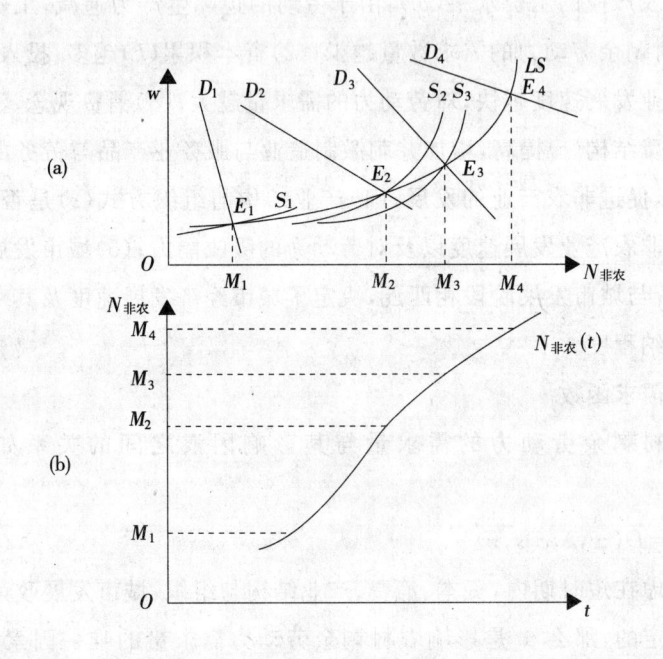

图 11 - 2 中国农村剩余劳动力的供求均衡与长期转移曲线

作为发展中国家的人口大国,中国农村剩余劳动力的供给相对充足,因而最终转移的劳动力数量主要取决于需求。从图 11 - 2(a) 来看,前面三个时段需求曲线的斜率是不同的,这说明同样资本情况下,非农产业对劳动力的吸纳能力是不同的。

在新中国成立初期至改革开放前,中国重工业优先发展战略的制定与实施,将大量资金集中到重工业,一切围绕重工业的发展而发展,而轻工业、第三产业、农业以及城市发展都放在次要位置。由于重工业对资本的偏好和对劳动力的排斥的特征,需求曲线比较陡峭,决定了从农业向非农产业转移的劳动力数量非常有限。虽然当时农村中也存在大量边际生产力为零的剩余劳动力,但由于严格的户籍制度限制了转移,这一阶段非农就业缓慢增长,表现为图 11-2(a)横轴上和图 11-2(b)纵轴上 M_1 到 O 的距离较短。改革开放后,轻工业首先发展,劳动力向非农产业的转移速度加快,需求曲线比较平缓,对劳动力的吸纳能力增强,农村中大量的剩余劳动力向非农产业转移。由于户籍没有完全放开,也因为城市就业机会有限,一部分非农就业集中在乡村地区。这个阶段,非农就业增长速度加快,表现为图 11-2(a)横轴上和图 11-2(b)纵轴上 M_2 到 M_1 的距离远远大于 M_1 到 O 的距离。到了 20 世纪末期,随着工业的再次重工业化,工业对劳动力的吸收能力显著下降,甚至总量减少,需求曲线再次陡峭。同时,服务业还没有能够完全补偿重工业对于劳动力的排斥,非农就业转移速度减慢,表现为图 11-2(a)横轴上和图 11-2(b)纵轴上 M_2 到 M_3 的距离再次缩小。

根据近年来中国产业结构的演进、城市化进程的加快以及各项有利于农村劳动力转移政策实施等情况,在模型中进一步描出 S_4 和 D_4,并得到其交点 E_4,从而利用 M_3 到 M_4 这一表示长期趋势的阶段来指导对中国未来农村劳动力转移规模的预测。可以看出,需求曲线比较平缓,但是由于劳动力成本的上升,供给曲线却比较陡峭,在总体上看,从 M_3 到 M_4 的距离有加大的趋势。这表示,今后中国农村劳动力转移的规模会进一步扩大。

应该指出,理论模型是对事物本质的高度抽象,因此理论模型的指导作用,主要是提供一个总的思路。对今后中国农村劳动力转移的规模和速度作出具体预测,并对中国城市化进程作目标预期,是在这个思路指导下,通过一系列具体计算求得的。

根据区域比较优势,应该发挥中西部地区劳动力优势,大力发展(技术、知识)劳动力密集型产业,加快资本积累速度。从模型分析看,资本投入扩大,可以加快需求曲线向右方推移的速度;产业吸收能力增强,可以改变需求曲线的斜率,二者均能扩大非农就业岗位的创造。劳动力密集型产业的发展可以更多地将剩余劳动转化为资本,既能加快劳动力转移,又能加快资本积累。20世纪末期以来中国的再次重工业化趋势,减少了对劳动力的吸收能力;第三产业就业人员的增加还没有达到大规模吸收劳动力的水平。

降低人口出生率,尤其是落后地区;加大教育投资力度,尤其是农村地区;普及九年义务教育,加强劳动力职业培训。从供给曲线的角度考虑,以上措施将尽可能地把供给曲线向右方推移,提高农村剩余劳动力的实际供给能力。降低人口出生率,可以减小劳动力转移的压力。加强教育投入,提高劳动者基本素质与就业能力,可以加快劳动力转移速度。教育通过提高劳动者基本素质,首先决定了劳动力是否具备转移的观念和勇气;其次教育增强了劳动者适应非农就业的能力。城乡分割造成在公共设施享用、就业机会、收入机会等方面,农民一直处于劣势。加大教育投资力度,加强教育向农村倾斜,是降低城乡收入差距的主要途径之一,既能体现分配上的公平,也能增强整个国家的经济效率。

11.2.2 2003—2050年中国城市化的目标预期

(一) 中国城市化目标预期的依据

根据新中国成立五十多年来的城市化发展规律,尤其是改革开放30年来的实践经验,结合党的十六大、十七大报告提出的走新型工业化道路和实现小康社会建设的发展目标,结合本研究的理论与实证研究成果,考虑国民经济与社会发展"十一五"规划和长远发展规划的要求,这里对我国未来20—50年的城市化目标作出预期。

城市化目标预期综合考虑了三个方面因素:一是城市化发展一般规律,尤其是工业化国家的经验借鉴。根据发达国家的发展经验,城市化率在20%至70%之间是城市化率上升较快的时期,而在同一时期工业化衡量指标之一——非农就业比重也表现出同步发展、快速增长的趋势。早期工业化国家城市化率年均增长百分点在0.3至0.7之间；后期工业化国家城市化率年均增长在0.8至1.2之间,工业化与城市化协调发展,农村剩余劳动力在实现非农产业的同时也实现了乡村到城市的空间转移；在城市化的成熟期(城市化率在70%及以上),城市化率年均增长0.1—0.2个百分点。刘易斯—费景汉—拉尼斯模型实际上就是根据发达国家的这一转移规律来描述发展中国家在工业化过程中劳动力转移的方式。事实上,这种转移方式与国家在不同发展阶段的主导产业的选择有关,主导产业决定了某一阶段劳动力转移的数量,最终也就决定了劳动力的转移速度。二是中国城市化实践与发展趋势。1980—1990年中国城市化率年均增长0.70个百分点,1990—2000年中国城市化率年均增长0.98个百分点,城市化发展速度加快；2000—2003年中国城市化率年均增长1.44个百分点,出现了超常规发展趋势。三是我国经济发展目标。党的十六大报告提出,2020年基本实现工业化,2050年基本实现现代化。党的十七大报告进一步提出,确保到2020年实现全面建成小康社会的奋斗目标。这样,从工业化指标看,到2020年,全国的城市化率要达到60%—65%,第二、第三产业就业人员比重要达到70%—80%。

通过对上述三个方面的综合考虑,确定城市化发展的三类目标：理想目标、保守目标、跳跃目标(超常规发展目标)。其中保守目标是在参考国际经验的基础上,对中国城市化稳定发展的趋势推测,确定城市化率年均增长率最高为1个百分点；跳跃目标,主要是考虑到2020年我国基本实现工业化时,城市化率应该达到的最高目标,以及2001—2003年我国城市化率的超常规发展,确定城市化率年均增长最高达1.4个百分点；理想目标是对以上的一种折中,是在原有发展基础上的适当加速,城市化率年均增长百分点最高值为1.2。当城市化率达到70%以上,城市化进程明显放慢,年均增长百分点下降到0.2。在各个阶段、不同目标下,城市化率年均增长百分点如表11-1所示。

表 11-1　不同阶段城市化率预期年均增长百分点

城市化率变化阶段	理想目标	保守目标	跳跃目标（超常规发展目标）
40%—50%	1.2	1.0	1.4
50%—60%	1.1	0.9	1.2
60%—70%	0.7	0.5	0.9
70%—80%	0.2	0.2	0.2

根据前面的研究结果，一般而言，非农化率（非农产业就业人员比重）与城市化率具有大致相同的变化趋势，因而确定三种目标预期下的非农就业比重年均增长百分点，与城市化率变化大致相同，仅在超常规发展目标中，增长速度要快一些，原因主要是更多地考虑到我国到2020年基本实现工业化以后，在非农就业比重上有一个大的飞跃。具体如表 11-2 所示。

表 11-2　不同阶段非农就业比重预期年均增长百分点

非农化率变化阶段	理想目标	保守目标	跳跃目标（超常规发展目标）
50%—60%	1.2	1.0	1.5
60%—70%	1.1	0.9	1.5
70%—80%	0.7	0.5	1.5
80%以上	0.2	0.2	0.2—0.5

此外，在城市化率的预期中，必须先对人口与就业人员的增长速度进行预期。人口增长的预期需要考虑很多因素，在这里主要参考联合国对世界人口的预测，其中预计中国到2050年人口将增加至

13.95亿人。① 1978年中国人口自然增长率为12.0‰,20世纪80年代中后期,上升为15.0‰左右,20世纪90年代开始持续下降,从1989年的15‰降为1999年的8.8‰,2003年人口自然增长率降为6.0‰。预计到2020年降为2.0‰,2050年降为0.01‰。就业人员的增长受到人口增长的直接影响,由于生育期的影响,往往具有一定的滞后性。1978年中国就业人员的年增长率为19.6‰,20世纪80年代增长率基本保持在25‰—35‰,20世纪90年代下降为10‰左右,2003年为9.4‰。预计到2020年就业人员增长率降为7‰,2050年降为0.87‰。

(二)中国城市化目标预期的具体内容

本研究开始进行时的2003年,中国城市化率为40.5%,因而这里城市化率变化的基数从40.5%开始。对中国2003—2050年城市化水平、非农就业水平的目标预期如表11-3、表11-4所示。

表11-3 中国2003—2050年城市化目标预期

年份	总人口（万人）	人口自然增长率(‰)	理想目标 城市化率(%)	理想目标 城镇新增人口（万人）	保守目标 城市化率(%)	保守目标 城镇新增人口（万人）	跳跃目标 城市化率(%)	跳跃目标 城镇新增人口（万人）
2003	129 227	6.00	40.53		40.53		40.53	
2004	130 002	5.66	41.73	1 874	41.53	1 614	41.93	2 134
2005	130 738	5.34	42.93	1 876	42.53	1 613	43.33	2 139
2006	131 437	5.04	44.13	1 877	43.53	1 611	44.73	2 143
2007	132 100	4.76	45.33	1 878	44.53	1 610	46.13	2 146
2008	132 729	4.49	46.53	1 878	45.53	1 607	47.53	2 148
2009	133 325	4.24	47.73	1 877	46.53	1 605	48.93	2 150
2010	133 890	4.00	48.93	1 876	47.53	1 602	50.33	2 151
2011	134 425	3.73	50.13	1 875	48.53	1 599	51.53	1 883
2012	134 927	3.48	51.33	1 871	49.53	1 593	52.73	1 878

---

① 参见新华网,北京2003年2月27日电。

2013	135 397	3.25	52.43	1 731	50.53	1 587	53.93	1 873
2014	135 837	3.03	53.53	1 725	51.43	1 445	55.13	1 867
2015	136 249	2.83	54.63	1 719	52.33	1 438	56.33	1 862
2016	136 634	2.64	55.73	1 714	53.23	1 431	57.53	1 857
2017	136 995	2.46	56.83	1 708	54.13	1 425	58.73	1 851
2018	137 332	2.30	57.93	1 702	55.03	1 419	59.93	1 846
2019	137 647	2.14	59.03	1 697	55.93	1 412	61.13	1 841
2020	137 942	2.00	60.13	1 692	56.83	1 407	62.03	1 822
2021	138 218	1.74	61.23	1 686	57.73	1 401	62.93	1 415
2022	138 459	1.52	61.93	1 117	58.63	1 385	63.83	1 398
2023	138 669	1.32	62.63	1 101	59.53	1 371	64.73	1 382
2024	138 852	1.15	63.33	1 087	60.43	1 359	65.63	1 368
2025	139 011	1.00	64.03	1 074	61.33	1 347	66.53	1 356
2026	139 150	0.87	64.73	1 063	61.83	781	67.43	1 345
2027	139 271	0.76	65.43	1 053	62.33	771	68.33	1 335
2028	139 377	0.66	66.13	1 045	62.83	763	69.23	1 327
2029	139 469	0.57	66.83	1 037	63.33	755	70.13	1 319
2030	139 549	0.50	67.53	1 030	63.83	748	71.03	1 312
2031	139 619	0.44	68.23	1 024	64.33	743	71.23	329
2032	139 680	0.39	68.93	1 020	64.83	738	71.43	323
2033	139 735	0.34	69.63	1 016	65.33	734	71.63	318
2034	139 783	0.30	70.33	1 012	65.83	730	71.83	314
2035	139 825	0.27	71.03	1 009	66.33	727	72.03	310
2036	139 862	0.24	71.23	306	66.83	724	72.23	307
2037	139 895	0.21	71.43	303	67.33	722	72.43	304
2038	139 925	0.18	71.63	301	67.83	719	72.63	301
2039	139 950	0.16	71.83	298	68.33	717	72.83	299
2040	139 973	0.14	72.03	296	68.83	715	73.03	296
2041	139 993	0.11	72.23	294	69.33	714	73.23	295
2042	140 009	0.09	72.43	291	69.83	711	73.43	292
2043	140 021	0.07	72.63	289	70.33	709	73.63	289
2044	140 031	0.06	72.83	287	70.83	707	73.83	287
2045	140 039	0.05	73.03	286	71.03	286	74.03	286
2046	140 046	0.04	73.23	285	71.23	285	74.23	285
2047	140 051	0.03	73.43	284	71.43	284	74.43	284
2048	140 055	0.02	73.63	283	71.63	283	74.63	283
2049	140 058	0.02	73.83	282	71.83	282	74.83	282
2050	140 060	0.01	74.03	282	72.03	282	75.03	282

表11-4 中国2003—2050年劳动力非农化转移目标预期

年份	就业人员(万人)	就业人员增长率(‰)	理想目标 非农就业比重(%)	理想目标 非农就业年增加人数(万人)	保守目标 非农就业比重(%)	保守目标 非农就业年增加人数(万人)	跳跃目标 非农就业比重(%)	跳跃目标 非农就业年增加人数(万人)
2003	74 432	9.50	50.00		50.00		50.00	
2004	75 134	9.43	51.20	1 252	51.00	1 102	51.50	1 478
2005	75 836	9.35	52.40	1 270	52.00	1 117	53.00	1 500
2006	76 540	9.28	53.60	1 287	53.00	1 131	54.50	1 521
2007	77 245	9.21	54.80	1 305	54.00	1 146	56.00	1 543
2008	77 951	9.14	56.00	1 322	55.00	1 161	57.50	1 565
2009	78 658	9.07	57.20	1 340	56.00	1 175	59.00	1 586
2010	79 366	9.00	58.40	1 357	57.00	1 190	60.50	1 608
2011	80 063	8.78	59.60	1 368	58.00	1 198	62.00	1 622
2012	80 748	8.56	60.70	1 297	59.00	1 205	63.50	1 636
2013	81 422	8.35	61.80	1 305	60.00	1 212	65.00	1 649
2014	82 085	8.14	62.90	1 312	60.90	1 136	66.50	1 662
2015	82 736	7.94	64.00	1 320	61.80	1 141	68.00	1 674
2016	83 377	7.74	65.10	1 327	62.70	1 146	69.50	1 686
2017	84 006	7.55	66.20	1 334	63.60	1 151	71.00	1 697
2018	84 625	7.36	67.30	1 340	64.50	1 155	72.50	1 708
2019	85 232	7.18	68.40	1 346	65.40	1 159	74.00	1 719
2020	85 829	7.00	69.50	1 352	66.30	1 163	75.50	1 729
2021	86 389	6.53	70.20	994	67.20	1 149	77.00	1 719
2022	86 916	6.09	70.90	978	68.10	1 136	78.50	1 709
2023	87 410	5.69	71.60	962	69.00	1 123	80.00	1 699
2024	87 873	5.31	72.30	947	69.90	1 111	80.50	810
2025	88 308	4.95	73.00	933	70.40	746	81.00	792
2026	88 716	4.62	73.70	919	70.90	731	81.50	774
2027	89 099	4.31	74.40	905	71.40	717	82.00	757
2028	89 457	4.02	75.10	893	71.90	703	82.50	741
2029	89 792	3.75	75.80	881	72.40	690	83.00	726
2030	90 107	3.50	76.50	869	72.90	678	83.50	711
2031	90 401	3.27	77.20	858	73.40	667	84.00	698
2032	90 676	3.05	77.90	847	73.90	656	84.50	685
2033	90 934	2.84	78.60	837	74.40	645	85.00	672
2034	91 175	2.65	79.30	828	74.90	635	85.20	387

2035	91 401	2.47	80.00	819	75.40	626	85.40	375
2036	91 612	2.31	80.20	352	75.90	617	85.60	363
2037	91 809	2.15	80.40	342	76.40	609	85.80	353
2038	91 994	2.01	80.60	332	76.90	601	86.00	342
2039	92 166	1.88	80.80	323	77.40	594	86.20	333
2040	92 328	1.75	81.00	315	77.90	586	86.40	324
2041	92 479	1.63	81.20	307	78.40	580	86.60	315
2042	92 619	1.52	81.40	300	78.90	574	86.80	307
2043	92 751	1.42	81.60	293	79.40	568	87.00	300
2044	92 874	1.33	81.80	286	79.90	562	87.20	293
2045	92 989	1.24	82.00	280	80.10	278	87.40	286
2046	93 096	1.15	82.20	274	80.30	272	87.60	280
2047	93 197	1.08	82.40	269	80.50	267	87.80	274
2048	93 290	1.01	82.60	264	80.70	262	88.00	269
2049	93 378	0.94	82.80	259	80.90	257	88.20	264
2050	93 460	0.87	83.00	255	81.10	253	88.40	259

2010年,中国城市化率达到47.5%—50.3%(保守目标—跳跃目标),理想目标是48.9%;每年新增城镇人口在1 600万—2 150万人之间,理想目标是1 870万人左右;中国非农就业比重为57.0%—60.5%,理想目标是58.4%;每年新增加非农就业人员为1 190万—1 600万人,理想目标是1 350万人左右。届时,可实现初步城市化。

2020年,中国城市化率达到56.8%—62.0%,理想目标是60.1%;每年新增加城镇人口1 400万—1 820万人,理想目标是1 690万人左右;中国非农就业比重为66.30%—75.50%,理想目标是69.5%;每年新增加非农就业人员为1 160万—1 720万人,理想目标是1 350万人左右。届时,在实现基本工业化的同时,可实现基本城市化。

到2050年,无论按照哪一种目标,中国城市化率均可达到70%以上,非农就业比重也可达到80%以上,从而完成工业化、城市化的发展进程,实现高度城市化,并进入追求社会全面发展、提高生活质量的"后城市化"发展阶段。

(三) 对中国城市化发展目标预期的几点说明

中国城市化发展目标预期是在理论模型指导下,在现有基础上对未来中国人口城市化与非农产业城市化的展望,是对未来城市化总趋势的宏观把握。具体到每一年的预期,可能会与现实有一些差距。这里主要说明两个方面:一是关于年均增长率的技术处理方式及其后果;二是关于目标实施的可能性。

关于年均增长率,在技术处理上首先是采取分阶段。就城市化发展的一般规律而言,往往是经历一个高速增长之后,开始缓慢增长;在本书的预期中,按照城市化率(或者第二、第三产业就业比重)划分城市化阶段,如城镇人口比重(或者第二、第三产业就业比重)在50%—60%为一阶段,60%—70%为另一阶段;在不同的阶段,城镇人口比重(或者第二、第三产业就业比重)年均提高百分点是不相同的,如城市化率的理想目标在前一阶段年均提高1.1个百分点,在后一阶段年均提高0.7个百分点。这种处理方式可能造成的一个后果是,在两个不同变化阶段的分界年份,每年新增城镇人口(或者每年新增非农就业人口)会有一个较大幅度的变化,如表11-3所示,2021年与2022年的理想目标中,每年新增城镇人口从1 686万人突然下降到1 117万人。其次是在每一个阶段内,对于城市化水平每年提高的百分点进行均匀分配,如城市化率在50%—60%这一时期,理想目标中城市化率每年提高1.1个百分点。经济现实中城市化水平的变化既可能是"渐进"的,也可能是"波动"的。所谓"渐进"是指在城市化变化的不同阶段之间,界限不一定是很分明的;所谓"波动"是指在某一时期连续变化的年份之间,城镇人口比重(或者第二、第三产业就业比重)年均提高的百分点可能是波动的,而非均匀分布的。这是目标预期中与现实有差距的一个方面。即使如此,预期目标从总的趋势上还是有助于从宏观上把握中国未来城市化发展。

关于预期目标是否能够实现,城市化的进展除服从于城市化一般发展规律外,还取决于城市化发展的相关政策与环境。本书第二章曾经对工业化、城市化过程中产业演进与劳动力转移的一般模式进行分析,也对中国工业化、城市化演进与劳动力转移的轨迹以及趋势预测作了研究。按照趋势外推法,中国城市化率目前正处于快速增长阶段,在未来一段时期,从保守目标看,年均增长1个百分点是能够达到的。而非农化率(第二、第三产业就业比重)从上世纪末期至今,一直处于徘徊状态,年均变化不大,其中工业化与城市化之间的偏差是导致这种结果的主要原因之一。根据预期目标,在未来一段时期,第二、第三产业就业比重平均每年要增长1—1.5个百分点,这对于中国农村劳动力是否能够顺利实现转移是一个巨大的挑战,与劳动力转移与就业、城市化发展的相关政策密切相关。因而,针对中国国情的特殊性,如何采取适当的途径,实施正确的政策,来推进城市化进程,对实现预期目标就显得格外重要。

11.2.3 实现中国城市化发展目标的主要途径

未来20年是中国城市化发展的关键时期,是中国工业化、城市化大跨越时期,必须选择合适的途径方能保证城市化的稳定、健康发展。主要的途径是:

(一) 走工业化与城市化互为动力、共同发展的道路

工业化与城市化是互为动力、共同发展的,在不同时期,工业化与城市化在经济发展中的作用、相互关系有不同表现。如果说,工业化是产业结构的变迁,城市化是空间结构的变革,那么,经济发展就是产业结构与空间结构在不同区域的耦合。自新中国成立以来,农业、农村劳动力转移从总的趋势看,有两个时期出现缓慢增长甚至个别年份出现停滞的倾向。第一个时期从上世纪60年代开始,一直延续到改革开放前,这是重工业优先发展战略以及政府对城市化的严格控制所造成的工业化与城市化的严重偏差;第二个时期是在上世纪末期,由于改革开放后乡镇企业在农村分散发展,小城镇规模偏小,集聚能力下降,城市

化对工业化的带动作用不能充分发挥,直接、间接地制约了非农就业岗位的增加。因此,要继续加强乡村企业在城市、城镇的集聚,合理规划,统一布局,尤其是选择有重点、有一定产业基础、有较强集聚与辐射能力的小城镇进行发展,在工业化推动城市化的同时,一定要注意发挥城市化对工业化的带动作用。

要区分工业化与城市化发展阶段,因地制宜,合理确定工业化、城市化在经济发展中的战略地位,提高工业化与城市化互动发展的速度与质量,通过二者的互动发展来加快农村剩余劳动力的转移。在经济发展水平相对较高的城市化地区,工业的发展从总量上还在增长,从相对量上已基本趋于稳定,甚至下降;第三产业的发展成为经济发展中的主导力量,其发展宜向世界水平看齐,发展信息、金融、交通通信、文化教育等现代服务业。在经济发展水平一般的城市化地区,宜确立能够带动本地经济的主导产业,发挥区域优势,形成具有一定规模的产业群,带动本地经济发展;第三产业宜重点发展交通运输、通信、房地产等产业。在经济实力相对落后的小城镇以及城市化地区,非农产业,尤其是工业的发展,仍然是城市或者城镇发展的支柱,是城市化地区聚集的动力源;水、电、路等基础设施的建设是支柱产业发展的前提与保证,传统服务业的发展会逐步完善城镇的市场功能。

(二)减小乡城转移的摩擦力,加快农村剩余劳动力向非农产业、城市化地区的转移

根据城市化进程中的劳动力转移和产业区域转移机理,在工业化和城市化互动发展的相当长时期内,人口和产业呈现出从落后地区向发达地区持续、单向集聚的趋势。我国城市化演变历程也验证了这种趋势,因此,为加快劳动力转移与降低劳动力转移成本,需减小乡—城转移的摩擦力。

虽然改革开放以来,我国由农村转移到城市的劳动力达到1亿以上,但农民工问题仍然很突出,而且目前农村人口还占将近60%,还有约2亿的农村剩余劳动力需要转移。因此,我国城市化发展应从强调

劳动力转移,转向通过产业区域转移来提高劳动力吸纳能力和降低转移成本。

产业发展是城市化发展的动力,我国产业区域转移必须以推进产业持续发展为前提,并在此前提下协调好劳动力吸纳能力的提高。具体要把握如下几点:

1. 农业、农村发展的推动力主要表现在农业发展、农村非农产业发展以及农村社会发展三个方面对劳动力转移的影响。农村非农产业发展,以乡镇企业为代表。改革开放后,乡镇企业以其蓬勃生机成为吸收农村剩余劳动力的"蓄水池",乡镇企业劳动力占到全国非农产业劳动力的1/3左右;乡村工业化推动了乡村城市化道路的形成与发展,推动了基础设施建设,加快了劳动力与人口的乡—城转移。劳动力向非农产业和城市转移的动力,不仅取决于经济因素,教育水平的高低也直接影响着劳动力转移数量,受教育程度越高,对非农就业比重的推动作用越大。

2. 农业的发展取决于两方面因素,一是劳动力的使用数量,二是机械、化肥、电力等生产要素的投入数量,前者与农业产出量呈反方向变化,后者与农业产出量呈同方向变化。要提高农业的产出水平与农业劳动率水平,必须减少农业劳动力的投入,增加机械、化肥、电力等生产要素的使用数量,加快农业的现代化进程。根据全面实现小康社会的指标计算,2020年农业劳动生产率要达到1 900美元,即16 000元/人·年。2000年,我国第一产业人均增加值为4 172.68元,仅仅是目标的1/4,要实现农业生产率的高目标,必须同时增加分子与减少分母,即通过农业现代化建设提高总产量,通过减少劳动力提高人均生产水平。因此,农业劳动力的转移规模与速度会影响到农业的发展水平与农业劳动率水平。

3. 农业、农村劳动力转移的动力来自于工业化、城市化以及二者的互动发展。如果用人均国内生产总值表示工业化水平,用城镇人口占总人口比重代表城市化水平,对我国1978—2006年的数据进行分析,可以发现,非农就业岗位的增加与人均收入水平密切相关,大力发展经济依然是提高非农就业水平,加速农村、农业劳动力转移的主要动力之一。城市化水平的高低是影响农村、农业劳动力转移的又一个动力,随着城市化水平的提高,非农就业比重是以递减的速度增加的。在这几年,城镇人口比重每增长1个百分点,城镇就业比重增长0.44个百分点,说明城镇就业比重滞后于城市化水平。城镇就业比重与城镇人口比重之间的偏差也间接说明了非农产业在乡村的分散化发展,不但引起乡村工业竞争能力下降、第三产业发展不足,而且还引起非农产业近年来对农村剩余劳动力的吸纳能力下降,结果导致非农就业比重以递减的速度增加。城镇就业比重、非农就业比重、城镇人口比重之间的协调发展,要求工业化与城市化之间必须互为动力、协调发展。

4. 吸纳农业、农村劳动力转移的主要方向是发展第三产业,推进城市化。目前中国非农就业岗位存在供需不平衡,具体表现在:从总量上看,总需求大于总供给,农村剩余劳动力数量巨大,而非农就业岗位有限,不能完全吸收农村剩余劳动力;从供求结构看,存在严重失衡,农村剩余劳动力的劳动技能与城市或者非农就业岗位对劳动技能的要求之间存在错层,现代工业部门新岗位的增加需要大量有文化、有技能劳动力的补充,而农村剩余劳动力的受教育程度、专业技能以及基本素质却难以胜任这样的工作,而城市对专业技能要求较低的劳动密集型产业的发展有限,不能满足农村剩余劳动力的大量需求。第三产业是典型的劳动力密集型产业,其中一部分产业对劳动的技能要求不是很高,如传统服务业,这正好能够满足农村农业劳动力的转移的需要。从城市化的发展来看,必须走大中小城市与小城镇发展相结合的道路,一方面能够推动第三产业的发展,另一方面通过发展小城镇,将分散在农村的工业集中到小城镇,发挥城镇的集聚经济效益。

5. 从农村剩余劳动力转移的动力机制看,主要有农业的排斥力,工业化、城市化的推动力和转移过程的摩擦力。农业的排斥力表现在农业劳动力的边际生产力为负,只有减少农业劳动力的投入,才能增加农民收入。工业化对农村劳动力的推动表现在国民收入水平提高,从消费结构的改变与需求结构的拉动两方面,对农村剩余劳动力转移产生的影响。城市化水平提高,导致非农化率是以递减的速度增加的,其中第三产业就业比重是以递增的速度增加的,第三产业是吸纳农村剩余劳动力的主要产业。影响转移的摩擦力除政策、观念方面的原因外,主要来自于非农就业岗位的供需总量与结构的不平衡。加强农村九年义务教育,加强农民成人教育、素质教育、职业教育,提高农民的择业与就业能力,是推动农村劳动力转移的前提与重要保证。

(三) 结合区域实际,选择合适的产业演进与城市化模式,培育区域城市化的动力机制与传导机制

从中国区域实践看,东部地区选择了一条以劳动力密集型产业为主的轻工业道路,产业演进顺序与国际经验基本一致:轻工业—重工业—重加工工业。在工业化发展的同时,城市化水平也迅速提高。发展中存在的主要问题是,企业对城市的需求超过城市的供给能力,人口对城市的需求相对较低,原因是受到行政区划制约、相关政策制约(如土地政策)、乡土观念制约等。中西部地区在改革开放前是国家重工业的重点投资地区,在发挥比较优势的原则下,资源型产业与重化工业首先发展,产生"资本排斥劳动",再加上有些产业不具有集聚效应(如资源型产业),对非农劳动力的吸纳数量非常有限,制约了城市化的发展。针对这两类不同地区的具体情况,在产业政策、土地政策、人口迁移政策等方面应该实行差别对待。在中西部地区,发挥人力资源比较丰富、劳动力成本较低的优势,继续大力发展劳动力密集型产业,通过非农化率的上升推动人口向城市、城镇地区的转移。东南沿海地区,在发展资本密集型产业与技术密集型产业的同时,要大力发展第三产业,完善城市功能,充分利用工业化与城市化互动快速发展效应,加快向70%的城市化率攀升。以矿产资源开发为主的资源型地区,在计划经济时期,城市化动力主要来自于政府与资源型产业体系推动,政府投入了大量的资金,在短时期内建立起相对完善的工业体系与工业城市,城市化速度与城市化水平相对较高。在市场经济时期,作为下游产业的资源型产品较晚进入市场,资源型产业在布局与发展上的特性以及对城市化

所要求的集聚经济具有天然的背离性,都决定了二者之间的分离。再加上政府投资的减少,城市化进程明显滞后,反过来又影响区域工业化进程与经济发展水平。资源型地区需要改变对政府投资、资源开发的两大依赖,选择一条以民营经济为主体、多种产业共同推动、工业化与城市化协调发展、区域性中心城市重点发展的可持续城市化道路。要加快产业结构调整与环境改善,大力发展与城市职能定位相协调的城市型产业,加快资源型经济转型的步伐;控制资源型产业的发展规模与数量,加强资源型产业的深度发展,延长产业链,提高产业发展的技术含量,提高产品的质量;大力发展劳动力密集型产业与技术密集型产业,加强非农产业对劳动力的吸纳能力,提高非农劳动力与人口的集聚规模,通过技术密集型产业的发展,引导、改造资源型产业的发展;完善城市功能,加强中心城市建设以及中心城市与周边小城镇、周边区域的经济联系。

城市化进程具有路径依赖性质。当某种动力推动城市化的启动,城市化将沿着既定的路径发展,而在这既定的方向上,城市化动力也会不断演进,并使城市化进程得到自我强化。因此,各个省区城市化的推进,应该注重动力的培育与发展,并协调省区内的动力空间分布与更大区域范围内的区位动力的发展。路径依赖性质其实就是一种惯性。在这种惯性作用下,城市化与动力沿着既定的方向互相推动。它们既可能进入良性循环的轨道,也可能进入恶性循环的轨道。一旦进入恶性循环的轨道,城市化进程与动力演变进程就会被锁定在无效率的状态。而要扭转既有的方向,往往要借助于外部效应,引入外生变量或者依靠政府必要的行政引导。我国地域辽阔,各个省区资源禀赋及经济发展状况不同,城市化进程不可能一样。而且我国正处经济转轨时期,一些省区的城市化进程带有明显的主观因素,市场动力机制对城市化的作用很弱。因此,关键是要实现城市化进程与其动力演变进程的良性互动,即市场动力应能够有力地推动城市化进程,同时城市化能够促进经济发展。一旦城市化进程进入停滞状态,应该要通过必要的途径促进动力的演变来推动城市化进程,而不是通过直接的政府行为来推动城市化。当然,此时政府一定程度上的适当引导仍然是有积极作用的。

(四)发挥政府与市场在城市化进程中的作用

中国城市化必须在市场经济条件下由政府和市场共同推进,完全由政府推动城市化建设会加大政府的压力,客观上会延缓城市化的进程;完全由市场推进,则可能造成城市化发展的无序和混乱,影响城市功能的发挥。正确的途径应该是发挥政府和市场两方面的积极性,在政府的推动和引导下,发挥城市化动力机制在城市化建设中的作用。主要包括:城市规划主体由以政府为主转向政府和市场的有机结合;城市建设投入由以财政投资为主转向财政投资与市场融资的有机结合;城市人口流动由以单纯的行政控制为主转向行政控制与市场调节的有机结合。

11.3 中国特色城市化发展的方针与政策

11.3.1 中国特色城市化的发展方针

中国国情与经济发展现实决定了,中国必须选择有中国特色的、适应中国经济发展现实与发展阶段的城市化道路。党的十六大报告提出:"坚持大中小城市和小城镇协调发展,走中国特色的城镇化道路。"十七大报告重申:走中国特色城镇化道路……促进大中小城市和小城镇协调发展。结合前面的研究,我们认为,中国特色城市化的发展方针可以表述为:"工农协调、城乡共进;政府引导、市场主导;资源整合、集约发展;因地制宜、多元推动。"这个方针的实质就是要走新型城市化道路,即遵循工业化与城市化、农村与城市、农业与工业协调发展的城市化规律;建立政府引导、市场主导、民营经济推动的城市化机制;推进人口、资源、环境协调发展的集约型、可持续的城市化进程；实行农村劳动力自由流动和供求管理的城市化体制；实施大中小、多产业类型共存的多元城市化模式。

11.3.2 促进中国特色城市化发展的相关政策

（一）产业促进政策

产业促进政策的制定主要是在遵循工业化与城市化、工业与农业、城市与乡村协调发展的城市化规律的前提下，增加整个社会的非农就业岗位，加快国民经济增长速度。促进城市化发展的相关产业政策主要有：一是按照工业化与城市化演进的产业发展顺序，即劳动力密集型产业→资本密集型产业→技术密集型产业，考虑各产业与信息产业之间的相互融合，在发展资本密集型产业与技术密集型产业的同时，继续加强劳动力密集型产业的发展。二是根据城市化发展对工业化发展的空间集聚性要求，通过工业企业的空间集聚，推动生产生活服务业等第三产业的发展，推动基础设施建设，产生吸纳农村剩余劳动力的非农就业岗位，加快人口的空间集聚。三是促进城市型产业本身的发展，如房地产业、中介服务业、金融业、物流业等现代服务业的发展，以及商业、贸易业等传统服务业的发展，通过完善城市功能，在促进工业化深入发展的同时，也直接、间接（如房地产业的发展通过推动建筑业发展为农村剩余劳动力提供更多的就业岗位）地增加了非农就业岗位。四是协调工业与农业的发展关系，随着工业化的深入，根据农业的工业化、现代化要求，以农业发展为中心，为农业生产、运输、销售服务的工业与服务业发展，也能为农村剩余劳动力提供大量的就业岗位，加强农业与工业、服务业之间的相互联系。根据前面的分析结果，到2020年初步实现工业化，其理想目标意味着非农就业比重达到70%左右，跳跃目标为75%左右，2003年非农就业比重为50.9%，每年至少要转移1.2%—1.5%的农业剩余劳动力，每年要新增1 300万—1 600万个非农就业岗位。而 1978—2003 年年平均增长非农就业劳动力为 1 000 万左右,近年来还有下降趋势,因而转移任务艰巨。实现转移的关键还在于工业化与城市化的协调发展,通过二者的协调,通过乘数效应、集聚经济效应,为农村剩余劳动力创造更多的非农就业岗位。

产业促进政策的要点主要有:

一是在大力发展住宅、汽车、基础设施以及建材、钢铁等高增长领域产业的同时,继续推动劳动力密集型产业的发展。上世纪末期我国已经进入重化工业发展阶段,重化工业的发展成为经济发展的主流,同时高新技术产业、信息产业也得到快速发展。但是,在进行产业结构升级转换的同时,仍然不能忽视劳动力密集型产业在推动工业化、城市化发展中的巨大潜力。农业劳动力、农村人口在国民经济中的高比例,说明经济发展存在两极分化。农村剩余劳动力提供了丰富的生产要素,而农村人口的低收入水平说明劳动力密集型产品仍然具有很大的市场潜力,国际市场的潜力也不容忽视。

二是遵循工业化与城市化互动发展规律,大力发展非农产业,加强工业企业以及服务业在空间的集聚,积极培育产业集聚的新机制,以企业、产业集聚推动城市化发展。在具有一定产业规模、人口规模的基础上,在具有规模经济效益的基础上,方可通过基础设施建设推动城市化,进而推动工业化发展。企业与产业集聚是城市、城镇发展的基础,积极引导乡镇企业和民营企业合理布局,改变民营企业与乡镇企业高度分散化现象,如新建乡镇企业与民营企业,原则上应进入县、镇一级的工业园区,可以采取以地换地、以地入股等方式,有效促进远离工业小区的企业向工业小区集中。

三是推动城市型产业发展。如大力发展金融业、房地产业、中介服务业、物流业等现代服务业;在一些经济发展相对落后地区,仍需要加强发展传统服务业,以促进市场化建设与发展。

四是鼓励农村各种合作组织尤其是农民自发形成的、真正代表农民利益的各种行业协会的建设与发展。在乡村地区大力推进农业产业化、供销合作,以农村工业化、农村非农化来推动农业发展,初步实现农业劳动力向非农产业的转移。

配合产业政策，还必须实施市场开放政策，主要有以下方面：

一是开放市场，实现社会服务的政府、市场和社会三方供给。目前我国社会服务的市场开放程度较小，应在确保政府充足供给基础性社会服务的基础上，积极探索、适度引入市场力量和社会力量，多渠道、多方式地满足我国居民对社会服务不断增长的需求。

1. 尽快明确各级政府的公共服务职能，从制度上强化政府对公共服务品的供给责任

目前在我国各级政府的财政支出中，用于经济建设和行政事业管理方面的费用支出还很高，各级政府应继续精简机构、转变职能，缩小在经济领域的投资规模和行政管理费用额，把有限的财政资金更多地用于公共服务品，尤其是基础教育、医疗卫生、社会保障、公用设施等基础性服务方面。必须进一步明确中央政府和地方政府的服务职能分工，做到各级政府的财权和事权基本统一。中央政府要优先提供那些基础性的、经济和社会发展必需的、惠及绝大多数人和外溢性较强的服务；地方政府重点提供那些区域性较强、外溢性较弱、受益群体主要为当地居民的服务。为确保各级财政对公共服务给予足额的资金投入，应尽快将全国性公共服务的财政支付责任上移，交由中央和省市级财政共同负担。此外，要改进我国的财政转移支付方法，提高发达地区向欠发达地区的转移支付力度，扩大财政转移支付的规模，通过发展地区间横向转移支付和政府间纵向转移支付、一般性转移支付和专项转移支付，实现地区公共服务均等化的目标，确保各地区都能享有最低水平的公共服务。

2. 引入市场力量，扩展社会服务的市场供给渠道，提高社会服务的市场供给水平

采用市场方式提供社会服务，最重要的是要合理界定社会服务的市场供给领域。我国应优先开放那些非基础性的、可以实现有效竞争和有效排他、私人属性较强的社会服务项目，如卫生服务中的医疗保健、健康指导，教育服务中的高等教育、职业技能培训，天气预报中的商业天气预测等。此外,随着我国城市化的快速发展,社区服务需求必然快速增长,我国应采取政府引导、市场化运作的方式,积极发展新兴的社区服务业,通过完善服务设施、拓宽服务领域等方法,鼓励个人投资发展新兴的社区服务。

3. 积极鼓励非营利性组织参与社会服务的供给,有效弥补政府供给和市场供给的不足

由于认识不足和缺乏必要的政策支持,目前我国非营利性组织的规模还很小,发挥的作用也极有限。伴随着经济的发展和社会文明程度的提高,今后非营利性组织必然会快速增长。应顺应这一发展趋势,积极鼓励非营利性组织的建立和发展,促成它们在社会服务供给方面发挥更大的作用。现阶段,应采取切实措施,简化非营利性组织的审批和设立手续,支持它们从事社会服务活动,并为其提供必要的技术支持和场所支持;要扩大非营利组织从事社会服务的业务范围,凡是可以以市场方式提供的社会服务,都应允许非营利性组织从事该类服务,对那些信誉较好、服务质量较高的非营利性组织,政府还可授权它们承担一定的公共服务职能;此外,各级政府应尽可能地给予非营利性组织各种费用减免,对投资于非营利性社会服务的资金给予税收减免,以促使它们迅速成长和壮大起来。

二是积极发展服务业,完善市场管理体系。

1. 要打破市场分割和行政干预,促进全国统一市场的形成

服务业是分工深化的产物,市场规模越大,分工越充分,服务业的种类越丰富,竞争能力就越强,服务业布局也就更合理。地区间的不正当竞争和地区封锁阻碍了统一市场的形成,抑制了分工深化的发展空间,使许多服务行业,尤其是专业化程度较高的生产者服务不能得到充分发展,最优的空间布局也难以实现。要打破地区封锁,杜绝地区间的不正当竞争,必须改进目前对地方政府的考核方法,建立一个更科学的考核体系。这一体系应淡化经济性指标的比重,把考核重点转向社会发展方面,从而促使地方政府把工作重心从促进经济增长转移到促进社会发展上来。只有这样,才能从根本上消除由行政干预导致的市场

分割,促使全国统一市场真正形成,为服务业扩大规模和实现合理布局创造条件。

2. 要规范对服务市场的管理

我国服务业对外开放的过程,也是服务市场与国际接轨、向规范化管理发展的过程。由于发展的基础较薄弱,发展的时间较短,我国服务市场在培育和管理上存在着一些明显的不足,急需进行改进和完善。首先,应尽快营造公平竞争的市场环境。其次,应尽快完善服务行业的各类国家标准。再次,应尽快加强服务业行业协会的建设。服务业的一个显著特点是中、小型企业数量较多,因此建立服务业行业协会可以加强企业之间的信息交流,促进行业新知识、新技能的扩散和传播。行业协会还具有一定的行业自律作用,这对行业的健康发展具有积极促进作用。此外,还应注重和加强专业服务人才的培养和储备。专业服务人才的欠缺是制约我国知识技术密集型服务发展的一个重要原因。我国应积极利用国内外的教育资源,采取与国内外教育培训机构联合的办法,扩大对各个层次服务业专门人才的教育和培训,通过发展专业技能培训、举办专业技能考试等途径,加快我国服务人才的培养和储备,尽快满足知识技术密集型服务业发展的需要。

三是实施开放战略,提高金融、保险、商务服务的发展水平。国有独资或国有控股公司高度垄断市场是我国银行业和保险业的共同特点,目前我国四家最大保险公司的市场份额达到96%。[1] 在银行市场上,2002年四大国有商业银行的资产额、存款额和贷款额分别占整个市场的66.49%、66.12%和61.99%。[2] 银行业和保险业的寡头垄断市场结构不是竞争的结果,而是长期政府保护和行政干预的结果,同时,两个市场中还存在创新能力差的问题:企业效率低下,治理结构不完善,运营机制落后。要改变目前这种状况,必须进一步提高银行业和保险业的市场竞争程度。通过实施开放战略,引入竞争机制,促使服务

---

[1] 参见蒋永辉:"中国保险业现状与发展趋势",http://www.51paper.net/ck/。
[2] 参见刘元元:"我国银行业开放进程中的市场结构演进与启示",《对外经济贸易大学学报》2005年第2期,第33页。

企业提高竞争活力。首先,要加快所有制改革,改革国有银行和国有保险公司的产权结构,通过引入非国有经济成分,实现产权的多元化,推动国有金融保险机构转换经营机制,提高经营效率;其次,扩大银行和保险市场的对内开放程度,鼓励民营资本进入金融服务市场,通过内部竞争提高国内企业参与国际竞争的能力;再次,积极对外开放,吸引外资服务企业进入我国金融、保险和商务服务市场,利用外资企业所带来的强大示范效应,促使国内企业提高服务质量,完善企业管理,提升新产品开发能力。在对外开放的过程中,要通过公平竞争,促使行业发展水平逐渐与国际接轨。

(二)城市发展政策

城市发展政策的制定,其目的是在节约资源、保护环境的前提下,通过加快城市发展,来提高城市对劳动力与人口的吸纳能力。城市发展要推行政府引导、市场主导、民营经济推动的城市增长机制,实行与人口、资源、环境协调发展的集约型、可持续的城市化进程。所谓政府引导、市场主导、民营经济推动主要有两层含义:一是在目前发展阶段,必须承认政府在城市化中的重要作用,如从宏观上需要政府出面,对整个区域的城市发展、区域发展作出宏观的、统一的规划与布局。各级地方政府、不同企业与单位,需要服从城镇体系、城市发展的统一规划,包括土地的使用性质、城市的形象等,保证城市发展的有序、协调、可持续。二是要逐步淡化政府对城市化的直接推动作用。政府作为规则的制定者与参与者,同时政府又参与城市化发展,通过行政力量推动城市化发展,这将造成某种程度的虚假城市化。要利用市场规律,充分发挥民营经济在城市发展中的重要作用。我国资源总量在世界位于前列,而人均量是非常低的,尤其是土地资源,2003年人均拥有耕地仅为1.43亩,低于世界平均水平,因此在城市化进程中必须走集约型发展道路,以城市群、大都市发展带动小城市、小城镇发展,控制小城镇的"遍地开花"与无序发展。

制定城市发展政策的要点是:

一是制定完善的城市规划,促进城镇的有序发展。城市规划是保证城市有序发展的重要手段。通过对城市空间布局的直接规定,城市规划对城市以及城市产业的发展具有长期影响。我国现行的城市规划法有许多内容还不完善,导致城市规划工作缺乏严格的法律约束和制度保障,城市规划对城市发展的指导和约束作用难以有效发挥。应尽快健全城市规划制度,完善城市规划的内容,促进城市的有序发展。

城镇体系规划是从全省、全区的角度对城市、城镇发展规模、布局进行宏观的考虑,是各级城市、城镇规划的前提。每个城市、城镇的总体规划、经济社会发展规划与土地利用规划之间要有统一性、连续性,专项规划要服从总体规划,每种规划要有一定的连续性。规划制定之后,其实施与管理同样重要,需要由专门的部门来进行规划的实施管理,防止规划流于形式。

在规划中,要遵循城市发展规律,合理判断城市发展阶段,发挥城市在区域中不同等级职能体系中的节点作用;处于不同发展阶段、不同发展规模、不同区域位置的城市,在产业与功能定位上是不同的,如果能够正确判断城市发展阶段及其在区域城市职能体系中的等级位置,合理确定城市功能与城市腹地范围,那么就能发挥城市的潜力,加快城市发展及其对劳动力的吸收能力。

同时,要注意调整行政区划对城市化发展的影响。需要慎重思考行政区划调整与管制对部分地区城市化的阻碍作用以及行政力量推动城市化带来的一些问题与弊端。近年来,一些城市、城镇在经济发展趋势上有成为一体的趋势(如温州的龙港镇与鳌头镇),在布局上有互为补充、共同发展的有利趋势(如宁波的慈溪市与余姚市),但因为行政区划上分属于不同的行政主体,在实际发展中互不相让,造成某种程度的重复建设与资源的浪费。近几年大城市争先发展的趋势引起一些城市行政地域范围的不断扩张,将周边的一些县市划入,或者合并,城市化水平迅速提高,而实际上这些县市也仅仅是从"县"变为"区",名称变了,实际上乡村仍占主要部分,造成行政性的虚假城市化,这可能也是引起 2000—2003 年城市化率超常规年均上升 1.4 个百分点的主要原因之一。这些县的划入,往往是为了满足中心城市某些特定的需要,对于划入的县市本身来说,不一定会带来相应的发展,这也是不公平的。此外城市等级混乱,也会影响到城市发展,如省级市、副省级市、地级市、县级市、建制镇等,城市等级与行政级别挂钩,行政级别越高,城市等级越高,对城市本身发展的潜力与实力却考虑得较少;行政级别高,从政府的角度会给予较多的关注与投资倾斜,加快城市的发展;而一些有发展潜力的城市可能会因为行政级别低而受到发展的制约。目前在东部沿海地区存在一些城市规模已经达到中等城市水平,但是从行政级别上却还是一个镇的建制。建议用大城市、中等城市、小城市来代替地级市、县级市、小城镇的划分,根据客观发展能力给予相应的发展权限。

二是鼓励和支持高等级的大城市适度快速发展。在城市化加速发展的过程中,大城市具有超前增长的特点,聚集经济效应最强。高等级大城市还是综合性的服务中心,是各种专业化服务的生产地。因此,高等级大城市的发展对城市化和第三产业发展至关重要,要促进我国城市化的快速发展,必须鼓励大城市适度快速发展。首先,政府要彻底抛弃过去长期存在的抑制大城市发展的思想认识和政策倾向,重视大城市在区域经济中的极化效应和扩散效应作用,顺应城市化发展规律,支持和鼓励大城市快速发展。其次,区域中心型大城市要发挥自身的规模优势和资源优势,重点发展银行、保险、文教、卫生、科学研究、物流管理等现代服务业,逐步构建起结构合理、功能完善、辐射力强的现代服务体系,提升城市的综合服务功能,使以现代服务业为主的第三产业成为城市经济的重要支撑和新的增长点。再次,要加强大城市的基础设施建设,建立和完善城市综合交通体系、现代通信体系、信息网络体系和人才储备体系,为现代服务业的发展创造有利的外部环境。最后,在特大、超大城市周围要合理规划和建设卫星城市,扩展大城市的发展空间,缓解大城市人口不断增加和城市空间有限的激烈矛盾,形成经济、社会和环境协调发展的机制,实现大城市的可持续发展。

三是要加速小城镇的人口聚集和经济聚集。目前我国城市化发展的难点在于小城镇。由于城市化具有棘轮效应和自我强化的发展特点,大城市的聚集效应显著,已经具备了自我发展、自我强化的内在动力,外力已很难阻止其持续发展的进程。但是小城镇由于人口规模小,经济组织少,聚集经济效应较差,就会在根本上制约其快速发展和服务业规模的扩大。据统计,我国现有2万多个小城镇的平均人口只有七八千人。除了一些有产业支撑、形成产业聚集的小城镇,如在江浙地区、珠三角地区发达的工业、贸易小城镇外,其他小城镇大多面临着资金短缺、人才匮乏和市场狭小等问题。要发展小城镇,提高它们的人口聚集和经济聚集性能是关键。对于缺乏产业基础的小城镇,要采取有效措施吸引乡镇企业向小城镇聚集,通过产业的聚集发展,特别是专业化的产业聚集,带动小城镇的繁荣。对于有产业基础的小城镇,应加强小城镇的基础设施建设,大力发展流通服务业,通过公路网、铁路网、航空网、互联网等网络体系,把小城镇纳入区域城市体系之中,提高小城镇与外部的经济联系能力,使小城镇成为连接城乡经济的重要桥梁,吸引人口向小城镇聚集,最终实现小城镇向小城市的转化。

关于小城镇与小城市发展的相关政策要注意两点:一是慎重发展新的小城镇,基础设施建设具有一定门槛效应,要防止"遍地开花",防止将城市化过程变成城市建设过程,尤其是对小城镇、小城市,要防止出现有城无市甚至有城无人的空城,避免土地与资源的浪费。二是必须以工业化推动城市化,在第一、第二产业发展的基础上推动第三产业的发展。小城镇、小城市发展受到产业规模与人口规模的限制,在第一、第二产业有一定基础,有一定集聚人口、集聚资本能力的基础上,发展小城镇、小城市。只有具有一定人口规模的小城镇,才能具有当地市场形成的需求,推动制造业与服务业的发展,推动基础设施的完善。

四是引导非国有投资参与城市化投资,拓宽城市建设的投资、融资渠道。无论是国外还是国内,探索城市化建设资金来源的方法和实例都不少,途径很多,例如:民间资本直接参与;引进外资参与基础设施建设;采用BOT方式,即城市基础设施的"建设—经营—转让"方式,以政府和企业之间达成协议为前提,由政府向企业颁布特许,允许其在一定时期内筹集资金,建设某一城镇的基础设施并管理和经营该设施及其相应的产品与服务;特许经营方式,即政府将一部分城市建设项目以特许方式交由民间资本经营,是把社会资金引入公用事业、筹集城市建设资金的新途径;通过资本市场融资,发行城市基础设施建设债券以筹措城市建设资金;此外还有银行贷款。多种投资方式和途径的探索对于城市化建设资金的筹集、使用和运营可以发挥较好的作用。更为重要的是,通过这些方式形成多种资金各尽其能、参与城市化建设的机制和途径。其结果是让更多的资源以适合的方式参与到中国的城市化建设之中,促进了城市化的进程。因此,要进一步放开对民间资本投资城市、城镇基础设施、公用设施的限制。除国家法律、法规明确规定外,要推行对项目投资主体的公开招标制。坚持"谁投资、谁受益"的原则,鼓励以公有民营、民办公助、股份制等多种形式,吸引私人资本、社会资本、境外资本投资城镇建设。对有收益的基础设施,要合理确定服务价格,实行有偿使用。

(三) 乡村发展政策

乡村发展政策的制定是与我国农村存在大量的农村剩余劳动力、大量的农村人口的实际相关联的。现在中国农业劳动力的边际生产力为负值,对剩余劳动力的排斥显而易见。劳动力的转移与人口的迁移是相互联系、相互影响的。乡村发展政策的要点是:将农村人口的增长控制在一定的范围内,减少劳动力与人口转移的巨大压力;通过教育投资的倾斜,提高农村劳动力的基本素质,提高适应非农就业与城市就业的能力;鼓励农村的集中居住,改善农村的教育、医疗、文化、娱乐等方面的环境,实现部分就业非农化、部分生活城市化、部分社会城市化,既改善农村居民的生活环境,也增加农村非农就业岗位。乡村发展政策的要点是:

一是要加强农村地区计划生育的实施与管理,控制人口增长数量,提高农村人口质量。中国从上世纪70年代开始致力于控制人口的增长,逐步制定控制人口增长的政策措施。2002年,颁布了第一部《人口与计划生育法》,将人口生育计划提升到法律层面。据国家统计局普查数据显示,自实行计划生育以来,全国累计出生人口少了约3亿。虽然我国总人口仍占全世界的21%,但是,人口类型已经转入低生育、低死亡、低增长的发展阶段,迈入世界低生育水准国家行列。不过,值得注意的是,城乡的严重差距,使得人口问题仍有隐忧。在城市,大多能做到1对夫妇只生1个孩子,但在乡村地区,1对夫妇一般生两个孩子,在贫困农村,生3胎、4胎的现象也极为普遍。因此,即使从总体而言我国人口已经进入低增长阶段,但在落后的农村地区,人口增长速度不但没有减缓,甚至有加速上升趋势。农村人口的整体素质相对下降,地区之间的增长出现不平衡,加剧了剩余劳动力向非农产业转移、乡村人口向城市转移的难度。

二是加大农业扶持力度,提高农业生产率水平与农民收入水平,加快劳动力非农转移;加强农村基础设施建设,提高农民生活质量,促进农民消费水平提高。在劳动力乡—城转移过程中,首先转移的往往是受教育水平较高的劳动力,因而会影响到农业总产出。要保证农业与非农产业之间的协调发展,必须加大对农业发展的扶持,加强对农田基本设施建设和农业科技的投入,提高农业生产率水平,增强农业剩余劳动力的供给能力。消费需求是推动非农就业岗位增加的间接因素,近年来消费增长对非农就业增长的作用在减小,主要是因为农村消费水平增长缓慢,与城市消费水平差距逐年扩大,制约了总体消费水平的增长。农村基础设施的建设,如水、电、交通、通信设施建设,一方面能解决农业劳动力的非农就业转化,另一方面能促进农民在电器类、通信类等现代商品上的消费。

三是要加大教育投资力度,保证九年义务教育的实施,积极发展成人教育,提高居民人口素质。通过素质与知识教育,提高居民的基本素质,尤其是广大农民的基本素质,强化居民的经济主体地位,提高农村剩余劳动力的非农就业能力。提高居民的"经济人"意识及民主意识,可以加快市场化进程,改善经济发展的基础条件,转换政府的经济主体地位为服务主体地位;提高居民的专业技能,增强国民的就业能力,可以加快农村剩余劳动力向非农产业的转移,加快工业结构的升级转化。

强化九年义务教育在农村地区尤其是在偏远山区、贫困地区的全面落实,是以法制化的形式保证中国儿童的基本素质教育。在这一方面,政府应该加大教育方面的投资比例,尤其是在农村教育方面,进行重点的倾斜;职业培训可以增强农民、农民工对现代化农业、对非农产业的适应能力,增强其任职资格,是加快职业转化、实现农业产业化、实现农村剩余劳动力向非农产业转化的重要途径,需要认真落实。

四是鼓励居民集中建房,严格控制宅基地的新批新建,加大农村公共服务建设与农村社区建设,通过人口居住的集中与基础设施建设,改善乡村人口的生活环境,实现农村地区部分就业城市化、部分社会城市化等。

(四) 乡—城流动政策

城市化过程实际上就是各种类型生产要素,包括劳动力与人口、土地、资本以及技术等,从农业向非农产业、从乡村地区向城市化地区流动、集聚的过程。在流动与集聚过程中,劳动力与人口的转移既有来自于农业与农村发展的推动力、非农产业与城市发展的拉动力,也有来自转移过程中的各种摩擦力。土地从农业用地向非农用地、城建用地转移过程中主要涉及土地的市场化改革、与土地所有权及使用权相关的土地流转、土地使用性质的转变等。资本的流动包括农业、农村资本积累向非农产业、向城市与城镇流动,也包括资本在非农产业内部、在非农产业与城市建设等之间的流动,也涉及市场化改革问题。生产要素的乡—城转移,与市场化改革密切相关,市场的成熟、市场的完善、市场的统一都决定了生产要素流动、集聚的速度与质量。在转移过程中,一定要给乡村与城市同等的地位,给乡村与城市的主体——农村居民与城市居民相同的待遇,给乡镇企业与城市企业相同的待遇,如社会保障政策,失地农民的就业与生活保障,农民工的医疗养老保险等。实施乡—城流动政策的要点有:

一是进一步推进户籍管理制度改革,促进城乡人口自由流动的政策。户籍制度是目前限制我国城乡人口流动的刚性最强的制度障碍。

由于大中城市严格的户籍管理,大量外来人口被排除在合法的城市人口之外,给城市化和经济社会发展带来了许多不利影响,如城市消费市场萎缩、住宅市场发展缓慢等。为促进城乡人口的顺利转移,保持城市化的持续发展,应尽快降低大中城市的入户门槛,对凡是达到一定居住期限,拥有固定工作、固定居所的外来人口都给予城市户籍,使这部分人在城市实现安居乐业。

劳动力与人口向城市迁移,除了非农产业、城市的拉力,农业、农村的推力之外,还存在流动的摩擦力。对进城打工的农民而言,除就业外,还必须解决好四个问题:户口、住房、保障、市民待遇。改革开放以来,户籍制度的改革在逐步放开,尤其是1998年7月《国务院批转公安部关于解决当前户口管理工作中几个突出问题意见的通知》下达后,部分省市作出不同程度的反应,并出台相关政策,对农村居民落户城市已经有所放松。对城市中的农民工的调查显示,当被问到如果放开户籍的限制,他(她)是否愿意变为城市居民时,仅有1/3的农民工表示愿意留在城市。这一方面是受收入的限制。农民工工资水平太低,仅能维持自己的生存,不能解决房子问题,也不能维持一家人在城市的生活;另一方面就是不公平的待遇。相对于城市居民,农民工不但工资低,并且没有医疗、养老保险,实际收入比名义工资收入还要低,使其感觉城市不是他们的家。农民工为城市发展作出了巨大贡献,而他们在城市却没有生存的安全保障。

建议将户籍管理制度转变为城乡统一的户籍登记制度:按照户籍管理各项法律规定,以居住地登记户口为原则,在城乡全面建立健全常住、暂住、出生、死亡、迁出、迁入、变更更正七项户口登记制度,废除一些地方和部门对公民依法申报、登记户口设置的各种限制;建立户口登记制度,打破城乡分割的农业、非农业二元户口管理结构,建立城乡统一的户口登记制度;在人口统计上,实行以居住地划分城市人口和农村人口,以职业区分农业人口和非农业人口,如实反映公民的居住状况和城市化水平。与户籍制度的改革相配套,逐步建立城乡统一的社会保障制度,建立面向所有非农产业就业人员的失业保险和医疗保险制度。

提高农民工的市民待遇，或是从准市民到市民待遇逐步过渡。在用工制度方面，取消各种针对农民和外地人口的限制性就业政策，逐步淡化正规部门与非正规部门就业的界限，建立统一开放、城乡一体的劳动力市场。一个平等的流动性较好的劳动力市场，不仅有助于提高劳动者的基本素质、提高城市的竞争力，也有利于社会的稳定。

二是要取消城市就业的城乡歧视政策，促进城市人口聚集，提高城市经济效率。就业是城乡人口流动的一个主要原因。城市较高的收入吸引着农村人口大量流入城市，其中青壮年是城乡人口流动的主体，也是推动我国城市化持续发展的主要力量。拥有稳定的职业、获得高于农村的收入是农村人口进入城市并最终留在城市的主要原因。目前许多城市在就业方面存在着普遍性的城乡歧视，这不利于农村人口在城市长期就业，对城市经济效率的提高也是一种损害。因此，各级城市政府及行业部门应尽快取消城市的城乡就业歧视政策，开放城市就业市场，对农村人口和城市人口提供同样的就业机会和工作待遇，激发两者的就业积极性，促进城市经济的持续发展。

三是要加快农村土地征用和流转制度改革，解除农民进城的后顾之忧。城市化是土地用途发生改变、大量农业用地转变为非农用地的过程。由于土地是农民最重要的生产资料，因此，农村土地使用和流转的制度规定，对农村人口的乡—城流动行为具有直接的影响。近年来，随着我国城市空间迅速向外扩展，城市周围的大量农业用地被违规征用，导致失地农民的大量增加，出现所谓的"被动城市化"人口。由于这部分人进城后的就业和生活问题未能得到很好解决，降低了城市化的质量。同时，由于土地流转制度的不完善造成的农村土地闲置和土地不足的现象并存，一方面阻碍了农业的规模化生产，不利于农业效率的提高；另一方面由于闲置土地对进城农民具有的社会保障性质，导致他们频繁"往返"于城乡之间，给我国城市化的长期持续发展带来不利影响。因此，应尽快对农村土地征用和流转制度进行改革。继续加强土地制度创新，减小土地对劳动力转移的制约作用，充分发挥土地生产的潜力。

首先,在土地征用方面,中央政府应强化土地征用管理,建立完善的全国土地使用和储备信息库,及时掌握全国的土地使用情况,从宏观上控制全国土地开发规模和增长速度;地方政府要根据地区经济和社会发展的特点,在广泛调研的基础上,制订中长期的土地开发、使用和保护计划,指导本地区土地的合理开发和利用;对于被征用土地上的农民,政府要给予合理的经济补偿,准予其在城市入户和享有各种城市社会福利。

其次,在农村土地流转方面,政府要加强对土地流转行为的规范,强化农村居民对土地依法流转的意识。在此基础上,因地制宜,积极探索和发展新的土地流转方式,提高土地流转的成功率和土地的使用效率,促进农业的长期发展,促进农村劳动力的顺利转移。

土地从农业用地向非农用地、城建用地转移是经济发展的必然趋势,而转移的规模、速度、效益会影响工业化、城市化的持续发展。目前土地转移的现状是先由政府把土地从农民手中征过来,再卖给下一个土地使用者,政府参与其中,容易出现"利益输送",使现在实际的土地拥有者得不到应有的补偿。建议实行市场化改革,政府退出交易,只作为土地法规的制定与执行者,不作为直接参与者,给农民自主处置土地的权力,由拥有土地使用权的农民直接与需求土地的企业与房地产开发商按照市场规则交易;对于公用事业的土地使用问题另当别论,还是需要政府出面加以解决。政府作统一规划,确定土地用途,确定城建用地、非农用地的范围,要控制好转换速度、规模,合理确定土地用途,在具体的转化过程中还是按照市场规则运作,由新的使用单位与拥有土地经营权的农民通过协商解决,其中土地转化之后的收益主要归于农民,保证土地对于农民的生产资料与农民社会保障两种功能。土地流失严重与各级各类工业园区建设无不相关,但如果严格控制土地指标,也会影响城市化发展。对于大中城市,发展速度较快,非农产业发展基础较好,在用地指标上适当放宽,以适应城市化发展速度;对于乡、镇,还是要严格控制农业用地向非农用地转化的规模与速度;在经济增长速度较快的地区,适当放宽用地指标,在经济发展缓慢地区,非农就业比重较低、人口规模较小的区域,控制非农用地指标;在经济集聚能力较强的地区,通过加快土地转化,加快经济发展,加快工业化、城市化发展速度;在经济集聚能力较差的地区,过度的非农建设、城市建设是一种资源浪费。

此外,还要促进城乡资本的流动。城市化涉及农村资本以企业发展的形式向城市的流动,如允许企业择地建厂,允许农民有迁徙权,鼓励资本向基础设施较为完善、市场相对发达的大中城市流动与集中;也包括资本向城市基础设施建设的流动与集中,如城市建设投融资制度改革,建议试点发行市政建设债券,吸收国际与国内、城市与乡村、企业与个人等社会资金,促进城市建设;构建城乡平等竞争的构架,取消贷款对象限制,城乡企业一视同仁,推进城乡资金市场一体化、技术市场一体化、信息市场一体化的整合建设,实现城乡生产要素的优化配置与功能互补。各地城市与个人在参与城市建设上已经有许多经验与做法,可以加以推广与总结。继续加强土地流转制度创新与社会保障制度创新,实现农民市民化,彻底割断农民工与土地的联系;减少由于"两栖"人口的存在而导致的土地撂荒现象。

(五)区域协同政策

中国各地区从自然环境、人文环境、经济发展等各方面都存在很大的差异,这就决定了各地区、各类型区在城市化机制、城市化进程上存在显著的差别,要求在城市化发展中采取不同的城市化模式。这里主要应把握两点:

一是对不同背景、不同经济发展水平区、不同发展速度区,在城市化和区域发展政策上应有所差异,不应一刀切。如关于小城镇发展,在东部沿海地区,人口密集,土地面积稀缺,小城镇分布的密度与发展的规模往往比较大,并且吸引了大量的外来人口,可以加快发展;在中西部地区,人口稀疏,地域广阔,小城镇的发展集聚能力非常有限,难以达到应有的产业与人口规模,还容易破坏生态环境,适宜走大中城市优先发展道路。又如工业园区建设与土地指标,虽然在东部地区出现大量乱占耕地、损害农民利益、造成部分土地流失的现象,但是同时非农产业尤其是工业发展需求旺盛,工业园区的招商工作往往出现需大于供,有大量的民间资本、大量的剩余劳动力,但缺乏合适的投资机会;在中西部地区,整体投资环境较差,所以集聚资金的能力相对薄弱。因此在土地指标的规定上,要适当考虑区域发展速度与城市化进程,既避免土地流失,也防止非农用地限制对区域发展的制约。

二是对不同地区的城市化实行不同的政策。比如,城市化发展阶段在东西部地区存在较大差异。东南沿海已经进入中后期,工业化与城市化互动发展特征最为明显,工业化从劳动力密集型向资本密集型、技术密集型转化,城市化在经济发展中的作用日益重要,现代服务业对工业化、城市化的推动作用日益明显;在中西部地区,城市化水平比较落后,有些地区虽然是重型产业结构,但是在 GDP 水平、人均收入水平、整体发展水平上都非常落后,有些区域工业化还处于初期阶段,适宜发展劳动力密集型产业,充分利用农村大量剩余劳动力,同时可以加强产业在空间的集聚。而且,城市化发展不仅存在东西部差异、省区间差异,即使在同一省区内部也存在不同的经济发展类型区。针对不同的类型区,城市化机制、城市化方针也应该有所差别,以形成适合区域发展的多种城市化模式。如根据不同资源特点划分的类型区:矿产资源型区域、旅游资源型区域、人力资源密集区、科技资源丰富区等。相应的城市化模式也可以多种多样,根据生态环境的强弱、经济发展水平的高低等因素,既可以划分不同的区域,同时也可以针对不同类型区域,采取不同的城市化模式。从产业推动城市化的形式来看,可以发展工业推动型、旅游推动型、贸易推动型、服务推动型、交通推动型,或者综合推动型等多种模式。从城市发展方针看,对于东部沿海城市化发展快速区,要鼓励新城和中心镇发展,缓解部分城市的中心城区过密化,建设壮大城市化体系的中间层面,实施以新城、中心镇为聚核的组团式集中城市化发展策略,在这些城镇的建设中给予政策倾斜,使它们能以较多的就业机会、较高的生活水平、较好的社会环境吸引农村人口向城镇集中。对于中部城市化发展一般区,要适度扩大现有中心城市规模,在城区周边地区合理规划布局,发展功能性小城市和小城镇,形成区域性的经济、金融、信息、文化和科教中心。在城市化水平相对较低的西部地区,要将一些基础条件较好的中小城市、发展潜力较大的中心镇,培育发展成为新的经济中心城市。

通过以上五大政策的协同作用,在产业演进的基础上,推进农村剩余劳动力的有序转移,从而实现新型城市化道路与新型工业化道路的协调发展,实现全面建设小康社会的目标,既是中国城市化发展的任务,也是中国城市化道路区别于世界其他国家城市化的最主要特色。

参 考 文 献

[1] 阿瑟·奥沙利文著,常荆莎译:《城市经济学》,中信出版社2003年版。
[2] 巴顿著,上海社会科学院城市经济研究室译:《城市经济学》,商务印书馆1984年版。
[3] 保罗·贝尔琴著,刘书瀚译:《全球视角中的城市经济》,吉林人民出版社2003年版。
[4] 保罗·贝罗克:《城市与经济发展》,江西人民出版社1991年版。
[5] 边学芳:"城市化与中国城市土地利用结构的相关分析",《资源科学》2005年第3期。
[6] 蔡昉、都阳:"转型中的中国城市发展——都市级层结构、融资能力与迁移政策",《经济研究》2003年第6期。
[7] 陈爱民编著:《中国城市化:田野研究与省例分析》,经济科学出版社2003年版。
[8] 陈建军:《产业区域转移与东扩西进战略——理论和实证分析》,中华书局2002年版。
[9] 陈甬军:《社会主义市场通论》,人民出版社1996年版。
[10] 陈甬军:"中国的城市化与城市化研究",《东南学术》2004年第4期。
[11] 陈甬军、陈爱民主编:《中国城市化:实证分析与对策研究》,厦门大学出版社2002年版。
[12] 陈甬军、陈爱贞:"城镇化与产业区域转移",《当代经济研究》2004年第12期。
[13] 陈章喜:"我国大型城市群发展现状与对策分析",《经济前沿》2006年第1期。
[14] 成德宁:《城市化与经济发展——理论、模式与政策》,科学出版社2004年版。
[15] 崔大沪:"外商直接投资与中国的加工贸易",《世界经济研究》2002年第6期。
[16] 丹尼尔·贝尔著,高銛等译:《后工业社会的来临》,商务印书馆1984年版。
[17] 当代上海研究所编:《长江三角洲发展报告2005——经济增长与城市化进程》,上海人民出版社2005年版。
[18] 丁继红:"试论我国医疗保险制度改革与医疗费用增长的有效控制",《南开经济研究》2004年第4期。
[19] 范剑勇、王立军、沈林洁:"产业集聚与农村劳动力的跨区域流动",《管理世界》2004年第4期。

[20]傅晨:《广东城市化发展战略》,广东人民出版社 2006 年版。

[21]高佩义:《中外城市化比较研究》,南开大学出版社 1991 年版。

[22]高汝熹、张建华:《论大上海都市圈——长江三角洲区域经济发展研究》,上海社会科学院出版社 2004 年版。

[23]宫崎犀一:《近代国际经济要览》,中国财政经济出版社 1990 年版。

[24]工业化与城市化协调发展研究课题组,郭克莎执笔:"工业化与城市化关系的经济分析",《中国社会科学》2002 年第 2 期。

[25]顾海兵:"再城市化:深度城市化与逆向城市化的同步推进",《江海学刊》2002 年第 2 期。

[26]辜胜阻:《非农化与城镇化研究》,浙江人民出版社 1991 年版。

[27]辜胜阻、简新华主编:《当代中国人口流动与城镇化》,武汉大学出版社 1994 年版。

[28]官卫华、姚士谋:"城市群空间发展演化态势研究——以福厦城市群为例",《现代城市研究》2003 年第 2 期。

[29]国家统计局编:《国际统计年鉴》(2000—2003 年),中国统计出版社,2001—2004 年。

[30]国家发改委产业发展研究所:"美国、巴西城市化和小城镇发展的经验及启示",《中国农村经济》2004 年第 1 期。

[31]国家计委投资研究所与中国人民大学区域所课题组:"我国地区比较优势研究",《管理世界》2001 年第 2 期。

[32]国家统计局:《第一次全国经济普查公报》[EB/OL],http://www.stats.gov.cn/zgjjpc/。

[33]郭克莎:"工业化与城市化关系的经济学分析",《中国社会科学》2002 年第 2 期。

[34]《国外经济统计资料》编辑小组编:《国外经济统计资料 1949—1976》,中国统计出版社 1981 年版。

[35]郭荣朝:《省际边缘区城镇化研究》,中国社会科学出版社 2006 年版。

[36]韩俊:"巴西城市化过程中贫民窟问题及对我国的启示",《中国发展观察》2005 年第 6 期。

[37]赫伯特·G.格鲁伯著,陈彪如译:《服务业的增长:原因与影响》,上海三联书店 1993 年版。

[38]洪银兴、陈雯:"城市化模式的新发展——以江苏为例的分析",《经济研究》2000 年第 12 期。

[39]洪银兴、刘志彪等:《长江三角洲地区经济发展的模式和机制》,清华大学出版社 2003 年版。

[40]胡铁成:"发展经济学二元结构理论与我国城市化的困境",《江海学刊》2003 年第 2 期。

[41] 黄容:"户籍制度改革的回顾与思考",《福建公安高等专科学校学报》2002 年第 5 期。

[42] 黄少军:《服务业与经济增长》,经济科学出版社 2000 年版。

[43] 黄维兵:《现代服务经济理论与中国服务业的发展》,西南财经大学出版社 2003 年版。

[44] 霍利斯·钱纳里著,李新华译:《发展的型式:1950—1970》,经济科学出版社 1988 年版。

[45] 纪良纲、陈晓永等:《城市化与产业集聚互动发展研究》,冶金工业出版社 2005 年版。

[46] 贾金英:"韩国经济发展中教育的作用",《教育与经济》2005 年第 1 期。

[47] 姜爱林:"城镇化水平的五种测算方法分析",《中央财经大学学报》2002 年第 8 期。

[48] 蒋贵国:"不同经济体制下城市土地利用结构的时空变化",《成都理工学院学报》2000 年第 11 期。

[49] 金名:"CBD 在中国疯长",《生态经济》2004 年第 5 期。

[50] 经济增长前沿课题组:"经济增长、结构调整的累积效益与资本形成",《经济研究》2003 年第 8 期。

[51] 景普秋:《产业演进、劳动力转移与城市化发展——对中国新型城市化道路的探索》,厦门大学博士后研究工作报告,2005 年 12 月。

[52] 景普秋:《中国工业化与城市化互动发展研究》,经济科学出版社 2003 年版。

[53] 景体华主编:《2005—2006 年:中国区域经济发展报告》,社会科学文献出版社 2006 年 3 月第 1 版。

[54] 库兹涅茨著,戴睿译:《现代经济增长》,北京经济学院出版社 1989 年版。

[55] 李东华:"韩国的产业集聚与城市化进程",《当代韩国》2003 年春夏合刊。

[56] 李辉:"韩国工业化过程中人口城市化进程的研究",《东北亚研究》2005 年第 3 期。

[57] 李江帆:《中国第三产业经济分析》,广东人民出版社 2004 年版。

[58] 李京文:"城市化健康发展的十个问题",《深圳大学学报》2003 年第 3 期。

[59] 李廉水、[美] Roger R. Stough 等:《都市圈发展——理论演化·国际经验·中国特色》,科学出版社 2006 年版。

[60] 李玲:《珠江三角洲人口迁移与劳动市场》,科学出版社 2005 年版。

[61] 李培林主编:《农民工——中国进城农民工的经济社会分析》,社会科学文献出版社 2003 年版。

[62] 李水山:"韩国的新村运动",《中国改革》2004 年第 4 期。

[63] 李振福:"城市化水平综合测度模型研究",《北方交通大学学报》2003 年第 1 期。

[64] 梁普明:"中国城镇化进程的特殊性及测度方法研究",《统计研究》2003 年第

4期。

[65]廖建平、周拥军:"城市化:中外对比与中国发展模式",《中国人口资源与环境》2002年第4期。

[66]廖筠:"城市化进程中的'逆城市化现象'——'非转农'问题分析",《上海经济研究》2003年第6期。

[67]刘传江:"重新解读城市化",《华中师范大学学报》(人文社会科学版)2001年第4期。

[68]刘传江:"论中国城市化发展的制度创新",《理论与改革》2001年第5期。

[69]刘传江:"中国城市化发展:一个新制度经济学的分析框架",《市场与人口分析》2002年第3期。

[70]刘怀廉:《农村剩余劳动力转移新论》,中国经济出版社2004年版。

[71]刘怀廉:《中国农民工问题》,人民出版社2005年版。

[72]刘家强:《中国人口城市化——道路、模式与战略选择》,西南财经大学出版社1997年版。

[73]刘金源:"巴西社会两极分化问题及其成因探析",《拉丁美洲研究》2002年第4期。

[74]刘黎明:"韩国的土地利用制度及城市化问题",《中国土地科学》2000年第14卷(5)。

[75]刘乃全:《劳动力流动对区域经济发展的影响分析》,上海财经大学出版社2005年版。

[76]刘世锦:"产业集聚及其对经济发展的意义",《产业经济研究》2003年第3期。

[77]刘学敏、史培军、李晓西:"小城镇建设与经济社会的可持续发展",《北京师范大学学报》2001年第1期。

[78]刘应杰:《中国城乡关系与中国农民工人》,社会科学出版社2000年版。

[79]刘元元:"我国银行业开放进程中的市场结构演进与启示",《对外经济贸易大学学报》2005年第2期。

[80]刘志彪等:《长三角托起的中国制造》,中国人民大学出版社2006年版。

[81]陆大道等:《中国区域发展的理论与实践》,科学出版社2003年4月第1版。

[82]马传栋、郭东海等:《山东半岛城市群的崛起与建设》,山东人民出版社2004年版。

[83]《马克思恩格斯全集》,第46卷(上),人民出版社1979年版。

[84]马志强:"论我国城市群的发展趋势及存在的问题",《商业经济与管理》2003年第7期。

[85]毛健:"我国产业结构变动的比较分析",《经济纵横》2002年第1期。

[86]孟祥银:"韩国20世纪70年代中期至80年代中后期义务教育普及与保障过程",《经济研究参考》2005年第46期。

[87]米红:《区域可持续发展模式评估及其实证研究》,经济科学出版社2002年

版。
[88] 苗建军:《城市发展路径——区域中心城市发展研究》,东南大学出版社 2004 年版。
[89] 乔尔·科特金著,王旭等译:《全球城市史》,社会科学文献出版社 2006 年版。
[90] 秦岭、陈德君等:《辽宁中部城市群的社会发展》,经济科学出版社 2001 年版。
[91] 仇保兴:《中国城镇化——机遇与挑战》,中国建筑工业出版社 2004 年版。
[92] 尚月佟:"巴西贫困和反贫困政策研究",《拉丁美洲研究》2001 年第 3 期。
[93] 世界银行编:《2001 世界发展数据手册》,中国财政经济出版社 2001 年版。
[94] 斯·罗博克:《巴西经济发展研究》,上海译文出版社 1980 年版。
[95] 丝奇雅·沙森著,周振华译:《全球城市:纽约 伦敦 东京》,上海社会科学院出版社 2005 年版。
[96] 宋利方:"发展中国家城市化进程的特点、问题及其治理",《中国人民大学学报》2000 年第 5 期。
[97] 孙京娟:"城市化与经济发展的计量经济分析",《温州职业技术学院学报》2006 年第 3 期。
[98] 唐立国:"长江三角洲地区城市产业结构的比较分析",《上海经济研究》2002 年第 9 期。
[99] 汪斌:《东亚工业化浪潮中的产业结构研究》,杭州大学出版社 1997 年版。
[100] W. H. B. 考特著,方廷钰译:《简明英国经济史:1750 年至 1939 年》,商务印书馆 1992 年版。
[101] 王骏:"关于中国城市化战略若干问题的思考",《北京大学学报》(哲学社会科学版)2003 年第 4 期。
[102] 王磊:"城市产业结构调整与城市空间结构演化",《城市规划汇刊》2001 年第 3 期。
[103] 王梦奎、冯井、谢伏瞻主编:《中国特色城镇化道路》,中国发展出版社 2004 年版。
[104] 王乃静等:《山东半岛城市群发展战略新探》,经济科学出版社 2005 年版。
[105] 王琼:"我国城市化道路的新制度经济学分析",《经济体制改革》2003 年第 2 期。
[106] 王树春、王玉婧、刘学敏:"中国城市化模式的选择问题研究",《学习与探索》2003 年第 1 期。
[107] 王兴昌:"关于武汉城市群发展问题的若干思考",《湖北社会科学》2004 年第 5 期。
[108] 王旭:《美国城市发展模式——从城市化到大都市区化》,清华大学出版社 2006 年版。
[109] 王旭:《美国城市化的历史解读》,岳麓书社 2003 年版。
[110] 王学真、郭剑雄:"刘易斯模型与托达罗模型的否定之否定——城市化战略

的理论回顾与现实思考",《中央财经大学学报》2002年第3期。

[111] 王玉华:"新时期中国城镇化发展的产业政策需求",《经济地理》2001年第3期。

[112] 王章辉、黄柯可:《欧美劳动力的转移和城市化》,经济科学出版社1999年版。

[113] 王铮、王露:"中国合意城市化率研究",《中国管理科学》2000年第2期。

[114] 王自亮、钱雪亚:《从乡村工业化到城市化——浙江现代化的过程、特征与动力》,浙江大学出版社2003年版。

[115] 魏达志、邓雪丽等:《城市群与城市国际化》,海天出版社2006年版。

[116] 维克托·R.富克斯著,许微云等译:《服务经济学》,商务印书馆1987年版。

[117] 文玫:"中国工业在区域上的重新定位和聚集",《经济研究》2004年第2期。

[118] 温铁军:"中国的'城镇化'道路与相关制度问题",中国经济信息网"50人论坛"。

[119] 吴殿廷、田杰、李雁梅、武聪颖:"我国各地区现代化与工业化、城市化、知识化及经济协调发展的初步研究",《系统工程理论与实践》2002年第11期。

[120] 吴红英:《巴西现代化进程透视》,时事出版社2001年版。

[121] 吴力子:"制度创新与中国的城市化",《现代经济探讨》2002年第8期。

[122] 吴玲:"城市化发展同经济发展水平的计量模型与分析",《四川大学学报》(工程科学版)2001年第2期。

[123] 夏晴、郑吉昌:"论服务业发展与分工的演进",《中国软科学》2004年第10期。

[124] 夏小林、王小鲁:"中国的城市化进程分析",《改革》2000年第2期。

[125] 夏炎德:《欧美经济史》,上海三联书店1991年版。

[126] 向俊波、陈雯:"二级城市发展现代服务业的困境和解决途径——以苏州、无锡、杭州为例",《城市问题》2003年第1期。

[127] 谢扬:"中国城镇化战略发展研究",《城市规划》2003年第2期。

[128] 信春霞:"中国人口城市化率的深层次分析",《上海财经大学学报》2002年第6期。

[129] 徐和平、李明秀、李庆余:《城市化模式——美国郊区化的经验与教训研究》,人民出版社2006年版。

[130] 徐林发:《区域工业化与城市化的互动发展——以珠江三角洲为例》,广东人民出版社2006年版。

[131] 许庆明、吴红瑛:"论城市化和产业调整——以浙江省为例",《浙江大学学报》2000年第5期。

[132] 许学强教授英文论文选集:《中国城市发展与城市化》,广东高等教育出版社2003年版。

[133] 薛东前、姚士谋、张红:"关中城市群的功能联系与结构优化",《经济地理》

2000年第11期。

[134] 国家统计局国际统计信息中心编:《亚洲发展中国家和地区经济和社会统计资料汇编》,中国统计出版社1992年版。

[135] 严书翰、谢志强等:《中国城市化进程》,中国水利水电出版社2006年版。

[136] 杨小凯:《专业化与经济组织》,经济科学出版社1999年版。

[137] 姚为群:《全球城市的经济成因》,上海人民出版社2003年版。

[138] 叶裕民:"工业化弱质:中国城市化发展的经济障碍",《中国人民大学学报》2002年第2期。

[139] 叶玉瑶:"城市群空间演化动力机制初探——以珠江三角洲城市群为例",《城市规划》2006年第1期。

[140] 郁鸿胜:《崛起之路:城市群发展与制度创新》,湖南人民出版社2005年版。

[141] 俞燕山:"改革开放以来我国城市化格局的变动及其制度成因",《中国农业大学学报》2001年第2期。

[142] 曾芬钰:"城市化与产业结构优化",《当代经济研究》2002年第9期。

[143] 张鸿雁:"迈向二十一世纪的长江三角洲城市群发展战略定位分析",《上海社会科学院学术季刊》1999年第1期。

[144] 章仁彪:"中国的城市化:大都市和小城镇的协调发展——中国城市化发展战略之我见",《同济大学学报》(社会科学版)2001年第2期。

[145] 张守忠:"我国不同经济发展水平的省域城市化道路初探",《湖南大学学报》2003年第2期。

[146] 张同升、梁进社、宋金平:"中国城市化水平测定研究述评",《城市发展研究》2002年第2期。

[147] 张孝德、钱书法:"中国城市化过程中的'政府悖论'",《国家行政学院学报》2002年第5期。

[148] 张智慧:"推进城市化的可持续发展模式",《清华大学学报》2000年第1期。

[149] 赵冈:《中国城市发展史论集》,新星出版社2006年版。

[150] 赵国岭:《京津冀区域经济合作问题研究》,中国经济出版社2006年版。

[151] 赵红军:《交易效率、城市化与经济发展》,上海人民出版社2005年版。

[152] 赵伟:《城市经济理论与中国城市发展》,武汉大学出版社2005年版。

[153] 赵新平、周一星:"改革以来中国城市化道路及城市化理论研究述评",《中国社会科学》2002年第2期。

[154] 郑云斌:《中国城市发展若干问题研究》,厦门大学出版社2006年版。

[155] 厉为有主编:《中国城市年鉴》,中国城市年鉴社2003年版。

[156] 国家统计局城市经济社会调查总队编:《中国城市统计年鉴》,中国统计出版社1984—2003年版。

[157] 本书编委会编:《中国固定资产投资统计年鉴》,中国统计出版社1997—2003年版。

[158] 中国人民大学农业与农村发展学院、国家统计局农村社会经济调查总队：《中国小城镇发展报告》,中国农业出版社 2006 年版。

[159] 国家统计局编：《中国统计年鉴》,中国统计出版社 1986—2005 年版。

[160] 钟水映、胡晓峰："对中国城市化发展水平滞后论的质疑",《城市问题》2003 年第 1 期。

[161] 钟水映、李晶、刘孟芳："产业结构与城市化：美国的'去工业化'和'再城市化'现象及其启示",《人口与经济》2003 年第 2 期。

[162] 周玲强："长江三角洲国际性城市群发展战略研究",《浙江大学学报》(理学版)2002 年第 2 期。

[163] 周牧之主编：《大转折——解读城市化与中国经济发展模式》,世界知识出版社 2005 年版。

[164] 周牧之：《托起中国的大城市群》,世界知识出版社 2004 年版。

[165] 周天勇："城市及其体系起源和演进的经济学描述",《财经问题研究》2003 年第 7 期。

[166] 周伟林：《城市经济学》,复旦大学出版社 2004 年版。

[167] 周一星：《城市地理学》,商务印书馆 1995 年版。

[168] 周振华：《现代经济增长中的结构效应》,上海三联书店、上海人民出版社 1995 年版。

[169] 朱传耿："跨国公司与城市体系的空间组织辨析",《经济师》2004 年第 11 期。

[170] 朱康对：《来自底层的变革——龙岗城市化个案研究》,浙江人民出版社 2003 年版。

[171] 朱荣林：《走向长三角：都市圈经济、宏观形势与体制改革视角》,上海学林出版社 2003 年版。

[172] 朱文晖：《走向竞合：珠三角与长三角经济发展比较》,清华大学出版社 2003 年版。

[173] Alden Speare Jr., Paul K. C. Liu, and Ching-lung Tsay, *Urbanization and Development: The Rural-Urban Transition in Taiwan*, Westview Press, 1988.

[174] Andrew M. Marton, *China's Spatial Economic Development: Restless Landscapes in the Lower Yangzi Delta*, London and New York, 2000.

[175] Anselm L. Strauss, *Images of the American City*, The Free Press of Glencoe, 1961.

[176] Arthur O'Sullivan, *Urban Economics*, IRWIN, 1996.

[177] Ashish Bose, Jatinder Bhatia, *India's Urbanization 1901—2001*, Tata McGraw-Hill Publishing Company Limited, New Delhi, 1978.

[178] C. C. Au and J. V. Henderson, *How Migration Restrictions Limit Agglomeration and Productivity in China*, NBER Working Paper No. 8707, 2002.

[179]C. M. Becker, J. G. Williamson, E. S. Mills, *Indian Urbanization and Economic Growth Since 1960*, Johns Hopkins Press, 1992.

[180]J. Bergsman, P. Greenston, and R. Healy, *The Agglomeration Process in Urban Growth*, Urban Studies, 1972.

[181]Bryan Roberts, *Cities of Peasants: The Political Economy of Urbanization in the Third World*, Sage Publicatons, 1978.

[182]W. Coffey and R. Shearmur, "The Growth and Location of High Order Services in the Canadian Urban System, 1971—1991," *The Professional Geographer*, 1997.

[183] David A. Smith, *Third World Cities in Global Perspective*, Westview Press, 1996.

[184]David Drakakis-Smith, *Third World Cities*, Routledge, 1998.

[185]Edited by Ad van der Woude, Akira Hayami, Jan de Vries, *Urbanization in History: A Process of Dynamic Interactions*, Clarendon Press Oxford, 1990.

[186]Edited by Aimin Chen, Gordon G. Liu and Kevin H. Zhang, *Urbanization and Social Welfare in China*, Ashgate, 2004.

[187]Edited by Aimin Chen, Gordon G. Liu and Kevin H. Zhang, *Urban Transformation in China*, Ashgate, 2003.

[188]Edited by Graham P. Chapman, Ashok K. Dutt, Robert W. Bradnock, *Urban Growth and Development in Asia*, Ashgate, 1999.

[189]Edited by Gregory Eliyu Guldin, *Farewell to Peasant China: Rural Urbanization and Social Change in the Late Twentieth Century*, M. E. Sharpe, 1997.

[190]Edited by Gregory Eliyu Guldin, foreword by Fei Xiaotong, *Urbanizing China*, Greenwood Press, 1992.

[191]Edited by Harvey S. Perloff and Lowdon Wingo Jr., *Issues in Urban Economics*, Johns Hopkins Press 1968.

[192]Edited by James D. Tarver, Foreword by Thomas J. Goliber, *Urbanization in Africa*, Greenwood Press, 1994.

[193]Edited by R. Yin-Wang Kwok, William L. Parish and Anthony Gar-OnYeh, Xu Xueqiang, *Chinese Urban Reform, What Model Now?* M. E. Sharpe, Inc., 1990.

[194] Edited by Shuming Bao, Shuanglin Lin and Changwen Zhao, *The Chinese Economy after WTO Accession*, Ashgate, 2005.

[195]Edwin S. Mills, Bruce W. Hamilton, *Urban Economics*, Scott, Foresman and Company, 1984.

[196]M. Enright, *Geographic Concentration and Industrial Organization*, Unpublished Ph. D. Dissertation, Harvard University,1990.

[197]Harry H. Hiller, *Urban Canada: Sociological Perspectives*, Oxford University Press, 2005.

[198]Heidi Wiig Aslesen, Arne Isaksen, "Do KIBS Cause Increased Geographic Concentration of Industries?" paper prepared for XIE^e Conference RESER, Castres,2004.

[199]James L. Spates, John J. Macionis, *The Sociology of Cities*, second edition Wadsworth Publishing Company, 1987.

[200]Jeremy Howells, "Innovation and Service: the Combinatorial Role of Services," International Conference on "New Trends and Challenges of Science and Technological Innovation in Scritical Era".

[201]John Vernon Henderson, *International Experience in Urbanization and Its Relevance for China*, The World Bank, Washington,D. C. , USA,1986.

[202]Jon C. Teaford, *The Twentieth-Century American City*, second edition, Johns Hopkins University Press, 1993.

[203]Kam Wing Chan, *Cities with Invisible Walls: Reinterpreting Urbanization in Post-1949 China*, Oxford University Press, 1994.

[204]Kempe Ronald Hope, *Urbanization in the Commonwealth Caribbean*, Westview Press, 1986.

[205]Margaret Peil, Pius O. Sada, *African Urban Society*, John Wiley & Sons, 1984.

[206]Michael Timberlake, *Urbanization in the World-Economy*, Academic Press, 1985.

[207]OECD, *Services: Statistics on Value Added and Employment*, Paris, 1996.

[208]Paul M. Hohenberg, Lynn Hollen Lees, *The Making of Urban Europe 1000—1950*, Harvard University Press, 1985.

[209]R. J. R. Kirkby, *Urbanization in China: Town and Country in a Developing Economy1949—2000 AD*, Columbia University Press, 1985.

[210]Robert A. Wilson, David A. Schulz, *Urban Sociology*, Prentice-Hall, Inc. , 1978.

[211]Shahid Yusuf and Weiping Wu, *The Dynamics of Urban Growth in Three Chinese Cities*, Oxford University Press, 1997.

[212]T. Tabuchi, 1998, "Urban Agglomeration and Dispersion: A Synthesis of Alonso and Krugman,"*Journal of Urban Economics*, Vol. (44), Issue(3), pp. 333–351.

[213]U. S. Department of Commerce, Economics and Statistics Administration,

Office of Policy Development, *Service Industries and Economic Performance*, 1996.

[214] William A. Schwab, *Urban Sociology: A Human Ecological Perspective*, Addison-Wesley Publishing Company, 1982.

[215] William J. Coffey, Richard G. Shearmur, "Agglomeration and Dispersion of High-order Service Employment in the Montreal Metropolitan Region, 1981—1996," *Urban Studies*, Volume 39, Number 3/ March 01, 2002.

[216] Yue-man Yeung, *Changing Cities of Pacific Asia: A Scholarly Interpretation*, The Chinese University Press, 1990.

后　　记

本书是 2003 年国家社会科学基金重点项目《走有中国特色的城镇化道路研究》的最终成果。课题负责人是陈甬军教授，课题组成员有景普秋教授、陈爱民教授、陈爱贞博士、高敏博士、秦敬云博士等。

四年多的研究过程，充满了理论探索的艰辛和欢愉。在研究过程中，课题组遇到了各种意想不到的困难，如，在这一时期，课题组所有的成员都经历了工作单位变动的考验。课题负责人经历了出国和回国后工作单位变化的特殊情况，一些成员也经历了从海外回国工作和博士毕业后到新的单位工作的情况，但是大家仍然一如既往，团结奋斗，始终把课题研究放在工作的最重要位置，放弃了大量的休息时间，进行实地调查、资料分析和课题研究工作，从而保证了课题研究任务的最后完成。

课题组在研究和本书初稿写作中的分工是：陈甬军，整体设计及第一、二、十一章；景普秋，第三、四、五、十章；陈爱民，国外资料整理翻译及第六章；陈爱贞，第九章；高敏，第七章；秦敬云，第八章。初稿完成后，陈甬军教授又根据国内外的报告会听众和成果评审专家的意见，对书稿进行了比较大的修改、补充和调整，并完成了最后的定稿工作。尽管在研究和写作中有所分工，但本书是课题组全体成员集体努力的结晶。

本课题的研究，得到了全国社会科学规划办公室、福建省社会科学规划办公室和厦门大学社会科学处、中国人民大学科研处、中国人民大学商学院以及全国许多地区的领导同志和社会人士的关心、指导和帮助。他们不但及时帮助解决了课题管理和调研资料等方面的各种具体问题，还对课题研究内容提出了重要的指导性意见，鼓励课题组认真研究，争取出精品、出人才，给课题组全体成员以极大的鼓舞和鞭策。在出版过程中又得到商务印书馆编辑的精心指导。在此，向他们表示衷心的感谢。

为使理论成果更好、更快地为实践服务，本书主要的研究内容和结论曾于 2007 年底在中国人民大学举行的成果发布会上发布，引起社会上较大的关注和响应。一些地区先后邀请课题组成员作报告，各大新闻媒体也对此进行了比较集中和深入的介绍。主要的消息报道和理论文章有："最新研究显示：三年后我国有一半人口生活在城市、2020 年实现基本城市化"（《光明日报》2007 年 12 月 22 日）；"探索中国新型城市化道路"（《光明日报》2008 年 1 月 22 日）；"城市化本质：在产业演进中实现劳动力转移"（《科学时报》2008 年 2 月 5 日）；"劳动力转移是城镇化的中心问题"（《人民日报》2008 年 2 月 26 日），等等。有兴趣的读者也可以参阅这些相关的消息和文章，以帮助了解本书研究主题的理论内容和实践背景。

特此说明。

陈甬军

2008 年 2 月 28 日于北京世纪城时雨园

E-mail:Chenyj1108@ruc.edu.cn